抗日战争时期中国人口伤亡和财产损失调研丛书

主　编　李忠杰

副主编　李　蓉　姚金果
　　　　霍海丹　蒋建农

湖北省抗日战争时期人口伤亡和财产损失

湖北省委党史研究室　编

中共党史出版社

图书在版编目(CIP)数据

湖北省抗日战争时期人口伤亡和财产损失/湖北省委党史研究室编．
—北京：中共党史出版社，2014.8

（抗日战争时期中国人口伤亡和财产损失调研丛书/李忠杰主编）

ISBN 978-7-5098-2687-4

Ⅰ．①湖…　Ⅱ．①湖…　Ⅲ．①抗日战争－损失－史料－湖北省

Ⅳ．①K265.06

中国版本图书馆 CIP 数据核字(2014)第 115477 号

出版发行：**中共党史出版社**

责任编辑：吕佳音

复　　审：陈海平

终　　审：汪晓军

责任校对：龚秀华

责任印制：谷智宇

责任监制：贺冬英

社　　址：北京市海淀区芙蓉里南街6号院1号楼

邮　　编：100080

网　　址：www.dscbs.com

经　　销：新华书店

印　　刷：北京汇林印务有限公司

开　　本：170mm×240mm　1/16

字　　数：547 千字

印　　张：28.5　11 面插图

印　　数：1－3000 册

版　　次：2014 年 8 月第 1 版

印　　次：2014 年 8 月第 1 次印刷

ISBN 978-7-5098-2687-4

定　　价：60.00 元

《抗日战争时期中国人口伤亡和
财产损失调研丛书》

本课题在中共中央党史研究室室委会领导下进行。先后三位时任主任孙英、李景田、欧阳淞对本课题给予了重要指导。

主　编　李忠杰

副主编　李　蓉　姚金果　霍海丹　蒋建农

参加审稿的领导和专家：

一、中共中央党史研究室领导和专家

曲青山　孙　英　龙新民　陈　威　石仲泉
谷安林　张树军　黄小同　黄如军　李向前
陈　夕　任贵祥　郑　谦　王　淇　黄修荣
刘益涛　韩泰华

二、有关部门和单位的专家

李景田（第十二届全国人大常委、民族委员会主任
　　　　委员；中共中央党史研究室原主任；中共
　　　　中央党校原常务副校长）

何　理（中国人民解放军国防大学少将、教授、中
　　　　国抗日战争史学会会长）

支绍曾（中国人民解放军军事科学院少将、原军事
　　　　历史研究部副部长、研究员）

罗焕章（中国人民解放军军事科学院研究员）

刘庭华（中国人民解放军军事科学院原军事历史研究部研究室主任、研究员、博士生导师、首席军史专家）

阮家新（中国人民革命军事博物馆原副馆长、研究员）

步　平（中国社会科学院近代史研究所原所长、研究员）

汤重南（中国社会科学院世界历史研究所研究员、中国日本史学会名誉会长）

姜　涛（中国社会科学院近代史研究所研究员）

荣维木（《抗日战争研究》原主编）

郭德宏（中共中央党校党史教研部原主任、教授、博士生导师）

肖一平（中共中央党校党史教研部教授）

杨圣清（中共中央党校党史教研部教授）

李东朗（中共中央党校党史教研部教授、博士生导师）

徐　勇（北京大学历史系教授、博士生导师）

李良志（中国人民大学中共党史系教授）

王桧林（北京师范大学教授、博士生导师）

谢忠厚（河北省社会科学院原现代史研究所所长、历史研究所顾问、研究员）

中共中央党史研究室课题组成员

李忠杰　霍海丹　李　蓉　姚金果　李　颖
王志刚　王树林　杨　凯

《抗日战争时期中国人口伤亡和
财产损失调研丛书》

总　　序

中共中央党史研究室副主任　李忠杰

　　发生在 20 世纪三四十年代的中国人民抗日战争，是中华民族抵抗日本帝国主义侵略的一场规模巨大的战争，是世界反法西斯战争的重要组成部分和东方主战场，是近代以来中国反对外敌入侵第一次取得完全胜利的民族解放战争。中国人民抗日战争的胜利，成为中华民族由衰败走向振兴的重大转折点，也对世界各国人民取得反法西斯战争的胜利、争取世界和平的伟大事业产生了巨大影响。

　　这场战争，作为世界反法西斯战争的一部分，从根本上来说，是反法西斯正义力量与法西斯侵略势力之间的一场大决战，是文明与野蛮的一场大搏斗。日本侵略者，站在法西斯阵营一边，不仅与中国人民为敌，而且与世界人民为敌，肆意践踏人类的公理和正义，企图以残暴杀戮的手段，将中华民族置于自己的铁蹄之下。日本侵略者先后占领了中国、东南亚、南亚、大洋洲许多国家的领土，杀害居民，掠夺物资，强征劳工，施放毒气，蹂躏妇女和儿童，毁坏和窃取文物，造成了大量人员和财产的损失，给中国人民和亚洲其他许多国家人民留下了巨大的创伤，给世界文明造成了空前的破坏。

　　中国是受战争摧残最为严重的国家。从 1931 年到 1945 年的 14 年间，日本侵略者先后占领了东北、华北、华中、华南等大片中国最重要的经济政治文化战略地区。在整个战争进程中，日军到处屠杀、焚烧、抢掠、奸淫，使中国人民的生命财产惨遭蹂躏；大量使用生化武器，进行残酷的细菌战和化学战；把大批中国平民和俘虏当作细菌和毒气的试验品；对无辜的中国平民施放毒气，或在河流、湖泊、水井中投毒；掠走大批中国劳工，强迫他们筑路、开矿、拓荒，从事大型军事工程，使其大批冻、饿、病、累而死；强征中国妇女作为"慰安妇"，严重残害妇女的身心健康；对抗日根据地实行"烧光、杀光、抢光"政策，企图摧毁抗战军民起码的生存条件；在许多地方还制造了一系列触目惊心的大惨案。直至今天，日本侵略所造成的后果还难以完全消除，日军遗留的毒气弹还不时地威胁着中国人民的生命安全。

日本侵略者的罪行，违背了起码的人类良知和国际公法，不仅是对人权和人道主义的践踏，而且是对人类文明的挑战。它决不是如某些日本右翼分子所说是解放亚洲和太平洋地区人民的行动，而是亚洲和太平洋地区历史上最黑暗的一幕，是人类文明史上的一场浩劫。第二次世界大战结束后，根据《波茨坦公告》的规定，远东国际军事法庭在东京对日本首要战犯进行了国际审判，确认侵略战争为国际法上的犯罪，策划、准备、发动或进行侵略战争者为甲级战犯。此外，盟军还在马尼拉、新加坡、仰光、西贡、伯力等地，对日本的乙、丙级战犯进行了审判。中国也先后对日本的有关战犯进行了审判。这些审判，与欧洲的纽伦堡审判一起，使发动侵略战争的罪犯受到了应有的惩处，代表了全世界一切爱好和平人民的共同愿望。这是正义的审判，历史的审判！这一审判的结果是不容挑战的！

策划和制造当年这场战争的，是一小撮日本军国主义和法西斯分子。而日本人民，从根本上来说，也是受害者。所以，日本人民也用不同方式对这场战争进行了抵制和反抗。不少参加侵华战争的士兵认识到战争的性质，幡然悔悟，积极参加了国际和日本国内的反战活动。战后，很多人勇敢面对历史事实，以见证人的身份揭露了日本军国主义的罪行。还有很多当年的士兵，真诚忏悔战争的罪行，以实际行动推动世界和平和中日友好，做了很多有益的工作。他们的良知和勇气，应该得到充分的肯定和赞赏。

相反，日本国内一些右翼势力，直到今天仍然否认侵略战争的性质和罪行，竭力推卸侵略战争的责任。对早已由当年远东国际军事法庭作出严正判决的南京大屠杀一案，始终企图翻案。历史不容改变，事实岂能抹杀！企图歪曲历史，掩盖罪行，这是中国人民绝对不能同意的！

中国人民在当年那场战争中的胜利，是正义战胜邪恶、光明战胜黑暗、进步战胜反动的伟大胜利！是正义的胜利、人民的胜利、和平的胜利！既是中华民族永远值得纪念的胜利，也是世界人民永远值得纪念的胜利！但是，在纪念胜利的同时，我们不要忘记，这一胜利是用极为惨重的代价换来的。在这一伟大胜利的背后，是中华民族遭受的巨大人员伤亡和财产损失！中华民族，既为这场战争的胜利作出了巨大的贡献，也在这场战争中付出了巨大的民族牺牲。

1995 年，江泽民同志在首都各界纪念抗日战争暨世界反法西斯战争胜利 50 周年大会上，对当年日本侵略中国造成巨大人口伤亡和财产损失的基本数据作出了重要表述。2005 年，胡锦涛同志在纪念中国人民抗日战争暨世界反法西斯战争胜利 60 周年大会的讲话中，再次郑重宣布，据不完全统计，在抗日战争期间，中国军民死伤 3500 多万人；按 1937 年的比值折算，中国直接经济损失 1000 多亿美元，间接经济损失 5000 多亿美元。中国领导人公开宣布的基本数据，从整体上揭示了中国人口伤亡和财产损失的规模，有力地揭露了日本军国主义侵略的罪行。

数据，是历史的抽象。数据的背后，是大量的事实、确凿的证据，是无数人们的惨痛记忆和血泪控诉。为了更直接、更具体、更全面、更系统、更立体地还原当年的历史，展示中国人民遭受的灾难和损失，揭露日本军国主义的罪行，驳斥日本右翼势力否认侵略罪行的种种言论，我们必须通过更多档案资料的展示、历史文书的挖掘、具体事实的考查、当事人的证词证言、各种各样的物证书证，等等，将侵略者的罪行昭告天下。因此，作为炎黄子孙，作为郑重的历史工作者，有必要、有责任、有义务、也有权利对战争期间中国的人口伤亡和财产损失进行更加系统、详尽、具体的调查研究，将当年中国人民的巨大牺牲和惨重损失永远地记载下来。

这项调查研究工作，本来在抗日战争结束之后，或者在新中国成立时，就应该进行。但由于种种历史原因，未能系统、全面地进行。由于年代久远，资料散失，在世的证人越来越少，现在进行这方面的调查和研究已经有很大困难。但是，无论早晚，这项工作总得有人来做。现在才做，已经晚了几十年。但如果现在再不做，将来就更晚，也更困难了。所以，无论再困难，做，都是必要的。做好这项调研，是对历史负责、对人民负责、对当年的牺牲殉难者负责、对我们的子孙后代负责。根本上，是对整个中华民族负责，也是对国际社会和人类文明负责。

因此，2004 年，中央党史研究室决定开展《抗日战争时期中国人口伤亡和财产损失》的课题调研。从 2005 年开始，组织全国党史部门围绕这一重大课题，开展了系统深入的调研工作。其基本任务，是按照实事求是的原则，调查更加详实、有力、具体、准确的档案、材料、事实，更加清楚准确地掌握日本军国主义的侵略罪行，更加清楚准确地掌握日本侵略在各个不同领域、地区和方面对中国造成的破坏和损失。其中包括：各个省、自治区、直辖市在抗战中的人口伤亡和财产损失情况；历次重大战役战斗中中国军队伤亡的情况；日本从中国掠走各种资源的情况；日本从中国掠走和破坏文物的情况；日军在中国制造的一系列重大惨案；中国劳工的损失情况；中国妇女遭受日军性侵犯的情况，包括"慰安妇"的情况；日军在中国使用细菌武器、化学武器及其造成伤害的情况；日本侵略在其他方面给中国造成破坏的情况；等等。

课题调研的整体布局，实行块块和条条的结合。每个省、自治区、直辖市党史研究室，主要负责把本区域内的情况调查清楚。也可根据实际情况，选择一些重点，进行专题性的调研，形成专题性的研究成果。一些重要专题，单靠某个省（自治区、直辖市）做不了，就采取条条的办法，组织专题性的调研。还有一些，则是条条与块块相结合。如毒气，日军在不同区域使用过，有关的省（自治区、直辖市）都调查。但作为一个专题，由相关的区域进行协调，配合开展调研工作，并形成专项的调研成果。如劳工、性侵犯等，就大致属于这种类型。

课题调研的方式方法，主要是查阅和搜集档案文献资料，包括不同历史时期的统计报表。同时查阅当时有关的报刊资料，查阅多年来涉及有关地方、有关课题的研究成果。对一些特殊的重大事件，特别是重大惨案等，也同时进行社会调查，对当事人、知情人、有关研究人员等进行走访，记录证词证言。对于特别重要的事件，有条件的，还进行必要的司法公证，如南京大屠杀、潘家峪惨案等，使这些调查都成为在法律上可以采信的证据。根据需要与可能，也到国外境外包括台湾地区查阅搜集档案资料。

中央党史研究室进行了大量组织和指导工作。在课题确定前，首先进行了必要的论证，得到了许多专家的支持。随后，制定了详细的工作方案，向各省、自治区、直辖市党史研究室发出正式通知和实施意见，明确了工作的指导思想、组织领导、调研项目、工作步骤、基本要求、注意事项等等。为了提高认识，振奋精神，交流经验，落实措施，专门召开了工作培训会议，就课题的总体规划、调研方法、需要把握的问题等，作了全面部署，特别是提出了把调研工作做成"基础工程、精品工程、警世工程、传世工程"的要求。多年来，一直分阶段、有步骤地把这项课题调研推向前进。有关领导和专家分别到各地参加会议，指导培训，提出要求，统一规格，解答疑难问题。在调研过程中，随时就有关问题进行具体指导。工作班子及时编发简报和简讯，交流情况和经验。

各级党委和政府高度重视。多数地方成立了由党史研究室领导负责的课题组。各地先后召开工作会议、电话会议等，培训人员，落实任务。许多地方形成了由党史研究室牵头，档案、民政、财政、司法、地方志、社科院以及高校等部门单位联合攻关的局面，保证了调研工作扎扎实实、有计划有步骤地向前推进。

《抗日战争时期中国人口伤亡和财产损失》课题调研先后经历了六个阶段。第一，酝酿启动。第二，全面调研。这是最重要的阶段。各地组织专门人员，查询档案，实地走访，搜集了大量资料。第三，起草报告。凡参加调研的县以上单位，都要在搜集整理、考证研究档案文献资料和进行实地调查的基础上，写出调研报告，全面、准确地反映调研成果。同时，将调研中搜集的档案文献资料进行分类整理，制作统计表、大事记和人员伤亡名录等。第四，分级验收。为保证调研成果的科学性、准确性、严肃性，各省、自治区、直辖市调研报告都要经过四级验收。首先由课题领导小组审查通过，然后聘请所在省份资深专家审读验收，合格后报送中央党史研究室课题组。中央党史研究室课题组审读各省、自治区、直辖市的调研报告及相关调研成果，认为合格后，再聘请有全国影响的专家审读，写出书面意见并亲笔署名。根据审读意见，各地都要反复认真进行修改，只有达到规定要求才能通过验收。第五，上报成果。完成调研工作的省、自治区、直辖市，都按统一要求，将调研中收集的档案文献资料等所有文件，精心整理，分类成册，向中央党史研究室提交调研成果。各市县也要逐级向省级报送。第六，反复审核。中央党史研究室召开审稿会，组织各省、自治区、直辖市按照标准自审，相互间互审，将各种材料进行比对，将有关数据核实，解决带有共性的问题，进一步统一标准、统一规范、统一格式。

这项课题调研，作为一项浩大的工程，到目前为止，进行了将近10年之久。前后共有60多万党史工作者、史学工作者和其他各类有关人员参加。将近10年来，各个地方都周密组织，采取有力措施推动工作开展，保证调研质量。如山东省，先在30个县（市、区）进行试点，然后在全省普遍推开，形成了纵向省市县乡村五级联动、步调一致，横向十几个部门优势互补、携手攻关的工作格局。课题调研期间，山东省参加工作的同志共查阅档案238742卷，复印档案资料406912页，查阅抗战期间及战后出版的书刊61301册（期），复制文献资料220177页。走访调查8万余个行政村、609万名70岁以上（即1937年全国性抗战爆发以前出生）老人中的507万余人，收集证言证词79万余份。拍摄照片资料7376幅、录像资料49678分钟，制作光盘2037张。全省1931个乡镇，每个乡镇都建立了包括证人证言证词、伤亡人员名录、财产损失清单、人员伤亡和财产损失数字统计、人员伤亡和财产损失大事记、重大惨案证据材料以及证人和知情人口述录音、录像、照片等内容的抗战时期人口伤亡和财产损失材料卷宗，共12892个。

这项课题调研，也得到了社会各界特别是档案图书部门、专家学者的普遍支持。许多档案馆、图书馆为这次调研提供各种方便。不少专家学者在教学科研任务繁重、经费困难的情况下，承担专题研究任务。有的外请专家利用学校假期全力以赴做课题，缺少交通工具，就以自行车代步或徒步，到档案馆和图书馆查阅文献资料。

为了扩大搜寻面，中央党史研究室还组织查档小组，分赴美国、俄罗斯、日本，搜集了许多抗战史料。很多地方的课题组都到台湾查档。在台北"国史馆"、中国国民党党史馆、"中央研究院"近代史研究所档案馆等，找到了数量巨大、整理比较细致的抗战档案。台北"国史馆"馆藏的国民党在大陆统治时期行政院赔偿委员会档案，涉及抗战时期中国人口伤亡和财产损失的有8924卷，内容十分翔实具体。既有中央机关、军队系统人口伤亡和财产损失情况，也有地方省、市，县、区和个人填报的资料，包括台湾地区和华侨的档案资料。新疆防空委员会也报送有财产损失材料，如修筑防空工事、疏散费等财产损失。重庆市报送有日机空袭慰恤重伤难胞姓名卡，上面有卡号、伤员姓名、性别、年龄、籍贯、受伤时间、受伤地点、辅金额、发辅金时期、所住医院名称、医院地址、入院时间等，受伤部位还配有图片加以说明。所有这些，为查明当时各方面的人口伤亡和财产损失，提供了重要证据。

　　这项重大课题调研的成果，均编成《抗日战争时期中国人口伤亡和财产损失调研丛书》公开出版，为国内外学者提供并为子孙后代留下一份关于抗战时期中国人口伤亡和财产损失的系统资料。经过验收、审核合格的调研报告和主要档案文献资料，都按统一体例，编辑成为丛书的 A、B 两个系列。A 系列为各省、自治区、直辖市各一本调研成果，以及若干重要专题的调研成果，由中央党史研究室负责审核。B 系列为各省、自治区、直辖市的其他大量调研成果，由各省、自治区、直辖市党史研究室负责审核。全部成果统一设计、统一规格、统一版式、统一编号，由中共党史出版社统一出版。全部出齐之后，将有300本左右。

　　为了集中反映日本侵略者在中国制造的各种重大惨案，我们专门编纂了一套《抗日战争时期全国重大惨案》，收录抗战时期死伤平民（或以平民为主）800人以上的重大惨案100多个，配以档案、文献、口述及照片等作为历史证据。日本一些右翼分子，常常攻击中国为什么不拿出伤亡人员名单。我们专门安排了一个省，即山东省，公布该省具体的伤亡人员名录（第一批先公布该省100个县＜市、区＞的死难人员名录），包括姓名、籍贯、年龄、性别、伤亡时间等多项要素。以此说明，中国的伤亡人员都是有根有据、铁证如山的。

历史的生命在于真实、客观、准确。《抗日战争时期中国人口伤亡和财产损失》这一课题调研的生命也在于真实、客观、准确。所以，在开展这一课题调研的过程中，我们始终把保证调研质量，保证所有材料、事实、成果的真实性、客观性和准确性放在第一位，并在五个重要环节上严格要求、严格把关。第一，严格要求。一开始就明确规定，课题调研工作坚持实事求是的原则和科学严谨的态度。整个调研工作必须尊重历史事实。档案怎么记录的，就怎么记载，不能随意改变。当事人、知情人怎么说的，就怎么记录，不能随意加工。所有的材料、事实都要经得起法律上和学术上的质证。在需要与可能的情况下，对当事人、知情人的证词证言要进行司法公证。各种数据，都要确有根据，不能随便编排、采信。不许追求任何高数字、高指标。第二，统一规范。对课题调研的项目、内容，都做了认真细致的研究，提出了统一要求和严格规范。对全部调研项目设计了统一的表格，对调研报告的内容和格式做了统一规定。每个数字的内涵外延，包括如何计算、如何换算等等，都有明确的规定。事前对调研人员进行了培训。调研过程中，对没有理解的问题、疑难的问题等，都由专家给予统一的解释、说明。第三，责任到人。对所有参与课题调研的人员，都实行责任制。查档的、笔录的、整理的、起草调研报告的、审读的……，每个环节的人员都要签名，以对这一环节自己的工作负责，对子孙后代负责。明确规定，今后凡遇到质疑，有关环节的调研人员都要能够站出来进行证明、解释和辩论。第四，客观撰写。在汇总情况、起草调研报告阶段，要求所有的数据统计都必须客观、真实、准确。一律用事实说话，材料要具体、实在。不允许像写文艺作品那样来写调研报告；不允许作任何想象、编造和煽情性的描写；不允许刻意追求语言的生动华美；不允许使用任何带有夸张性、主观推断性的文字；不允许用"不计其数"、"无恶不作"这类抽象的形容词来概括相关内容；经过调研，凡是能够说清的事实、数字都予采用，但仍然说不清的情况、数据，就客观地说明未查核清楚，在汇总和整理数据时充分考虑这些因素，绝对不得编造数字。第五，逐级验收。除了在调研过程中由特聘的专家随时给予指导外，对各地提交的调研报告和相关材料，都实行逐级验收制度。其中，对省级调研成果实行由地方到中央的四级验收，其他调研成果由有关省、自治区、直辖市党史研究室组织验收。每一验收环节都要有专家审读、签字。凡存在问题和不符合要求之处，都要退回重新核查和修改。

经过艰苦努力，到 2010 年底，我们在深入调研的基础上，初步编出了几十本成果，先行印制了少量样本作为内部工作用书，组织力量作进一步的研究、审读、复查、校核。从 2014 年初开始，我们又组织展开了新一轮较大规模的审核工作。第一，召开有关省、自治区、直辖市党史部门参加的审稿会，进一步提高认识，明确规范，听取相互评审以及从社会各方面听到的意见，对审核工作提出要求，进行部署。第二，开展自审、复核、修改，确保准确无误。同时在各省、自治区、直辖市党史部门之间交叉审读，相互间进行比较、核对、衔接。自审互审完成后，都要确认是否具备正式出版的质量水准，签署是否同意交付出版的意见。第三，由中央党史研究室组织专家，对所有拟第一批出版的成果（书稿）进行六个环节的审读、检查、修改、校对，不仅检查是否还有表述不够准确或不够清楚的地方，而且对各本书稿之间、每本书稿各个部分之间的内容、叙述、时间、数字等进行统筹检查，排除表述不一致的内容。第四，如实客观地说明我们工作尽最大努力后达到的程度。始终强调，凡是已经清楚的，就清楚表述。还没有搞清楚的，就如实说明还没有搞清楚。某些数据、结论与其他书籍资料不完全一致的，则说明我们是依据什么材料、从什么角度得出和叙述的，不强求一致。第五，组织各地党史部门继续参与审核。凡有疑问的，都与有关地方党史部门联系、查核。多数省、自治区、直辖市都派专人来京参与审核、修改、校对。审核完毕后，又组织各地党史部门对自己书稿的清样再次进行审核。然后再按出版流程交付印制。今年以来对这些成果再次进行如此繁密、细致的复核工作，都是为了进一步保证成果的质量，保证历史事实的真实性和准确性。

特别需要强调的是，开展这项调研，不是为了简单汇总、计算这样那样的数据，而是为了寻找、展示更多的档案、更多的材料、更多的人证物证、更多的历史事实，用具体的事实来反映当年中华民族遭受的巨大灾难，揭露日本侵略者反人类的罪行。时隔几十年，很多数据难以查清，很多数据可能不很吻合，而且数据的分类、统计、核算都极为复杂，远远不是简单做一做加法就能算出来的。所以，我们在数据上采取了十分谨慎的态度。能统计出来的就统计出来，难以统计的也不强求。统计的口径、结果相互有差别的，也注意说明。今后，我们将会对数据问题作进一步研究。因此，目前的研究还只是阶段性的，不能说已经包罗万象，更不是最终的结论。总体上，还是在为今后更加综合性的研究提供一个详尽、扎实的基础。

由于自始至终都高度重视和强调调研的质量，所以，对于这一项目的真实性、客观性、准确性，我们有充分的信心。当然，无论如何，历史已经过去了六七十年，很多当事人已经去世，很多档案资料已经散失。现在再对发生在六七十年前的灾难进行大规模的调查，其困难是可想而知的。所以，即使做了最大的努力，我们仍然充分预计在调研成果及有关材料中，还是会有不足和差错之处，出版之后，肯定会有不同意见。所以，我们真诚地欢迎所有看到这些调研成果的人们，对其中的内容、材料、数据等进行审查、讨论。如此，必将有更多的人们关心和参与对当年那场灾难的调查，必将会提供和发现更多的档案、更多的资料、更多的见证，必将对我们调研成果中的很多内容进行不断的推敲琢磨，从而使我们能够更加准确、系统地展示当年中国的人口伤亡和财产损失，使我们为子孙后代留下的资料更为完整、更为丰富。我们也欢迎日本和其他国家的人们对这些调研成果进行阅读、审查、讨论、质疑。如此，将会有更多的国家和人们关注中国当年所遭受的灾难，也将会有更多的存留于国外境外的档案资料出现在公众面前，也将会使对当年这段历史和灾难的记录、研究更加准确和科学。

《抗日战争时期中国人口伤亡和财产损失》课题调研，是一项学术性的工作。开展这项课题调研，是为了更加准确和详尽地记录这场战争和灾难的历史，更加充分和有力地揭露日本军国主义的侵略罪行、反击日本右翼势力否认侵略战争的言行，更加充分和有效地进行爱国主义教育，毋忘国耻、振兴中华，更加积极地促进两岸交流、推进祖国和平统一进程，同时，也是为了给全世界所有关注当年这场战争和灾难的国家、政府和人们一个更加负责任的交代，为子孙后代继续研究当年中国人民抗日战争和日本军国主义的侵略罪行留下一笔丰富翔实的历史遗产。因此，虽然是学术性调研，但具有重大的历史意义、现实意义、国际意义、政治意义。作为历史工作者，我们有责任、有义务，实事求是地把中华民族在那场战争中蒙受的巨大灾难和损失尽可能完整地记载下来。推动和开展这项课题调研，是良心所在，是责任所在！每每读到那些令人震颤的历史事实，每每想到那数千万死难者的冤魂亡灵，每每掂量我们今人特别是历史工作者的责任，我们都禁不住潸然泪下。将近10年来，所有调研人员本着对历史和民族负责的精神，殚精竭虑，无私奉献，千方百计寻找各种线索，逐字逐页翻阅档案资料。为了做好对当事人、知情人的调查取证工作，顶酷暑，冒严寒，深入村镇，一家一户进行走访。也许，随着时间的流逝，这样的调研工作，以后再也不可能如此全面深入大规模地进行了。所以，对于能够基本完成这一课题的调研，我们极为欣慰，对能够取得今天这样的成果，我们极为珍惜。将近10年来，调研工作遇到过重重困难，调研人员付出了巨大心血，但只要能够对国家、对民族、对人民有一个负责任的交代，我们所有的努力、辛劳甚至痛苦都是值得的！

现在，《抗日战争时期中国人口伤亡和财产损失调研丛书》A系列第一批成果就要正式出版了，随后我们还将根据工作进程陆续出版第二批、第三批……B系列丛书的编纂和出版工作也将同时推进。而且，这项课题调研工作远没有结束。截至目前课题调研取得的成果，都还是阶段性的、部分的、不完全的成果。很多专题性调研还要继续进行，对大量档案资料还要进行分析研究。所有这些，都还需要我们继续不懈地努力。我们将以对历史负责的精神，一如既往地将这项课题调研工作做好。

历史，是现实的基础，更是未来的起点。打开尘封的记忆，重温昔日的往事，我们可以得到很多的启示和教诲，增长很多的聪明和智慧。所以，研究历史，形式上是向后看，但根本目的是向前看。作为一种科学的研究，我们调查历史的真相，记录历史的灾难，不是为了延续旧时的仇恨，不是为了扩大中日之间的裂痕，不是为了煽动狭隘民族主义的情绪，而是为了以史为鉴，不让历史的悲剧重演；面向未来，书写更加友好合作的美好篇章。经历了太多的苦难和挫折之后，我们更加坚定地热爱和平，更加执着地追求正义，更加珍惜国家的主权与独立，也更加关注世界的文明发展和进步。我们真诚地希望，世界各国能够携手努力，平等协商，求同存异，友好相处，共同推进世界的发展，共享人类文明的成果；我们真诚地希望，中日两国人民能够更多地加强交流、理解和合作，共同开辟中日关系的新局面，使中日关系更加健康稳定地向前发展，使中日两国人民真正世世代代地友好下去；我们真诚地希望，中华民族能够始终以坚韧不拔的努力，坚定不移地走和平发展之路，在中国特色社会主义旗帜下全面建设小康社会，努力实现社会主义现代化，为推动建设一个和平发展、文明进步的世界作出自己的贡献！

2014 年 4 月 30 日

《抗日战争时期中国人口伤亡和财产损失》课题①调研工作规范和要求

2004 年，中共中央党史研究室决定开展《抗日战争时期中国人口伤亡和财产损失》课题调研。2005 年向全国各省、自治区、直辖市党史研究室发出开展此项工作的正式通知，进行相应部署，着重说明工作的指导思想、调查项目、实施步骤及规范和要求。以后又随着课题调研的深入开展，对规范和要求进行了补充和完善。

一、课题调研的基本任务

抗战损失课题调研的目的和任务是深化对抗日战争时期中国人口伤亡和财产损失的研究。1995 年，在首都各界纪念抗日战争暨世界反法西斯战争胜利 50 周年之际，江泽民同志曾经对 20 世纪三四十年代日本侵略中国造成巨大人口伤亡和财产损失的基本数据做出了重要表述。2005 年，在纪念中国人民抗日战争暨世界反法西斯战争胜利 60 周年大会的讲话中，胡锦涛同志再次郑重宣布，据不完全统计，在抗日战争期间，中国军民伤亡 3500 多万人；按 1937 年的比值折算，中国直接经济损失 1000 多亿美元、间接经济损失 5000 多亿美元。中共中央党史研究室组织开展的课题调研，旨在全面详尽调查有关抗日战争时期中国人口伤亡和财产损失的具体事实，为这组基本数据提供强有力的史实支撑，并不是简单地做数据统计。

---

① 本课题亦简称为抗战损失课题或抗损课题。因为抗日战争时期及抗战胜利后国民政府统计人口伤亡和财产损失多采用"抗战损失"等概括性提法，其中将人口伤亡也称作抗战损失之一种，与财产损失并提，故沿用这一表述。

课题调研的基本任务是：按照实事求是的原则，经过广泛、全面、深入细致的调查研究，包括查阅搜集档案资料、对统计数据进行分析等，获得更多的证据，以更加全面和准确地揭露日本帝国主义侵略中国的罪行及其对中国人民造成的伤害。

课题调研的主要内容包括：（1）各个省、自治区、直辖市在抗战中的人口伤亡和财产损失情况；（2）历次重大战役战斗中中国军队伤亡的情况；（3）日本从中国掠走各种资源的情况；（4）日本从中国掠走和破坏文物的情况；（5）日军在中国制造的一系列重大惨案；（6）中国劳工的损失情况；（7）中国妇女遭受日军性侵犯的情况，包括"慰安妇"的情况；（8）日军在中国使用细菌武器、化学武器及其造成伤害的情况；（9）日本侵略在其他方面给中国造成破坏的情况；等等。

二、课题调研的方式和方法

主要是组织有关人员查阅和搜集档案馆、图书馆和其他文博单位以及民间保存的有关中国抗战人口伤亡和财产损失的档案资料、报刊杂志、历年出版的专题资料集和发表的研究成果。对一些特殊、重大的事件如重大惨案，则走访当事人、知情人和有关研究人员，进行录音录像，整理和保存证人证言，有条件的还进行司法公证，努力使这些调查材料成为在法律上可以采信的证据。有些省份的课题组还到境外的有关机构查阅相关档案资料，作为对大陆保存的档案资料的丰富和补充。这次课题调研的整体布局，实行块块和条条相结合。每个省、自治区、直辖市党史研究室在负责开展地区性的广泛调研的同时，也从实际出发开展一些专题性调研。一些重要的、涉及多个地方的带有全局性的专题，则另组织专家进行调研。

三、对搜集档案资料的要求

1. 明确搜集档案资料的范围。搜集档案资料是本课题调研工作的基础，调研成果的质量也主要决定于档案资料是否翔实，是否尽可能完整和全面。所以，凡相关内容的档案资料，不论是直接反映人口伤亡和财产损失的，还是间接反映的（如关于人口状况、财产状况、生产能力、各类资源情况等资料），都尽量搜集，作为撰写调研报告的客观的历史依据。搜集的要件有：档案、报刊、史志、时人日记、专著专论、实地调查报告、图片、影像资料以及出版、发表的研究成果等。

2. 认真整理原始档案和资料。对于搜集到的档案资料，不论是来自原始的档案，还是来自报刊、史志、日记、图书、专题论文等，都认真整理，每份每件都注明保存的地点、单位、文件卷号、出版或发表处等，然后分类汇总，妥善保存。档案资料使用时一律保持原貌，必要时作注释说明，不允许对原件内容增改、涂抹。对搜集到的档案资料要在分门别类整理的基础上进行必要的考证、鉴别和研究。整理后的档案资料，不仅是有关课题承担者撰写课题调研报告的重要依据，其主要内容也作为附件收入有关的调研成果之中。

四、有关数据统计中的几个问题

1. 根据搜集、掌握资料的情况，抗日战争时期中国的人口伤亡分为直接伤亡和间接伤亡两大类。直接伤亡，一般是指日本侵略中国的战争直接导致的中国方面人员的死、伤、失踪等；间接伤亡，一般是指在日本侵略中国的战争包括特定战争环境中造成的中国方面被俘捕人员、灾民、难民、劳工等的伤亡。抗战期间，被俘捕人员、灾民、难民、劳工等伤亡很大，但由于其流动性大等复杂原因，很难形成具体数据资料，统计起来十分困难。因此，本课题调研中，将已确定属于死、伤或失踪的被俘捕人员、灾民、难民、劳工的数据归入有关地方间接伤亡统计数据；无法确定是否伤亡失踪的，可视情况单列相关数据并加以说明。需要补充说明的是，在战争中失踪者，按通常惯例归为死亡。

2. 抗日战争时期中国的财产损失分为直接损失和间接损失两大类。直接损失，一般是指在日军攻击、轰炸或掠夺中直接造成的社会财产损失。居民财产损失列为直接损失。间接损失，一般包括：(1)政府机关等因抗战需要而增加的费用，如迁移费、防空设备费、疏散费、救济费、抚恤费等；(2)各种营业活动可获利润额的减少及由于成本上升等增加的费用；(3)有关伤亡人员的医药、埋葬等费用；(4)为抗战捐献的物资和钱财；(5)有关人力资源的损失。总之，一切因战争造成的间接财产损失均包括在内。

3. 在财产损失中所列的人力资源类损失，包括了被俘捕人员、劳工等在财产方面的损失。中国各级政府所组织的劳役，例如为战争修筑公路、机场、军事工事等抽调民工，都算作人力资源损失。但中国方面征用民工和日本侵略军强征劳工有所区别。日军强征劳工的伤亡率很高，和中国方面征用民工民夫的情况区别很大，因此要分别统计和说明，不能混淆。

4. 中国军队在重大战役战斗中的人员伤亡，分别情况加以统计处理。此次课题调研以统计平民伤亡为主。有关省（自治区、直辖市）如发现有本地发生过军队人员伤亡的重要资料，可以搜集整理并在调研报告中说明，但不计入本地人口伤亡总数。若是本地籍军人的伤亡，则计入本地人口伤亡总数。

5. 海外华侨拥有中国国籍，因此在计算抗日战争时期中国人口伤亡和财产损失时，华侨人口伤亡和财产损失均计算在内。各有关地方在计算本地人口伤亡和财产损失时，视情况可以将本地籍华侨的伤亡、损失计入统计数据总数，亦可单列数据并加以说明。

6. 工厂、学校、机关团体等由于战争原因搬迁造成的损失，算作间接损失，原则上由工厂、学校、机关团体等原所在地方统计。如果原所在地方缺少相关资料，新迁移处具备资料条件，也可由后者统计。为避免交叉和重复，遇到这类情况须特别加以说明。

7. 政党、政府机构的财产损失，归入公用事业的社会团体类财产损失一并计算。

8. 被日军、日本占领当局无偿征用、占用的中国耕地，按农作物的产量及其价值计算财产损失。

9. 伪军、伪政府的人员伤亡和财产损失，一般计入中国人口伤亡和财产损失。

10. 由战争原因导致的如黄河花园口决堤一类重大事件所造成的人口伤亡和财产损失，计算在间接人口伤亡和财产损失中。

11. 重大的财产损失，均以相应数额的货币反映价值。反映财产损失的货币一般要注明币种。

12. 通常用于抗日战争时期财产损失统计的货币（主要是法币），币值问题非常复杂。本课题调研中，涉及财产损失统计的货币数据，有条件进行折算的，一般按 1937 年即全国抗战爆发当年通用货币法币的币值进行折算，并说明折算的方式方法。因条件不具备，保留原始数据未作折算的，则注明有关数据中用以反映财产损失的货币系何种货币、何年币值。

五、关于撰写课题调研报告的要求

本次课题调研，有关课题组和承担专门课题的专家均按要求撰写出调研报告。

1. 各省、自治区、直辖市课题组撰写调研报告，内容大致分为概述、主体、结论三部分。

概述部分主要包括：介绍课题调研工作的基本情况，如：投入多少力量，到过什么地方查阅搜集档案资料，搜集了多少档案资料等。反映本地的自然地理概况，抗战爆发前的经济社会发展和人口状况，以及在抗战时期是重灾区还是大后方，是沦陷区还是根据地等。叙述日本侵略者在本地的主要罪行。还可简略回顾以往相关课题的资料和研究情况。

主体部分主要包括：分析说明本地人口伤亡和财产损失情

况。根据现掌握资料，将本地抗战时期人口伤亡分为直接伤亡和间接伤亡，将本地财产损失分为直接损失和间接损失，并分别说明主要的史料依据和分析结果。

结论部分，汇总本地人口伤亡数据、财产损失数据。据实说明迄今所掌握资料的局限性、本地遭受人口伤亡和财产损失的特点、影响等。

撰写调研报告依据的主要资料以及调研中同步完成的专题研究报告等，作为调研报告的附件，纳入课题调研成果中。

2. 由一批专家承担的全局性专门课题，如抗日战争时期重大惨案、劳工问题、"慰安妇"问题、细菌战、化学战、文化损失、海外华侨人口伤亡和财产损失、中国军队伤亡、重要战役战斗伤亡等，其调研报告的撰写和附件的收录，参照以上要求进行。

六、对调研成果的验收

在各省、自治区、直辖市课题调研工作结束后，完成的包括课题调研报告在内的省级调研成果和市、县等调研成果，要装订成册，通过审阅和验收，逐级上报，送交各省、自治区、直辖市党史研究室和中共中央党史研究室分别保存。

为确保质量，在调研过程中形成的各省、自治区、直辖市A、B两个系列书稿（省级调研成果为A系列书稿，市、县等调研成果为B系列书稿），要分别通过验收。其中，省级调研成果要通过由地方到中央的四级验收，市、县等调研成果则在有关省、自治区、直辖市内验收。

省级调研成果上报验收前，课题组先认真进行自审，以保证内容的完整准确，特别是调研报告和有关专题研究报告、资料、大事记的内容和数据要互相补充、印证，不能互相矛盾。课题组完成自审后，省级调研成果首先报送省级抗战损失课题领导小组验收。省级课题领导小组审查通过后，送省级专家验收组验收。省级专家验收组参加验收的专家一般为3—5人，人选来自党史系统、社会科学院和社科联系统、档案史志部门、高等院校等方面，为较有影响力、权威性的专家。省级专家验收组在本省（自治区、直辖市）课题领导小组的指导下，按照学术规范的严格要求和有关规定审读、验收本省（自治区、直辖市）拟提交中共中央党史研究室的省级调研成果。验收的主要标准和目的是确保调研成果的准确性、可靠性。对于验收中指出的问题、提出的意见和建议，各省（自治区、直辖市）课题组须采取有效措施解决和落实。对一次验收不合格的，修改、完善之后进行第二次以至多次验收，直到合格为止。省级专家验收组验收合格后，填写《A系列书稿验收报告表》。填写的报告表和书稿同时报送中共中央党史研究室课题组。

中共中央党史研究室课题组收到经省级专家验收组验收合格的省级调研成果后，先进行验收。认为合格后，再聘请国内知名专家进行验收，并填写《A系列书稿验收报告表》。验收中所提修改意见，由有关省、自治区、直辖市课题组予以逐条落实，对调研成果做出相应修改或者说明相关情况。

由一批专家承担的全局性专题研究成果，最后形成的书稿也纳入A系列，其验收也参照上述程序和要求，由中共中央党史研究室课题组组织有关专家进行。对于验收中提出的意见，承担课题的专家要逐条落实，对调研成果进行修改完善直至合格为止。

最后，中共中央党史研究室课题组对经过反复修改形成的省级调研成果和全局性专门课题调研成果进行复核。完成各项程序并符合要求的调研成果，包括通过四级验收的A系列书稿和由有关省、自治区、直辖市党史研究室组织验收并合格的B系列书稿，分批次送交中共党史出版社付印出版。

中共中央党史研究室课题组

《湖北省抗日战争时期人口伤亡和财产损失》编委会

（按在编委会任职先后排列）

《湖北省抗日战争时期人口伤亡和财产损失》

主　编　龚强华　胡水华

副主编　张　帆　方　城

编纂组

组　长　李福珍

副组长　熊廷华

成　员　桂柏松　钟　文　望开国

　　　　曹金良　刘琳玲　闫清敏

抗日战争时期日军
飞机侵入武汉上空。

武昌 市縣 人口傷亡調查表

事　件：炸亡傷

日　期：二七年八月廿一日

地　點：余家頭

姓　名	性別	職　業	年齡	最高學歷	傷或亡	費用（國幣元）			證　件
						醫藥	葬	理	
傅隆歡	男	學	15	高小	亡			120	
傅言舉	男	農	38	未	傷	40			
傅梅氏	女	理家	38	"	傷	40			
附佳高中秋	男	農	16	"	傷	150			
						230			

直轄機關學校團體或事業　　　　　填報者 傅言舉　（傷者之子娘婿）

名　稱　　印信　　姓名　　　服務處所與所任職務　　通信地址 傅家村　蓋章

1938年8月21日，日军飞机两次轰炸武昌，共炸死、炸伤市民70多人。图为当时填写的死伤调查表。

1938年10月25日，日军侵占汉口。

1938年10月26日，日军侵占武昌。

日军侵占国民政府
军事委员会武汉行营。

日军侵占下的汉阳城区。

1938年10月27日，日军侵占汉阳兵工厂。

日军在汉口划分难民区、安全区，在武昌划分军事区、轮渡区、难民区。难民区限时开放，进出都要盘查，宛如军事监狱。图为日军设在汉口三民路的戒严路障。

抗战时期,中美空军
曾轰炸日军占领的武汉。
图为被炸毁的伪汉口市政
府建筑。

日军侵入武汉后,即强行规定一切经济活动以军用票为基准。图为日军在武汉发
行的军用票。

抗战初期，汉口的大批房屋被日军炸成一片废墟。

沿汉水河谷至宜城抢掠的日军。

老河口市中正路被日军飞机轰炸后的情景。

老河口市牌坊
街被日军飞机轰炸
后的情景。

老河口市后街
被日军飞机轰炸后
的情景。

老河口市花城门内被日军飞机轰炸后的情景。

老河口市花城门外被日军飞机轰炸后的情景。

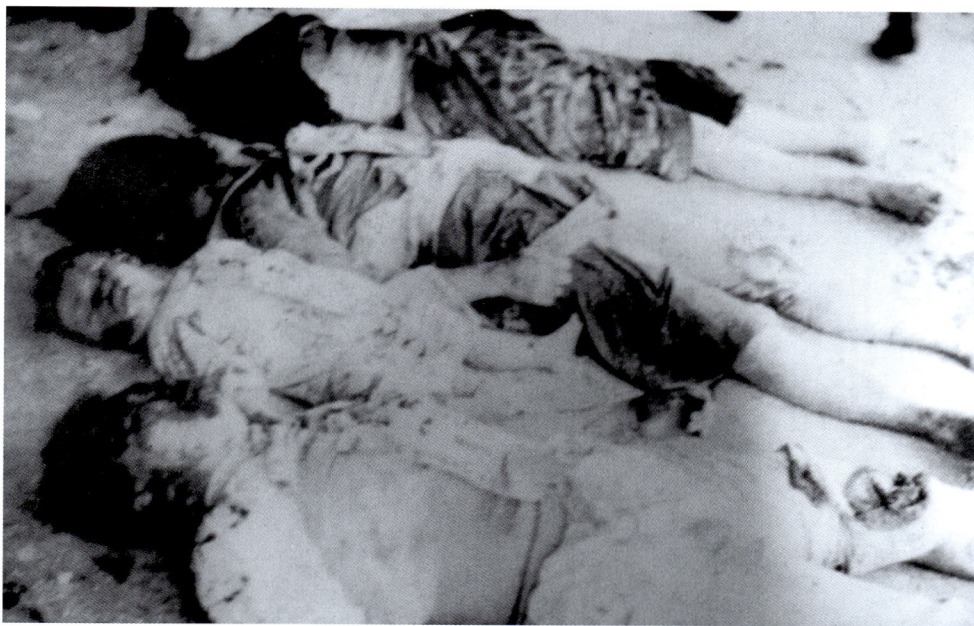

1941年12月5日上午7时，日军7架飞机轰炸陨西县城，投弹39枚，炸死平民4人，炸伤15人。图为被炸死平民的尸骸。

1938年9月30日，日军飞机轰炸沔阳，炸死平民李顺遂等多人。图为被炸死的李顺遂墓碑。

　　侵华日军遗留的防毒具补修匣。铁质,铁盖上刻"防毒具补修函"、"昭和十二年"等字。匣长0.31米,宽0.27米,高0.17米,重2.8公斤。发现于湖北省仙桃市长埫口镇敦厚管理区。

　　抗战时期,日军汉口地区警备队在武汉设立多处杀人场。图为新中国成立后在黄陂县(今武汉市黄陂区)刘店乡挖掘被害中国人尸骨的现场。

黄陂刘店乡居民在坦教湖边清理日军杀人场。

在黄陂刘店乡日军杀人场挖出的死难者骷髅。

目　　录

一、湖北省抗日战争时期人口伤亡和财产损失调研报告

湖北省委党史研究室

（一）调研工作概述

1. 本次调研的组织与基本情况

本课题根据中共中央党史研究室的统一部署开展，是《抗日战争时期中国人口伤亡和财产损失》课题调研的重要组成部分。根据中央党史研究室 2005 年 3 月关于开展课题调研的通知和 2005 年 11 月召开的课题调研工作会议要求，湖北省成立由省委党史研究室、省档案局、省财政厅、省教育厅、省文化厅、省社会科学院、省军区政治部、省地方志办公室和鄂豫边区革命史编辑部有关人员组成的省课题编委会，下设编纂组。全省 17 个市州、96 个市县均相应成立课题调研机构。省级调研分综合调研和专题调研两部分进行。综合调研由省课题编纂组承担，专题调研由参与省课题编委会的相关单位承担。

调研工作于 2006 年 4 月启动。2006 年 4 月下旬至 6 月下旬为筹备启动阶段，各地贯彻落实全省课题调研第一次工作会议精神，制订工作方案，全面启动课题调研工作。从 6 月中旬到 8 月下旬为资料征集阶段，在档案查阅、文献资料收集和社会调查方面取得显著成效。在 8 月底召开全省课题调研第二次会议即工作交流暨培训会议以后，课题调研进入研究编撰阶段。2007 年 2 月，在对各市县调研成果初稿审查的基础上，召开全省课题调研第三次工作会议，全省调研工作进入以完善调研、提高质量和开始编纂成果丛书的第四阶段。2008 年 12 月初，在组织专家组对全省调研成果进行审读的基础上，召开全省课题调研第四次会议即成果审稿工作会议，年底前各地正式上报调研成果。作为本次调研最重要成果的省课题调研报告及本书稿于 2009 年 5 月完成修改定稿，并正式上报中央党史

研究室。2014年1月，根据中央党史研究室的要求，再次做了部分修改。

2. 本次调研的资料与研究基础

湖北是日军侵华的重要战场，人口伤亡和财产损失极为惨重。1939年国民政府训令全国进行战争财产损失统计，已西迁恩施的湖北省政府即于1月制发调查表格等文件，迅速部署湖北各地开展调查工作，并于当年形成《湖北省抗战损失统计》《抗战两年来湖北省公私损失统计》《抗战两年来损失统计》《抗战两年来湖北省损失土地与人口》《湖北省境内敌机空袭统计》等重要调研成果。从此直至1946年2月前的6年间，湖北省政府又多次发出关于抗战损失调查的训令和通知，湖北各省属机关、各县机关及各行业相继上报统计资料，在此基础上形成《湖北概况统计》（1940年）、《抗战期间湖北概况统计提要》《湖北省1941年统计提要》《湖北省各区县粮食总产量、损失量及需要量》（1945年6月）、《湖北省善后救济调查报告纲要》（1945年8月）、《湖北省政府复原计划》（1945年9月）、《湖北省各县抗战时期损失统计》(1945年12月）、《湖北省抗战损失统计》(1946年2月）等综合调研材料，但调查并未结束。1947年和1948年，湖北省政府继续发布训令，要求继续进行相关调查，征集、编纂抗战史料。从1947下半年到1948年初，各县相继完成抗战史料编纂，省属各机关、各行业亦继续零星上报调查资料，但未形成全省综合性调查统计数据。

上述调研成果系抗战期间或战后不久所得，因而弥足珍贵。但由于种种原因，这些成果内容还很不完整，即使像《湖北省抗战损失统计》（1946年2月）作为统计数据相对较为全面、完整的调查资料，也未能涉及财产损失的各个方面，如商业、贸易、财税、邮政、金融、农业、文化、人力资源损失和难民救济、政府机关团体复员、企业生产恢复等费用支出皆付之缺如。

以上述资料和调研成果为基础，我们组织的本次调研，以查阅历史档案为主，以实地采访健在的历史见证人为辅。全省参加查阅历史档案的人员1000余人，参加实地采访和调研的人员8140余人，共查阅档案和文献资料76903卷，查阅抗战期间及战后出版的书报刊物9219种，采访证人22287名，收集证言证词16578份，拍摄照片资料23930页。这些资料构成了见证日军侵华罪行的强有力证据，也形成了研究日军侵略造成湖北地区人口伤亡和财产损失的史料体系，为全方位进行相关研究提供了资料保证。

3. 本次调研统计的说明

本报告所征引的资料主要来源上述档案资料。此外，适当参考了部分县（市、区）此次入户调查所征集的口述史料。

由于年代久远，资料匮乏，当事人又大多离世，加上新中国成立后行政区划的调整、变更等因素，本调研报告还存在一些不足：一是关于人口间接伤亡的数字无直接、完整统计资料可查，本报告因而未能作出结论；二是关于财产间接损失的数据资料不全，因而本报告关于财产间接损失的统计项目并不完整，数据统计也难以全面；三是国民政府以原行政区划为单位所作的统计，难以随新中国成立后行政区划的调整、变更而分解，故本报告调查统计的范围除包括今湖北省全部外，还涵盖了新中国成立后从红安、麻城等地划归河南省新县的部分地区；四是由于种种原因，对有关史料的查阅和征集还有遗漏。此外，当年国民政府所进行的调查统计本身就不完整。因此，本报告（特别是各项数据）依然是一个阶段性的调研成果。

（二）湖北省的自然条件和全国抗战爆发前的社会经济概况

1. 湖北省的自然条件

湖北地处中国中南地区中部偏北位置，位于长江中游、洞庭湖以北，东连安徽，南接江西、湖南，西临重庆（1997 年 3 月前西临四川），西北与陕西为邻，北与河南毗邻，"当四战之地，居天下之中"，制控八方，绾毂中原，为兵家必争之地。全国抗日战争初期，成为抗击日本侵略军东、北两路进攻的重要战场。在抗战中后期，又成为护卫陪都重庆和西南大后方的东部屏障。

湖北位于中国地貌第二阶梯与第三阶梯的转折地带，地势西高东低，西、北、东三面被武陵山、巫山、桐柏山、大别山、幕阜山等山地丘陵环绕，中南部为向洞庭湖敞开的江汉平原，总体轮廓为马蹄状环形结构。从鄂西北到鄂西南，万山重叠，连绵不断，海拔多在 1000 米以上。鄂东北与鄂东南大都是海拔 1000 米以下的低山丘陵。中部是海拔 50 米以下的江汉平原。境内河湖众多，分布密集，素称"千湖之省"。湖北险峻的马蹄状地形和星罗棋布的河湖港汊，在抗战时期利于中国军队的防御，而使日军机械化部队难以运动。在这一特殊地形与中国持久抗战总方略有机结合后，湖北便成为中日双方长期拉锯、频繁厮杀的激战之区。

湖北全境四季分明，气候温和，光照充足，无霜期长，降水充沛，雨热同季，除山区高地外，均属亚热带季风气候，年平均气温 15～17℃，年平均降水量 800～1600 毫米。湖北耕地面积较大，土地资源丰富。1936 年全省耕地面积约 5199 万亩，占全省总面积的 19%，人均 2 亩。土地资源类型多样，山地、丘陵、岗地、平原兼备，光热水土的配合较佳，土壤肥力高，尤其是中部的江汉平原，为湖北粮棉主要产地，是著名的"鱼米之乡"。湖北矿产资源丰富，经济价值较高。在金属矿产中，以铁矿最为著名，总储量为 5286 万吨（含铁 3000 万吨以上），占全国铁矿总量的 14%，居全国第三位。其他金属矿如铜、铅、锌、钼、锰等蕴藏量也很大。非金属矿中，应城石膏总储量为 46000 万吨，历年产量占全国总产量的 85%。全省煤矿储量约 44800 万吨，是长江中游各省重要产煤区之一。湖北境内水系以长江、汉水为主脉，支流如网，蕴藏了丰富的水力资源。据不完全统计，境内河长在 5 公里以上的河流达 1195 条，总长 35000 余公里，平均河网密度为 0.19 公里/平方公里。丰富的自然资源使湖北成为日本"不足资源需在中国寻求"[①]的重要目标，也使湖北成为抗战时期遭受财产惨重损失的内陆省份之一。

2. 全国抗战爆发前湖北的社会经济概况

（1）社会概况

人口。1936 年全省 25531008 人，比 1935 年增加 163533 人，连续 3 年呈缓慢上升趋势。在 1936 年的人口中，男 1377 万人，女 1175 万人，男女性别比为 117:100；壮丁 411.1 万人，占总人口的 16%；非文盲 446.1 万人，占总人口的 17%；人口密度每平方公里 137 人[②]。人口上升趋势到 1937 年因抗日战争全面爆发即告终止。战前湖北人口主要分布在耕作条件及生存条件较好的鄂东地区和江汉平原，其人口密度超过 170；鄂西北和鄂西南地区人口较少，人口密度仅在 60 左右。全省 8 个行政督察区中，鄂东第二区人口最多，为 493 万，密度为 197；次为第三区和第四区，人口总数和密度分别为 484 万、411 万和 171、174；鄂西南第七区人口最少，8 县总计 136 万，密度为 57；鄂西北第八区次之，人口总数 166 万，密度 62；第一、第五和第六区居中，总人数分别为 356 万、237 万、

---

① 日本 1923 年《国防方针》，转引自敖文蔚主编：《湖北抗日战争史》，武汉大学出版社 2006 年版，第 4 页。

② 湖北省政府民政厅统计室 1937 年 6 月编印：《湖北省年鉴》第一回，湖北省档案馆藏档案，档案号 LSA2—14—1，第 106—107 页。

189 万，密度为 168、132 和 99；汉口市人口 80 万，密度为 5970[①]。

文教卫生事业。早在春秋末叶，楚国就以楚文化与宋、鲁并列为全国三大教育中心。晚清，湖北近代教育在许多方面居于领先地位。北伐战争以后，国民政府迁至武汉，湖北教育事业又得到迅速发展。至抗战前夕，湖北文教事业形成较大规模。1935 年，全省有高等院校 6 所；中等教育机构 102 个，其中普通中学 76 所、师范学校 7 所、职业学校 19 所；初等教育机构 7822 个，其中完全小学 436 所、初级小学 3418 所、短期小学 646 所、简易小学 124 所、联保小学 3162 所、幼稚园 36 所；社会教育机构 1600 个，其中民众教育馆 91 个、图书馆 27 座、体育场 39 个、民众学校 648 所、其他 795 所；特种教育机构即国民政府所办中山民众学校 72 所。总计有教育机构 9602 个、教职员 19016 人、学生 505256 人（男 388489 人，女 116767 人），另有公费留学生和自费奖学金生。1935 年教育经费开支 9634831 元[②]。湖北卫生事业机构自西医传入湖北后开始建立，民国初期有所发展。20 世纪二三十年代，先后建成汉口慈善会中西医院、汉口市立医院、湖北省立医院和汉口红十字会医院和县级医疗机构。到 1937 年 6 月，全省医院发展到 185 个，有病床 3573 张、医师 349 人、护士 728 人，诊所发展到 195 所。部分中医也改变传统的行医授徒方式，组建私立湖北中医专门学校、汉口医药学社、湖北国医专科学校、中央国医馆湖北分馆等医疗机构。

（2）经济概况[③]

1927 年至 1937 年，湖北省政府采取较为有力的措施恢复和发展经济，取得一定效果，使得 20 世纪 30 年代的湖北经济有了一定发展，总体水平虽然落后于东南沿海省份，但在内陆地区处于领先地位。特别是到了 1936 年，湖北工农业生产和其他经济部门已达到历史上最高水平。

农业。湖北为农业大省。1936 年，全省粮食产量为民国时期最高年。其中：稻谷产量占全国产量的 9.39%，平均亩产为 336 斤[④]；棉花种植面积达千万亩，年产量 2777 千担，"占全国总产量 20%，驾翼苏豫鲁各省之上，而居第一位"[⑤]。

---

① 湖北省政府民政厅统计室 1937 年 6 月编印：《湖北省年鉴》第一回，湖北省档案馆馆藏档案，档案号 LSA2—14—1，第 106—109 页表格计算。

② 湖北省政府民政厅统计室 1937 年 6 月编印：《湖北省年鉴》第一回，湖北省档案馆馆藏档案，档案号 LSA2—14—1，第 521—523 页。

③ "经济概况"部分涉及货币数值的内容，引自有关史料。其中，有的注明了币种，有的未注明币种，原文如此。

④ 湖北省地方志编纂委员会编：《湖北省志·农业（上）》，湖北人民出版社 1994 年版，第 31 页。

⑤ 湖北省政府民政厅统计室 1937 年 6 月编印：《湖北省年鉴》第一回，湖北省档案馆馆藏档案，档案号 LSA2—14—1，第 521—523 页。

湖北还是全国著名的苎麻、茶叶、桐油、蚕丝、生漆、药材产区，畜牧业、渔业也很发达。

工业。 据 1936 年 8 月调查统计，全省按工厂法登记的工厂计 554 家，其中民营 534 家、国营和省营 20 家，资本总额 6146 万元，年产值约 2.03 亿元，工人 64753 人。在上述的工厂、资本及年产值中，武汉占各数的 90% 左右，其余则大多分布于沙市、武穴、宜昌等地。从行业看，这 554 家工厂分属水电、冶炼、金属品、机器、电器、木材、土石品、化学、饮食、烟草、纺织、服饰、文化、军火等 16 个行业，以纺织、食品工业的比重和规模最大、发展最快，电力、机械、化学等工业也有一定的规模[①]。

手工业。 1936 年全省手工业总产值约 2.1 亿元。武汉手工业者逾 5 万，占全省从业人数的三分之一。沙市、宜昌、武穴等城镇的手工业年产值均在数百万元以上。

商业。 湖北水路、陆路四通八达，商业贸易一向繁盛。1936 年，汉口、武昌、宜昌、沙市、老河口、武穴、樊城、石灰窑、黄石港等 9 市镇的商店营业额达 3.85 亿元[②]，其中汉口一地商户的全年营业额就达 3.35 亿元。汉口商业人口达 16.4 万人口，占当时市区人口的 13.3%[③]。至 1937 年，全省商店已发展到 2.8 万家，其中沙市、宜昌、武穴、老河口、樊城等地有商店 6000 多家[④]。

财政金融。 1935 年，湖北营业税收入 3766538 元（法币）；田赋收入 1602309 元（银元），1936 年增至 2482235 元（法币）[⑤]；地方预算 19953573 元[⑥]。随着商业贸易的复苏，武汉银行业日趋繁荣，到 1934 年新办银行 20 余家，省内其他地方也有不少新办银行，银行营业额日渐攀升，存款总额由 50 万元猛增至 1.3 亿元以上。其余如中央银行、湖北省银行、中国实业银行等一批银行均有不同程度的发展[⑦]。

交通邮电。 全国抗战爆发前，湖北交通发展较快。以招商局和民生公司为主

---

① 湖北省地方志编纂委员会编：《湖北省志·经济综述》，湖北人民出版社 1992 年版，第 64—65 页。

② 湖北省地方志编纂委员会编：《湖北省志·经济综述》，湖北人民出版社 1992 年版，第 67—68 页。

③ 湖北省地方志编纂委员会编：《湖北省志·贸易》，湖北人民出版社 1992 年版，第 30 页。

④ 湖北省地方志编纂委员会编：《湖北省志·财政》，湖北人民出版社 1995 年版，第 132、137、147 页。

⑤ 湖北省地方志编纂委员会编：《湖北省志·财政》，湖北人民出版社 1995 年版，第 132、137、147 页。

⑥ 湖北省政府民政厅统计室 1937 年 6 月编印：《湖北省年鉴》第一回，湖北省档案馆馆藏档案，档案号 LSA2—14—1，第 473 页。

⑦ 敖文蔚主编：《湖北抗日战争史》，武汉大学出版社 2006 年版，第 42 页。

的中国航运业逐步取代外轮公司，确立了境内长江航运优势；省营航运业高峰时拥有营运轮船 469 艘，航线延至 7000 多公里，遍布省内支流港汊。铁路建成粤汉线，并新建汉口城区及近郊铁路支线，境内平汉、粤汉、大冶三条营运铁路线总里程达 343 公里。公路运输发展更快，自 1923 年创办到武汉沦陷前，公路通车里程增至 4000 余公里，1938 年初在武汉登记的各种军、公、私汽车达 1724 辆[①]。民用航空从无到有，境内建有机场 10 余座[②]。1936 年，全省邮政局（含支局）134 处，代办所 738 处，信柜及邮站等 1872 处。1937 年度，全省汽车、轮船、航空邮路长度分别达到 3499 公里、3608 公里、878 公里，全年盈余 147 万元。1938 年，电报局增至 88 处。到日军入侵湖北时，国营电信和省营电话网路基本覆盖全省县市，并可通达少数乡镇[③]。

总之，在 1937 年 7 月全国抗战爆发前，湖北经济尤其是农业、工矿业和商业等在曲折中不断发展，达到了民国时期最高水平。

（三）日本侵略者在湖北的主要罪行

湖北居全国腹地，绾九省通衢，省会武汉更有"东方芝加哥"的美誉，因而一直被日本所觊觎。日本于 1885 年 11 月和 1896 年 3 月先后在汉口、沙市开设领事馆。1909 年 10 月将汉口领事馆升格为总领事馆，1914 年增设驻宜昌领事馆。到 1937 年 3 月，在鄂日本人即达到 2044 人[④]。从设领事馆开始，日本政府就在湖北境内以领事馆为中心，以租界为依托，组织"侨民"以经商、行医等为名，大量搜集有关中国的各种情报，绘制包括湖北各县、市及大多数集镇在内的"军事秘密图"，并在汉口租界进行军火走私、制造毒品和假钞等犯罪活动[⑤]。1931 年九一八事变以后，日本侵略者在湖北的犯罪活动即不断升级。从九一八事变到日军投降遣返，日本侵略者在湖北的犯罪过程，按其犯罪特点可分为四个时期。

1931 年九一八事变至 1937 年 8 月 21 日日军飞机空袭湖北前夕，为间接侵

---

① 湖北公路运输史编纂委员会编：《湖北公路运输史》第一册，人民交通出版社 1991 年版，第 101 页。

② 湖北省地方志编纂委员会编：《湖北省志·交通邮电》，湖北人民出版社 1995 年版，第 24 页。

③ 湖北省地方志编纂委员会编：《湖北省志·交通邮电》，湖北人民出版社 1995 年版，第 713—747、762—764 页。

④ 《湖北省外侨统计表》，湖北省档案馆馆藏档案，档案号 LS1—1—286。

⑤ 敖文蔚主编：《湖北抗日战争史》，武汉大学出版社 2006 年版，第 100—105 页；湖北省地方志编纂委员会编：《湖北省志·大事记》，湖北人民出版社 1990 年版，第 437 页。

害湖北时期。在这6年间，日军虽未直接进攻湖北，但湖北社会经济各方面均受到日本侵华的严重影响，除了日本利用既往的不平等条约，倾售商品、掠夺资源外，还出现了许多间接人员伤亡和财产损失。一是开展抗日救亡运动，造成社会财产和居民财产损失，如筹办救亡活动、出版救亡书刊、慰劳抗日官兵、支援抗日前线、个人捐款捐物等。二是为适应战时需要，修筑新公路，并承担大量部队调动、军需补给、工厂内迁、难民疏散等运输工作，加大了经济支出。三是赶修对日防御工事，如构筑陆防工事、修建江防要塞、建设防空设施，耗费了大量人力、物力和财力。

1937年8月21日空袭湖北的日军飞机开始投弹轰炸，至1938年7月19日日军从地面侵入黄梅县境前夕，为单纯空袭湖北时期。8月20日，日军飞机首次进犯湖北[①]，并于次日投弹轰炸孝感等地，正式将战火卷入湖北。1938年6月15日，日本政府召开会议，认为"只要攻占汉口、广东，就能支配中国"，正式决定发动汉口作战[②]。在日军的攻击下，沿海城市军政机关和一大批工厂于1937年底陆续西迁武汉等地。湖北在长江下游要塞沉船堵塞航道，在鄂东、鄂南破坏公路桥梁，以阻止和延缓日军进攻，同时全力抢修汉宜路，保障西迁运输[③]。在这一时期，由于遭受日机直接攻击，湖北在继续承受间接损失（如国民政府中央机关、省内机关、学校、工厂内迁）的同时，开始出现直接人口伤亡和财产损失。湖北由抗战的后方基地演变为抗战的前线战场和遭受日军侵略的重点地区。

1938年7月19日日军从地面侵入黄梅县境内，至1945年8月15日日本宣布投降，为全面侵略湖北时期。这一时期又可分为四个阶段：第一阶段是侵占鄂东、鄂中阶段，从1938年7月19日日军侵入黄梅县至1939年5月随枣会战结束。在这一阶段，日军陆海空武装自东而西进攻湖北，在10月26日占领汉口后进行追击作战，侵占鄂东、鄂中大片土地，并组建傀儡政权和武装。第二阶段是扩大占领区阶段，从1939年5月随枣会战结束至1940年6月枣宜会战结束。在这一阶段，日军发动枣宜战役，向鄂西北襄樊、枣阳，鄂中和鄂西荆门、荆沙、宜昌地区发动大规模军事进攻，将占领区域向西大大推进。第三阶段是巩固占领区阶段，从1940年6月枣宜会战结束至1943年4月鄂西会战前夕。在这一阶段，日军未发动大规模战役，但抵挡住了中国第六战区发动的宜昌攻城战，与中国军

---

① 敖文蔚主编：《湖北抗日战争史》，武汉大学出版社2006年版，第419页。

② 日本防卫厅防卫研究所战史室著、齐福霖译：《中国事变陆军作战史》第一卷第二分册，中华书局1981年版，第90页。

③ 湖北省地方志编纂委员会编：《湖北省志·交通邮电》，湖北人民出版社1995年版，第64页。

队在鄂西形成拉锯战局面。第四阶段是再度扩大占领区阶段，从 1943 年 5 月鄂西会战至 1945 年 8 月 15 日本宣布投降。1943 年 5 月，日军采取以攻为守战略，发动鄂西会战，占领石首、松滋部分地区。1945 年 3 月，日军发动豫西鄂北战役，进攻并占领湖北老河口、襄阳及南漳、宜城等地。中国军队英勇反击，在湖北收复除老河口以外的其他失地。

1945 年 8 月 15 日本投降至 1946 年 5 月日本战俘和侨民被遣返回国，为在鄂日军投降遣返时期。在此期间，仍有少数日军继续犯罪，如驻宜昌日军第 39 师团 8 中队"在投降撤退时将（宜昌县）大桥边曹家畈方圆 40 余里的乡村，放火烧光，杀死和平居民 600 余人"[①]。驻监利日军"将白螺机场飞机拆毁 102 架，杨林山机场飞机尽行破坏。嗣后聚集寇兵百余人，窜至监利县聂河乡何家桥击毙民众 32 人，射伤 23 人，奸淫掳抢无所不至"[②]。在此期间，湖北为遣返日本战俘和侨民、审判日本战犯和汉奸、机构回迁及各项工作复原等，在人力和财力上均有巨大付出。

日本侵略者对湖北的直接和间接侵害行为，不仅违反国际法，违反国际战争法规和惯例，还违反了日本和中国的刑法，犯下了破坏和平罪、战争罪、违反人道罪等一系列严重的国际罪行，成为罪恶不等的战争罪犯和钉在历史耻辱柱上的历史罪人[③]。本部分着重对日本侵略者在第二、三时期的主要罪行予以分类简述。

1. 日本侵略者武装占领湖北大部分县市 7 年之久，并建立常设侵略机构，扶植傀儡政权和武装，严重破坏了中国领土和主权完整

截至 1945 年 3 月，日军在湖北境内先后进犯并占领 55 个县市的全部或局部土地[④]。全省仅恩施、房县、郧县、秭归、来凤、利川、建始、巴东、竹山、竹溪、郧西、保康、兴山、鹤峰、宣恩、咸丰 16 县未被侵入[⑤]。被侵入县市占全省县市总数的 77%，且多是盛产粮棉的平原地区，也是人口稠密、有一定工业基础、商业发达的繁华区域，可谓湖北的精华之区。被侵入的 55 个县市中，汉口市和武昌、江陵、沔阳、监利、黄陂、孝感、汉川、潜江、阳新、大冶、鄂城、

---

① 《13、39 师团罪行调查书》（1951 年 12 月整理），见中央档案馆、湖北省档案馆编：《侵华日军在湖北暴行史料》，中国档案出版社 2005 年版，第 351 页。ZN6—1—27《师团罪行调查书》（1951 年 12 月）。

② 监利县政府 1947 年编：《监利县抗战史料》，湖北省档案馆藏档案，档案号 LS3—5—5489。

③ 刘键主编：《国际法》，湖南人民出版社 2001 年版，第 363—367 页。

④ 徐旭阳著：《湖北国统区和沦陷区社会研究》，社会科学文献出版社 2007 年版，第 42 页。

⑤ 详见《湖北各县沦陷时间表》（湖北省社会处于民国三十四年六月编：《湖北省善后救济调查报告纲要》），湖北省档案馆藏档案，档案号 LSA2.24—8，第 4 页。

天门、汉阳、咸宁、蒲圻、黄梅、黄安、应城、石首、嘉鱼、云梦等 21 县被日伪完全盘踞，随县、黄冈、宜昌、浠水、荆门、麻城、公安、松滋、蕲春、钟祥、京山、广济、崇阳、宜都、枝江、安陆、应山、当阳、礼山、通城、通山等 21县被日伪盘踞一部分，襄阳、枣阳、南漳、自忠、谷城、光化、罗田、长阳、均县、五峰、英山、远安等 12 县被日伪一度或数度侵入①。日军自 1938 年 7 月 19日从地面入鄂到 1945 年 9 月 18 日第六方面军向中国第六战区投降（日本政府于8 月 15 日宣布投降后，湖北境内大部日军仍未缴械并继续控制部分区域），侵占湖北土地长达 7 年零 2 个多月共 2617 天。

日军占领武汉后，即组成华中地区最高统治机构——三省会议，负责整个华中地区的军事、政治、经济、毒化等侵略事务。中支那派遣军司令部（1941 年改为华中派遣军司令部）是日军在华中地区陆军最高指挥机构，管辖湘鄂赣三省及河南信阳，设司令部于汉口，调度华中日本陆军的作战、驻防、军需补给等。日军中国派遣宪兵司令部在武汉设汉口宪兵队本部，在各重要县市设分队或分遣队，管制人民自由、搜集情报，受华中派遣军司令部指挥和监督。中支那派遣海军司令部（1941 年改为华中派遣海军司令部）设于汉口沿江大道中央银行内，偏重负责水上侵略活动。日本驻汉总领事馆设于汉口三元里，着重进行经济侵略活动②。

为推行"以华制华"的侵略方针，日军在湖北占领区非法建立起省、市、县、区、乡、保各级傀儡政权组织，实行殖民统治。日军每侵占一县即于县城设立"总维持会"、"县政筹备处"等行政机构。到抗战结束前，在日军进犯过的 54 个县和汉口市共 55 个县市中，除罗田、英山、五峰、宜都、长阳、襄阳、枣阳、南漳、谷城、郧县、光化等 11 县因日军短暂占领没有建立傀儡政权外，其余 43县都建有傀儡政权组织。其中，礼山、松滋、枝江、远安 4 县为区政府，其余39 个县为县级政权组织③。伪湖北省政府成立后，该类行政机构改为县政府。县下一般为区、联保、保、甲④。日军占领武汉后于 1939 年 4 月 20 日成立的伪武

---

① 湖北省政府社会处 1945 年 6 月编：《湖北省善后救济调查报告纲要》，湖北省档案馆馆藏档案，档案号 LS6—2—836，第 4—9 页。

② 《武汉市人民检察署专报》（1952 年 9 月 15 日整理），见中央档案馆、湖北省档案馆编：《侵华日军在湖北暴行史料》，中国档案出版社 2005 年版，第 2—9 页。

③ 徐旭阳著：《湖北国统区和沦陷区社会研究》，社会科学文献出版社 2007 年版，第 347、350 页（书中数字减去汉口市即为县政权数）。

④ 湖北省地方志编纂委员会编：《湖北省志·政权》，湖北人民出版社 1996 年版，第 262 页。

汉特别市政府，受汉口日军特务部控制。1940 年 10 月 5 日，直属汪伪南京国民政府，改名汉口市。1941 年 3 月，又改名汉口特别市，仍直属于伪南京政府。1943 年 10 月，复改名汉口市，划归伪湖北省政府[①]。与此同时，在日军特务部直接策划下，组建省级傀儡政权。1939 年 11 月 5 日，成立伪湖北省政府，以汉奸何佩瑢为省长，直接听命于日军特务部。1940 年 3 月，汪精卫在南京组成伪国民政府，湖北仍处于"独立"状态。1940 年 10 月，才改属南京伪政权。是时，伪湖北省政府下辖武昌、汉阳、嘉鱼、咸宁、蒲圻、宜昌等 38 个县政府或县政筹备处[②]。

在组建各级傀儡政权的同时，日军还帮助各级伪政权建立了大量傀儡军队和保安、警察武装。湖北日占区伪军队的建立和演变经历了四个阶段。一是伪"中国人民自卫军"阶段（1939 年初至 1940 年春）。伪"中国人民自卫军"下辖 8 个师、2 个独立团，是 1940 年 5 月前湖北伪军的主力。二是第一次伪"武汉绥靖公署"阶段（1940 年 5 月至 1942 年 8 月）。1940 年 5 月，伪武汉绥靖公署在武汉成立，辖黄卫军、伪"中国人民自卫军"第 82 师及教导团、特务营等部。三是伪"武汉行营"阶段（1942 年 8 月至 1944 年 4 月）。1942 年 8 月，伪武汉绥靖公署改为伪武汉行营，辖伪暂编第 5、6、22、29 师及独立第 13 旅、教导团等。活动范围主要在江汉平原。四是第二次伪"武汉绥靖公署"阶段（1944 年 4 月至 1945 年 8 月）。1944 年 4 月，伪武汉行营复改为伪武汉绥靖公署，辖伪第 13、14 军，第 1、6 师，豫鄂边区"剿匪"司令部，直辖特务团等。这些伪军作为日伪政府的主要武装力量和日军的头号帮凶，经常配合日军或单独对湖北境内的抗日武装进行"扫荡"和"围剿"。日军占领湖北各县后，就在各级设立保安队，协助日军警备队以维持治安的名义，镇压和破坏境内抗日游击队和地下组织，配合日军对抗日民主根据地的"扫荡"。1939 年 11 月，伪湖北省政府下设保安处，负责全省保安武装的组织和指挥。至 1943 年上半年，伪湖北省政府保安司令部统辖的武装有伪保安总队 4 个、铁道保安大队 1 个、修械所 1 个、鄂南保安司令部 1 个，以及各县保安团，共计 40 余个。这些伪保安武装，军纪败坏，无恶不作，是日军荼毒沦陷区人民的主要工具[③]。沦陷各县傀儡政权均在县设立警察局，在各乡镇设立警察分所。1939 年 11 月，伪湖北省政府成立，内设警务厅，

---

① 徐旭阳著：《湖北国统区和沦陷区社会研究》，社会科学文献出版社 2007 年版，第 426—434 页。

② 湖北省地方志编纂委员会编：《湖北省志·政权》，湖北人民出版社 1996 年版，第 258—261 页。

③ 徐旭阳著：《湖北国统区和沦陷区社会研究》，社会科学文献出版社 2007 年版，第 390—392 页。

作为全省最高警察指挥机关。伪警察积极协助日伪政府实施殖民统治，推行和强化保甲控制，监督辖区民众，镇压人民反抗，并配合日伪军队和保安团队开展对抗日力量的侦察和搜捕，成为日本侵略者的鹰犬[①]。

2. 日本陆海军航空队飞机频繁侵犯湖北领空，轰炸、扫射境内军民和军民用物体

从 1937 年 8 月 21 日日本海军航空队飞机首次侵入湖北领空到抗战结束，日本陆海军航空队飞机对湖北进行了长达 8 年的不间断攻击。其中，1937 年 10 次（仅有空袭而未被投弹及损害者未列入，下同），1938 年 305 次[②]，1939 年 195 次，1940 年 397 次，1941 年 159 次，1942 年 87 次，1943 年 1 至 11 月 54 次[③]。"抗战时期，湖北所有县城和重要城镇，都无一例外地遭到了日机的轰炸。"[④]据统计，截至 1943 年 11 月，日军飞机在湖北境内投弹量就达 18296 枚[⑤]。

日军飞机无视国际公法，不区分武装部队与平民、战斗员与非战斗员、军用物体与民用物体、军事目标与民用目标，毫无区别地轰炸扫射，造成湖北平民大量伤亡和民用物体严重损失。日军飞机攻击武汉时，其目标除少数为军事机关、火车站、飞机场外，大多为居民密集地带。1937 年 9 月 24 日 17 时许，日军飞机轰炸汉口武圣庙，这一带的棚户全部被毁，炸死 112 人，炸伤 112 人，震倒房屋 98 栋，财产损失约 107000 元（法币）。1938 年 8 月 11 日，日军飞机 70 余架分 3 批轰炸武昌、汉阳，两地死伤人数达 700 余人。次日，日军出动 72 架飞机轰炸汉口、武昌，投弹 350 枚，炸死炸伤居民千余人，毁民房数百间，具有悠久历史的武昌艺术学校全部葬入火海[⑥]。对此，国际联盟于 1938 年 9 月通过谴责日本空军轰炸中国不设防城市的决议，美国总统罗斯福也在 10 月 5 日谴责日本，支持国际联盟[⑦]，但日本依然我行我素，继续进行无区别轰炸。1939 年 4 月 28

---

① 徐旭阳著：《湖北国统区和沦陷区社会研究》，社会科学文献出版社 2007 年版，第 393—395 页。

② 湖北省政府秘书处统计室 1940 年 3 月编：《抗战期间湖北概况统计》之《湖北省抗战以来敌机空袭损害统计表》，湖北省档案馆馆藏档案，档案号 LS2—2—35，第 23—25 页的数据略有不同：日机共空袭 316 次；投弹 7749 枚，造成 4254 人死亡，7257 人受伤，损毁房屋 8397 栋 4672 间。

③ 以上数据均来自湖北省政府社会处编：《抗战以来敌机空袭损害》（1942 年），湖北省档案馆藏档案，档案号 LSA2.14—2，第 602—607 页；湖北省政府社会处编：《1944 年度被炸地点、伤亡人数及呈送赈恤表》（1945 年）湖北省档案馆藏档案，档案号 LS1—4—3759，第 85 页。

④ 徐旭阳著：《湖北国统区和沦陷区社会研究》，社会科学文献出版社 2007 年版，第 439 页。

⑤ 湖北省政府统计室 1943 年编：《湖北省统计年鉴》，湖北省档案馆馆藏档案，档案号 LSA2.14—2，第 602 页。

⑥ 李秉新、徐俊元、石玉新主编：《侵华日军暴行总录》，河北人民出版社 1995 年版，第 1073 页。

⑦ 日本防卫厅防卫研究所战史室著、齐福霖译：《中国事变陆军作战史》第一卷第二分册，中华书局 1981 年版，第 36 页。

日上午，日军飞机36架对仅4平方公里的光化县城进行轰炸，伤亡惨重，炸毁房屋百栋以上，连意大利人开办、挂有意大利国旗的天主教堂也未能幸免[①]。日军飞机违犯国际公法的狂轰滥炸，对湖北造成严重损害。

一是使国民政府在湖北的制空权丧失。1938年2月18日、4月29日和5月31日，中日在武汉上空发生3次空战，中方取得较佳战绩。但是，由于日军航空队在飞机数量、性能等方面占据绝对优势，国民政府在湖北的制空权很快丧失。日军进入鄂境后，占用湖北原有汉口、孝感、宜昌等地机场，并新建一些临时军用机场，作为航空队的基地，对鄂境及其他省份进行轰炸。如1938年7月26日日军攻占黄梅县小池口后，即在其附近的二套口修建简易飞机场，日军藤田飞行团于9月1日进入该机场，配合第11军、第2军进行作战[②]。1940年5月18日至9月4日，日本陆海军航空队以汉口和孝感机场为基地，执行"一百零一号作战"计划，对重庆、成都等地进行了上万架次的轰炸[③]，使重庆和成都遭受重大损失，同时使所经鄂中、鄂西地区一夕数惊。

二是基本摧毁湖北地区中国海军。1938年7月28日，日军飞机20余架向停泊于鄂东蕲春县八里湖的中国海军快艇部队进行扫射和轰炸，使"文天祥93号"等10余艘快艇全部被烧或被炸[④]。10月24日，日军飞机对武昌金口（今属武汉市江夏区）以上、城陵矶以下长江江面的中国军舰进行侦察和轮番轰炸。"楚谦"、"勇胜"、"湖隼"等舰艇冲出险境，"楚同"舰在嘉鱼附近受伤，中山舰在金口江面遭受9架日机攻击，被炸沉于长江南岸龙床矶江底，舰长萨师俊等25名官兵阵亡，幸存者仅18人[⑤]。至此，日机"将扬子江、广州附近的中国海军击沉或使之搁浅"[⑥]。

三是使湖北交通设施严重毁坏。1937年10月，日军飞机对粤汉铁路北段的线路、桥梁及供水设施进行轰炸。湖北省境内包括横跨府河长138米的杨家寨大

---

① 张汶川、张天民：《轰炸老河口》（1985年整理），见中央档案馆、湖北省档案馆编：《侵华日军在湖北暴行史料》，中国档案出版社2005年版，第304—305页。

② 日本防卫厅防卫研究所战史室著、田琪之译：《中国事变陆军作战史》第二卷第一分册，中华书局1979年版，第206—207页。

③ 日本防卫厅防卫研究所战史室著、齐福霖译：《中国事变陆军作战史》第三卷第二分册，中华书局1983年版，第31—41页。

④ 张军著：《血战大武汉》，载湖北省群众艺术馆《中国故事》编辑部编：《中国故事》总第153期，第114页。

⑤ 敖文蔚主编：《湖北抗日战争史》，武汉大学出版社2006年版，第136页。

⑥ 日本防卫厅防卫研究所战史室著、齐福霖译：《中国事变陆军作战史》第一卷第二分册，中华书局1981年版，第116—117页。

桥在内的4座铁路大桥全被日机炸毁。江岸机务段、武昌机务段除部分机车南迁外，全部被炸。京汉、粤汉铁路陷于瘫痪。湖北省公私轮驳船被日机炸沉34艘[①]。1938年7月至10月湖北工厂、学校、机关西迁，沿途遭到日军飞机轰炸，公路、桥涵、车辆、燃料、器材等均受到重大损失[②]。1938年8月5日至1943年9月17日，省招商局"江襄"、"津通"、"江建"、"江大"、"快利"、"江靖"、"海祥"、"澄平"、"江庆"号9艘轮驳船计13458吨位，先后在省境内被日机炸沉。民生等公司的轮驳船在宜昌至巴东一带被日机炸沉20艘。此外，还有3艘外轮被日机炸沉，随船人员、物资损失不计其数[③]。在日机的猛烈轰炸下，湖北境内的铁路、公路、船舶、车辆等交通设施受到严重毁坏。

四是造成大量人员伤亡。据记载，仅从1937年8月21日至1939年12月，日机就炸死炸伤湖北军民18500人[④]。此后，直接伤亡人数不断上升。1942年12月达到23077人，其中4个县死伤2000人以上（宜昌3830人，武昌2436人，襄阳2332人，京山2100人），7个县死伤在1000—2000人之间，9个县死伤在400—1000人之间[⑤]。截至1943年11月，全省死伤达到23356人（死9729人、伤13627人）[⑥]。此外，日机轰炸还导致各种间接伤亡。如"武汉一般居民无力建造避难设备，每当敌机空袭，一部分人前往公共防空壕避难，但因公共防空壕太少，每次避难，拥挤不堪，有的人在日机轰炸之前遭踩死"[⑦]。1940年6月3日宜都被日机轰炸后，"因无法住食而投河自杀者有数十人，因惊吓而成疯癫者，据统计亦在百人以上"[⑧]。

五是造成巨大财产损失。截至1943年11月，全省即被日机炸毁房屋20161栋41127间，炸毙牲畜412只（马骡79匹、牛511头、其他267只）[⑨]。仅宜都一县，就被炸沉船只233艘[⑩]。

---

① 湖北省地方志编纂委员会编：《湖北省志·交通邮电》，湖北人民出版社1995年版，第64、66页。

② 湖北公路运输史编纂委员会编：《湖北公路运输史》第一册，人民交通出版社1991年版，第99页。

③ 湖北省地方志编纂委员会编：《湖北省志·交通邮电》，湖北人民出版社1995年版，第66—67页。

④ 《湖北省抗战以来敌机空袭损害统计表》，见湖北省政府秘书处统计室编：《湖北省概况统计》（1940年3月），湖北省档案馆馆藏档案，档案号LSA2.14—10。

⑤ 湖北省政府统计室1943年编：《湖北省统计年鉴》，湖北省档案馆馆藏档案，档案号LSA2.14—2，第602—607页。

⑥ 湖北省政府统计室1943年编：《湖北省统计年鉴》，湖北省档案馆馆藏档案，档案号LSA2.14—2，第602—607页。

⑦ 湖北省地方志编纂委员会编：《湖北省志·军事》，湖北人民出版社1996年版，第778页。

⑧ 宜都县政府1947年9月编：《宜都县抗战史料》，湖北省档案馆馆藏档案，档案号LS3—5—5505。

⑨ 湖北省政府统计室1943年编：《湖北省统计年鉴》，湖北省档案馆馆藏档案，档案号LSA2.14—2，第602—607页。

⑩ 宜都县政府1947年9月编：《宜都县抗战史料》，湖北省档案馆馆藏档案，档案号LS3—5—5505。

3. 日军及其傀儡武装在湖北境内大量杀害中国军人、非战斗人员和无辜平民

日军侵入湖北境内后，不仅用常规武器大量杀害进行正当防御和自卫还击的中国军人，而且公然违反国际法，在作战中对中国军人施放毒气或使用细菌武器。此外，日军还无视国际人道主义法和战争法，对湖北境内的非战斗人员如伤病员、医护人员、战俘尤其是无辜平民采取多种不人道手段，予以残酷折磨并大量杀害，造成大量人口非正常伤亡，导致湖北在"抗日战争期间，人口逐年下降，而且下降的速度比较快"[①]。

（1）日、伪军在湖北境内的侵略作战中，大量杀害中国官兵

造成湖北正面战场国民政府军官兵大量伤亡。 在湖北正面战场，日军与武器装备处于劣势的国民政府军第五、六、九等战区的部队在湖北地区交战，先后进行武汉会战、随（县）枣（阳）会战、枣（阳）宜（昌）会战、反攻宜昌战役、鄂西会战、老河口战役等大型战役，大小战斗不计其数，造成大量国民政府军官兵伤亡[②]。

造成湖北敌后战场新四军官兵大量伤亡。 在湖北敌后战场，先后有15万日军和8万多伪军不断对由中国共产党领导的新四军第5师建立的鄂豫边抗日民主根据地进行"扫荡"，实行"三光"（烧光、杀光、抢光）政策，造成新四军第5师至少13250名官兵伤亡（包括在现河南境内的伤亡）[③]，还有大量游击队员和民兵被杀害。

在对湖北的作战中，日军频繁施放毒气。1938年9月8日，日军第6师团在广济城，对中国军队第26军施放大量窒息性毒气。9月18日，日军第6师团向中国守军阵地施放毒气。9月20日，日军第3、第11师团在大别山北麓向中国军队施放大量毒气。从1940年6月起，日军多次"在宜昌周围大规模地使用了毒气武器"[④]。仅日军第13师团步兵第103旅团和山炮兵第19联队，就分别从1941年8月28日至10月13日和10月7日至11日，在宜昌磨基山、土门垭、东山寺、土城等地，发射和空掷黄弹1000发、赤弹1500发、九八式发射特殊筒1125只、九四式轻迫击炮赤弹630发、九四式山炮赤弹62发、特殊弹27发，共计4344发（只）[⑤]。

---

① 湖北省地方志编纂委员会编：《湖北省志·地理（上）》，湖北人民出版社1997年版，第493页。

② 湖北省军区抗损课题组：《武汉会战等战役中国军队伤亡调研报告》。见本书"专题调研报告"部分。

③ 鄂豫边区革命史编辑部：《新四军第五师抗日战争史稿》，湖北人民出版社1989年版，第362页。新四军第五师伤亡数字缺少1941年下半年及1942年资料，其他各年资料也不够完整。

④ 参见步平等编著：《日本侵华战争时期的化学战》，社会科学文献出版社2004年版，第343—344页。

⑤ 参见敖文蔚主编：《湖北抗日战争史》，武汉大学出版社2006年版，第197页。

（2）日军残酷杀害、虐待中国非战斗人员

伤病员、医护人员、战俘和平民都是非战斗人员。国际法规定：战争期间，交战双方对非战斗人员都要予以保护，给予适当的待遇。如"对伤病员生命之任何危害或对其人身之暴行均应严格禁止，尤其不得加以谋杀或消灭，施以酷刑或供生物学试验，不得故意不给予医疗求助及照顾"；"医务人员在一切情况下应受到尊重和保护"；对战俘不得加以惩罚、虐待甚至杀害，而应给予适当的待遇；交战双方要对占领区内的平民予以保护，对平民的人格、尊荣、家庭、宗教信仰给予尊重；不得施加暴行、恐吓和侮辱，不得把平民扣为人质或进行集体惩罚、谋杀残害或用作试验等等①。但日军无视这些规定，大量杀害、虐待中国非战斗人员。

虐待并杀害伤病员及医护人员。 1938 年 9 月 6 日，日军进犯广济县梅川镇，驻在该镇报国庵内的 300 多名（亦说 70 余名）中国军队伤员和 30 名医护人员来不及撤退，"门前插有红十字会旗帜，认为可以保全生命，不料日军竟违背国际公约，将这批毫无抵抗能力的伤员及医护人员全部捆绑至戴家畈垅里，集体枪杀于炸弹坑中"②。1940 年，日军在通山县石壁湖杀死民夫、伤兵 36 人③。

虐待并杀害战俘。 1938 年 10 月 26 日，日军在汉口长江码头等地集体屠杀俘虏数百名。同年底，日军第 6 师团第 45 联队第 3 大队少佐上田指挥日军在汉口郊区屠杀俘虏 100 余人。1938 年至 1945 年间，日军在汉口江汉路设置两个俘虏集中营，先后关押过 2 万多名俘虏，其中约有 2000 余人被虐待致死。1939 年 6 月 4 日，日军在随县金屯将 13 名抗日战士，用铁丝穿腕，割鼻或耳，以刺刀穿腭，驱犬将 5 人咬死，用盐水将 7 人灌死，将 1 人砍成肉泥④。1944 年 8 月，日军 6804 部队中尉鹈野太郎在当阳县"毒打中国俘虏牟启才等 13 人后用机枪扫射死"⑤。1945 年 5 月，日军在武昌平湖门码头集体屠杀俘虏二三百人⑥。

---

① 刘键主编：《国际法》，湖南人民出版社 2001 年版，第 354、356、358 页。

② 《戴家畈惨案》（1990 年整理），见中央档案馆、湖北省档案馆编：《侵华日军在湖北暴行史料》，中国档案出版社 2005 年版，第 68—69 页。

③ 《日军在湖北暴行简记》，见中央档案馆、湖北省档案馆编：《侵华日军在湖北暴行史料》，中国档案出版社 2005 年版，第 539 页。

④ 金祥斋：《金屯惨案》（1985 年整理），见中央档案馆、湖北省档案馆编：《侵华日军在湖北暴行史料》，中国档案出版社 2005 年版，第 122 页。

⑤ 《鹈野太郎罪行调查书》（1952 年整理），见中央档案馆、湖北省档案馆编：《侵华日军在湖北暴行史料》，中国档案出版社 2005 年版，第 379 页。

⑥ 《日军在湖北暴行简记》，见中央档案馆、湖北省档案馆编：《侵华日军在湖北暴行史料》，中国档案出版社 2005 年版，第 546 页。

肆意攻击和杀害平民。日、伪军在湖北残杀平民，制造了无数惨案。据《侵华日军在湖北暴行史料》①的不完全记载，日军在湖北集中杀害 10 人以上的惨案就有近 300 起，而这仅是日军所制造惨案中的一小部分。抗战时期，日军在武昌张公亭一带数百次杀害平民，总计杀害 14000 余人；在汉阳县第 10 区渔门乡"杀人场"也是数百次杀人，共杀害平民 15000 余人。1940 年 5 月，日军 13 师团在宜都县城包围并以机枪扫射逃难市民，杀伤无数。日军在黄陂县刘店乡坦教湖杀害平民 4000 人以上，在钟祥县老堤杀害居民 3000 余人，在宜城县杨家大洲杀死杀伤难民近千人②。屠杀中，日军往往"将居民连妇女、小孩都要杀掉"③，对老人、僧人都不放过。1940 年 6 月 2 日，3 名日军士兵在宜城县将 4 名约 70 的老太太烧死④。1940 年 8 月 19 日，日军将当阳县玉泉寺正在念经拜佛的僧俗 25 人杀死⑤。1941 年，日军在宜都古老背一次将 17 个小孩抛入江中淹死。日军 39 师团野炮队队长山本在宜昌"将一孕妇乳房割掉，剥开肚子将胎儿取出，割成一块块的甩到江里"⑥。

日军以各种借口虐杀无辜平民。为试军刀是否锋利，日军铃木荣与横木于 1942 年 5 月在江陵"领取 2 名中国爱国者"斩首⑦。1940 年 6 月 9 日，为测试步枪性能，日军将"逮捕来的中国和平人民男子 10 名排成一列纵队，由后面用一发步枪子弹击毙 8 名"⑧。"为了锻炼杀人的胆量"，6 名日军新兵在沙市"实施实际的刺杀"，将 1 名中国人"刺的像蜂窝一样"⑨。为做医学试验，"在军医部

---

① 该书由中央档案馆、湖北省档案馆编，中国档案出版社 2005 年出版。

② 以上未加注者均见《日军在湖北暴行简记》，中央档案馆、湖北省档案馆编：《侵华日军在湖北暴行史料》，中国档案出版社 2005 年版，第 528—544 页。

③ 《白须勇笔供》（1954 年整理），见中央档案馆、湖北省档案馆编：《侵华日军在湖北暴行史料》，中国档案出版社 2005 年版，第 400 页。

④ 《久保田哲二笔供》（1954 年 8 月 11 日整理），见中央档案馆、湖北省档案馆编：《侵华日军在湖北暴行史料》，中国档案出版社 2005 年版，第 337 页。

⑤ 张明洪：《玉泉寺惨案》（1985 年整理），见中央档案馆、湖北省档案馆编：《侵华日军在湖北暴行史料》，中国档案出版社 2005 年版，第 372—373 页。

⑥ 《山本罪行调查书》（1952 年整理），见中央档案馆、湖北省档案馆编：《侵华日军在湖北暴行史料》，中国档案出版社 2005 年版，第 358 页。

⑦ 《铃木荣笔供》（1954 年 8 月 6 日整理），见中央档案馆、湖北省档案馆编：《侵华日军在湖北暴行史料》，中国档案出版社 2005 年版，第 189 页。

⑧ 《白须勇笔供》（1954 年 9 月 16 日整理），见中央档案馆、湖北省档案馆编：《侵华日军在湖北暴行史料》，中国档案出版社 2005 年版，第 371 页。

⑨ 《水田秀笔供》（1954 年 7 月 10 日整理），见中央档案馆、湖北省档案馆编：《侵华日军在湖北暴行史料》，中国档案出版社 2005 年版，第 187 页。

也使用并杀害了 4 名俘虏"①。更骇人听闻的是，日军第 39 师团 233 联队兵长山本治"1943 年 4 月 13 日，在宜都县白洋镇，杀死陈德诗、杨楚三等居民的小孩七八人，充任食品"②。1943 年 5 月 4 日，日军在枝江正白水村烧毁民居 100 多栋，杀害平民 100 多人，"李新耀被杀后还取出心肝来吃"③。

日军以多种非人道的方式虐杀无辜平民。日军虐杀平民的方式，有"恶犬咬蚀、水牢、钉牢（四面皆密钉）、吊绑、倒灌煤油、盐水或沸水，活埋、钉手掌、穿鼻梁、肢解身体"④，有勒食蛇蝎蛤蟆、倒蒸肉酱、断喉饮血、灌水灌油、投河溺毙、倒悬、马裂、机枪扫射、油浇火焚、乱刀刺杀、剜心剖腹⑤，还有抽血⑥、注射空气、电刑、高温蒸烤，等等。1943 年 5 月 4 日，日军在枝江正白水村大肆烧杀，平民"刘先尧被鬼子刺了 77 刀，活活戳死"⑦。1938 年 10 月，驻麻城日军将郝永泰蛋行老板郝志高的头、两手、两脚分别绑在 5 匹马上，赶马奔跑，活活把郝的身躯撕裂为 5 段⑧。1940 年 7 月，日军在宜昌县"雷家河将农民张植富用铁条从肛门直通到胸前致命"⑨。最残酷的是，1942 年日军在宜昌县"用一条毒蛇将头置放陈启松的肛门外，剪掉蛇尾，蛇疼痛钻入陈肚内，陈倒在地上乱翻致死"⑩。日军还用活体解剖杀害非战斗人员。"在当阳县城，肢解俘虏一名，

---

① 《佐佐真之助口供》（1954 年 7 月 6 日整理），见中央档案馆、湖北省档案馆编：《侵华日军在湖北暴行史料》，中国档案出版社 2005 年版，第 414 页。

② 《山本罪行调查书》（1952 年整理），见中央档案馆、湖北省档案馆编：《侵华日军在湖北暴行史料》，中国档案出版社 2005 年版，第 336 页。

③ 《枝江人民控诉书》（1951 年整理），见中央档案馆、湖北省档案馆编：《侵华日军在湖北暴行史料》，中国档案出版社 2005 年版，第 438 页。

④ 《在钟祥的暴行》，见中央档案馆、湖北省档案馆编：《侵华日军在湖北暴行史料》，中国档案出版社 2005 年版，第 250—251 页；钟祥县政府 1948 年编：《钟祥县抗战史料》，湖北省档案馆馆藏档案，档案号 LS3—5—5531。

⑤ 《在通城的暴行》，见中央档案馆、湖北省档案馆编：《侵华日军在湖北暴行史料》，中国档案出版社 2005 年版，第 132—135 页；通城县政府 1947 年编：《通城县抗战史料》，湖北省档案馆馆藏档案，档案号 LS3—5—5527。

⑥ 《何明达等控诉书》（1951 年整理）、《掇刀石惨案》（1987 年整理），见中央档案馆、湖北省档案馆编：《侵华日军在湖北暴行史料》，中国档案出版社 2005 年版，第 227、232 页。

⑦ 《在枝江的暴行》（1985 年整理），见中央档案馆、湖北省档案馆编：《侵华日军在湖北暴行史料》，中国档案出版社 2005 年版，第 440 页。

⑧ 李秉新、徐俊元、石玉新主编：《侵华日军暴行总录》，河北人民出版社 1995 年版，第 1099 页。

⑨ 《福井罪行调查书》（1952 年整理），见中央档案馆、湖北省档案馆编：《侵华日军在湖北暴行史料》，中国档案出版社 2005 年版，第 341 页。

⑩ 《桑本罪行调查书》（1952 年整理），见中央档案馆、湖北省档案馆编：《侵华日军在湖北暴行史料》，中国档案出版社 2005 年版，第 342 页。

取肝制药"①；在宜昌县高家店"将一名军事俘虏""用注射方法使其陷入昏睡状态后，便从该人的胸部直至腹部实行了解剖"②。日军还使用毒气屠杀平民。1940年8月27日，日军至黄梅县路塘乡砂螺嘴游击，将项四火（71岁）、项鉴明（53岁）等22人抓获后以毒气毒死③。

4. 日本侵略者对湖北妇女进行以集体强奸、奸后杀害为主要形态的性摧残

国际主义人道法要求对战争中的弱者——妇女和儿童给予特别保护，防止强奸、强迫卖淫或任何其他形式的对妇女的非法侵犯④。但是，曾任首相、有"战争狂人"之称的日本战犯东条英机公然宣称，"女人是一种战备物资，并且是对胜利不可缺少的独特营养的战略物资"，⑤怂恿士兵侵扰妇女；而要求受害者亲自控诉罪名才能成立的日本陆军刑法对在敌国犯罪的士兵没有丝毫约束力，且多数日军"干部忽视军纪，重功轻罪"，认为"在战场，奸污妇女似乎是难以避免的罪行"⑥，赞成部下在"圣战"之后放松。因此，日本侵略军入鄂伊始，就对大量手无寸铁的妇女进行以集体强奸、奸后杀害为主要形态的野蛮摧残，使性暴行遍及所经过或占领的55县市。

（1）日军不分时间、地点、场合，随意强奸妇女

1）每次作战后，日军即对周围城镇、村庄的妇女进行强奸。据冈村宁茨回忆，日军攻占黄梅县小池口后，"驻扎在小池口附近的波田支队（与第六师团同为日本南九州兵）的原田大队风纪败坏，强奸、掳掠情况屡有发生。有的人在召集附近村长时夺取他们的服装，这是因为穿起来便于进行强奸。我军飞机场工程由一位村长承包，因士兵轮奸了该村长的妻子、女儿，致使机场施工一度停顿。"⑦这是侵鄂日军在湖北境内制造的早期强奸案件之一。1938年8月4日，日军占领黄梅县城即"强奸妇女105名，其中30多人被侮辱至死"⑧。1939年3月3日，日军清

---

① 《小川罪行调查书》（1952年整理），见中央档案馆、湖北省档案馆编：《侵华日军在湖北暴行史料》，中国档案出版社2005年版，第380页。

② 《林正笔供》（1954年10月9日整理），见中央档案馆、湖北省档案馆编：《侵华日军在湖北暴行史料》，中国档案出版社2005年版，第355页。

③ 黄梅县政府编：《黄梅县抗战史料》（1948年6月），湖北省档案馆藏档案，档案号LS3—5—5475。

④ 刘键主编：《国际法》，湖南人民出版社2001年版，第358页。

⑤ 张铨、庄志龄、陈正卿：《日军在上海的罪行与统治》，上海人民出版社2000年版，第507页。

⑥ ［日］稻叶正夫编：《冈村宁茨回忆录》，中华书局1981年版，第349—351页。

⑦ ［日］稻叶正夫编：《冈村宁茨回忆录》，中华书局1981年版，第341页。

⑧ 中共黄冈地委党史资料征编委员会编：《鄂东抗日民主根据地史稿》，武汉大学出版社1991年版，第30页。

水联队侵入广济余埧（今余川）乡，强奸妇女 329 人[①]。在汉口陷落的当天，金城银行附近的一家商店里，3 个日本兵对主妇进行轮奸使其瘫痪[②]。1943 年 5 月 21 日至 6 月 1 日，长阳县"龙永乡金子山之西市坪，避难妇女幼弱藏于岩穴中，被敌结队奸污者达 400 余人"[③]。

2）日军行军宿营时，寻奸妇女。自 1944 年 4 月至 1945 年 3 月，日军士兵谷川进在行军休息时，常常到民宅或树林搜寻妇女，先后强奸、轮奸 8 名[④]。1940 年 7 月 8 日，日军 13 师团小川部"从沙市出发进攻江陵县郝穴，路过祁市乡宿营一夜，强奸妇女方××等 17 名，有的被轮奸 5 次或 7 次，事后强迫妇女们挑水为他们洗擦"[⑤]。

3）日军在占领区内任意行奸。日军站岗哨兵往往拦奸过路妇女。日军新谷良之士兵 1942 年 10 月上旬在江陵县沙市站岗时，"对在通行中 19 岁左右的中国妇女，在用刺刀威吓之下，强拉到破房子里去，实行了强奸"[⑥]。而驻守士兵则结伴"打捞"。"其最坏者，惟县城军事区马兵，当夏日三五成群，赤身露体（仅以巴掌大白布略掩脐下）骑马，悄往附近乡村寻捕强奸妇女，突如其来，未遑避匿，遇之者无一幸免。"[⑦]每到夜晚，日军常常巡垸强奸妇女，掳走"花姑娘"[⑧]。

4）日军对抗日民主根据地进行"扫荡"和对占领区内村庄进行报复时，实施集体强奸。1939 年 8 月 21 日至 22 日，在钟祥沈集强奸妇女 17 人[⑨]。1941 年 3 月 15 日，在沔阳县峰口镇潭子村，借搜捕新四军之名，6 名日军将 1 名年仅

---

① 中共黄冈地委党史资料征编委员会编：《鄂东抗日民主根据地史稿》，武汉大学出版社 1991 年版，第 30 页。

② 敖文蔚主编：《湖北抗日战争史》，武汉大学出版社 2006 年版，第 427 页。

③ 《在长阳的暴行》（一）（1987 年整理）、《在长阳的暴行》（二）（1948 年 3 月整理）、《刘长生控诉书》（1987 年整理），见中央档案馆、湖北省档案馆编：《侵华日军在湖北暴行史料》，中国档案出版社 2005 年版，第 447、448、449—450 页。

④ 《谷川进口供》（1954 年 9 月 29 日整理），见中央档案馆、湖北省档案馆编：《侵华日军在湖北暴行史料》，中国档案出版社 2005 年版，第 442 页。

⑤ 《小川部队罪行调查书》（1953 年整理），见中央档案馆、湖北省档案馆编：《侵华日军在湖北暴行史料》，中国档案出版社 2005 年版，第 174 页。

⑥ 《新谷良之笔供》（1954 年 8 月 12 日整理），见中央档案馆、湖北省档案馆编：《侵华日军在湖北暴行史料》，中国档案出版社 2005 年版，第 226 页。

⑦ 《在石首的暴行》（1947 年整理），见中央档案馆、湖北省档案馆编：《侵华日军在湖北暴行史料》，中国档案出版社 2005 年版，第 210 页；石首县政府编：《石首县抗战史料》（1947 年），湖北省档案馆馆藏档案，档案号 LS3—5—5490。

⑧ 李秉新、徐俊元、石玉新主编：《侵华日军暴行总录》，河北人民出版社 1995 年版，第 1082 页。

⑨ 李秉新、徐俊元、石玉新主编：《侵华日军暴行总录》，河北人民出版社 1995 年版，第 1107—1108 页。

14 岁的童养媳刘某，赶到一块翻耕了的田里进行轮奸[1]。1943 年 3 月 27 日，日、伪军 500 余人袭击京山县京南方家岩子的吴岭，仅丁家冲一处，遭日军轮奸的就有 10 余人。滴水寺张某之妻被 7 个日军轮奸致死[2]。"大冶有位青年妇女，一次遭到 30 多个日军轮奸，致终身不育。"[3]在南漳沐浴乡村，先后有 444 名妇女被日军奸污[4]。

（2）日军不分年龄大小、妇女身份及身体好坏，肆意强奸妇女

1）日军强奸不分老少。1940 年，日军"在宜昌奸淫妇女，甚至连 88 岁的老婆婆也遭奸死"[5]。1943 年 10 月，日军在松滋县刘家场将"刘万氏年 83、文张氏年 76、杜萧氏年 76，均先奸后杀。易开明之女年仅 11 岁，萧光远之女年仅 9 岁，均被强奸致死"[6]。1939 年 8 月 21 日下午，钟祥沈集 8 岁幼女舒玉子被 3 名日军轮奸[7]。"长阳都镇湾一地，集老弱妇女 300 余人，隐避很山之下，敌发现后，视若驯服羔羊，为所欲为，8 岁之幼女，60 之老妪，无一幸免"[8]。

2）日军强奸不拘身份。"从武安镇逃到临沮白庙岗的 30 多个妇女，被日军包围在树林里集体奸污。其中有个穿旗袍的女学生，被 8 个日军轮奸后动弹不得。"[9]日军士兵谷川进供称，1945 年 4 月下旬，在当阳县穿心店，发现"我们大队收容的俘虏中有一名约 20 岁的妇女，我将其强奸了。"[10]身处红尘之外的尼姑日军也要强奸。1938 年 10 月，广济县官桥南溪庙一尼姑对强奸不从，被日军剁成四块[11]。

3）对应特别照顾、护理的妇女，日军也不放过。一是经期妇女。1938 年秋，

① 李秉新、徐俊元、石玉新主编：《侵华日军暴行总录》，河北人民出版社 1995 年版，第 1123 页。

② 湖北省京山县志编纂委员会编：《京山县志》，湖北人民出版社 1990 年版，第 509 页。

③ 刘维德、张先金：《在大冶的暴行》（1985 年整理），见中央档案馆、湖北省档案馆编：《侵华日军在湖北暴行史料》，中国档案出版社 2005 年版，第 168 页。

④ 袁思义：《在南漳的暴行》（1987 年整理），见中央档案馆、湖北省档案馆编：《侵华日军在湖北暴行史料》，中国档案出版社 2005 年版，第 285—286 页。

⑤ 《山田贤治罪行调查书》（1952 年整理），见中央档案馆、湖北省档案馆编：《侵华日军在湖北暴行史料》，中国档案出版社 2005 年版，第 342 页。

⑥ 松滋县政府编：《松滋县抗战史料》（1948 年），湖北省档案馆馆藏档案，档案号 LS3—5—5493。

⑦ 李秉新、徐俊元、石玉新主编：《侵华日军暴行总录》，河北人民出版社 1995 年版，第 1108 页。

⑧ 长阳县政府编：《长阳县抗战史料》（1948 年），湖北省档案馆馆藏档案，档案号 LS3—5—5507。

⑨ 袁思义：《在南漳的暴行》（1987 年整理），见中央档案馆、湖北省档案馆编：《侵华日军在湖北暴行史料》，中国档案出版社 2005 年版，第 285—286 页。

⑩ 《谷川进口供》（1954 年 9 月 29 日整理），见中央档案馆、湖北省档案馆编：《侵华日军在湖北暴行史料》，中国档案出版社 2005 年版，第 442 页。

⑪ 李秉新、徐俊元、石玉新主编：《侵华日军暴行总录》，河北人民出版社 1995 年版，第 1081 页。

黄陂骆家湾一妇女被逼无奈，扯出月经布以示日军，当即被一刺刀杀死①。二是孕妇。1943年3月，京山"上岭刘某之妻被日军轮奸后，用刺刀将腹中胎儿挑出来放在堂屋桌子上，刘与日军拼命，被杀死"②。三是产妇。1939年3月，钟祥"洋梓东沈家冲一分娩旬日之民妇，被敌轮奸致命……敌侵沙港集时，将一方值临盆之妇女轮奸，至母子俱亡"。四是病妇。英山县七里冲一名老年妇女身体有病，日军来时躲在床下，被发现后仍然遭到日军摧残③。五是伤妇。"南漳武安镇俞某某的姑娘被日机炸断腿，拼命爬到城门洞里，竟被日军多次奸污，7天后死亡"④。

4）日军对新婚妇女强行奸污。1938年9月，一队日军进入广济县陈选铺垸，将19岁的新娘陈某轮奸致死⑤。1940年4月22日晚，驻扎在孝感三汊埠火车站的日军专门派出3名士兵，用斧头砍开邹陈村北头一新婚夫妇家的大门，上床强奸新娘，被惊扰后即将新娘扛往据点轮奸⑥。

5）日军对婆媳、姐妹、母女等同时予以强奸。1940年4月29日清晨，日军将钟祥胡集陈氏婆媳俩轮奸⑦。1943年5月，长阳平洛农民刘长生的妻子杨明秀、4个女儿（最大的12岁）在光天化日之下被日军轮奸后推入薯窖烧死⑧。

（3）不管奸前奸后，日军均以毒辣的手段摧残妇女

1）强奸暴行实施前，日军对不愿屈从的妇女或将其逼入绝路，或残忍杀害，甚至株连其亲人或乡邻。1940年底，钟祥县郭家店子一刘氏妇女坚不屈从，"日兵就将她的双乳割掉，并在头上挖了一个洞淋上油点天灯烧死。汪安久的妻子被日军抓去受侮辱，汪与日军拼命被打死"⑨。一日军军官在枝江顾家店索一少女未得，要放火烧街，全街人跪求，日军口头答应，暗里放毒，导致全街人中毒、

---

① 李秉新、徐俊元、石玉新主编：《侵华日军暴行总录》，河北人民出版社1995年版，第1088页。

② 湖北省京山县志编纂委员会编：《京山县志》，湖北人民出版社1990年版，第509页。

③ 李秉新、徐俊元、石玉新主编：《侵华日军暴行总录》，河北人民出版社1995年版，第1078页。

④ 袁思义：《在南漳的暴行》（1987年整理），见中央档案馆、湖北省档案馆编：《侵华日军在湖北暴行史料》，中国档案出版社2005年版，第285页。

⑤ 李秉新、徐俊元、石玉新主编：《侵华日军暴行总录》，河北人民出版社1995年版，第1080页。

⑥ 李秉新、徐俊元、石玉新主编：《侵华日军暴行总录》，河北人民出版社1995年版，第1111—1112页。

⑦ 《在转斗湾、胡家集等地的暴行》（1985年整理），见中央档案馆、湖北省档案馆编：《侵华日军在湖北暴行史料》，中国档案出版社2005年版，第256页。

⑧ 《在长阳的暴行》（1987年整理），见中央档案馆、湖北省档案馆编：《侵华日军在湖北暴行史料》，中国档案出版社2005年版，第447页；李秉新、徐俊元、石玉新主编：《侵华日军暴行总录》，河北人民出版社1995年版，第1127页。

⑨ 李秉新、徐俊元、石玉新主编：《侵华日军暴行总录》，河北人民出版社1995年版，第1097页。

100 多名小孩及全街的鸡犬猪羊死于非命①。

2）实施强奸暴行时，日军异常野蛮残忍。一是当场打死、打伤或赶走被害妇女的亲人，再强奸肝肠寸断的妇女。1941 年，日军 39 师团小队长小林在宜昌五龙村"将居民邹××拖到水边，用刺刀慢慢割死，并奸其妻杀其子"②。1943年 5 月，日军侵入长阳都镇湾，见农民方某之妻在给一岁多的小孩喂奶，一把夺过小孩，举刀劈死在地，再将该妇强奸③。二是野蛮强奸，将妇女当场奸死。1940年 5 月 23 日，枣阳"刘升姜店一农村妇女被日军抓住，遭群寇轮奸致死"④。同年，39 师团 232 联队第 5 中队小队长山田贤治在宜昌，"强奸一周姓妇女致口吐白水而死"⑤。

3）日军在强奸以后，还千方百计伤害或凌辱被奸妇女。一是以极残忍的手段杀害。1940 年 5 月，枣阳"杨垱杜光汉之妻遭日军强奸后，又被日军用刺刀割去双乳，惨痛致死"⑥。1943 年日军在枝江城关将胡××的母亲强奸后，"用刺刀插入阴穴后致死"⑦。1943 年 5 月，日军在五峰县将堂上一 16 岁少女轮奸后，将其"抑面桌上，向其阴道捅进一截伞把"。更残忍的是，"钟祥转斗湾一孕妇被 6 个日本兵轮奸后，用刺刀剖腹将其杀害，把腹中 6 个多月的胎儿用刀挑出，砍成几片"⑧。二是带走继续奸污或长期霸占。1939 年 8 月 21 日，日军在钟祥沈集将 8 名妇女捆绑强奸后，又将其中的年轻姑娘刘志英、李芳等四人带到驻地轮奸⑨。1940 年，

① 《在枝江的暴行》（1985 年整理），见中央档案馆、湖北省档案馆编：《侵华日军在湖北暴行史料》，中国档案出版社 2005 年版，第 440 页。

② 《小林罪行调查书》（1952 年整理），见中央档案馆、湖北省档案馆编：《侵华日军在湖北暴行史料》，中国档案出版社 2005 年版，第 333 页。

③ 《在长阳的暴行》（1987 年整理），见中央档案馆、湖北省档案馆编：《侵华日军在湖北暴行史料》，中国档案出版社 2005 年版，第 446 页。

④ 余辉：《在枣阳的暴行》（二）（1988 年整理），见中央档案馆、湖北省档案馆编：《侵华日军在湖北暴行史料》，中国档案出版社 2005 年版，第 281 页。

⑤ 《山田贤治罪行调查书》（1952 年整理），见中央档案馆、湖北省档案馆编：《侵华日军在湖北暴行史料》，中国档案出版社 2005 年版，第 342 页。

⑥ 李秉新、徐俊元、石玉新主编：《侵华日军暴行总录》，河北人民出版社 1995 年版，第 1114 页；余辉：《在枣阳的暴行》（二）（1988 年整理），见中央档案馆、湖北省档案馆编：《侵华日军在湖北暴行史料》，中国档案出版社 2005 年版，第 281 页。

⑦ 《枝江人民控诉书》（1951 年整理），见中央档案馆、湖北省档案馆编：《侵华日军在湖北暴行史料》，中国档案出版社 2005 年版，第 438 页。

⑧ 《在转斗湾、胡家集等地的暴行》（1985 年整理），见中央档案馆、湖北省档案馆编：《侵华日军在湖北暴行史料》，中国档案出版社 2005 年版，第 256 页。

⑨ 李秉新、徐俊元、石玉新主编：《侵华日军暴行总录》，河北人民出版社 1995 年版，第 1107—1108 页。

宜昌一罗姓幼女被日军第 39 师团小队长小林强奸后霸占 2 个月，随后又被士兵尾上霸占 4 年之久①。三是进行人身侮辱。或"拿走裤子"，或强逼"赤身在太阳下晒"，或将梨塞入妇女阴部，或逼舔日军下身，为其消毒②。日军宪兵队情报长安岛"轮奸后叫其夫韩老头用酒洗阴户，洗后逼喝，韩老头不喝，即将脑壳砍伤"③。四是强迫中国人参与奸淫。1945 年 3 月，日军士兵谷川进在襄阳县将一名约 20 岁的妇女殴打后强奸。该犯后来供称：当时"由于我强奸她时她还抵抗，因此我很愤怒，又强迫带去的一名被俘人员对其进行了强奸"④。

（4）开办"慰安所"，对妇女进行经常性的性摧残

日军为满足兽欲，在汉口、武昌、沙市、宜昌、沔阳、大冶、应山、嘉鱼、荆门、天门等地开办"慰安所"⑤。日军汉口特务部"占用我居民住户之里弄，如义品里、六合里、吉庆里等处，大量设置慰安所"⑥，占领汉口初期就开办了30 家⑦。同时，在武汉广设妓院性质的"料理店"、"咖啡店"，如曙庄、清流、繁乃家，为日海陆军高级官佐服务，太鼓、平安楼以及六合里、义品里等，服务其下级官兵⑧。驻大冶日军在晚卢设有军妓院，军官每人每周 1 张嫖票，士兵以连队为单位，每周六发 10 来张，轮流分配⑨。驻安陆等地日军有随军"慰安妇"跟随⑩。"慰安妇"、"侍女"大多为朝鲜和中国妇女，多从各地掳掠而来。日军

---

① 《小林罪行调查书》（1952 年整理），见中央档案馆、湖北省档案馆编：《侵华日军在湖北暴行史料》，中国档案出版社 2005 年版，第 333 页。

② 《永冈茂罪行调查书》（1952 年整理）、《山田贤治罪行调查书》（1952 年整理）、《伊藤玉男罪行调查书》（1952 年整理）、《中尾帮广笔供》（1954 年整理），见中央档案馆、湖北省档案馆编：《侵华日军在湖北暴行史料》，中国档案出版社 2005 年版，第 184、342、346、379 页。

③ 《安岛罪行调查书》（1952 年整理），见中央档案馆、湖北省档案馆编：《侵华日军在湖北暴行史料》，中国档案出版社 2005 年版，第 335 页。

④ 《谷川进口供》（1954 年 9 月 29 日整理），见中央档案馆、湖北省档案馆编：《侵华日军在湖北暴行史料》，中国档案出版社 2005 年版，第 442 页。

⑤ 敖文蔚主编：《湖北抗日战争史》，武汉大学出版社 2006 年版，第 428 页。

⑥ 《武汉市人民检察署专报》（1952 年 9 月 15 日整理），见中央档案馆、湖北省档案馆编：《侵华日军在湖北暴行史料》，中国档案出版社 2005 年版，第 5、17 页。

⑦ 敖文蔚主编：《湖北抗日战争史》，武汉大学出版社 2006 年版，第 428 页。

⑧ 《武汉市人民检察署专报》（1952 年 9 月 15 日整理），见中央档案馆、湖北省档案馆编：《侵华日军在湖北暴行史料》，中国档案出版社 2005 年版，第 5、17 页。

⑨ 刘维德、张先金：《在大冶的暴行》（1985 年整理），见中央档案馆、湖北省档案馆编：《侵华日军在湖北暴行史料》，中国档案出版社 2005 年版，第 168 页。

⑩ 敖文蔚主编：《湖北抗日战争史》，武汉大学出版社 2006 年版，第 428 页。

在武汉"威胁利诱我之良家妇女至其中供日寇之兽欲"，或强迫为"侍女"①。在当阳，日军一次就"掳青年妇女百二十人，充作营妓取乐"②。"慰安妇"、"侍女"境遇悲惨。日本人在武汉开的"密罗江"店里一名年仅 18 岁的汉口姑娘兰×，从早晨 5 点半钟开始，"被 48 个日本兵连续不断轮奸至晚上，下身都整烂了，骨头也都压碎了。另一个浏阳妇女叫胡××，20 岁，也遭到 44 人的轮奸"③。此外，更多的驻村镇日军则将驻地附近妇女视为业余或临时"慰安妇"加以摧残。1939 年 7 月 4 日，日军在蕲春烂泥滩一带抓获 4 名妇女，将其关进碉堡，剥衣狂欢，轮奸 10 余日④。1945 年 2 月 13 日，通山县 3 名 30 来岁的妇女被扣留在营房达两月之久，受尽凌辱⑤。

日本侵略者在湖北的性暴行不仅使众多妇女命殒当场，而且"增加了梅毒在湖北的传播机会"⑥。侥幸活下来的妇女，有的羞愤自尽，有的致病致残，有的终身不育，有的受到刺激后精神失常，更多的是在内心埋下了永难磨灭的阴影。

5. 日本侵略者在湖北占领区进行经济掠夺

由于日本为小国，资源缺乏为其经济致命伤，因此，曾任日本首相的田中义一在 1913 年说："利用中国资源是日本富强的唯一方法。"⑦在这种思想指导下，日本侵略者出于"以战养战"的目的，于 1938 年 11 月在汉口建立"华中振兴株式会社"作为经济掠夺机构⑧，通过武力霸占、直接抢夺及从经济流通环节加强统制等方式，对湖北占领区进行残酷的经济掠夺。

（1）掠夺农业物资

1941 年 12 月，日军在洪湖周围地区抢劫粮食 4 万余担、棉花约 2 万担、芝麻约 2400 担。1942 年 2 月，驻沔阳北部的日军突袭老沟、中岭、张家垱、花鼓

① 《武汉市人民检察署专报》（1952 年 9 月 15 日整理），见中央档案馆、湖北省档案馆编：《侵华日军在湖北暴行史料》，中国档案出版社 2005 年版，第 17 页。

② 最高人民检察署中南分署：《关于苏联引渡日籍战犯在中南区湖北省宜昌一带之罪行调查》，1951 年 12 月。转引自宜昌抗战损失调研报告，存中共湖北省委党史研究室。

③ 《万开荣控诉书》（1951 年 11 月 6 日整理），见中央档案馆、湖北省档案馆编：《侵华日军在湖北暴行史料》，中国档案出版社 2005 年版，第 20 页。

④ 中共黄冈市委党史研究室：《抗战时期黄冈人口伤亡和财产损失调研报告》（2009 年），第 8 页，存中共湖北省委党史研究室。

⑤ 李秉新、徐俊元、石玉新主编：《侵华日军暴行总录》，河北人民出版社 1995 年版，第 1091 页。

⑥ 湖北省地方志编纂委员会编：《湖北省志·卫生（上）》，湖北人民出版社 2000 年版，第 11、402 页。

⑦ 转引自郭汝瑰、黄玉章主编：《中国抗日战争正面战场》，江苏人民出版社 2002 年版，第 88 页。

⑧ 湖北省地方志编纂委员会：《湖北省志·经济综述》，湖北人民出版社 1992 年版，第 85 页。

桥等地，抢劫粮食约 30 万斤[①]。在鄂东沿江平原，日军也掠夺了大批粮食。1938 年 8 月，日步兵第 36 旅团一部在黄梅城将民藏稻谷 2000 余石抢走。据战后不完全统计，日军侵占阳新期间，共抢劫粮食 6067 万斤。1945 年 4 月，日军再次侵占谷城，抢走粮食约 25.79 万石。抗战时期，日军在湖北共抢劫大米 13220 万担、小麦 2048.8 万担[②]。日伪大规模地、频繁地掠夺粮食，使沦陷区农民的粮食拥有量大幅度减少，造成粮食市场粮源严重不足，粮价不断上涨，给人民生活和中国抗战军队的军粮供应造成很大困难。日军通过多种途径及手段，掠夺农副产品和土地，对农民强征各种捐税，强行征用劳动力，大量砍伐树木及森林，给湖北农业造成严重危害。日军成立专门剥夺沦陷区农业和农民的机构，如华中棉业改进会、华中农林会社，并在湖北设立分支机构，以"垄断华中诸省的棉业及强买米麦杂粮"[③]，为日本搜刮军需物资。同时，统制农产品收购。日军以棉花乃战时重要工业原料为由，将湖北沦陷区棉花交由日本八大行家（东棉、日信、三菱、江商、伊藤、阿部市、吉田等）实行统购。武汉沦陷 7 年，日军通过日本棉花行掠夺湖北棉花约 469 万担。这类机构还以极为低廉的价格收购农产品，如汉阳县日军"货物厂"收买主要农产品的价格仅为汉口市价的 1/3 至 1/2[④]，严重挫伤了农民种田的积极性。再加上战争和天灾影响，湖北沦陷区农业日趋衰落。

（2）掠夺工业物资

钢铁是制造战争武器的主要材料，大冶铁矿成为日军掠夺的重点。1938 年 10 月日军占领武汉后，日本制铁株式会社即设立大冶铁矿所，实行掠夺式开采。7 年间，共采出铁矿石 500 多万吨，运回日本 420 多万吨[⑤]，并强占象鼻山铁矿及鄂城的西山、雷山两座产铁山城。伪湖北省省长何佩瑢为讨好日方，竟将大冶铁矿沦陷前所存有的 6 万多吨铁矿砂送给日军，后分批运往日本[⑥]。日军通过中日合办的手段全面控制汉冶萍公司后，一方面投入 7000 多万日元添置发电机、卷扬机等大批机器，扩大矿石生产规模的能力、矿山的开采能力和铁路运送能力，

---

① 参见洪湖县地方志编纂委员会：《洪湖县志》，武汉大学出版社 1992 年版，第 15 页。

② 参见湖北省地方志编纂委员会：《湖北省志·农业（上）》，湖北人民出版社 1994 年版，第 45 页。

③ 陈光：《国防观下的新湖北建设》，载《新湖北季刊》第 1 卷第 2 期，1941 年，第 132 页。

④ 参见 [日] 浅田乔二等著、袁愈佺译：《1937—1945 年日本在中国沦陷区的经济掠夺》，复旦大学出版社 1997 年版，第 84 页。

⑤ 参见马屋源：《日寇对大冶铁矿矿产资源的掠夺与暴行纪实》，载政协湖北省委员会文史资料研究委员会编：《湖北文史资料》1995 年第 1 辑，第 216 页。

⑥ 参见张孟青：《日军在沦陷区掠夺金属物资纪实》，载政协湖北省委员会文史资料研究委员会编：《湖北文史资料》1986 年第 3 辑，第 171 页。

每天采矿达 5000 吨，发电量每月达到 65 万千瓦/时，一方面骗来大批中国难民，对大冶铁矿进行掠夺式开采，"不择手段，不讲规律，不问后果，哪里有矿石，就驱赶劳工往那里采，哪里矿石品位高，就押着劳工到哪里掏"[1]，大冶铁矿山被破坏得千疮百孔。刚侵占武汉时，日军就将汉阳兵工厂及汉阳铁厂的锅炉等铁器及其他生熟铁全部运走。日军还大肆掠取其他金属。据粗略统计，日军侵占黄冈 7 年间，共掠夺金属物品 300 余吨。此外，日军还通过伪政府、伪军和汉奸以收购为名，变相掠夺稀有金属金、银、水银和锡等。应城膏盐公司明为官商合办，实为日方控制，大批膏盐源源不断地为日军榨取。1942 年，日军将应城膏矿"全矿区一百零八个盐厂"，派重兵把守，严密监督，用减缩生产单位、集中生产的办法来实现控制[2]。日军将原武汉工业纳入军事工业的范畴，为侵略战争服务。日军占领武汉后，立即侵占来不及西迁的厂房及设备等。汉口扬子江机器厂、汉冶萍汉阳铁厂等成为日军工业生产基地，武汉楚胜火柴厂设备为日本"三井火柴厂"占用，金龙面粉厂则成为日军的军粮加工厂，汉口既济水电厂也被日军侵占。与此同时，日军还以强制合并、调整等手段，成立华中电气股份有限公司、日华纺织株式会社、日华制油厂、机器红砖厂等。截至 1945 年 8 月，日军在武汉地区建有军事工厂、仓库 100 余个。工矿业是一个地区现代经济的主要部分。由于日军一方面从自身战争需要出发，将一部分对军事有用者强行垄断和控制，另一方面对涉及民生的民营工业和手工业百般压榨甚至摧毁，使得沦陷区的工矿业趋于破产。

（3）掠夺劳动力

仅以武汉为例。1938 年 10 月长沙会战时，日军在武汉市武泰区拉夫 400 多人，强迫少壮者不分昼夜地为日军搬运枪弹、物资，驱使老弱者成群结队到前线探测地雷。1939 年初，日军在武昌拉夫 700 多人修建南湖机场，每人每天仅给日钞 0.4 元，馒头两个。1941 年，修筑徐家棚飞机场时，日军又在武昌征夫 2 万余人。此外，每次到抗日民主根据地"扫荡"，都要拉民夫运送军需物资[3]。

（4）垄断金融贸易

抗战时期，日军还严密控制湖北金融贸易，力图从经济流通环节加强对湖北沦陷区的经济统制和掠夺，以实现"以战养战"。日军对湖北沦陷区金融贸易的

---

① 参见马景源：《日寇对大冶铁矿矿产资源的掠夺与暴行纪实》，载政协湖北省委员会文史资料研究委员会编：《湖北文史资料》1995 年第 1 辑，第 214 页。

② 应城石膏矿史编写组：《应城膏矿史话》，湖北人民出版社 1972 年版，第 55 页。

③ 湖北省地方志编纂委员会：《湖北省志·经济综述》，湖北人民出版社 1992 年版，第 86 页。

垄断，是通过设立银行、大量发行钞票和控制货币等一系列步骤来完成的。日本在武汉一方面支持原日本正金银行、台湾银行复业，扩大伪中央储备银行等营业，另一方面成立新的银行以压制或利用华资金融机构。1940 年前后，日军设立伪湖北省银行和中江实业银行，发行军用票，作为日军垄断金融的新据点。其中，中江实业银行资本总额为 2000 万军用票，主要任务是发行军用票及管理日伪湖北各级机关金库，成为日伪在华中的金融枢纽。此外，日军还命令日伪各级经济机构配合银行行动，多方配合实施金融垄断。同时，利用其设立的洋行、贸易公司、合作社、军纳物资收集所等经济机构，辅以军事力量的支持和伪政权的配合，对贸易进行统制。

抗战时期，日军在湖北沦陷区竭泽而渔的经济掠夺，使湖北沦陷区经济一片萧条或残破，广大民众日益贫困，不得温饱，许多人在死亡线上挣扎，自杀、饿毙者时有所闻，社会危机日趋严重[①]。

6. 日本侵略者大肆抢劫、毁坏湖北境内的公私财物

日本侵略者在湖北肆意屠杀中国人的同时，还实行"抢光"、"烧光"政策，大肆抢劫、毁坏公私财物。同时，中国军民和在华盟军为抵抗日军，避免资敌，也采取一些自毁或俱毁措施，造成巨大财产损失。

（1）大肆抢劫。日军除掠夺战略物资外，还对平民的金银、货币等贵重物品乃至粮食、衣物、鸡蛋、食油等生活用品以及牛、羊、猪、鸡等牲畜进行抢劫。日军一入汉口，即将"太平洋"、"璇宫"和"扬子江"等著名饭店旅社的器具杂物搬上舰艇运走。中山路所有商店的家具货物都成了他们的资产。为了存汇，日军官兵以抢劫得来的赃款，设立"汉口野战邮局"。在宜昌，日军在纵火之前，总是用卡车、马车和人力车将仓库、商店和居民的货物、物资和家具搬运一空。民生仓库堆积有价值 30 万银元的货物，全被日军搬走。日军对市内居民均一一搜身，搜出的法币和银元均强行抢走[②]。据日军鹈野晋太郎交待，1941 年至 1945 年，在荆门、当阳、枝江等地，他"个人掠夺的有鸡 40 只，鸡蛋 500 个，白酒 80 斤，伪币 8000 元，牛 1 头，竹竿 200 根，猪肝 50 公斤，点心 300 公斤；命令部下掠夺的盐 12 吨，棉布 500 匹，木材 750 根，竹竿 80 根，大米约 1.5 吨"[③]。

---

① 敖文蔚主编：《湖北抗日战争史》，武汉大学出版社 2006 年版，第 403—410 页。

② 敖文蔚主编：《湖北抗日战争史》，武汉大学出版社 2006 年版，第 422 页。

③ 《鹈野晋太郎口供》（1954 年 12 月 27 日整理），见中央档案馆、湖北省档案馆编：《侵华日军在湖北暴行史料》，中国档案出版社 2005 年版，第 233 页。

（2）纵火焚烧。日军对其"扫荡"、报复地区的城乡民居、财物，往往有组织地纵火烧毁。其放火方法，或点柴垛，或用火焰喷射器，或浇煤油，或"将稻草、桌子、农具堆在屋里"焚烧[1]。在麻城宋埠，日军用铁丝大缆将未炸毁的房屋屋梁套住，用汽车"把房屋拉倒，纵火焚烧。几天几夜，烈火不熄，城内几乎没有一间完整的房屋"[2]。日军常将人与房屋一起焚烧。如荆门曾巷街"来不及逃跑和躲藏的34人全被（日军）捉去关在曾瑞堂的屋里，并在天井里架上隔门、桌凳，淋上汽油，点火燃烧"[3]。许多地方上千栋房屋被日军同时焚毁。1939年4月18日，日军在钟祥县老堤烧毁民房4000余栋，其中仅刘公湾一村即烧毁民房280余户。1940年6月12日日军侵入宜昌后，毁坏房屋六七千栋。1942年冬，日军在武昌老虎山一带烧毁民房千余栋。1944年5月2日，日军在鄂城熊双湾一带大肆烧杀，数十个村庄瞬成瓦砾。日军同时焚毁数十、数百栋房屋的罪行更多。除纵火焚烧以外，日军还以拆砸、水淹等方法毁坏百姓的财物。对带不走的锅碗盆钵统统摔碎，将来不及赶走的牲畜砍死或砍伤。

（3）中国军民自毁部分财物。为抵抗日军，避免资敌，中国军民及在华盟军被迫采取一些自毁或俱毁措施，造成巨大财产损失。一是交通破坏战，阻止日军进攻。1938年4月，国民政府军征用包括招商局汉口刘家庙联茜趸船（2000吨）在内的船只18艘计24995吨，装载石头用铁链相连，沉入临近湖北的长江要塞马当江底，堵塞航道以延缓日军溯江西犯。同年，省政府西迁后，即破坏鄂中地区公路以阻日军[4]。二是炸毁无法迁移的设备。1938年7月28日，炸毁大冶铁厂两座无法拆运的450吨化铁炉[5]。三是"焦土抗战"。1941年2月7日至9日，驻守沔阳的国民政府军128师见"县城势难固守"，"将城内外三千余户，不分公所民房，一律用石油火种焚毁……于是具有一千六百余年历史意义之县治所有文献、古迹，遂荡然无存。峰口原有居民二千余户，为本县第三位商镇，至此亦同时整个化为焦土"[6]。这两次自毁行动，致使两地5000余栋房屋化为灰烬，近2

---

[1] 《新谷良之笔供》（1954年8月12日整理），见中央档案馆、湖北省档案馆编：《侵华日军在湖北暴行史料》，中国档案出版社2005年版，第226页。

[2] 李秉新、徐俊元、石玉新主编：《侵华日军暴行总录》，河北人民出版社1995年版，第1085页。

[3] 官德涛：《曾巷街惨案》（1987年整理），见中央档案馆、湖北省档案馆编：《侵华日军在湖北暴行史料》，中国档案出版社2005年版，第228页。

[4] 湖北省地方志编纂委员会编：《湖北省志·交通邮电》，湖北人民出版社1995年版，第65—66页。

[5] 大冶钢厂厂志编委会：《大冶钢厂志》，1985年内部印行，第54页。

[6] 陈仲刚、刘昌洛著：《沔阳县抗战史料》（1947年11月），第1页，藏于中共仙桃市委党史办公室，全宗号100、目录号2、案卷号70。

万人无家可归。四是毁林清障。1941年，国民政府军第33集团军38师、53师在荆门县刘猴乡修筑30公里长的工事，为清除火力障碍，将许多山林砍伐殆尽，几成荒山①。五是轰炸日占区造成玉石俱焚。太平洋战争爆发以后，美军飞机对中国大陆日占区发起猛烈空袭，武汉成为其打击重点。如1944年12月18日，美军170余架飞机轮番轰炸武汉，投掷大量燃烧弹，汉口一元路至江边长约3公里、宽约5公里的地区一片火海，区内房屋全成焦土②。同时，美军飞机还对湖北其他日占区进行轰炸，使湖北城乡大片房屋变成废墟③。

7. 日本侵略者对湖北人民进行精神摧残

日本侵略者违反国际公法，甚至跨越人类最基本的道德底线，以种种令人不齿的行为，对中国民众的人格与尊严进行极度侮辱，对中华民族的伦理道德进行极度践踏，对湖北人民进行精神摧残。

（1）侮辱中国民众的人格与尊严

日军为便于其统治管理，在湖北把散居各处的中国居民驱赶到一处集中，建立所谓"日化区"、"难民区"，要求中国人出入时出示"安居证"或"良民证"，并向宪兵脱帽鞠躬。在武汉"难民区"，夏天中国人出入，还以防止传染病为由，被喷洒"消毒药水"。对行礼、洒药反感者轻则处以跪砖、顶砖数小时的惩罚，重则毒打。汉剧演员黄鸣振过卡时不鞠躬也不让洒药，即被日军摔得吐血而死④。在大冶厂矿，工人上下班通过哨口时，要立正向日军敬礼；路遇日警，"必须立正恭候，鞠躬行礼"。老工人杨玉山忘了行礼，竟被日军驱使狼狗咬死⑤。大冶铁矿工人上下班时，要高举双手让哨兵搜身。日兵有时摸到下身便使劲捏工人的阴囊，工人疼得惨叫不止，日军却哈哈大笑。妇女过卡，则被强行脱光衣裤，让日军"检查"⑥。

日军侮辱中国民众的手段多样，可谓无所不用其极。1938年11月底，日军进犯通山县清垱、灵泉寺一带，逼迫男女村民在禾场上剥光衣服裸体示众，不从

① 李云桂、汪安府：《刘猴惨案》（1988年整理），见中央档案馆、湖北省档案馆编：《侵华日军在湖北暴行史料》，中国档案出版社2005年版，第224页。

② 武汉市地方志编纂委员会编：《武汉市志·军事志》，武汉大学出版社1992年版，第412页。

③ 参见徐旭阳著：《湖北国统区和沦陷区社会研究》，社会科学文献出版社2007年版，第440页。

④ 李秉新、徐俊元、石玉新主编：《侵华日军暴行总录》，河北人民出版社1995年版，第1096页。

⑤ 褚威：《"日铁"工人的悲惨生活》（1986年整理），见中央档案馆、湖北省档案馆编：《侵华日军在湖北暴行史料》，中国档案出版社2005年版，第164页。

⑥ 吉广智：《在大冶铁矿的暴行》（1985年整理），见中央档案馆、湖北省档案馆编：《侵华日军在湖北暴行史料》，中国档案出版社2005年版，第160页。

者予以枪杀①。在黄冈县，日军常令被抓获的妇女，"衣服脱净，立于高板凳之上，逼男女在板凳下过路"②。1942 年 1 月 3 日，日军第 39 师团第 231 联队第 1 大队第 1 中队中村正则在江陵县"将王绪元的鼻子打肿，小便在碗里，逼着他吃，并拍手大笑"。同年 6 月 2 日，该犯在江陵县熊家河率领部队"强奸妇女李欢喜、张曼儿母亲及其祖母共 5 人，强令谭如广喝强奸妇女后的精液"③。1943 年，日军在松滋县云台乡捉住古白庙老僧周喜庭，"勒令舌舐女人阴户"④。1940 年，驻钟祥洋梓日军侵袭至长寿店，逼迫贫苦农民高兆祥亲自脱掉其妻和女儿衣服，以供日本兵污辱。高奋起反抗，全家 11 人被日军活埋⑤。

（2）践踏中华民族的伦理道德

在男女性关系上，日军以暴力进行威胁，以变态心理强迫被抓男女交配，甚至逼迫乱伦，破坏人类最基本的伦理道德。

1938 年 10 月，日军在通山崇仁乡青屋侧，"集民众下塘掘藕，初责妇女围观，掘毕强迫妇女解衣裤，分令男子行污，稍有难色，以枪击之，听其言则鼓掌大笑"⑥。1940 年 5 月 26 日下午，日军在枣阳琚湾抓住马天运、彭翟氏两个年过六旬的老人，强迫他们交媾，并围观大笑⑦。同年 7 月，日军第 39 师团村上部队在荆门高山店罗成口树林中"发现 100 多农民，即强迫集合在山上裸体乱配"⑧。

1938 年 11 月底，驻通山县两名日军闯进慈口镇街坊里一户母子二人相依为

---

① 李秉新、徐俊元、石玉新主编：《侵华日军暴行总录》，河北人民出版社 1995 年版，第 1091 页。

② 黄冈县政府编：《黄冈县抗战史料》（1948 年 10 月），湖北省档案馆藏档案，档案号 LS3—5—5468。转引自徐旭阳著：《湖北国统区和沦陷区社会研究》，社会科学文献出版社 2007 年版，第 483 页。

③ 《中村正则罪行调查书》（1952 年整理），见中央档案馆、湖北省档案馆编：《侵华日军在湖北暴行史料》，中国档案出版社 2005 年版，第 175 页。

④ 《在松滋的暴行》（1948 年 4 月整理），见中央档案馆、湖北省档案馆编：《侵华日军在湖北暴行史料》，中国档案出版社，2005 年版，第 198 页；松滋县政府编：《松滋县抗战史料》（1948 年），湖北省档案馆藏档案，档案号 LS3—5—5493。

⑤ 《在转斗湾、胡家集等地的暴行》（1985 年整理），见中央档案馆、湖北省档案馆编：《侵华日军在湖北暴行史料》，中国档案出版社 2005 年版，第 256 页。

⑥ 《在通城的暴行》（1947 年 9 月整理），见中央档案馆、湖北省档案馆编：《侵华日军在湖北暴行史料》，中国档案出版社 2005 年版，第 132 页；通山县政府编：《通山县抗战史料》（1947 年），湖北省档案馆藏档案，档案号 LS3—5—5528。

⑦ 李秉新、徐俊元、石玉新主编：《侵华日军暴行总录》，河北人民出版社 1995 年版，第 1114 页；余辉：《在枣阳的暴行》（二）（1988 年整理），见中央档案馆、湖北省档案馆编：《侵华日军在湖北暴行史料》，中国档案出版社 2005 年版，第 281 页。

⑧ 《13、39 师团罪行调查书》（1951 年 12 月整理），见中央档案馆、湖北省档案馆编：《侵华日军在湖北暴行史料》，中国档案出版社 2005 年版，第 352 页。

命的家里，逼子奸母，母子愤怒反抗被杀①。1939 年 4 月，日军在通城县吴姑坪大筹屋抓住翁媳祖孙三人，"就地剥去翁媳衣服，令媳仰卧，置小孙于媳之腰股间，强翁奸其媳，孙大哭，寇乃大笑不止。后复割翁之耳与媳之乳而去"②。1940 年 5 月，日军 13 师团在宜都县红花套曾家岗，"强迫农民裸体跳舞，逼使父女、母子、公媳性交以取乐"③。同年 6 月 24 日，日军奈良旅团部 3 人在宜昌河西地区轮奸妇女龙氏后，"又迫令一老头与其孙女相奸，因不从，即遭毒打"④。1942 年 1 月 26 日，"敌酋广赖小队长率兵数十名"，到通城吴姑大筹屋将一祖（62 岁）孙（14 岁）俩抓住，在索"花姑娘"未果后，"挥刀令其祖母卧广场中……迫弱孙强奸其祖母，寇兵围观取乐"⑤。1943 年 5 月 13 日，日军侵入枝江县城，强奸 58 岁的黄××后，逼其子奸母⑥。1945 年 4 月 6 日，在老河口童营村，"日寇见妇女就奸，甚至用刺刀逼迫村民子奸其母、父奸其女、兄妹交合。"⑦"如此兽行，诚为古今中外所罕闻"⑧。

8. 日本侵略者在湖北占领区推行殖民文化，实施奴化教育

为弱化中国人民的民族观念，摧毁中国人民的反抗意识，实现永久占领中国的野心，日本侵略者在湖北占领区竭力推行殖民文化，实施奴化教育。

（1）控制舆论阵地

日军在湖北设立了一批宣传机构。不仅侵鄂日军在汉口日军特务部下设第二

---

① 李秉新、徐俊元、石玉新主编：《侵华日军暴行总录》，河北人民出版社 1995 年版，第 1091 页。

② 《在大筹屋的暴行》（1947 年 9 月整理），见中央档案馆、湖北省档案馆：《侵华日军在湖北暴行史料》，中国档案出版社 2005 年版，第 138 页；通城县政府编：《通城县抗战史料》（1947 年），湖北省档案馆馆藏档案，档案号 LS3—5—552。

③ 《13、39 师团罪行调查书》（1951 年 12 月整理），见中央档案馆、湖北省档案馆编：《侵华日军在湖北暴行史料》，中国档案出版社 2005 年版，第 352 页。

④ 《奈良罪行调查书》（1952 年整理），见中央档案馆、湖北省档案馆编：《侵华日军在湖北暴行史料》，中国档案出版社 2005 年版，第 331 页。

⑤ 《在大筹屋的暴行》（1947 年 9 月整理），见中央档案馆、湖北省档案馆编：《侵华日军在湖北暴行史料》，中国档案出版社 2005 年版，第 138 页；通城县政府编：《通城县抗战史料》（1947 年），湖北省档案馆馆藏档案，档案号 LS3—5—5527。

⑥ 《在枝江的暴行》（1985 年整理），见中央档案馆、湖北省档案馆编：《侵华日军在湖北暴行史料》，中国档案出版社 2005 年版，第 440 页。

⑦ 金名：《廖大文等控诉书》（1992 年整理），见中央档案馆、湖北省档案馆编：《侵华日军在湖北暴行史料》，中国档案出版社 2005 年版，第 312 页。

⑧ 《在通山的暴行》（1947 年 9 月整理），见中央档案馆、湖北省档案馆编：《侵华日军在湖北暴行史料》，中国档案出版社 2005 年版，第 132 页；通城县政府编：《通城县抗战史料》（1947 年），湖北省档案馆馆藏档案，档案号 LS3—5—5528。

课之宣传班，在汉口设日军报道班，在沦陷区各县设立宣抚班，日本国内新闻界也在武汉设立驻汉联络处等新闻团体，"使作战地域内的支那民众……在政治经济思想等方面营造亲日气氛，使庶民信赖皇军之恩惠"①。此外，湖北沦陷区的伪政权也设立宣传机构，伪华北临时政府和伪南京政府合办的中华联合通讯社也在武汉设立总分社，为日军的侵略摇旗呐喊②。

日军在湖北创办了一批报刊。仅武汉一地，日伪就先后创办 83 种报刊，其中发行时间最长、影响最大的是由汉口日军报道班直接控制的《武汉报》和伪武汉市政府机关报《大楚报》。《武汉报》办报宗旨是"为适应民众需要，乃于焦土之上，播下文化种子，以和平建国为当前任务；以建设东亚新秩序实现大亚洲主义为终极目标"③。在湖北沦陷区的一些县，日伪也办了报刊。如伪汉阳县政府的《晴川民报》、伪黄陂县政府的《新黄陂》月刊等。地方报刊的新闻稿件主要由各地日军"宣抚班"供给。日伪在所办报刊上大肆鼓吹"中日亲善"、"建立东亚新秩序"等谬论，竭力宣扬中日"同文同种"，日本是东亚民族的"领导者"和"盟主"④等，为日军侵华制造舆论。为扩大宣传阵地，日军还在汉口设立放送局（即广播电台）。1938 年 11 月日军在汉口黎黄陂路 41 号设立汉口放送班，1941 年 2 月改为放送局，每天鼓吹"中日亲善"、"大东亚共荣圈"，宣扬"东亚圣战"的战果，同时播放反动淫秽歌曲，腐蚀沦陷区人民的抗日斗志。

日军出台了限制言论自由和禁锢民众思想的一系列法规。如规定一切出版物必须接受日伪政府主管部门审查，严厉禁绝一切反日言论。在蒲圻经商的武昌居民秦忠石因说过"中国抗战必胜"之类的话，经日商告发，日军即"令其自掘土坑活埋地下"。1941 年，伪汉口特别市政府发布《汉口特别市管理无线电收音机规则》，加强对无线电收音机的管制。为加强舆论控制，日伪还成立华中东亚青年联盟总会（后改为武汉青年协会）、中日文化协会武汉分会（后改为湖北分会）、武汉文艺协会等所谓"人民团体"，为日军作奴化宣传。同时，日伪在武昌、汉阳、汉口、沙市、汉川、孝感、黄陂、应城等地还设有特务工作站或工作组，并利用洪帮、青帮势力，对沦陷区人民的言行进行严密监控。

（2）实施奴化教育

日本侵略军及其傀儡政权深知"欲亡其国，必先亡其魂"，于是大力推行"反

---

① ［日］井上久士编：《华中宣抚工作资料》，日本不二出版社 1989 年版，第 51 页。

② 武汉市地方志编纂委员会：《武汉市志·新闻志》，武汉大学出版社 1991 年版，第 224 页。

③《〈武汉报〉发刊词》，载《武汉报》1939 年 11 月 10 日。

④ 何庭流：《教育与救国》，载《大楚报》1942 年 6 月 21 日。

共、睦邻、和平建国"的卖国教育方针①，在湖北沦陷区实施奴化教育。

1938年11月，伪武汉治安维持会在社会局下设教育科。1939年4月，伪武汉特别市政府设教育局，主管全市教育。1939年11月，伪湖北省政府设教育厅，主管全省沦陷区的教育。同时，日军在占领区伪县政府内设置教育科（股），负责地方教育管理。日军在这些机构中安插大批日籍顾问并令其掌握实权，为其推行奴化教育提供组织保障。

为了将沦陷区的教育纳入殖民教育的轨道，日军授意湖北沦陷区各地伪政府开办学校。据1942年统计，伪汉口特别市教育局下设的学校就有幼稚园4所、小学58所、简易小学10所、短期小学10所，学生25391人。私立小学近30所（其中有24所为德、日、意和英、美、法人士所办）。市立中学最多时有6所，私立中学及职业学校14所。日军在各县也办有一些小学、初中和高中等学校。日伪以这些学校为据点，强行招收沦陷区的儿童、青少年入学，企图通过学校教育使学生在所谓接受文化知识的过程中，逐渐泯灭民族意识，成为日伪统治下的顺民或奴隶。此外，日伪还在沦陷区开办民众学校、民教馆等，向民众灌输"中日亲善、共存共荣"等观念，毒害成年人的思想。

为进行奴化教育，伪武汉治安维持会、伪武汉特别市政府和伪省政府先后设立教员训练所、师范学校，培训中、小学教员，并规定只有经过训练所培训的学员，才能成为正式教员。在没有设立教员培训机构的沦陷区，招考教员时竟将"确有和平信念"即具有"中日亲善、共存共荣"观念列为报考条件②。

日军规定日语为沦陷区学校所有学生的必修课，中小学日语考试不及格者不能毕业，不能升学，不能就业，迫使学生学习日语③。同时，将原有国民政府教育部所审定的中小学教材全部废除，代之以伪华北教育总署编审会、维新政府教育部、汪伪政府教育部以及日本文部省所编印的教材。这些教材宣扬封建伦理道德和殖民精神，篡改历史，美化侵略，污蔑中华民族，侮辱中国人民。如在小学语文课本中，就蓄意把"太阳"比作日本，将"雪人"比作中国，说什么"太阳一出，雪人就溶化了"，对沦陷区的青少年和儿童进行心灵奴化。

更有甚者，是将奴化教育日常化。一是有些学校每天集合师生训话，由日本

---

① 湖北省地方志编纂委员会编：《湖北省志·教育》，湖北人民出版社1993年版，第141页。
② 熊楚洪整理：《宜昌沦陷时的教育事略》，载中国人民政治协商会议湖北省宜昌市委员会文史资料研究委员会编：《宜昌市文史资料》1985年第4辑，第196页。
③ 湖北省地方志编纂委员会编：《湖北省志·教育》，湖北人民出版社1993年版，第141页。

人出面宣讲"天皇加南京（汪伪）加满洲国等于东亚共荣圈"[①]，宣扬日本统治东亚的谬论。二是强令高小、初中学生加入童子军、高中生加入青年团等汉奸团体。据统计，1942 年武汉市区学校有童子军 6280 人、青年团员 588 人[②]。三是学校日常生活日本化，规定学生只能"唱日本歌、跳日本舞、练日本操"。中国的国庆节及其他传统节日要照常上课，而"天长节"等日本民俗节日则放假纪念。武汉各校的作息时间也改用东京的标准时间，营造日本国气氛，企图从思想上、文化上对学生潜移默化，以利于其异民族统治[③]。

9. 日本侵略者施行毒化政策，毒害湖北人民

日军为了削弱湖北沦陷区人民的斗志，巩固殖民统治，同时为了聚敛钱财，为日伪军队和政权提供财政来源，授意各地伪政权推行毒化政策。

（1）使吸毒合法化。各级伪政府颁布一系列法令，名曰禁毒实则推行毒品专卖，使吸毒合法化。1939 年 5 月 4 日，伪武汉特别市政府颁布《戒烟法》，规定"依本法及依本法颁布之法令特许认可经营者，并不免其应纳之捐税"[④]，打着禁烟的旗号，通过政府专卖制度使毒品买卖合法化。1940 年 3 月 23 日，伪湖北省政府第六次会议通过《各县禁烟禁毒暂行条例》《各县分期禁烟暂行办法》和《各县烟民申请登记领取执照暂行办法》，以法令的形式推行毒化政策，在全省实行鸦片特许经营制度，由各级伪政府成立"禁烟"机构（禁烟局或鸦片专卖局）承办。为了强制推行毒化政策，扩大烟毒销量，日伪一方面不断放松对烟民吸食烟毒的限制，如应城日伪政府于 1943 年 7 月发布告示，公开鼓励吸食烟毒[⑤]，另一方面降低烟毒价格，积极组织烟土货源。1944 年 3 月 1 日，汪伪国民政府内政部颁布《取缔土膏行商章程》《烟民登记分期戒绝办法》和《限期禁绝吸售所办法》三个所谓禁烟法令，实则进一步推行毒品专卖。

（2）鼓励民众吸毒。日伪为了扩大烟毒销量，在其控制区内采取各种措施优待烟民，以引导和鼓励民众吸食烟毒。在武汉市，吸烟执照可以起到"护身符"的作用。日伪宪警巡逻检查，对烟馆烟民不加干涉，"甚至在岗哨林立的地方，

① 苏发刚：《日寇在青山的暴行》，载武汉市政协文史学习委员会《武汉文史资料》杂志编辑部编：《武汉文史资料》1995 年第 4 辑。

② 湖北省地方志编纂委员会编：《湖北省志·教育》，湖北人民出版社 1993 年版，第 141—142 页。

③ 敖文蔚主编：《湖北抗日战争史》，武汉大学出版社 2006 年版，第 411—418 页。

④ 见伪《武汉市政府公报》第 2 期，1939 年 8 月，武汉市档案馆馆藏。

⑤ 应城县文献委员会编：《应城县抗战史料》（1946 年 10 月），湖北省档案馆馆藏档案，档案号 LS3—5—5485。

出示烟照亦可通行无阻"。很多市民为保平安，纷纷申领烟照。伪政府还购回烟毒，交给各联保出售，以售定考绩①。在应山县，伪政府公开奖励民众吸食鸦片。日军"每见鸠形鹄面之烟民，则伸出大手指，比为顶好良民，放宽其监视程度，如遇见卧床烟民，可以不起立，不为其敬礼以资鼓励"②。在其他各县，日伪人员也通过各种途径有意褒奖鸦片吸食者，对非烟民借故刁难。

（3）强迫种植鸦片。据调查，抗战时期，"全省有黄陂、孝感等数十县，由日军特务部督饬伪政府，强迫人民，改种鸦片"③。1940年初，伪黄冈县政府逼令新洲杨家岗等地农民铲去成熟麦苗250亩，改种鸦片④。同年1月，伪武昌县政府根据日军旨意指令在全县范围内推广种植鸦片，"县城郊之东湖沿岸、普爱乡之肥美地区与纸坊镇之三斗坼一带为鸦片推广种植区域"。凡上述三地之各户，都必须"按时种植，倘有不服从命令行为，一经查觉，即铲除青苗，没收土地，毫无客气"⑤。

在日伪政策的影响下，湖北沦陷区烟毒泛滥，各县烟馆林立，烟民遍地。在武汉市区，1939年共有土膏店32家，各种销售鸦片的商户3400家⑥，全年销售鸦片3万两以上⑦。从1938年11月到1939年4月，武汉全市戒烟收入共计520996.28元，占同期财政总收入5758005.68元的9%，仅次于盐政收入的3844425.48元（占财政总收入的66.77%），居各项收入的第二位⑧。到1942年，武汉全市年销售官土上升到10万两以上⑨。在应城县，1942年县城即有烟馆42家。1943年5月，小镇长江埠人口仅千余，即有烟馆11家⑩。

① 黄冈县政府编：《黄冈县抗战史料》（1948年10月），湖北省档案馆馆藏档案，档案号LS3—5—5468。

② 马行建编：《应山县抗战史料》（1948年5月），湖北省档案馆馆藏档案，档案号LS3—5—5530。

③ 汉阳县政府编：《汉阳县抗战史料》（1947年），湖北省档案馆馆藏档案，档案号LS3—5—5478。

④ 黄冈县政府编：《黄冈县抗战史料》（1948年10月），湖北省档案馆馆藏档案，档案号LS3—5—5468。

⑤ 张华桢编：《武昌县抗战史料》（1947年），湖北省档案馆馆藏档案，档案号LS3—5—5477。

⑥ 武汉市地方志编纂委员会：《武汉市志·大事记》，武汉大学出版社1992年版，第135页。

⑦ 武汉市地方志编纂委员会：《武汉市志·税务志》，武汉大学出版社1992年版，第62页。

⑧《武汉维持会和武汉市政府从1938年11月到1940年底对武汉的统制》，转引自涂文学主编：《武汉沦陷时期档案史料丛编——沦陷时期武汉的社会与文化》，武汉出版社2005年版，第96页。

⑨ 夏国尧、黄少吟：《日伪武汉戒烟局的黑幕》，载政协武汉市委员会文史学习委员会编：《武汉文史资料文库》第6卷，武汉出版社1986年版。

⑩ 应城县文献委员会编：《应城县抗战史料》（1946年10月），湖北省档案馆馆藏档案，档案号LS3—5—5485。

（四）日军侵略所造成的湖北人口伤亡

日军侵略造成湖北人口巨大伤亡，据初步调查和不完全统计，因日军长时间、大范围地侵略、侵占湖北，造成直接伤亡总数达 930447 人（不包括军人）其中死 519081 人，伤 411366 人。间接伤亡人数限于资料缺失，未统计。

1. 直接伤亡

（1）日机轰炸造成湖北人口伤亡情况

从 1937 年 8 月 21 日日机轰炸孝感郑关镇飞机场、武昌青山张公祠堤外和鄂城[①] 到 1945 年日本投降，日机对湖北的轰炸长达 8 年之久。全省除鹤峰、利川、房县、竹溪、保康等 5 县以外，66 个县市遭到日机轰炸，造成大量人员伤亡。据统计，从 1937 年 8 月至 1943 年 11 月，日机共轰炸湖北 1207 次，投弹 18296 枚，造成 9743 人死亡，13627 人受伤，共计伤亡 23370 人。加上 1944 年 5 次轰炸伤亡 53 人，总计伤亡 23423 人[②]。仅 1938 年 8 月一个月就被炸死 1684 人，炸伤 3675 人[③]。1938 年 11 月 5 日，日机数十架轰炸荆门县沙洋镇，一次就"炸死 2000 余人"[④]。武汉仅 1938 年 8 月 12 日，就炸死千余人[⑤]。宜昌多次遭到日机"轮番轰炸"，仅"中华民国廿八年春，寇机屡袭宜昌，居民死伤数千人"[⑥]。尤其在日军发动的宜昌作战中，从 1940 年 6 月 9 日到 12 日"敌机终日袭击宜昌市区及近郊"，"归于毁灭者，实不可以数计"[⑦]。

---

① 《湖北省境内敌机空袭统计第一集》（1937 年 8 月—1939 年 1 月），见湖北省政府秘书处统计室编：《湖北省抗战损失统计》（1939 年），中国第二历史档案馆馆藏档案，档案号六（4）—639。

② 参见湖北省政府秘书处统计室编：《抗战期间湖北概况统计》（1940 年 3 月），湖北省档案馆馆藏档案，档案号 LS2—2—35；《抗战以来敌机空袭损害》，湖北省档案馆馆藏档案，档案号 LSA2.14—2、LS1—4—3759。

③ 参见湖北省政府编：《湖北省 1941 年统计提要》（1941 年），中国第二历史档案馆馆藏档案，档案号二—1—5048。

④ 《日军在湖北暴行简记》（1938 年），见中央档案馆、湖北省档案馆编：《侵华日军在湖北暴行史料》，中国档案出版社 2005 年版，第 530 页。

⑤ 《日军在湖北暴行简记》（1938 年），见中央档案馆、湖北省档案馆编：《侵华日军在湖北暴行史料》，中国档案出版社 2005 年版，第 528—529 页。

⑥ 1939 年 4 月，在宜昌三游洞办公的省政府代主席严立三等题石刻，载宜昌市地方志编纂委员会会编：《宜昌市志》，黄山书社 1999 年版，第 19 页。

⑦ 参见湖北省政府编：《湖北省 1941 年统计提要》（1941 年），中国第二历史档案馆馆藏档案，档案号二（1）—5048；宜昌县政府编：《宜昌县抗战史料》（1948 年 3 月），湖北省档案馆馆藏档案，档案号 LS3—5—5504，第 10 页。

（2）日军集中屠杀造成湖北人口伤亡情况

日军侵占湖北后，在湖北制造了大量集体大屠杀事件，在很多地方制造了"杀人场"、"杀人堰"、"杀人潭"、"万人坑"和"无人区"[①]。据档案资料记载，日军"在武昌张公亭一带"、"汉阳县第10区渔门乡'杀人场'"，各杀人"数百次"，分别"杀害人民14000余人"和"15000余人"[②]，日军在黄陂县刘店乡坦教湖、钟祥县老堤、通城、宜昌县土门、宜都等地，集中屠杀3000人以上就有多次。在通城用"机枪射死者5000余人"[③]，在宜昌"土门残杀的人达4000之多"[④]。1945年8月15日日本宣布无条件投降后，日军还在投降撤退时"将（宜昌县）大桥边曹家畈方圆40余里的乡村，放火烧光，杀死和平居民600余人，尸横遍野，路不通行，造成了无人区"[⑤]。

（3）日军其他暴行造成湖北人口伤亡情况

一是强奸。日军所到之处，见女无不奸淫，且很多妇女被强奸和轮奸后遭日军残忍杀害。据不完全统计，仅枝江县就被日军"强奸轮奸2207人，奸污致死者211人"[⑥]。"14岁的女孩子胡××，被8个鬼子轮奸致死。58岁的黄××，被强奸后还要他的儿子奸他的母亲"[⑦]。在宜昌土门附近，被日军"先奸后杀的妇女有80多人"[⑧]。日军还在湖北多次集体强奸妇女、幼女。

1943年5月，日军侵犯长阳时，在"龙永乡金子山之西市坪，避难妇女幼

---

① 《13、39师团罪行调查书》（1951年12月整理）、《朱湾村人民控诉书》（1987年整理）、《日军在湖北暴行简记》（1938年），见中央档案馆、湖北省档案馆编：《侵华日军在湖北暴行史料》，中国档案出版社2005年版，第352、369、537、538、540页。

② 《日军在湖北暴行简记》（1938年），见中央档案馆、湖北省档案馆编：《侵华日军在湖北暴行史料》，中国档案出版社2005年版，第530页。

③ 《在通城的暴行》（1947年9月整理），见中央档案馆、湖北省档案馆编：《侵华日军在湖北暴行史料》，中国档案出版社2005年版，第135页；通城县政府编：《通城县抗战史料》（1947年），湖北省档案馆藏档案，档案号LS3—5—5527。

④ 《黄仕钊控诉书》（1987年整理），见中央档案馆、湖北省档案馆编：《侵华日军在湖北暴行史料》，中国档案出版社2005年版，第328页。

⑤ 《13、39师团罪行调查书》（1951年12月整理），见中央档案馆、湖北省档案馆编：《侵华日军在湖北暴行史料》，中国档案出版社2005年版，第351—352页。

⑥ 《枝江人民控诉书》（1951年整理），见中央档案馆、湖北省档案馆编：《侵华日军在湖北暴行史料》，中国档案出版社2005年版，第439页。

⑦ 《在枝江的暴行》（1985年整理），见中央档案馆、湖北省档案馆编：《侵华日军在湖北暴行史料》，中国档案出版社2005年版，第440页。

⑧ 《黄仕钊控诉书》（1987年整理），见中央档案馆、湖北省档案馆编：《侵华日军在湖北暴行史料》，中国档案出版社2005年版，第328页。

弱藏于岩穴中，被敌结队奸污者达 400 余人"[①]；在"都镇湾一地，集老弱妇女 300 余人，隐避恨山之下，敌发现后，视若驯服羔羊，为所欲为，8 岁之幼女，60 之老妪，无一幸免"[②]。日军还在占领区内设立"慰安所"，在湖北各地强拉青年妇女充当"慰安妇"，残害妇女。日军占领汉口初期就开办了 30 家"慰安所"。日军在当阳一次就"掳青年妇女百二十人，充作营妓取乐"[③]。日军在长阳"津洋口、龙舟坪一带，捉 80 多名中青年妇女，用两只木船送往沙市'皇军娱乐部'，大多死在日本侵略军之手"[④]。

二是活埋。日军侵占湖北后，将大量捕捉俘获的平民、抗日军人活埋，往往逼迫被埋者"自己挖一土坑，再命"其"下去"，"再叫苦力往他们头上一锹锹地填土，直到填平为止"[⑤]。

三是刺杀。仅举一例。"日寇第 39 师团 231 联队队长尾浦银次郎于 1940 年 4 月 8 日侵入沙市后，将中山大道中段划为军事防地，将义鼎昌（现为年康布店）门口之电线杆用铁皮包裹，捕我居民后绑于杆上，练习刺枪，至 1942 年 10 月在此杆上被刺死者达 280 余人。"[⑥]

四是毒杀。据有关资料记载，日军除 1941 年 3 月用飞机向巴东等县投细菌弹以外，还在湖北很多地方用毒气毒杀平民。例如，1940 年 8 月 27 日，日军就在黄梅县路塘乡砂螺嘴将项四火（71 岁）、杨金枝（女，10 岁）等 22 人抓获后，施放毒气将其全部毒死[⑦]。日军还多次用活人进行毒气试验、用活人解剖实地"教育"士兵、强迫居民注射毒药，造成大量无辜平民和抗日军人俘虏遭受毒害致

---

① 《在长阳的暴行》（二）（1948 年 3 月整理），见中央档案馆、湖北省档案馆编：《侵华日军在湖北暴行史料》，中国档案出版社 2005 年版，第 448 页。

② 《在长阳的暴行》（二）（1948 年 3 月整理），见中央档案馆、湖北省档案馆编：《侵华日军在湖北暴行史料》，中国档案出版社 2005 年版，第 448 页。

③ 最高人民检察署中南分署：《关于苏联引渡日籍战犯在中南区湖北省宜昌一带之罪行调查》（1951 年 12 月），湖北省档案馆藏档案，档案号 ZN6—1—27。

④ 《在长阳的暴行》（一）（1987 年整理），见中央档案馆、湖北省档案馆编：《侵华日军在湖北暴行史料》，中国档案出版社 2005 年版，第 447 页。

⑤ 《朱湾人民控诉书》（1987 年整理），见中央档案馆、湖北省档案馆编：《侵华日军在湖北暴行史料》，中国档案出版社 2005 年版，第 369 页。

⑥ 《13、39 师团罪行调查书》（1951 年 12 月整理），见中央档案馆、湖北省档案馆编：《侵华日军在湖北暴行史料》，中国档案出版社 2005 年版，第 352 页。

⑦ 参见黄梅县政府编：《黄梅县抗战史料》（1948 年 6 月），湖北省档案馆馆藏档案，档案号 LS3—5—5475。

死①。并将宜昌、当阳、宜都、荆门等地长期作为用活人试验生化毒气弹和用活人解剖训练"学兵"的基地②。1945年6月，"驻宜昌的敌九十七旅团医院，最近藉口预防脑膜炎，强迫我民众注射某种毒针。这种针注射后，倾刻间手臂就发肿胀。"到6月30日止，"已毙命千多人"③。1942年6月，日军对在宜昌县高家店村抓到的20多岁男子邹连山实行活体"解剖，后又用手术刀子刺杀其心脏部位，"以其"身体内的五脏，向卫生修业兵进行了说明……实地教育"④。

五是虐杀。据档案资料记载，日军在宜昌县小溪塔"将一老婆婆用木棒从肛门内串至头顶，架在水沟上，当桥走"⑤。长阳"幼女焕元，仅五岁，敌用刺刀劈入阴部，当即殒命，敌引颈大笑"⑥。日军"用一条毒蛇将头置放陈启松的肛门外，剪掉蛇尾，蛇疼痛钻入陈肚内，陈倒在地上乱翻致死"⑦。"日寇唤使狼狗咬破段华廷姐姐的肚皮，掏出胎儿，取出心肝，连同挖李自成、宋兴甫共3人的心肝，一起炒了喝酒。"⑧

综上所述，因日军长时间、大范围对湖北的轰炸、攻击和侵占后的大肆屠杀，造成湖北人口巨大直接伤亡。据本次调查获得的较为系统的1946年2月《湖北省人口伤亡统计表》统计，"自七七事变起至三十四年（1945年）八月十四日止"，湖北人口伤亡928596人，其中死亡517742人，重伤234559人，轻伤176295人（见表一）。

---

① 参见中央档案馆、中国第二历史档案馆、吉林省社会科学院合编：《细菌战与毒气战》(5)，中华书局1989年版，第588—624页。

② 《平田日出雄笔供》(1954年8月22日整理)，见中央档案馆、湖北省档案馆编：《侵华日军在湖北暴行史料》，中国档案出版社2005年版，第375—376页。

③ 《敌强迫我民众注射毒针》(1945年7月5日)，载《新华日报》1945年8月5日。转引自中央档案馆、中国第二历史档案馆、吉林省社会科学院合编：《细菌战与毒气战》(5)，中华书局1989年版，第647页。

④ 《林正笔供》(1954年10月9日整理)，见中央档案馆、湖北省档案馆编：《侵华日军在湖北暴行史料》，中国档案出版社2005年版，第354—355页。

⑤ 《13、39师团罪行调查书》(1951年12月整理)，见中央档案馆、湖北省档案馆编：《侵华日军在湖北暴行史料》，中国档案出版社2005年版，第351页。

⑥ 长阳县政府编：《长阳县抗战史料》(1948年3月)，湖北省档案馆馆藏档案，档案号LS3—5—5507。

⑦ 《桑本罪行调查书》(1952年整理)，见中央档案馆、湖北省档案馆编：《侵华日军在湖北暴行史料》，中国档案出版社2005年版，第342页。

⑧ 《黄仕钊控诉书》(1987年整理)，见中央档案馆、湖北省档案馆编：《侵华日军在湖北暴行史料》，中国档案出版社2005年版，第328页。

表一：湖北省人口伤亡统计表（三十五年二月）

区别	共计					重伤				
	合计	男	女	幼童	不明	合计	男	女	幼童	不明
总计	928,596	516,170	348,797	31,222	32,407	234,559	135,672	91,236	7,651	—
汉口市	93,630	47,704	36,275	3,424	6,227	14,629	3,323	5,628	678	—
武昌市	55,293	28,862	20,523	1,640	4,268	10,919	6,336	4,218	365	—
汉阳市	7,684	4,064	3,051	257	312	1,841	986	782	73	—
第一区	199,656	110,933	78,144	8,690	1,384	63,617	35,842	26,768	2,007	—
第二区	116,497	63,794	46,428	3,963	2,312	29,790	16,887	11,739	1,164	—
第三区	118,211	65,588	44,636	2,666	5,321	30,596	17,197	12,599	800	—
第四区	144,479	81,687	52,903	5,105	4,784	37,442	21,137	15,109	1,198	—
第五区	106,035	65,803	34,821	2,869	2,542	26,871	16,774	9,216	381	—
第六区	80,321	42,894	30,232	2,492	4,703	16,998	10,902	5,657	439	—
第七区	5,825	4,209	1,526	90	—	1,659	1,171	449	39	—
第八区	965	627	258	26	54	197	117	71	9	—

区别	轻伤					死亡				
	合计	男	女	幼童	不明	合计	男	女	幼童	不明
总计	176,295	102,094	69,073	5,123	—	517,742	278,404	188,488	18,443	32,407
汉口市	20,266	11,012	8,631	623	—	58,735	28,369	22,016	2,123	6,227
武昌市	11,035	7,112	3,669	254	—	33,339	15,414	12,636	1,021	4,268
汉阳市	1,360	762	541	57	—	4,483	2,316	1,728	127	312
第一区	31,153	16,515	13,465	1,173	—	104,886	58,581	38,911	5,510	1,834
第二区	29,230	15,372	12,889	969	—	57,477	31,535	21,800	1,830	2,312
第三区	24,573	14,220	9,842	511	—	63,042	34,171	22,195	1,355	5,321
第四区	30,331	19,845	9,665	321	—	76,706	40,705	28,129	3,088	4,784
第五区	17,594	10,626	6,502	466	—	61,570	38,403	19,103	1,522	2,542
第六区	9,005	5,358	3,420	227	—	54,318	26,634	21,155	1,826	4,703
第七区	1,585	1,162	401	22	—	2,581	1,876	676	29	—
第八区	163	110	48	5	—	605	400	139	12	54

资料来源：湖北省政府社会处统计室编：《湖北省抗战损失统计》（1946 年 2 月），湖北省档案馆馆藏档案，档案号 LSA2.24—18。

上表有两项"说明：1. 本表人口伤亡系指受敌军攻击、敌机轰炸、敌人任意拘囚、横施毒刑、大举屠杀，或人民自卫抗战等项情形而伤亡之人口数编列。2. 军人伤亡未列入"①。显然，这一数据仅限于日军投降前湖北平民直接伤亡。

由于时局影响，上表中仍然有保康、鹤峰、咸丰、利川、建始、房县、竹山、竹溪 8 个县直接人口伤亡数据缺失。据 1945 年 12 月《湖北省第五区人口伤亡统计》记载，保康县直接人口伤亡为 1111 人，其中，死亡 623 人，伤 488 人②。据 2007 年 8 月 20 日咸丰县抗损课题组调查，1941 年 6 月，日机在咸丰县干香峡投弹 5 枚，炸伤当地居民 1 人③。据 1948 年 4 月《建始县抗战史料》④记载，建始县"因公或经商在战区被敌人杀害者三十余人"。据《竹山县政府搜集抗战史料》⑤记载，1944 年农历 8 月下旬，3 架日机侵入竹山，用机枪扫射城关居民，打死居民 3 人。其余 4 县（鹤峰、利川、房县、竹溪），未查获人口直接伤亡数字。（见表二）

表二：1946 年 2 月填报《湖北省人口伤亡统计表》
缺失县市人口直接伤亡统计

县市	资料名称及来源	统计时间	直接伤亡		
			合计	死	伤
合　计		—	1145	656	489
保康	《湖北省第五区人口伤亡统计》湖北省档案馆 LS2—1—158	1945.12	1111	623	488
鹤峰	未查获资料	—	—	—	—
咸丰	本次调查：伤者陈绍国的亲兄弟陈云廷、陈品山的证言	2007.8	1	—	1
利川	未查获资料	—	—	—	—
建始	《建始县抗战史料》，建始县档案馆	1948.4	30	30	
房县	未查获资料	—	—	—	—
竹山	《竹山县政府搜集抗战史料》，湖北省档案馆，LS3—5—5536，	1948.2	3	3	
竹溪	未查获资料	—	—	—	—

① 湖北省政府社会处统计室编：《湖北省人口伤亡统计表》（1946 年 2 月），湖北省档案馆馆藏档案，档案号 LSA2.24—18。

② 见湖北省政府社会处统计室编：《湖北省各县抗战时期损失统计》（1945 年 12 月），湖北省档案馆馆藏档案，档案号 LS2—1—158。

③ 刘超美、王应超：《咸丰县陈荣庭、陈品山述抗战时期干香峡被炸情况》（2007 年 8 月 20 号），存恩施市史志办公室。

④ 金重威编：《建始县抗战史料》（1948 年 4 月），藏建始县档案馆。

⑤ 竹山县政府编：《竹山县抗战史料概述》（1948 年 2 月），湖北省档案馆馆藏档案，档案号 LS3—5—5536。

另外，日本宣布投降后，还在继续进行伤害湖北平民的犯罪活动。根据本次调查得到的有限资料，就可以确认日军投降后相继在宜昌县大桥边"杀死和平居民600余人"（折算为650人）[①]，在石首县城"活埋处死"1人[②]，"在监利县聂河乡何家桥击毙民众32人，射伤23人，奸淫（无数字）掳抢无所不至"[③]。（见表三）

表三：日军投降后杀害湖北平民统计

县市	资料来源	直接人口伤亡		
		合计	死亡	伤
合计		706	683	23
宜昌	《侵华日军在湖北暴行史料》，中国档案出版社，2005年8月第一版	650	650	
石首	同上	1	1	
监利	同上	55	32	23

加上上述两组数据，湖北平民直接伤亡共计930447人，其中死519081人，伤411366人。

2. 间接伤亡

日军侵鄂，不仅造成湖北地区大量人口直接伤亡，而且造成了大量人口间接伤亡。由于缺乏直接、完整的数据资料，本次调研对湖北人口间接伤亡暂不作数据统计，仅列举下述事实以见一斑。

（1）难民伤亡

由于日军对湖北地区的狂轰滥炸，在湖北地区多次发动大规模攻击性战争，对湖北地区长时间、大范围侵占掠夺，造成湖北难民（包括灾民，下同）数量巨大。据1946年2月不完全调查统计，湖北难民总数达到9845460人[④]。造成湖北难民数目如此巨大的原因，主要有三个方面：

一是日军侵略战争直接造成大量难民。仅日军发动"攻占武汉作战"期间，

---

① 《13、39师团罪行调查书》（1951年12月整理），见中央档案馆、湖北省档案馆编：《侵华日军在湖北暴行史料》，中国档案出版社2005年版，第351—352页。

② 《在石首的暴行》（1947年整理），见中央档案馆、湖北省档案馆编：《侵华日军在湖北暴行史料》，中国档案出版社2005年版，第210页。

③ 《日军在湖北暴行简记》（1945年），见中央档案馆、湖北省档案馆编：《侵华日军在湖北暴行史料》，中国档案出版社2005年版，第546页。

④ 湖北省政府社会处统计室编：《湖北省难民统计》（1946年2月），湖北省档案馆馆藏档案，档案号LSA2.24—18。

"从武汉向大后方转移的难民共达 200 万人之多"[1]。日军侵占武汉后,又造成"六十万难民流离四方"[2]。湖北其他地方也是如此。仅举一例:1938 年 7 月 20 日,日机 9 架轰炸蕲春县城,就"致使万余居民无家可归",沦为难民[3]。此后,随着日军不断扩大对湖北的侵略战争,加之日军蓄意造成的因素,又使湖北难民不断增加。

二是日军侵略战争造成近后方疾病流行,导致难民数量剧增。湖北西部及西北部地区处于靠近前线的近后方,因为中日双方兵员和马匹长期涌塞于这一地区,频频发生激烈交战,甚至发生数次较大规模的战役,加之日军非法使用细菌武器,导致疾病流行蔓延。1941 年 3 月,日军飞机在巴东等地投掷"带有霍乱菌毒"的"杀人细菌弹",飘落在胡杨坪、黄家湾、马鹿池和长江沿岸的树叶和包谷叶上,"不少人被传染,上吐下泻,严重的脱水死亡"[4],使得上述地区霍乱、回归热、疟疾等瘟疫疾病大范围流行。1940—1942 年,霍乱"连续三年在本省较大范围内流行"[5]。"1941 年春,回归热在鄂西北各县大流行,流行范围达 21 个县",其中"兴山县 50%的群众染上此病","保康县几乎无一家无病人"[6]。"1943 年,鄂西北疟病广泛流行,流行区域有宜昌、公安、襄阳、光化、谷城、保康等 20 多个县,患者达 48717 人,仅宜昌一地,疟疾患者即达万余人。1944 年蔓延到 31 个县,而且还不包括日寇占领区。"[7]1944 年,湖北省政府卫生处根据竹山、郧县、郧西、均县、谷城、兴山、远安、房县、随县、黄梅、阳新、鄂城等县调查报告统计,人口患病率达 20%～70%,病人 145422 人,年死亡率在 27‰以上(由此推算,死亡 3926 人)。

三是日军在占领区只顾进行经济掠夺,罔顾水利设施的维修,导致堤防溃决而难民剧增。如江汉干堤自日军侵占湖北后,因"年久失修,随处均有溃决之

---

① 敖文蔚:《武汉撤退真相述论》,载陈富安、刘光明主编:《武汉会战研究》,武汉大学出版社 1991 年版,第 140 页。

② 湖北省政府社会处编:《湖北省善后救济调查报告纲要》(1945 年 6 月),湖北省档案馆馆藏档案,档案号 LS6—2—836。

③ 湖北省政府社会处编:《湖北省善后救济调查报告纲要》(1945 年 6 月),湖北省档案馆馆藏档案,档案号 LS6—2—836。

④ 《在巴东的暴行》(1987 年整理),见中央档案馆、湖北省档案馆:《侵华日军在湖北暴行史料》,中国档案出版社 2005 年版,第 466 页。

⑤ 湖北省地方志编纂委员会编:《湖北省志·卫生(上)》,湖北人民出版社 2000 年版,第 8 页。

⑥ 湖北省地方志编纂委员会编:《湖北省志·卫生(上)》,湖北人民出版社 2000 年版,第 6 页。

⑦ 湖北省地方志编纂委员会编:《湖北省志·卫生(上)》,湖北人民出版社 2000 年版,第 9—10 页。

处。本年（1945 年）八月中旬，江水暴涨，致公安之朱家湾，石首之杨林市、蒋家塔、康王庙等处溃决，溃口有宽达四百公尺者，受灾面积达一千七百平方里，被淹田地约四十三万亩，受灾人民约二十六万七千余口……其他民堤溃决，亦达一〇二处，被淹田地达三十三万亩，受灾人民二十二万"[1]。公安县从日军 1938 年开始轰炸到 1945 年 9 月投降后撤离，一直战火不断，民工不敢上堤，7 年基本上停止岁修，江河堤防的抗洪能力逐年削弱。1943 年日军入侵公安，使公安沦为战争前沿，两军以江河为界，据堤而守，开挖了大量战壕、掩体，修筑了密集的工事，特别是在鄂西战役、常德战役和豫湘桂战役中，公安全境成为战场，炮火连天，800 公里堤防因此千疮百孔，险段密集，危机四伏，丧失了抗洪功能。因此，1945 年公安县发生历史上最大一场灾难，江河堤防 28 处溃口，除造成大量人口伤亡和财产损失外，还造成 101600 多灾民流离失所，挣扎在死亡线上[2]。

湖北省难民伤亡情况主要是：

一是近后方地区因疾疫造成大量难民死亡。湖北上述近后方地区，"更接近战区，军马仓皇，人民受此影响，于是发生痢疾、伤寒、霍乱、瘟疫等等疫症，地方缺乏医药，疫症流行，死亡堪虞"[3]。1941 年春，兴山县因回归热"死亡达 5 万余人"[4]。1943 年，沙市在 1 周内就因霍乱死亡 1240 余人[5]。1944 年，秭归县"本年夏至初秋瘟疫流行蔓延所至，几及全境染疫而死者实已不胜指数，而兰陵、二圣、三元三乡尤为时甚，据该地警察分所调查，三乡死亡率已在一万人左右，诚有始（史）以来未有浩劫。复据卫生院侦查以病根，多传染于前方军队、马匹云集，饮料不洁所致"[6]。1945 年，"霍乱（又）传入秭归茅坪、新滩、香溪、旧州河等地，每日死亡达百人"[7]。

二是日军占领区江河湖堤溃决造成难（灾）民大量死亡。如前述 1945 年 8

---

① 湖北省政府秘书处编印：《湖北省政府复员工作报告》（1946 年 2 月），中国第二历史档案馆藏档案，档案号一（2）—61。

② 公安县抗战损失课题组：《公安县江河堤防遭日军毁坏造成巨大灾害的调研报告》（2006 年 10 月），存公安县史志办公室。

③ 参见秭归县政府给湖北省政府电报：《再恳请发给防疫药品以资救济由》（1941 年 7 月），湖北省档案馆藏档案，档案号 LS18—1—160。

④ 湖北省地方志编纂委员会编：《湖北省志·卫生（上）》，湖北人民出版社 2000 年版，第 6 页。

⑤ 湖北省地方志编纂委员会编：《湖北省志·卫生（上）》，湖北人民出版社 2000 年版，第 8 页。

⑥ 秭归县政府给湖北省政府电报：《为准电以瘟疫流行请予核发大批药品以资救济由》（1944 年 11 月 11 日），湖北省档案馆藏档案，档案号 LS18—1—236。

⑦ 秭归县地方志编纂委员会编：《秭归县志》，中国大百科全书出版社 1991 年版，第 398 页。

月中旬长江干堤公安朱家湾、石首杨林市、蒋家塔等处溃决，就"溺死人民二万二千六百人，因虎疫病死者四万九千余人"①；公安县江河堤防 28 处溃口，就造成 39349 人死亡②。

（2）劳工伤亡

1）日军强征、使用劳工及其伤亡情况

日军在湖北强征、使用劳工及其伤亡的总体情况，因种种原因，已经很难搞清楚。现只能根据我们掌握的资料对有关情况进行简要分析。

一是日军多次强抓大量劳工在湖北各地修建飞机场，以枪杀等方式致大量劳工死亡。日军在湖北"共修建机场 20 余个"③，被强征劳工数量和伤亡情况难以查清。仅 1944 年夏，日军为"扩充整备飞机场"，就在"宜昌、当阳地区""奴役""和平人民 5.2 万人工日多"（其中荆门县掇刀石机场 2.4 万人工，当阳县古佛寺机场 2.8 万人工），"奴役""绥靖军 6.4 万人工日多"④。这些劳工都被"铁丝网围着"，在日军的严密控制和监视下下"苦力"。日军一旦"发现有人偷跑，就开枪扫射"，"没有被打死的而被抓回来的人就""被砍几块，放在上工的路边'示众'"，或被"当做活靶子，用刺刀一刀一刀地活活戳死"，或"被活埋"，或被"绑在树上，让军犬一口一口地咬死"，"受难者凄惨的叫声和那被撕下来的一块块鲜血淋淋的骨肉，真叫人惨不忍睹"⑤。"至于病死、饿死、累死、冻死经常发生。死了的人，开始是死在哪里丢在哪里，后来才挖了些大坑'葬'人。有两个坑最大，被人们叫做'万人坑'。一个在关坡下面的朱家湾旁边，一个在掇刀石的东面……坑里的尸体堆得满满的。山坡上也到处可看到尸体。"⑥

二是日军为配合其侵略作战，强迫大量民夫搬运枪弹物资，并逼迫民夫用身体探视地雷致死。比如，1938 年 10 月下旬长沙会战中，日军就在武昌武泰区

---

① 湖北省政府秘书处编印：《湖北省政府复员工作报告》（1946 年 2 月），中国第二历史档案馆藏档案，档案号一（2）—61。

② 公安县抗战损失课题组：《公安县江河堤防遭日军毁坏造成巨大灾害的调研报告》（2006 年 10 月），存公安县史志办公室。

③ 徐旭阳著：《湖北国统区和沦陷区社会研究》，社会科学文献出版社 2007 年版，第 443 页。

④ 《日向幸夫笔供》（1954 年 11 月 22 日整理），见中央档案馆、湖北省档案馆编：《侵华日军在湖北暴行史料》，中国档案出版社 2005 年版，第 360 页。

⑤ 《吴孝林等控诉书》（1985 年整理），见中央档案馆、湖北省档案馆编：《侵华日军在湖北暴行史料》，中国档案出版社 2005 年版，第 231 页。

⑥ 《吴孝林等控诉书》（1985 年整理），见中央档案馆、湖北省档案馆编：《侵华日军在湖北暴行史料》，中国档案出版社 2005 年版，第 231—232 页。

征民夫 4000 余人，强迫少壮者夜以继日为日军搬运枪弹物资，逼迫老弱者成群结队到前线去用身体探视地雷①。

三是日军强抓大量劳工为其修筑工事、下"苦力"，并任意虐杀。仅 1941 年 4 月，日军就在嘉鱼"县城拉夫 630 余人，沿途拉夫 500 余名。两月后生还者仅 520 余人，据闻沿途被虐杀者百余人，其余则生死莫测"②。1941 年 5 月至 1944 年，日军第 39 师团 232 联队 2 大队 5 中队中尉中队长森山精二驻当阳县干溪区时，"强征民工在七孔岩、金牛岭、仙人寨等地，将面积 70 华里山林砍尽，运往当阳、宜昌、汉口等地，建仓库营房，每日动用民工 500 余人，其中被打死饿死者，每天平均 20 余人"，"又在离峡口塘 4 华里之山上修建大小防空洞堑（战）壕 12 处，每日强征民工 200 余人。某次有 16 人因不堪受虐待逃跑，被抓回后用机枪扫射死"③。1943 年，日军在松滋县强抓的劳工，"饿死病死的天天都有上十个，前后共约死了四五百人"④。

2）国民政府为抗战征用劳工及其伤亡情况

一是繁重的军粮公粮运输。抗战时期，尤其是宜昌沦陷后，抗战大军云集鄂西，驻军骤增，仅秭归县境内驻军机关就达 44 个。此时，鄂西后方驻军和政府机关等人员每日耗粮在 30 万斤以上。因此，各县常年从事军粮公粮运输的劳工一般在 3000 人以上，最高达 5000～10000 人。劳工们冒着日机轰炸，忍受着饥饿与酷暑严寒，奔波在各条运输线上，不知失去了多少生命。据史料记载，兴山县民夫仅在大峡口至雾渡河、香溪至南漳县两条陆路运输线中，因涉水淹溺和疲病拖死的就有 1190 人⑤。宜城县民夫为修筑河防工事、铺修公路，共有 1105 人死亡、344 人负伤⑥。

二是抢修和改造战时运输道路。仅 1940 年修筑巴柯人行道，就使用劳工 10 余万人。

① 参见张华桢：《武昌抗战史料》(1947 年)，湖北省档案馆馆藏档案，档案号 LS3—5—5477。

② 《日军在湖北暴行简记》(1941 年)，见中央档案馆、湖北省档案馆编：《侵华日军在湖北暴行史料》，中国档案出版社 2005 年版，第 540 页。

③ 《森山精二罪行调查书》(1952 年整理)，见中央档案馆、湖北省档案馆编：《侵华日军在湖北暴行史料》，中国档案出版社 2005 年版，第 364—365 页。

④ 《李子恒等控诉书》(1951 年 11 月 12 日整理)，见中央档案馆、湖北省档案馆编：《侵华日军在湖北暴行史料》，中国档案出版社 2005 年版，第 199 页。

⑤ 兴山县政府编：《兴山县抗日战争史料》(1948 年 6 月)，第六篇第五章第二节附表一，湖北省档案馆馆藏档案，档案号 LS—3—5—5508。

⑥ 湖北省宜城市史志办公室编：《宜城志》，新华出版社 1998 年版，第 3 页。

三是为抗日部队抢修工事和破坏道路以抵御日军侵略。国民政府所征用民工大部分担负这项任务。据《湖北省 1941 年统计提要》记载，从抗战开始到 1941 年 6 月，全省征调构筑工事的民夫就达 2733524 人。为阻止日军西犯，第六战区于 1940 年下令紧急破坏各县公路及乡村小道，各县征调劳工数十万人。仅巴东县就征调 94498 人，占全县总人口的 1/2①。1942 年，仅有 13 万人口的远安县，奉第六战区之令赶修工事，先后征调劳工 9 万余人，时间长达 7 个月之久②。光化县在抗战 8 年中，"累计征用民夫 331.84 万人次"③。

（3）被俘捕、失踪情况

关于日军在湖北俘房、逮捕及俘捕后伤亡、失踪的人员，已无法查清总体情况，只能透过一些零星材料略见一斑。"日军在汉口江汉路设置了（的）两个俘房集中营，先后关押过 2 万多名俘房"④。据被关押在江汉路泰宁里 7 个月逃出来的俘房龚镜泉说，"他目睹被用汽车送出去不再回集中营的受难同胞有五六百人，被虐待致死的有近百人，陆续新来的俘房有一千三四百人。根据这个数字计算，仅在汉口这一处的集中营，七年来先后关押我爱国志士转而置于死地的，当在 1.5 万人左右"⑤。1942 年 4 月，"汉口宪兵队将收押在保成路太余里俘房 128 人，用汽车拖到沙咀全部杀掉"⑥。其他地方被日军俘捕和俘捕后被杀害、虐待致死的也大有人在。如 1942 年 3 月 27 日，日军第 "39 师团藤部由沙市过河进攻"，中国军队第 29 集团军各部"被俘者约二三百人，当时（被）关在邱家槽房集中营内"，"一个星期后就全体移解到沙市育婴堂集中营。集中营共关有俘房 1000 余人，每天 20 个、30 个的分到各部队去做苦工"或被日军"操刺刀戳死后丢在江里不少"，"饿死病死的天天都有上十个，前后共约死了四五百人"⑦。被俘捕后失踪者，大都被日军以"你们有病的可以出来同我去看病"或"点名出差"

---

① 巴东县政府编：《巴东县抗战史料》（1947 年 12 月），湖北省档案馆藏档案，档案号 LS3—5—5518。

② 远安县政府编：《远安县抗战史料》（1947 年），湖北省档案馆藏档案，档案号 LS3—5—5506

③ 温恭、陈凤麟编：《光化县抗战史料》（1948 年 4 月），湖北省档案馆藏档案，档案号 LS3—5—5499。

④ 《日军在湖北暴行简记》（1938 年），见中央档案馆、湖北省档案馆编：《侵华日军在湖北暴行史料》，中国档案出版社 2005 年版，第 531 页。

⑤ 《武汉市人民检察署专报》（1952 年 9 月 15 日整理），见中央档案馆、湖北省档案馆编：《侵华日军在湖北暴行史料》，中国档案出版社 2005 年版，第 15 页。

⑥ 《日军在湖北暴行简记》（1942 年），见中央档案馆、湖北省档案馆编：《侵华日军在湖北暴行史料》，中国档案出版社 2005 年版，第 541 页。

⑦ 《李子恒等控诉书》（1951 年 11 月 12 日整理），见中央档案馆、湖北省档案馆编：《侵华日军在湖北暴行史料》，中国档案出版社 2005 年版，第 198—199 页。

等骗出去，"操刺刀戳死后丢在江里"或"把俘虏先抽血然后再予杀掉"[1]。

（五）日军侵略所造成的湖北财产损失

日军在侵略湖北的过程中，"以彻底破坏焚毁"的攻击[2]，对侵占地"进行了猛爆"或"全部摧毁"[3]，造成城市建筑物、公共设施和物资的严重破坏，同时在侵占地大肆实行武装抢劫和经济掠夺，给湖北财产造成巨大损失。据初步调查和不完全统计，日军侵略湖北造成湖北财产损失（1937 年 7 月法币）[4]总值 1686546.1808 万元，其中直接损失 1294041.5915 万元（包括社会财产直接损失 746747.1485 万元、居民财产直接损失 547294.443 万元），间接损失 392504.5893 万元。

1. 社会财产损失

（1）直接损失

湖北省抗战时期社会财产直接损失共计 746747.1485 万元。包括以下三个方面：

第一，据 1946 年 2 月统计较为系统的《湖北省抗战损失统计》（湖北省档案馆 LSA2.24—18）记载，湖北省抗战期间社会财产直接损失为 1898795206 万元，折算成 1937 年 7 月法币为 739420.6297 万元。其中：

1）工业损失

《湖北省抗战损失统计》[5]记载，全省工业直接损失为 17777413 万元，折算成 1937 年 7 月法币为 6922.8034 万元。其中，省营企业损失 15673213 万元，民

---

① 《李子恒等控诉书》（1951 年 11 月 12 日整理），见中央档案馆、湖北省档案馆编：《侵华日军在湖北暴行史料》，中国档案出版社 2005 年版，第 198—199 页。

② 日本防卫厅战史室编纂：《日本军方侵华资料长编》（上），四川人民出版社 1987 年版，第 541 页。

③ 日本《大阪朝日新闻》1940 年 6 月 11 日（转引自政协宜昌市文史委编：《宜昌抗战图集》，2005 年内部发行，第 102 页）；《在宜昌的暴行》（1988 年整理），见中央档案馆、湖北省档案馆编：《侵华日军在湖北暴行史料》，中国档案出版社 2005 年版，第 322 页。

④ 折算使用全国零售物价指数增长倍数。湖北省政府社会处统计室：《湖北省抗战损失统计》（1946 年 2 月）中的价值折算均使用 1946 年 2 月全国零售物价指数增长倍数 2567.95，下面使用时不再说明。其他资料中的价值折算分别使用的物价指数增长倍数，均在折算时说明。

⑤ 湖北省政府社会处统计室编：《湖北省抗战损失统计》（1946 年 2 月），湖北省档案馆馆藏档案，档案号 LSA2.24—18。

营企业损失 2104200 万元[①]。

由于日机轰炸和日军进攻,湖北工业损失惨重。武汉沦陷时,工厂在西迁和内迁途中遭日机轮番轰炸,"使 11980 吨机器设备和 3000 余吨材料以及不少船只毁于一片火海"[②]。据满铁 1939 年 9 月实地调查,武汉战前 516 家民营工厂,迁移内地的占 41%,"被日侵占或为炮火所毁者占 59%"[③]。湖北省最大的官营机械厂——武昌机厂(后为湖北机械厂),于 1938 年 7 月"将主要设备迁运宜昌,安装在宜昌关帝庙内,当年 12 月开工,与巴东机械厂共同承担修理、改建船舶任务。开工不到 60 天即遭日本飞机炸毁"[④]。未及迁走的工厂厂房、设备等,被日机炸毁或被日军强行占据从事军工生产或被拆毁或被日军改头换面。如著名的汉口第一纱厂未及拆迁,遭日机轰炸,损失 80% 以上。抗战期间,"在城市,全省工业机械、材料损失 3.4 万吨,比战前减少 60%。其中,武汉损失最为惨重,仅汉口市工厂设备损失达 1.4 万吨,总值法币 8200 余亿元"[⑤]。1937 年湖北共有电厂 26 家(不含厂矿自备电厂),日军入侵后至 1940 年先后倒闭 18 家。"据国民政府行政院新闻局 1947 年出版的《电气事业》记载:武汉三镇战前共有发电设备容量 2.75 万千瓦(不含工矿自备电厂),战后(1946 年)可用的发电设备容量只有 1.4 万千瓦,约为战前的一半。"[⑥]全省原煤产量 1937 年 59.49 万吨,抗战爆发后逐年下降,1938 年 38 万吨,1939 年 2.45 万吨,1943 年 1.49 万吨[⑦]。全省纺织工业,1939 年与战前相比,织机、染机分别损失 66%、90%[⑧];纱锭战前 32 万枚,战后仅存 8 万枚,损失 3/4。机械工业,战前有工作母机 3340 多台,战后仅存 600 余台,损失 82%[⑨]。

---

① 湖北省政府社会处统计室编:《湖北省省营事业财产损失统计表》、《湖北省民营事业财产损失总表》(1946 年 2 月),湖北省档案馆馆藏档案,档案号 LSA2.24—18。

② 湖北省地方志编纂委员会:《湖北省志工业志稿·机械》,武汉大学出版社 1990 年版,第 6、349 页。

③ 徐旭阳著:《湖北国统区和沦陷区社会研究》,社会科学文献出版社 2007 年版,第 157 页。

④ 湖北省地方志编纂委员会:《湖北省志工业志稿·机械》,武汉大学出版社 1990 年版,第 6、349 页。

⑤ 湖北省地方志编纂委员会:《湖北省志·经济综述》,湖北人民出版社 1992 年版,第 89 页。价值为何时法币不明。

⑥ 参见湖北省地方志编纂委员会编:《湖北省志·工业(上)》,湖北人民出版社 1995 年版,第 107—108、316—317 页。

⑦ 参见湖北省地方志编纂委员会编:《湖北省志·工业(上)》,湖北人民出版社 1995 年版,第 107—108、316—317 页。

⑧ 湖北省地方志编纂委员会编:《湖北省志·工业(下)》,湖北人民出版社 1995 年版,第 1427 页。

⑨ 参见湖北省地方志编纂委员会编:《湖北省志·工业(上)》,湖北人民出版社 1995 年版,第 34 页。

2）矿业损失

据 1946 年 2 月《湖北省省营事业财产损失统计表》《湖北省民营事业财产损失总表》等统计，全省矿业直接损失 10630449 万元，折算成 1937 年 7 月法币为 4138.4953 万元。其中，省营矿业直接损失 4909361 万元，民营矿业直接损失 5721088 万元[①]。

日军在占领区推行"以战养战"的经济政策，依靠伪政权，以法西斯暴政大肆掠夺湖北的矿产资源。1938 年 11 月，日本在汉口建立"华中振兴株式会社"，为其直接实行经济掠夺的专职机构。同年，日军还在石灰窑成立"日铁矿业所"，直接把持大冶铁矿的开采。1939 年，日军指使伪湖北省政府将大冶铁矿库存的 6 万多吨优质矿石"移交"给日军，全部运回日本。同时，强拉华工万余人，在矿区日夜抢劫开采。"从 1938 年～1945 年，日军共掠夺大冶铁矿砂 5000 多万吨。1940 年，日军以 50 万日元的低价，收买前应城石膏公司储存的 20 多万抬石膏（每抬 120 公斤）"[②]，并控制了石膏经营权。

3）农业损失

日军侵略湖北，造成湖北农业损失惨重。据 1946 年 2 月《湖北省省营事业财产损失统计》，仅"湖北省农业改进所属各县农林厂"的农业直接损失就达 45500 万元[③]，折算成 1937 年 7 月法币为 17.7184 万元。

4）交通损失

据 1946 年 2 月《湖北省省营事业财产损失统计表》统计，抗战时期全省交通损失 438068425 万元，折算成 1937 年 7 月法币为 170590.7144 万元。其中，公路损失 17468681 万元（折算成 1937 年 7 月法币为 6802.5783 万元），电讯损失 53447369 万元（折算成 1937 年 7 月法币为 20813.2436 万元），航业（仅省航业局）损失 367152375 万元（折算成 1937 年 7 月价值为 142974.8924 万元）[④]。

自 1938 年初起，日军飞机将湖北交通设施作为重点攻击目标，实行狂轰滥炸，湖北境内的铁路、公路、船舶、车辆、电讯、航空等交通设施受到严重毁坏。

---

① 湖北省政府社会处统计室编：《湖北省省营事业财产损失统计表》、《湖北省民营事业财产损失总表》（1946 年 2 月），湖北省档案馆馆藏档案，档案号 LSA2.24—18。

② 湖北省地方志编纂委员会编：《湖北省志·经济综述》，湖北人民出版社 1992 年版，第 86、89 页。

③ 湖北省政府社会处统计室编：《湖北省省营事业财产损失统计表》（1946 年 2 月），湖北省档案馆馆藏档案，档案号 LSA2.24—18。

④ 湖北省政府社会处统计室编：《湖北省省营事业财产损失统计表》（1946 年 2 月），湖北省档案馆馆藏档案，档案号 LSA2.24—18。

京汉、粤汉铁路陷于瘫痪；公路毁坏总里程4058公里，约占战前全省公路总里程的90%，其中10条主干线损失折合法币250余亿元；省营汽车损失近200辆，约占75%；境内轮驳船损失有案可查的计175艘，总吨位达4000余吨，其中本省公私轮驳船被日军炸沉34艘，陷落日军手中68艘；刚刚发展起来的民用航空事业也遭受沉重打击，中国航空公司、欧亚航空公司被迫撤到后方[1]。

公路损失中，仅路线设备、车辆就分别损失15577000万元和803600万元[2]。湖北汽车总队于1937年10月奉命开赴前线，在太原、石家庄一线运输军用物资，仅第一汽车大队就"损坏汽车58辆，另有27辆下落不明"[3]。1938年8月一个月，就被日机炸毁车辆46辆（其中汽车6辆、火车皮29节）[4]。

电讯损失中，仅线路设备直接损失就达50463789万元[5]。抗战头两年间，长途电话线路"武穴至英山、罗田至浠水等65线，里程计52071公里，估计损失共约600691元（按架设经费计列）。"[6]

航业损失中，仅船只、材料两项直接损失就达366824500万元[7]。1938年8月一个月，就被日机炸毁船只158艘（其中兵舰9艘、小火轮5艘、民船137只）[8]。

5）金融损失

日军侵略造成湖北省银行直接损失491123万元，折算成1937年7月法币为191.251万元。其中，房屋损失314029万元，器具损失64483万元，现款损失23421万元，其他损失85996万元[9]。

---

① 湖北省地方志编纂委员会编：《湖北省志·交通邮电》，湖北人民出版社1995年版，第64—66、71页。

② 湖北省政府社会处统计室编：《湖北省省营事业财产损失表》（1946年2月），湖北省档案馆馆藏档案，档案号LSA2.24—18。

③ 湖北省地方志编纂委员会编：《湖北省志·交通邮电》，湖北人民出版社1995年版，第64—66、71页。

④ 湖北省政府秘书处统计室编：《抗战期间湖北概况统计》（1940年3月），湖北省档案馆馆藏档案，档案号LS2—2—35（一）。

⑤ 湖北省政府社会处统计室编：《湖北省省营事业财产损失表》（1946年2月），湖北省档案馆馆藏档案，档案号LSA2.24—18。

⑥ 湖北省政府编：《湖北省交通概说》（1939年），湖北省档案馆馆藏档案，档案号LS3—1—612④。

⑦ 湖北省政府社会处统计室编：《湖北省省营事业财产损失表》（1946年2月），湖北省档案馆馆藏档案，档案号LSA2.24—18。

⑧ 湖北省政府秘书处统计室编：《抗战期间湖北概况统计》（1940年3月），湖北省档案馆馆藏档案，档案号LS2—2—35（一）。

⑨ 湖北省政府社会处统计室编：《湖北省省营事业财产损失表》（1946年2月），湖北省档案馆馆藏档案，档案号LSA2.24—18。

6）教育损失

据 1946 年 2 月《湖北省公私立学校财产直接损失统计》，抗战时期全省教育直接损失 16366628 万元，折算成 1937 年 7 月法币为 6373.4216 万元。其中，专科以上学校（共 7 校）损失 2599920 万元，中等学校（共 186 校）损失 4681820 万元，初等学校（共 26082 校）损失 8126638 万元，社会教育（共 908 所）损失 958250 万元。其直接损失各项分别为：建筑物 10915580 万元、器具 3263848 万元、图书 542310 万元、仪器标本 261050 万元、化学药品 83840 万元、机件 312100 万元、其他 987900 万元[1]。

7）公共事业损失

据统计，抗战期间，湖北公共事业直接损失 9990903 万元，折算成 1937 年 7 月法币为 3890.6143 万元[2]。

一是省属机关和各区县属机关团体财产直接损失 6219415 万元，折算成 1937 年 7 月法币为 2450.5664 万元。其中，省属机关财产直接损失 5102061 万元，省辖各区县属机关团体财产直接损失 1117354 万元[3]。

二是公用事业财产直接损失 3771488 万元，折算成 1937 年 7 月法币为 1468.6766 万元。其中，省营公用事业（前武昌水电厂）损失 974400 万元，省平价物品供应处损失 10688 万元，省民营公用事业（各县市水电厂）损失 2786400 万元。省营公用事业中前武昌水电厂各项损失：机械及工具 910000 万元、房屋 60000 万元、器具 4000 万元、运输工具 400 万元；省平价物品供应处各项损失：房屋 1352 万元、款项 1168 万元、器具及物料 8168 万元[4]。

《湖北省抗战损失统计》所载抗战期间湖北省直接财产损失详情如下各表（见表四、五、六、七、八）：

---

[1] 湖北省政府社会处统计室编：《湖北省公私立学校财产直接损失统计》（1946 年 2 月），湖北省档案馆馆藏档案，档案号 LSA2.24—18。

[2] 湖北省政府社会处统计室编：《湖北省抗战期间公私财产损失总表》、《湖北省省营事业财产损失表》（1946 年 2 月），湖北省档案馆馆藏档案，档案号 LSA2.24—18。

[3] 湖北省政府社会处统计室编：《湖北省省属机关财产直接损失统计》、《湖北省各区县属机关团体财产直接损失统计》（1946 年 2 月），湖北省档案馆馆藏档案，档案号 LSA2.24—18。

[4] 湖北省政府社会处统计室编：《湖北省省营事业财产损失表》《湖北省民营事业财产损失总表》、《湖北省民营事业财产直接损失统计》（1946 年 2 月），湖北省档案馆馆藏档案，档案号 LSA2.24—18。

表四：湖北省省属机关财产直接损失统计表

事件：日本进攻及炸毁   日期：三十五年二月   单位：万元（法币）

机关 名称	共计	建筑物	器具	现款	图书	仪器	医药 用品	其他
总计	5,102,061	1,700,125	1,757,951	149,647	84,355	1,040,987	50,027	318,969
秘书处	39,348	14,600	21,148	—	680	392	288	2,240
民政厅	1,156,000	104,000	800,000	148,000	4,000	100,000	—	—
财政厅	—							
教育厅	128,490	44,000	23,100	550	12,980	3,960	27,500	16,400
建设厅	3,211,000	1,430,000	780,000		52,000	936,000	13,000	—
社会处	194,000	56,000	40,000		14,000		8,000	76,000
卫生处	5,126	2,400	617		300	450	879	480
省干 训团	1,312	591	401		320	—	—	—
通志馆	3,562	—	2,634	—	—	—	—	928
水利 工程处	360,702	47,784	89,883	—	—	114	—	222,921
省立 医院	2,521	750	168	1,097	75	71	360	—

资料来源：湖北省政府社会处统计室编：《湖北省抗战损失统计》（1946 年 2 月），湖北省档案馆馆藏档案，档案号 LSA2.24—18。

表五：湖北省各区县属机关团体直接损失统计

三十五年二月   单位：万元（法币）

区别	共计	建筑物	器具	现款	图书	仪器	医用 药品	其他
总计	1,117,354	981,212	109,720	—	1,886	—	1,102	23,434
第一区	149,807	112,178	31,833	—	1,201	—	325	4,270
第二区	112,038	91,390	17,365	—	119	—	209	2,955
第三区	130,369	110,211	15,664	—	265	—	223	4,006
第四区	110,498	89,402	15,938	—	110	—	126	4,922
第五区	193,603	173,085	17,254	—	60	—	158	3,046
第六区	407,606	394,032	9,690	—	131	—	61	3,692
第七区	7,524	6,663	861	—	—	—	—	—
第八区	5,909	4,251	1,115	—	—	—	—	543

资料来源：湖北省政府社会处统计室编：《湖北省抗战损失统计》（1946 年 2 月），湖北省档案馆馆藏档案，档案号 LSA2.24—18。

表六：湖北省公私立学校财产直接损失统计

三十五年二月　　　　　　单位：万元（法币）

项别	共计	建筑物	器具	图书	仪器标本	代学药品	机件	其他
总计	16,366,628	10,915,580	3,263,848	542,310	261,050	83,840	312,100	987,900
专科以上学校	2,599,920	912,000	1,199,200	92,800	12,200	6,400	140,960	236,360
中等学校	4,681,320	3,447,840	340,120	108,260	111,760	77,440	171,140	425,260
初等学校	8,126,638	5,887,440	1,539,528	274,450	129,840	—	—	295,380
社会教育	958,250	668,300	185,000	66,800	7,250	—	—	30,900

资料来源：湖北省政府社会处统计室编：《湖北省抗战损失统计》（1946 年 2 月），湖北省档案馆馆藏档案，档案号 LSA2.24—18。

表七：湖北省省营事业财产损失统计表

1. 总表　　　　　　三十五年二月　　　　　　单位：万元（法币）

项　　　别	共计	直接损失	间接损失
总　　　计	483,259,070	460,172,710	23,086,360
农业部分（湖北省农业改进所属各县农林厂）	564,700	45,500	519,200
工业部分（建设厅所属各工厂）	34,729,355	15,673,213	19,056,142
矿业部分（建设厅所属各矿厂）	4,909,361	4,909,361	—
公路部分（湖北省公路局）	18,132,972	17,468,689	664,291
电讯部分（湖北省公路局）	53,501,290	53,447,369	53,921
航业部分（湖北省航业局）	367,159,777	367,152,375	7,402
公用事业部分 甲（前武昌水电厂）	974,400	974,400	—
公用事业部分 乙（湖北省平价物品供应处）	2,720,092	10,688	2,709,404
银行部分（湖北省银行）	567,123	491,123	76,000

资料来源：湖北省政府社会处统计室编：《湖北省抗战损失统计》（1946 年 2 月），湖北省档案馆馆藏档案，档案号 LSA2.24—18。

表八：湖北省民营事业财产损失总表

三十五年二月   单位：万元（法币）

项　别	共　计	直接损失	间接损失
总计	55,643,418	10,611,688	45,031,730
工业部分	36,550,000	2,104,200	34,445,800
矿业部分	14,820,218	5,721,088	9,099,130
公用事业部分	4,273,200	2,786,400	1,486,800

　　资料来源：湖北省政府社会处统计室编：《湖北省抗战损失统计》（1946 年 2 月），湖北省档案馆馆藏档案，档案号 LSA2.24—18。

　　第二，《湖北省抗战损失统计》中直接财产损失（包括县属机关团体直接损失和人民财产直接损失）资料缺失县市直接财产损失共计 1937 年 7 月法币为 117.1363 万元。

　　在《湖北省抗战损失统计》中，保康、鹤峰、咸丰、建始、房县、竹山、竹溪等 8 个县市资料缺失。据 1945 年 12 月《湖北省第五区财产损失统计总表》[①]记载，抗战期间保康县直接财产损失为 198337 万元，折算成 1937 年 7 月法币为 79.6457 万元。据 1948 年 4 月《建始县抗战史料》[②]记载，1943 年农历 5 月 4 日上午，日军重型轰炸机 1 架被我军击落坠毁于建始县景阳民族乡高家湾，毁坏农田 1 亩。按建始县当年粮食平均单产及 1937 年 6 月恩施的市场价格[③]，折算成 1937 年 7 月法币为 0.0003 万元。另见《建始县抗战史料》[④]记载，1943 年农历 9 月 13 日晚，日机在建始县花坪乡鸭子水投弹 2 枚，炸毁民房 2 栋。按照 1939 年 9 月《抗战损失查报须知及抗战两年来湖北省公私财产损失统计》[⑤]说明中各县房屋每栋估价为 1500 元，折算成 1937 年 7 月价值为 0.1408 万元。据 1943 年《抗战以来敌机空袭损害（续2）》[⑥]记载，日机空袭房县 2 次，投弹 5 枚，损坏房屋 3

---

① 湖北省政府社会处统计室编：《湖北省抗战损失统计》（1945 年 12 月）湖北省档案馆馆藏档案，档案号 LS2—1—158。

② 金重威编：《建始县抗战史料》（1948 年 4 月），第 9—12 页，藏建始县档案馆；《本县被敌机轰炸情形》，藏建始县档案馆。

③ 金重威编：《建始县抗战史料》（1948 年 4 月），第 80 页，藏建始县档案馆；《湖北省第七区统计年鉴》第一回，恩施州图书馆藏档案，档案号 Z52 M403s。

④ 金重威编：《建始县抗战史料》（1948 年 4 月），第 9—12 页，藏建始县档案馆；《本县被敌机轰炸情形》，藏建始县档案馆。

⑤ 湖北省政府秘书处统计室编：《抗战两年来湖北省公私损失统计》（1939 年），湖北省档案馆馆藏档案，档案号 LS3—1—812—3。

⑥ 湖北省政府编：《湖北省统计年鉴》（1943 年），第 610 页，藏十堰市档案馆。

栋。依据 1946 年 2 月《湖北省第八区房屋损毁统计》表中公私房屋平均价值，折算成 1937 年 7 月价值为 1.0813 万元。据《竹山县政府搜辑抗战史料》[①]记载，1945 年春，竹山县各商号将桐油、木耳、肚倍、生漆、棉花等山货运至老河口市销售。3 月，日军进犯，光化沦陷，各种商货被抢掠一空。事后统计，各商号损失总数约 5 亿元（原文"五億萬"，其"萬"字应为元较适宜）以上。以 1945 年 3 月全国统一物价指数增长倍数 1378.62 计算，折合 1937 年 7 月的价值为 36.2682 万元。上述 4 县直接财产损失合计为 117.1363 万元，其余 4 县未查获直接财产损失资料。列表如下：

表九：《湖北省抗战损失统计》缺失县市直接财产损失统计表

县市	资料名称及来源	统计时间	直接财产损失	
			资料记载价值或数量	1937.7 法币（万元）
合　计		—	—	117.1363
保康	《湖北省第五区财产损失统计总表》湖北省档案馆 LS2—1—158	1945.12	198，337（万元）	79.6457
鹤峰	无资料记载	—	—	—
咸丰	无资料记载	—	—	—
利川	无资料记载	—	—	—
建始	《建始县抗战史料》，建始县档案馆	1948.4	房屋 2 栋农田 1 亩	0.1411
房县	《湖北省统计年鉴·抗战以来敌机空袭损害（续 2）》，十堰市档案馆	1943 年	房屋 3 栋	1.0813
竹山	《竹山县政府搜辑抗战史料》湖北省档案馆，LS3—5—5536	1948.2	特产商品 5 亿元	36.2682
竹溪	无资料记载	—	—	—

第三，《湖北省抗战损失统计》缺失项目直接财产损失共计为 1937 年 7 月法币 7209.3825 万元。

在《湖北省抗战损失统计》中，除缺失 8 个县市直接财产损失资料外，还有许多直接财产损失项目未能统计其中。据本次调查不完全统计，以下直接损失项目合计 7209.3825 万元（表十）。

[①] 竹山县政府编：《竹山县抗战史料概述》（1948 年 2 月），湖北省档案馆馆藏档案，档案号 LS3—5—5536。

表十：《湖北省财产损失统计总表》直接财产损失缺失项目统计表

损失项目	资料来源	统计时间	资料载明价值（元）	1937年7月法币（万元）
合　　计				7209.3825
农业（日军在湖北占领区内共修建机场20余个）	《湖北国统区和沦陷区社会研究》		强占耕地近10万亩	47
特产（棉花除外）	《抗战两年来湖北省各种特产损失总表》	1939.6	10367388	1036.7388
交通（湖北水警总队帆船损失）	《湖北全省水警总队部关于帆船损失给湖北省政府的报告》	1939.8	6167600	497.3871
邮政（湖北省邮政局）	《湖北邮政管理局财产直接损失汇报表》	1947.7	1462900.37	11.3844
各县市商店（除房屋外）资产损失	《抗战两年来湖北省各县市商店损失估计总表》	1939.6	61433500	4994.5935
襄阳商业	《侵华日军在湖北暴行史料》	1940.6	3000000	64.3777
省立武昌图书馆图书	《湖北省省立武昌图书馆财产直接损失汇报表》	1947.11	1246987	9.7042
卫生事业	《湖北省志·卫生（上）》		11002200000	548.1968

1）农业损失

一是抗战期间，"日军在湖北占领区内共修建机场20余个，强占耕地近10万亩"①。参照《抗损课题调研中的宁波地区实物折算及说明》中记载的每亩土地1937年7月价值4.7元，强占耕地按10万亩计算，直接损失达47万元（1937年7月法币）。

二是特产（棉花直接损失在居民直接损失中计算，已剔除）损失。抗战头两年（1937.7～1939.6），湖北省特产（棉花除外）直接损失就达1036.7388万元，其中蔴、茶、桐油、柏油直接损失分别为3347640元、5215392元、969192元、835164元②。因特产价格为"战前三年平均市价"③，这里不做折算，视为1937

---

① 徐旭阳著：《湖北国统区和沦陷区社会研究》，社会科学文献出版社2007年版，第443页。

② 湖北省政府秘书处统计室编：《抗战两年来湖北省公私损失统计》（之二，1939年），湖北省档案馆馆藏档案，档案号LS3—1—812—2。

③ 湖北省政府秘书处统计室编：《抗战两年来湖北省公私损失统计·特产概说》（1939年），湖北省档案馆馆藏档案，档案号LS3—1—812—2。

年 7 月法币。

两项直接损失合计（1937 年 7 月法币）1083.7388 万元。

2）交通损失

据《湖北全省水警总队部关于帆船损失给湖北省政府的报告》[①]记载，自 1937 年 8 月起，"民间损失计：帆船征调、炸毁及转运时破坏沉没者，总应值法币六百零三千元；本部艇划舰板协助作战损失，被敌机炸毁及转运时破坏沉没者，总应值法币十三万零六百元。公私损失合计应值洋六百一十六万七千六百元。以上损失系据实际材料，可供查考者统计"。（原文注释：其他各部自动封雇及非本部原辖境内所封雇者因无法查考均不在内。又各巡艇照原订制价）因此，取中间年份 1938 年 7 月全国物价指数增长倍数（1.24）折算成 1937 年 7 月法币为 497.3871 万元。

3）邮政损失

日军入侵湖北，使湖北邮政遭到严重破坏，造成重大损失。据统计，抗战期间，湖北省邮政局损失房屋 80%，计价值 282036.63 元（法币，下同）；损失器具 95%，计价值 32087.04 元；损失现款 5011 元；损失邮票价值 90575 元；所存包裹邮件遭敌劫失者约 500 袋，共计价值 500000 元；损失运输工具 70%，计价值 53190.70 元；其他如"曾先后购有汽车、自行车、零件、各项文具、单式纸张及制服甚多……于卅四年（1945 年）一月十四日被炸焚毁……档案同时被焚，无法查明确实价格，估计该项损失共计 500000 元"；共计损失 1462900.37 元（损失时价值）[②]。以中间年份 1941 年 7 月全国物价指数增长倍数（12.85）折算成 1937 年 7 月法币为 11.3844 万元。

4）商业损失

据史料记载，在日军占领区，"无论小大市镇，悉遭蹂躏，所有全部资产或炮毁无遗，或纵火焚如，或掠夺一空，损失之惨重为数实属惊人……至后方各县，虽未遭敌机直接破坏，然敌机狂炸繁盛，商场多成一片焦土"[③]。散见于相关档案资料记载的商业直接损失如下：

---

① 湖北省水警总队：《湖北省全省水警总队部关于帆船损失给湖北省政府的报告》（1939 年 8 月 20 日），湖北省档案馆馆藏档案，档案号 LS1—4—3760。

② 湖北邮政管理局局长许季珂：《湖北邮政管理局财产直接损失汇报表》（1947 年 7 月 14 日），湖北省档案馆馆藏档案，档案号 LS43—2—1783。

③ 湖北省政府秘书处统计室编：《抗战两年来湖北省公私损失统计》（1939 年），湖北省档案馆馆藏档案，档案号 LS3—1—812—2。

一是抗战前两年（1937年7月～1939年6月），湖北省各县中商店的直接损失（剔除房屋损失）就达61433500元[1]。以中间年份1938年6月全国物价指数增长倍数（1.23）折算成1937年7月法币为4994.5935万元。

二是日军1940年6月初攻占襄阳县城后，"焚烧的千元店83户，万元店35户，6万元以上的商店11户，10万元以上的大商号9户，共计139户。财产损失折合国币300多万元"[2]。损失确定为300万元，以1940年6月全国物价指数增长倍数（4.66）折算成1937年7月法币为64.3777万元。

以上两项损失合计（1937年7月法币）5058.9712万元。

据《民国三十六年（1947年）度武汉日报年鉴》载："宜昌在战时城市被破坏十之八九，完整房屋尚不及十分之一……商业几乎殆尽"[3]。日军于1940年6月12日攻占宜昌后，连续三天（13日—15日），计用45辆汽卡车、120多匹骡马"搬运该地及城内商店物资""十余次"，并连续三夜和16、17两天"放火"将宜昌城"房屋烧毁"，同时将"盐3600包""抛到江中"[4]。这些损失都难以数计。

5）文化损失

据统计，日军从侵占武汉到投降，造成湖北省立武昌图书馆图书直接损失1246987元[5]。以中间年份1941年7月全国物价指数增长倍数（12.85）折算成1937年7月法币为9.7042万元。

日机轰炸古荆州城，炸毁关庙、绛帐台等古建筑。日军侵占荆州城后，为修建飞机场，炸毁东门古城楼即宾阳楼，拆毁东城墙城垛，将东晋所建承天寺、明宰相张居正故宅和清将军府夷为平地，还焚毁东岳庙、龙山寺、太晖观、慈航阁等著名古迹，拆毁荆州城南门城楼曲江楼和文庙、余烈山庙等20余处古建筑修建兵营。日军还拆走8通金刚经石刻，拆毁禹王宫（俗称"息壤"），并劫掠大量

---

① 湖北省政府秘书处统计室编：《抗战两年来湖北省各县市商店损失估计总表》（1939年），湖北省档案馆馆藏档案，档案号LS3—1—812—2。

② 袁思义：《在南漳的暴行》（1987年整理），见中央档案馆、湖北省档案馆编：《侵华日军在湖北暴行史料》，中国档案出版社2005年版，第285页。

③ 湖北省政府秘书处统计室编：《抗战两年来湖北省公私损失统计》（之三，1939年），湖北省档案馆馆藏档案，档案号LS3—1—812—3。

④ 《蓝桢白证明书》（1951年11月15日整理），见中央档案馆、湖北省档案馆编：《侵华日军在湖北暴行史料》，中国档案出版社2005年版，第337—338页。

⑤ 《湖北省立武昌图书馆财产直接损失汇报表》（1947年11月30日），湖北省档案馆馆藏档案，档案号LS10—1—1752。

珍贵文物古籍和稀世金石书画。

由于日军对宜昌的狂轰滥炸和攻占、抢掠，使宜昌众多寺庙院和古建筑基本完全被毁。位于枝江始建于唐初的弥陀寺内 500 罗汉被日军砸光。位于当阳河溶的九宫十八庙全被日军撤毁，明代"长坂雄风"石碑竟被侵略者盗至日本本土，现藏东京博物馆。日机轰炸襄樊，毁坏揪子会馆、龙池寺等会馆、寺、庙、阁等古建筑 38 处。全省各县市古建筑及文物，几乎损失殆尽，无法用经济价值来衡量。

6）卫生损失

据统计，抗战期间，湖北卫生事业直接损失 1100220 万元（法币）[①]。其中，"日寇入侵 8 年，湖北省……总计卫生设施损失 220 万元（按 1937 年上半年币值计）"[②]。据《第六战区接收纪实》（1946 年 1 月）记载，汉口市立医院及普爱、天主堂、协和、梅神父、万国等 6 所医院的病床及设备损失过半。原有的病床 1370 张，仅剩 588 张，损失达 57.1%，经济损失在 110 亿元（法币）以上[③]。

从上述文字记载分析，其直接损失价值统计时间应为 1946 年 1 月。直接损失确定为 1100220 万元，以 1946 年 1 月全国物价指数增长倍数（2006.98）折算成 1937 年 7 月法币为 548.1968 万元。

（2）间接损失

湖北省抗战时期社会财产间接损失共计 392504.5893 万元。主要有以下两个方面：

第一，据 1946 年 2 月统计较为系统的《湖北省抗战损失统计》[④]记载，湖北省抗战期间社会财产间接损失为 85153206 万元，折算成 1937 年 7 月的法币为 33159.9937 万元。其中：

1）工业损失

工业间接损失为 53501942 万元，折算成 1937 年 7 月的价值为 20834.4952 万元。一是省营工业间接损失（仅省建设厅所属万县造纸厂、麻织厂损失，其他省营工厂资料缺失）19056142 万元[⑤]。其中，可能生产额减少 19016500 万元，可能纯利额减少 21300 万元，迁移、防空等费用之增加 9342 万元，其他 9000

---

① 湖北省地方志编纂委员会编：《湖北省志·卫生（上）》，湖北人民出版社 2000 年版，第 25 页。

② 《湖北省政府公报》第 551 期，1946 年 1 月。转引自湖北省地方志编纂委员会编：《湖北省志·卫生（上）》，湖北人民出版社 2000 年版，第 34 页。

③ 湖北省地方志编纂委员会编：《湖北省志·卫生（上）》，湖北人民出版社 2000 年版，第 25 页。

④ 湖北省政府社会处统计室：《湖北省抗战损失统计》（1946 年 2 月），湖北省档案馆藏档案，档案号 LSA2.24—18。

⑤ 湖北省政府社会处统计室编：《湖北省省营事业财产损失表》、《湖北省民营事业财产损失总表》（1946 年 2 月），湖北省档案馆藏档案，档案号 LSA2.24—18。

万元。二是全省民营工业财产间接损失 34445800 万元[1]。

2）矿业损失

矿业间接损失 9099130 万元[2]（这一数字仅为省民营矿业间接损失，省营矿业间接损失资料缺失），折算成 1937 年 7 月法币为 3543.3439 万元。

3）农业损失

据 1946 年 2 月统计的《湖北省省营事业财产损失统计表》记载，仅湖北省农业改进所所属各县农林场间接损失就达 519200 万元[3]，折算成 1937 年 7 月法币为 202.1846 万元。

4）交通损失

据 1946 年 2 月《湖北省省营事业财产损失统计表》[4]统计，抗战时期全省交通间接损失 725614 万元，折算成 1937 年 7 月法币为 282.5655 万元。

一是公路交通损失 664291 万元[5]。这项损失包括两部分。第一部分为可能纯利润减少。为抗击日军的侵略，早在 1937 年 8 月，"省公路管理局奉命抽调汽车 146 辆组成湖北汽车总队第一汽车大队开赴石家庄前线"[6]。次年，日军发动"攻占武汉作战"打响后不久，武汉市开始疏散物资、搬迁工厂，至 10 月 15 日，全市共投入汽车 1617 辆，分别从武汉撤至沙市、宜昌和湖南长沙两条主要公路交通线，进行物资疏散和武汉军民撤退。据统计，仅"从 10 月 4 日至 27 日，除军用辎重不计外，经汉宜路撤退的汽车有 3000 余辆，人力车、马车 4000 余辆，难民 10 多万人"[7]。由于投入大量汽车等交通工具用于物资疏散和军民撤退，造成可能纯利额减少 13025 万元[8]。第二部分为可能生产额减少。这主要是因为阻止日军进攻而破坏公路交通设施所造成的。1938 年初，破坏鄂东地区公路 13

---

[1] 湖北省政府社会处统计室编：《湖北省民营事业财产间接损失》（1946 年 2 月），湖北省档案馆馆藏档案，档案号 LSA2.24—18。

[2] 湖北省政府社会处统计室编：《湖北省民营矿业间接损失统计表》（1946 年 2 月），湖北省档案馆馆藏档案，档案号 LSA2.24—18。

[3] 湖北省政府社会处统计室编：《湖北省省营事业财产损失表》（1946 年 2 月），湖北省档案馆馆藏档案，档案号 LSA2.24—18。

[4] 湖北省政府社会处统计室编：《湖北省省营事业财产损失表》（1946 年 2 月），湖北省档案馆馆藏档案，档案号 LSA2.24—18。

[5] 湖北省政府社会处统计室编：《湖北省省营事业财产损失表》（1946 年 2 月），湖北省档案馆馆藏档案，档案号 LSA2.24—18。

[6] 湖北公路运输史编纂委员会编：《湖北公路运输史》第一册，人民交通出版社 1991 年版，第 173 页。

[7] 湖北公路运输史编纂委员会编：《湖北公路运输史》第一册，人民交通出版社 1991 年版，第 173 页。

[8] 湖北省政府社会处统计室编：《湖北省省营事业财产损失表》（1946 年 2 月），湖北省档案馆馆藏档案，档案号 LSA2.24—18。

条共 400 余公里，桥梁 125 座共 1954 米。省政府西迁后，又破坏鄂中地区公路以阻敌进攻，其中汉口至宜昌公路破坏最彻底，全线共破坏路基 15 万方，路面 316 公里，桥梁 4300 米，并炸毁永久性桥梁 8 座。次年四五月间，襄阳至沙市、沙市至东岳庙两条干线公路，以及荆门至钟祥、石牌等支线公路也予以彻底破坏。武昌至江西和武昌至长沙公路，挖毁路基 14.3 万方，炸毁桥梁 3760 米。1940 年，国民政府军第六战区长官司令部发布破坏公路的实施计划，将江陵观音阁、大溪桥、三斗坪至远安线以东地区划为加强破坏区，五峰、榔坪、牛口、杜家、马桥口至保康线以东地区划为彻底破坏区，鹤峰、大支坪、万流、上毛坪至白河线以东地区为预定破坏区，同时制定了破路的方式和实施方案。其后，在巴咸公路等预定破坏区内公路险要地段及大小桥梁预凿爆破孔。1944 年，将长江埠至孟家楼公路枣阳至厉山段全部挖毁。据测算，由于阻止日军进攻而对公路、桥梁的严重破坏，造成可能生产额减少 651266 万元[①]。

二是电讯损失 53921 万元，其中造成可能纯利额减少 36144 万元、费用增加 17777 万元[②]。

三是航业损失 4702 万元[③]。1938 年春，日军进逼湖北，湖北交通部门配合抗日部队在长江下游要塞沉船堵塞航道，国民政府军征用船只 18 艘计 24995 吨，装载石头用铁链相连，于 4 月沉入临近湖北的长江要塞马当江底。随后，又相继在湖北武穴、藕池、宜昌等地沉船 27 艘。因堵塞长江航道阻止日军进攻，造成可获纯利额减少 6812 万元。同时，因日军的轰炸和攻击，造成拆迁费 150 万元、防空费 50 万元、救济费 300 万元、抚恤费 90 万元，共计增加开支费用 590 万元[④]。

5）金融损失

据 1946 年 2 月《湖北省省营事业财产损失统计表》统计，湖北省金融间接损失仅湖北省银行就达 76000 万元[⑤]，折算成 1937 年 7 月法币为 29.5956 万元。其中，可获纯利额减少 60000 万元，造成增加费用之拆迁费 7000 万元、防空费

① 湖北省政府社会处统计室编：《湖北省省营事业财产损失表》（1946 年 2 月），湖北省档案馆馆藏档案，档案号 LSA2.24—18。

② 湖北省政府社会处统计室编：《湖北省省营事业财产损失表》（1946 年 2 月），湖北省档案馆馆藏档案，档案号 LSA2.24—18。

③ 湖北省政府社会处统计室编：《湖北省省营事业财产损失表》（1946 年 2 月），湖北省档案馆馆藏档案，档案号 LSA2.24—18。

④ 湖北省政府社会处统计室编：《湖北省省营事业财产损失表》（1946 年 2 月），湖北省档案馆馆藏档案，档案号 LSA2.24—18。

⑤ 湖北省政府社会处统计室编：《湖北省省营事业财产损失表》（1946 年 2 月），湖北省档案馆馆藏档案，档案号 LSA2.24—18。

3000 万元、救济费 3500 万元、抚恤费 2500 万元。

6）教育损失

据 1946 年 2 月《湖北省公私立学校间接损失统计》[①]统计，抗战时期全省教育间接损失总计 16137316 万元，折算成 1937 年 7 月法币为 6284.1239 万元。其中，专科以上学校损失 1266720 万元，中等学校损失 5215980 万元，初等学校损失 8515662 万元，社会教育损失 1138954 万元。为防避日军飞机轰炸，各学校及教育机构用于防空设备的费用达 1071976 万元。从 1938 年春起，以武汉为中心的鄂东、鄂中等大中专学校及各类学校和社会教育机构，相继迁往鄂西、鄂北和四川、贵州、云南等地，用于迁移的费用达 354980 万元。用于救济贫困学生和埋葬抚恤伤亡学生的费用 14710360 万元。

7）公共事业损失

据 1946 年 2 月不完全统计，抗战期间，湖北省公共事业间接损失 5094004 万元，折算成 1937 年 7 月法币为 1983.685 万元。

一是湖北省省属机关和湖北省各区县属机关团体财产间接损失 897800 万元[②]。其中，省属机关财产间接损失 749956 万元，省辖各区县属机关团体财产间接损失 147844 万元。县属机关团体间接财产损失资料缺失十分严重，鹤峰、利川、竹溪等 3 个县市间接损失资料完全缺失，兴山、秭归、长阳、五峰、宣恩、来凤、咸丰、恩施、建始、巴东、房县、竹山、郧西等 13 个县市迁移费资料缺失，英山、郧西 2 个县防空设备费资料缺失，通城、宣恩 2 个县疏散费资料缺失，通山、英山、罗田、麻城、礼山、云梦、应城、安陆、应山、钟祥、京山、保康、南漳、远安、兴山、秭归、长阳、五峰、宣恩、咸丰、建始、房县、竹山等 23 个县市救济费资料缺失，蕲春、黄梅、英山、罗田、麻城、礼山、云梦、应城、安陆、应山、钟祥、京山、潜江、自忠、枣阳、谷城、保康、南漳、远安、兴山、秭归、长阳、五峰、宣恩、咸丰、建始、房县和竹山等 28 个县市抚恤费资料缺失。因此，各县县属机关团体间接财产损失应远大于此。

二是公用事业财产间接损失 4196204 万元[③]。其中，省营公用事业财产损失

---

① 湖北省政府社会处统计室编：《湖北省公私立学校间接损失统计》（1946 年 2 月），湖北省档案馆馆藏档案，档案号 LSA2.24—18。

② 参见湖北省政府社会处统计室编：《湖北省省属机关财产间接损失统计》、《湖北各区县属机关团体间接损失统计》（1946 年 2 月），湖北省档案馆馆藏档案，档案号 LSA2.24—18。

③ 参见湖北省政府社会处统计室编：《湖北省省营事业财产损失表》、《湖北省民营事业财产间接损失表》（1946 年 2 月），湖北省档案馆馆藏档案，档案号 LSA2.24—18。

2709404 万元，省民营公用事业财产损失 1486800 万元。省营公用事业中，仅湖北省平价物品供应处间接损失可能生产额和可能纯利额分别减少 36720 万元、7650 万元，共计造成可能获利之减少 44370 万元；造成费用之增加：拆迁费 5988 万元、防空费 5873 万元、救济费 2652765 万元、抚恤费 408 万元，共计 2665034 万元。省民营公用事业损失中，造成可能生产额减少 1415600 万元，增加拆迁费 71200 万元。

《湖北省抗战损失统计》所载抗战期间湖北省间接财产损失详情如下各表（见表十一、十二、十三、十四、十五）：

表十一：湖北省省属机关财产间接损失统计

三十五年二月　　　　　　单位：万元（法币）

机关名称	共计	迁移费	防空设备费	疏散费	救济费	抚恤费
总计	749,956	41,441	438,128	52,827	169,861	47,699
秘书处	9,087	2,367	920	—	3,920	1,880
民政厅	3,421	2,705	94	302	205	115
财政厅	—					
教育厅	64,240	21,120	21,340	10,780	4,620	6,380
建设厅	149,450	1,900	17,420	26,130	65,000	39,000
会计处	485,200	5,200	384,000	—	96,000	—
社会处	33,080	7,280	10,800	15,000	—	—
卫生处	1,034	249	158	615	12	
保安司令部	416	300	116	—	—	—
省干训团	2,568	—	2,140	—	104	324
省立医院	1,460	320	1,140	—	—	—

资料来源：湖北省政府社会处统计室编：《湖北省抗战损失统计》（1946 年 2 月），湖北省档案馆馆藏档案，档案号 LSA2.24—18。

表十二：湖北省各区县属机关团体间接损失统计

三十五年二月　　　　　　单位：万元（法币）

区别	共计	迁移费	防空设备费	疏散费	救济费	抚恤费
总计	147,844	36,662	91,622	14,794	2,852	1,914
第一区	58,918	14,197	39,484	3,538	616	1,083
第二区	32,722	4,943	24,449	2,603	371	356
第三区	17,418	6,709	8,317	2,176	165	51
第四区	12,103	4,468	4,813	2,209	468	145
第五区	6,531	3,673	1,819	750	227	62
第六区	11,157	2,260	6,776	1,783	280	58
第七区	5,845	—	4,239	909	600	97
第八区	3,150	412	1,725	826	125	62

资料来源：湖北省政府社会处统计室编：《湖北省抗战损失统计》（1946 年 2 月），湖北省档案馆馆藏档案，档案号 LSA2.24—18。

表十三：湖北省公私立学校间接损失统计

三十五年二月　　　　　　单位：万元（法币）

项别	共计	迁移费	防空设备费	其他
总计	16,137,316	354,980	1,071,976	14,710,360
专科以上学校	1,266,720	24,000	914,800	327,920
中等学校	5,215,980	66,660	27,720	5,121,600
初等学校	8,515,662	228,270	89,802	8,197,590
社会教育	1,138,954	36,050	39,654	1,063,250

资料来源：湖北省政府社会处统计室编：《湖北省抗战损失统计》（1946 年 2 月），湖北省档案馆馆藏档案，档案号 LSA2.24—18。

表十四：湖北省省营事业财产损失统计表

1．总表　　　　　　　　　　三十五年二月　　　　单位：万元（法币）

项别	共计	直接损失	间接损失
总计	483,259,070	460,172,710	23,086,360
农业部分（湖北省农业改进所属各县农林厂）	564,700	45,500	519,200
工业部分（建设厅所属各工厂）	34,729,355	15,673,213	19,056,142
矿业部分（建设厅所属各矿厂）	4,909,361	4,909,361	——
公路部分（湖北省公路局）	18,132,972	17,468,689	664,291
电讯部分（湖北省公路局）	53,501,290	53,447,369	53,921
航业部分（湖北省航业局）	367,159,777	367,152,375	7,402
公用事业部分 甲（前武昌水电厂）	974,400	974,400	——
公用事业部分 乙（湖北省平价物品供应处）	2,720,092	10,688	2,709,404
银行部分（湖北省银行）	567,123	491,123	76,000

资料来源：湖北省政府社会处统计室编：《湖北省抗战损失统计》（1946年2月），湖北省档案馆馆藏档案，档案号 LSA2.24—18。

表十五：湖北省民营事业财产损失总表

三十五年二月　　　　单位：万元（法币）

项别	共计	直接损失	间接损失
总计	55,643,418	10,611,688	45,031,730
工业部分	36,550,000	2,104,200	34,445,800
矿业部分	14,820,218	5,721,088	9,099,130
公用事业部分	4,273,200	2,786,400	1,486,800

资料来源：湖北省政府社会处统计室编：《湖北省抗战损失统计》（1946年2月），湖北省档案馆馆藏档案，档案号 LSA2.24—18。

第二，《湖北省抗战损失统计》（1946年2月）[①]间接财产损失资料缺失项目共计间接损失（1937年7月法币）359344.5956万元。

1）工业损失

一是据1939年6月《抗战两年来湖北省公私损失统计·湖北省省营工厂损

---

① 湖北省政府社会处统计室编：《湖北省抗战损失统计》（1946年2月），湖北省档案馆馆藏档案，档案号 LSA2.24—18。

失估算表》①记载，省营工厂"纱布线麻四局、白沙洲造纸厂、官砖厂、航务处修船厂、武昌电厂、宝善米厂"（均不在 1946 年所列省营工业间接损失之列）合计间接损失 8439361 元，以中间年份 1938 年 6 月全国物价指数增长倍数（1.23）折算成 1937 年 7 月法币为 686.1269 万元。

二是据《湖北省复员时期筹设及恢复各厂矿资金估计表》②记载，仅武昌水电厂、制革厂需恢复资金 600 万元（1937 年上半年价值，这里不作折算）。

三是据 1945 年 11 月至 1947 年 12 月《善后救济总署湖北分署业务总报告》，记载战后恢复工业的救济费和工程工赈费共 107840.49 万元③。以中间年份 1946 年 11 月全国物价指数增长倍数（6398.34）折算成 1937 年 7 月法币为 16.8544 万元。

仅以上三款工业间接损失合计（1937 年 7 月法币）1302.9813 万元。

2）矿业损失

一是据 1939 年 6 月《抗战两年来湖北省公私损失统计·湖北省省营矿业损失估算表》④记载，省营矿业象鼻山铁矿间接损失 978145 元，以中间年份 1938 年 6 月全国物价指数增长倍数（1.23）折算成 1937 年 7 月法币为 79.524 万元。

二是据 1938 至 1942 年《工矿调整处办理武汉、宜昌、沙市各矿厂迁移》，记载大冶华记水泥厂、利华、源华等厂拆迁机器设备"计 8500 吨"，待"船只陆续装运"⑤。其拆迁费参照 1945 年 9 月《湖北省迁复各机关学校工厂实施办法》（见《湖北省迁复委员会组织规程》，湖北省档案馆，LS18—3—13）记载的"由巴至宜转汉公物船运费每公吨以 70150 元计算"及"公物由施至汉起卸力资每公吨以 150000 元计算"，以 1945 年 9 月全国物价指数增长倍数（2002.97）折算成 1937 年 7 月法币为 2229.4415 万元。

三是据《湖北省复员时期筹设及恢复各厂矿资金估计表》⑥记载，仅大冶水

---

① 湖北省政府秘书处统计室编：《抗战两年来湖北省公私损失统计·湖北省省营工厂损失估算表》（1939 年），湖北省档案馆馆藏档案，档案号 LS3—1—812—2。

② 参见《湖北省政府复员工作计划》（1945 年 9 月湖北省政府编印），第 92 页，湖北省档案馆馆藏档案，档案号 LS1—6—5782。

③ 周苍柏：《善后救济总署湖北分署业务总报告》（1948 年），湖北省档案馆馆藏档案，档案号 LSA2.24—9。

④ 湖北省政府秘书处统计室编：《抗战两年来湖北省公私损失统计·湖北省省营矿业损失估算表》（1939 年），湖北省档案馆馆藏档案，档案号 LS3—1—812—2。

⑤ 参见《工矿调整处办理武汉、宜昌、沙市各矿厂迁移》（1938 年 7 月），中国第二历史档案馆馆藏档案，档案号八一九—1228。

⑥ 参见湖北省政府编印：《湖北省政府复员工作计划》（1945 年 9 月），第 92 页，湖北省档案馆馆藏档案，档案号 LS1—6—5782。

泥厂、象鼻山铁矿、炭山湾煤矿需恢复资金 2700 万元（1937 年上半年法币，这里不作折算）。

仅以上三款矿业间接损失合计（1937 年 7 月法币）5008.9655 万元。

3）农业损失

一是土地荒芜损失。日本发动侵略湖北的"战争期间，农民多无法从事生产，荒废良田，比比皆是，其中尤以交通沿线为甚，如汉宜公路两侧，由十里铺至皂市间，数百里内不见人烟，情况之惨，难以形容，估计全省土地荒芜当有八百万市亩"[①]。参照 1940 年 3 月《抗战期间湖北概况统计·湖北省各县主要农产种植面积及年产量统计表》[②]记载的水稻、小麦年产量及种植面积，计算出粮食单产量为[（水稻产量 63081909 市担+小麦产量 11106411 市担）÷（水稻种植面积 21566810 市亩+小麦种植面积 11889306 市亩）]=2.22 市担/市亩；按照 1946 年 2 月《湖北省抗战损失统计·湖北省粮食损失统计》[③]记载的稻谷及小麦价值与数量，计算出粮食单价为[（稻谷价值 182738887 万元+小麦价值 33569504 万元）÷（稻谷数量 132199723 市担＋小麦数量 20488146 市担）]=1.4167 万元/市担。由此计算出 800 万亩荒芜土地 8 年粮食损失为 25160592 万元，以 1946 年 2 月全国物价指数增长倍数折算成 1937 年 7 月法币为 9797.9291 万元。

二是寇灾匪灾水灾造成的损失。据《湖北省政府复员工作计划》[④]第 94—95 页记载，"本省农民之损失，据湖北省统计提要手册所载，自二十七年至三十二年受灾区域计达六十三县，其中二十七县遭受寇灾最烈，牺牲最巨，遭受匪灾者凡三县，遭受水灾者二十七县，估计被灾面积达 122，000，000 市亩。"因此，粮食产量大大减少。如籼粳稻，1936 年全省产量 71902 千担（每担 100 斤），1946 年减至 55148 千担，减产 76.79%[⑤]。以上县按粮食减产 76.79%的幅度计算，粮食损失达 297057585.925 万元，以 1946 年 2 月全国物价指数增长倍数折算成 1937 年 7 月法币为 115678.8823 万元。

① 周苍柏：《善后救济总署湖北分署业务总报告》（1948 年），湖北省档案馆藏档案，档案号 LSA2.24—9。

② 湖北省政府秘书处统计室编：《湖北省概况统计》（1940 年 3 月），湖北省档案馆藏档案，档案号 LSA2.14—10。

③ 湖北省政府社会处统计室编：《湖北省抗战损失统计》（1946 年 2 月），湖北省档案馆藏档案，档案号 LSA2.24—18。

④ 湖北省政府秘书处编印：《湖北省政府复员工作报告》（1945 年 9 月），中国第二历史档案馆藏档案，档案号一（2）—61。

⑤ 实业部中央农业实验所农业经济科：《农情报告》，载实业部中央农业实验所农报社编印：《农报》第 4 卷第 11、12 期，第 12 卷第 5 期，1937 年 4 月 20 日、10 月 15 日。

三是"因战事而缺灌溉之水"造成的损失。据《湖北省水利战时变迁情形及损失估计》[①]记载，因"战时各项水利工程之灾及产量锐减"，"其全部损失估计如下：因战事而缺灌溉之水田共计 4,664,000 市亩，每亩少收新量稻谷口市石，八年共少收 74,624,000 市石，每石以五元计，（民国二十六年物价）共计 373,124,000 元；旱田共计 3,615,000 市亩，每亩少收苞谷（新粮）一市石，八年共少收 28,920,000 市石；每石三元计，共计 86,760,000 元。损失计 459,884,000 元。"从粮食单价看，应为 1937 年上半年法币，这里不作折算，记为 45988.4 万元。

四是日军侵略造成大幅增加的农业费用。据史料记载，"江汉干堤，自本省沦陷后，年久失修，随处均有溃决之处"。1945 年 8 月中旬，公安朱家湾、石首杨林等处江水溃决，"被淹田地约 43 万亩"，"其他民堤溃决，亦达 102 处，被淹田地达 33 万亩"，"经饬江汉工程局派员勘估修复干堤溃口，约需土 51738446 公方，民堤需土 116872532 公方，并电中央拨发急赈 1 亿元，转饬该局积极负责修复，并会同当地县政府办理"。农田灌溉工程，因 1945 年 3 月间日军侵犯鄂北，造成苌忱渠工程"全部复工费用共需三亿七千七百八十万元"，"均县大平原灌溉工程，全部工程费 6596849725 元"[②]。被淹田地合计 76 万亩，按照以上第二项方法计算，粮食损失为 1295600.88 万元，以 1946 年 2 月全国物价指数增长倍数折算成 1937 年 7 月法币为 504.5273 万元；损失水利工程合计需修复工程费 707464.9725 万元，以 1945 年 9 月全国物价指数增长倍数（2002.97）折算成 1937 年 7 月法币为 353.208 万元。粮食损失和修复水利工程费共计 1937 年 7 月法币 857.7353 万元。

五是因战争造成的特产损失。据《抗战两年来湖北省公私损失统计》[③]记载，抗战头两年全省六种特产就减收 69055257 元，其中棉花 40400655 元、桐油 9394588 元、茶叶 7823088 元、蔴 5408210 元、生漆 4080000 元、柏油 1948116 元。以此推算，全省抗战期间特产间接损失达 27622.1028 万元。因特产价格为"战前三年平均市价"[④]，这里不做折算，视为 1937 年 7 月法币。

① 湖北省政府秘书处编印：《湖北省政府复员工作报告》（1945 年 9 月），第 101 页，中国第二历史档案馆馆藏档案，档案号一（2）—61。

② 湖北省政府秘书处编印：《湖北省政府复员工作报告》（1945 年 9 月），中国第二历史档案馆馆藏档案，档案号一（2）—61。

③ 参见湖北省政府秘书处统计室：《抗战两年来湖北省公私损失统计》（之二，1939 年），湖北省档案馆馆藏档案，档案号 LS3—1—812—2。

④ 湖北省政府秘书处统计室编：《抗战两年来湖北省公私损失统计·特产概说》（1939 年），湖北省档案馆馆藏档案，档案号 LS3—1—812—2。

六是战后恢复农业生产的费用。《善后救济总署湖北分署业务总报告》记载，战后所需恢复农田生产支付的费用，仅农业救济费和农业复垦费两项就达 22.63 亿元[1]。以中间年份 1946 年 11 月全国物价指数增长倍数（6398.34）折算成 1937 年 7 月法币为 35.3685 万元。

上述六项农业间接损失共计（1937 年 7 月法币）199980.418 万元。

4）交通损失

一是据《抗战两年来湖北省公路损失总表》[2]记载，自 1937 年 7 月至 1939 年 6 月，湖北省公路局迁移费 28628 元、疏散费 8729 元、车辆折耗 609656 元、其他 5829 元（四项均在 1946 年 2 月《湖北省抗战损失统计》中缺失），合计 652842 元。以中间年份 1938 年 6 月全国物价指数增长倍数（1.23）折算成 1937 年 7 月法币为 53.0766 万元。

二是据《湖北省政府复员工作计划》[3]记载，"自二十七年十月起至三十四年三月止，共计损失（路基路面——编者注）3918.91 公里。""损失桥涵 23514 公尺"。按照"二十六年本省公路修建费平均每公里约为一万五千元至二万元……现估路基路面修建费每公里五千元，约合上数三分之一至四分之一，即假定路基尚未全数破坏，只列一部分修建费"，"桥梁涵洞当时（二十六年上半年）每公尺平均修建费为 350 元"计算，修复损毁公路、桥涵需工程费 2782.445 万元（1937 年上半年法币，这里不做折算）。

三是战后恢复，仅救济恢复汽车队和储运物资费用达 614973.13 万元[4]。以中间年份 1946 年 11 月全国物价指数增长倍数（6398.34）折算成 1937 年 7 月法币为 96.1145 万元。

四是十堰（郧阳）修建国防道路费用（均不在前述各项道路损失项目之列），折算为 1937 年 7 月的法币为 801.8859 元[5]。

上述四项交通间接损失合计（1937 年 7 月法币）3733.522 万元。

---

[1] 周苍柏：《善后救济总署湖北分署业务总报告》（1948 年），湖北省档案馆藏档案，档案号 LSA2.24—9。

[2] 湖北省秘书处统计室编：《抗战两年来湖北省公路损失总表》（1939 年），湖北省档案馆藏档案，档案号 LS3—1—612—4。

[3] 湖北省政府编：《湖北省政府复员工作计划》（1945 年 9 月），第 76—77 页，湖北省档案馆藏档案，档案号 LS1—6—5782。

[4] 周苍柏：《善后救济总署湖北分署业务总报告》（1948 年），湖北省档案馆藏档案，档案号 LSA2.24—9。

[5] 详见中共十堰市委党史研究室：《抗战时期十堰（郧阳）人口伤亡和财产损失调研报告》（2009 年），第 25 页，存中共湖北省委党史研究室。

5）邮政损失

日军侵略湖北，造成湖北邮政各项业务量大幅度下降。其中，邮件业务量比 1937 年度降低 64%至 83%，包裹业务量比 1937 年度降低 91%至 96%。邮政经营连年亏损，仅 1945 年亏损法币 36474.7 万余元、中储券 9564.3 万余元[①]。汇入、兑出业务量，1937 年分别为 15597997 元、9371234 元，此后均无汇兑业务。1938 年 10 月，电政局及省长话处西迁，战区各电报局、长话分处亦随军撤退，电信设备少数拆运后方，多数遭到破坏，沦陷区电信通信完全停止。抗日后方省营电话业务，仅"1939 年亏损 56393 元，1940 年亏损 62313 元，1941 年亏损 58546 元"[②]。据 1947 年《湖北邮政管理局财产间接损失报告表》，湖北邮政损失法币 2620782.7 元。其中，增加拆迁费 2172066.70 元、救济费 437923 元、抚恤费 10793 元[③]。1939 至 1941 年各年度亏损额分别以各年度 7 月物价指数增长倍数（2.03、5.06、12.85）折算成 1937 年 7 月价值为 27780 元、12315 元、4556 元；1945 年亏损法币以 1945 年 7 月物价指数增长倍数（2542.84）折算成 1937 年 7 月价值为 143441 元；1945 年亏损中储券按照《关于抗战课题调研的财产损失折算方法》[④]给出的 200∶1 折算成 1948 年 8 月法币价值为 478215 元，以 1945 年 8 月全国物价指数增长倍数（2782.87）折算成 1937 年 7 月法币为 172 元；1947 年统计的间接损失，以中间年份 1941 年 7 月全国物价指数增长倍数（12.85）折算成 1937 年 7 月法币为 203952 元。前述各项间接损失合计（1937 年 7 月法币）39.2216 万元。

6）商业损失

据《抗战两年来湖北省公私损失统计》中的《抗战两年来湖北省各县市商店间接损失估计表》记载，商店间接损失共计 79870000 元（损失较小县区均未计数列入），以中间年份 1938 年 6 月全国物价指数增长倍数（1.23）折算成 1937 年 7 月法币为 6493.4959 万元。其中，汉口市损失 47500000 元，武昌城区损失 47500000 元，汉阳城区损失 1750000 元，其他县市损失较大的前三位是恩施、宜昌、广济，分别为 2100000 元、1700000 元、1090000 元[⑤]。由此推算，抗战

① 湖北省地方志编纂委员会编：《湖北省志·交通邮电》，湖北人民出版社 1995 年版，第 749、793 页。

② 湖北省地方志编纂委员会编：《湖北省志·交通邮电》，湖北人民出版社 1995 年版，第 749、793 页。

③ 湖北邮政管理局局长许季珂：《湖北邮政管理局财产间接损失报告表》（1947 年 7 月 14 日），湖北省档案馆馆藏档案，档案号 LS43—2—1783。

④ 湖北省抗战课题组编：《抗战课题调研工作学习参阅资料》，2007 年 6 月，存中共湖北省委党史研究室。

⑤ 参见湖北省政府秘书处统计室编：《抗战两年来湖北省公私损失统计》（之三，1939 年），湖北省档案馆馆藏档案，档案号 LS3—1—812—3。

期间 8 年商业间接损失在 25973.9836 万元（1937 年 7 月法币）以上。

7）贸易损失

抗战前，湖北"国际贸易之主要商品……首推棉、蔴、茶、桐，次为柏油、生漆及锗子等各项，每年输出总值达一万万元以上"[1]。但因日军的侵略，湖北的"水陆交通发生阻滞，运输颇感艰困，因而价格低落，市场萧涩"[2]，"故第一年贸易总额剧烈下降，为数仅及往年三分之一。迨次年七八两月，猪鬃蛋品等各有极少数之外销，其余进口出口全部停滞，十月间广州放弃，武汉相继退出，至此本省对外贸易，整个断绝"[3]。抗战时期，湖北产棉区 50 余县大部分被日军侵占，日商洋行在产地设立分支行，搜购和掠夺当地出产的棉花。1943 年，由华商四户与日商八达行共同组成"中日棉花同业公司"，垄断棉花市场。日军通过日本棉花行掠夺湖北棉花约 469 万担[4]。"战前，汉口每年输出红茶约 30 万箱，砖茶 20 万箱，而战时出口中断"。[5]柏油，仅宜昌县在 1937 年出、转口和市销就达 11.12 万担，创价值 175.92 万元[6]，日军入侵以后停产。据《抗战两年来湖北省主要产物输出贸易损失总表》[7]记载，1937 年 7 月至 1939 年 6 月，湖北省贸易损失合计 243650000 元，以中间年份 1938 年 6 月全国物价指数增长倍数（1.23）折算成 1937 年 7 月法币为 19808.9431 万元。由此推算，抗战期间 8 年贸易损失当在 79235.7724 万元（1937 年 7 月法币）以上。

8）财政损失

一是税收损失。因日军侵略湖北，随着武汉和湖北大部分地区被日军侵占或沦为战区，工厂、商店等大都西迁或被破坏、摧毁，湖北省属企事业、工矿业、商业等损失殆尽，航运方面仅在宜昌以上航线艰难维持交通，省公营经济再无盈余，政府根本无法收到税收，导致财政收入严重萎缩。政府所能征收到的税收仅

① 湖北省政府秘书处统计室编：《抗战两年来湖北省公私损失统计》（之二，1939 年），湖北省档案馆馆藏档案，档案号 LS3—1—812—2。

② 中国人民政治协商会议武汉市委员会：《抗战中的武汉》，第 130 页。转引自湖北省地方志编纂委员会编：《湖北省志·农业（上）》，湖北人民出版社 1995 年版，第 45、46 页。

③ 湖北省政府秘书处统计室编：《抗战两年来湖北公私损失统计》（之三，1939 年），湖北省档案馆馆藏档案，档案号 LS3—1—812—3。

④ 中国人民政治协商会议武汉市委员会：《抗战中的武汉》，第 130 页。转引自湖北省地方志编纂委员会编：《湖北省志·农业（上）》，湖北人民出版社 1995 年版，第 45、46 页。

⑤ 湖北省地方志编纂委员会：《湖北省志·经济综述》，湖北人民出版社 1992 年版，第 88 页。

⑥ 宜昌县地方志编纂委员会编：《宜昌县志》，冶金工业出版社 1993 年版，第 430 页。

⑦ 湖北省政府秘书处统计室编：《抗战两年来湖北公私损失统计》（之三，1939 年），湖北省档案馆馆藏档案，档案号 LS3—1—812—3。

限于未沦陷的地区，而这些地区均为不发达的落后山区，所征税收极为有限。如营业税收入，全省在 1939 年度仅实征收 728341 元，同 1935 年度实征收 3766538 元相比，减少 80.66%；契税收入，全省在 1938 年度仅实征收 48417 元，同 1936 年度实征收 869026 元相比，减少 94.43%；房捐收入，全省在 1938 年度仅实征收 19190 元，同 1937 年度实征收 191212 元相比，减少 89.96%，且在 1940 年和 1944 年、1945 年完全无征收[①]。另据《湖北省税务战时变迁情形及损失估计》[②] 记载，"惟沦陷各乡，被敌伪设卡强征，致使应征税收，损失甚巨。如蒲圻、武昌、汉阳、嘉鱼、咸宁、通城、崇阳、大冶、阳新、鄂城、通山、蕲春、浠水、黄梅、广济、罗田、英山、黄安、黄冈、麻城、礼山、随县、安陆、孝感、云梦、应山、应城、天门、汉川、京山、沔阳、潜江、枣阳、钟祥、监利、枝江、江陵、远安、宜都、宜昌、荆门、当阳、石首、松滋、公安、光化等四十七县，于二十七、二十九、三十二、三十四各年战役中，相继沦陷，截至现在止，按后方同等完整县份历年收敷分别估计，共应征自治税收二十五亿三千三百〇八万九千元。除已征二亿八千一百四十七万九千元外，其余损失二十二亿五千一百六十一万元（以中间年份 1941 年 7 月全国物价指数增长倍数（12.85）折算成 1937 年 7 月法币为 17522.2568 万元），以致各县税务局组织缩小至最低限度。其五、六等局局长，由县长兼任，甚至仅存一税局名义"。又据《抗战两年来湖北省税收损失统计总表》[③]记载，自 1937 年 7 月至 1938 年 6 月，全省各项税额应收 39382063 元，实收 23957231 元，损失 15424832 元，损失 39.17%；1938 年 7 月至 1939 年 6 月，全省各项税额应收 40230101 元，实收 12688883 元，损失 27531218 元，损失 68.45%。由此可见，湖北省税收损失尤为惨重。湖北省税收损失以 1937 年 7 月至 1938 年 6 月应收税额 39382063 元为基数，8 年应收 31505.6504 万元，以 80% 损失推算，共计损失为 25204.5203 万元，以 1937 年 12 月全国物价指数增长倍数（1.07）折算成 1937 年 7 月法币为 23555.6265 万元。

二是财政紧急支出。据《抗战两年来湖北省各项紧急经费支出损失统计表》[④] 记载，自 1937 年 7 月至 1939 年 6 月，由省库支出的各项紧急经费达 5000000

---

① 参见湖北省地方志编纂委员会编：《湖北省志·财政》，湖北人民出版社 1995 年版，第 147、151、164 页。

② 湖北省政府编印：《湖北省政府复员工作计划》（1945 年 9 月），湖北省档案馆馆藏档案，档案号 LS1—6—5782。

③ 湖北省政府秘书处统计室编：《抗战两年来湖北公私损失统计》（之三，1939 年），湖北省档案馆馆藏档案，档案号 LS3—1—812—3。

④ 湖北省政府秘书处统计室编：《抗战两年来湖北公私损失统计》（之三，1939 年），湖北省档案馆馆藏档案，档案号 LS3—1—812—3。

元，同时注明"紧急经费支出损失表，所列各费，系根据抗战两年间由库支出各项紧急经费，查明编列，至于各机关之迁移费及省营工厂之拆迁等费，均散见各部门表内，本表概未列入"。以中间年份 1938 年 6 月全国物价指数增长倍数（1.23）折算成 1937 年 7 月法币为 406.5041 万元。

三是自卫队经费支出。抗战期间，湖北省各地都成立了自卫队，也称国民抗敌自卫团、义警等。支出经费均纳入地方财政预算。据《抗战期间湖北概况统计提要·各县 28 年度收支》[①]记载，1939 年湖北省自卫队经费支出预算合计 1849380 元。以 1939 年全国统一物价指数增长倍数（2.06）折算成 1937 年 7 月法币为 89.7757 万元。由此推算，抗战 8 年全省各地自卫队经费支出达 718.2056 万元。

四是赈款支出。据省赈济委员会资料记载，1940 年分配（难民）赈款为 120.095 万元，1941 年分配赈款为 136.5036 万元，两年分配赈款合计为 256.5987 万元。以 1940 年 12 月全国统一物价指数增长倍数（7.64）折算成 1937 年 7 月法币为 33.5862 万元。由此推算，抗战 8 年间赈款支出最少应有 134.3448 万元。

四项合计财政间接损失达（1937 年 7 月法币）24814.681 万元。

9）金融损失

一是开办银行发行日钞（俗称军用票）。1938 年，日军侵占武汉前夕，湖北大批金融机构迁往鄂西或四川，少部分迁入汉口租界，以暂避日军兵锋。日军侵占武汉后，在汉口的中国、中央、交通、农民等国家银行迁往重庆，湖北省银行随同省政府迁往恩施。不久，沙市、宜昌等地的银行机构亦相继撤退到鄂西或四川。日伪为了进行经济掠夺，垄断武汉乃至湖北的金融市场，操纵货币，达到"以战养战"的目的，即在占领区发行日钞（俗称军用票）。1940 年 5 月 5 日在汉口成立中江实业银行，并相继在武昌、沙市等地设立分行，在应城等地设立办事处，建立以武汉为重点和中心的日伪金融业。该行还代理伪省、市两政府金库，经营货栈仓库，开设典当，代理保险业务，后又增加储蓄、信托等业务。至 1943 年 3 月，该行资本包括存款，已从开业时的军用票 500 万元增加到 3000 多万元[②]。而法币在与日军发行的军用票流通中，比价时常变动。武汉沦陷不久，日军规定每 100 元法币兑换军用票 80 元。1940 年冬，每 100 元法币跌至合军用票 59 元，

---

① 湖北省政府秘书处统计室编：《抗战期间湖北概况统计提要·各县 28 年度收支》（1940 年），湖北省档案馆馆藏档案，档案号 LSA2.14—12。

② 湖北省地方志编纂委员会编：《湖北省志·金融》，湖北人民出版社 1993 年版，第 80 页。

1942 年 8 月跌至 0.95 元^①。依照 1940 年冬每 100 元法币兑换 59 元军用票的比例以该行开业时资本额 500 万元计算，日军在湖北省通过发行日钞的金融掠夺最低有 295 万元法币，按照 1940 年 11 月全国物价指数增长倍数（7.22）折算成 1937 年 7 月法币为 40.8587 万元。

二是扶持伪政权发行伪钞中储券。1941 年 1 月，汪伪中央储备银行成立并发行中储券。日军为达到在湖北"以华制华"的目的，于 1942 年 8 月成立伪中央储备银行汉口分行，随即大量发行伪中储券。不久，汪伪政府为整理货币，公布推行中储券办法，废止法币与中储券并行流通，并在武汉三镇全面按 2∶1 的比价实行法币兑换中储券。在此次收兑中，武汉共发行 9000 万元伪中储券^②。至 1945 年 8 月，在武汉发行的中储券，据伪中央储备银行汉口支行账面记载，达 1484 亿余元。由于中储券的无度发行，造成剧烈通货膨胀。中储券发行之初最高面额为 100 元，1945 年已出现面额 10 万元的大钞。1944 年 3 月 1 日，武汉的黄金价格每两约为中储券 2 万元，9 月猛涨至 5 万元左右，半年涨了 2.5 倍。抗战胜利后，中储券 200 元换法币 1 元，使人民和金融业蒙受巨大损失。仅以伪中央储备银行汉口支行成立时发行 9000 万元中储券及法币兑换中储券 2∶1 的比价计算，日军通过伪政权在湖北省的金融掠夺最低达法币 18000 万元。以 1942 年 8 月全国物价指数增长倍数（44.69）折算成 1937 年 7 月法币为 402.7747 万元。

三是使用日钞套购物资。武汉沦陷后，仅"被日本洋行以军用票收购掠夺的桐油达 700 吨"^③。按照每吨合 20 市担及"每市担值国币（法币——编者注）四十二元——战前三年平均价"^④计算，仅此一项损失就达 58.8 万元（这里不做折算，视为 1937 年 7 月法币）。

三项金融损失合计（1937 年 7 月法币）502.4334 万元。

10）文化损失

据 1947 年 11 月 30 日《湖北省省立武昌图书馆财产间接损失报告表》^⑤统计，抗战时期该馆间接损失达 402361 元。以中间年份 1941 年 7 月全国物价指数增长

① 湖北省地方志编纂委员会编：《湖北省志·金融》，湖北人民出版社 1993 年版，第 80 页。
② 湖北省地方志编纂委员会编：《湖北省志·金融》，湖北人民出版社 1993 年版，第 80 页。
③ 湖北省地方志编纂委员会编：《湖北省志·农业（上）》，湖北省人民出版社 1994 年版，第 45 页。
④ 湖北省政府秘书处统计室编：《抗战两年来湖北省公私损失统计·湖北省游击战区桐油损失估算表》（1939 年），湖北省档案馆藏档案，档案号 LS3—1—812—2。
⑤ 湖北省政府训令：《查报抗战损失限至本年十二月卅一日截止令仰知照》（1947 年 10 月 22 日省统字第一四七号），湖北省档案馆藏档案，档案号 LS10—1—1752。

倍数（12.85）折算成 1937 年 7 月法币为 3.1312 万元。

1938 年，国民政府第五战区部队为搜集战备物资，在部队转移四川时，将武当山周府庵、遇真宫、元和观、太子坡等宫观里大部分铜质像器约千件拆下，由炮 16 团以 40 部马车运往重庆兵工厂，毁像冶铜，制造枪炮，用于抗日。据目睹者估计，运走像器约千件，折铜几十万斤。部队为方便运输，把部分文物在汉中地区熔化。据现存文物级别比例推算，抗战时期武当山文物损失 948（不包括收回 52）件，一级文物占 33.5%为 318 件，二级文物占 12.6%为 119 件，三级文物占 53.9%为 511 件。如果用 2007 年十堰市政府为收回 6 件武当山文物而支付的保管费人民币 100 万元来比较，武当山在抗战期间损失的 948 件文物，至少在 1 亿人民币以上（2007 年价值）。

11）公共事业损失

"湖北因地处抗战前卫，所受战争损害，实较其他各省尤为惨烈"[①]，因战争造成各机关团体迁移、难民资遣、被破坏建筑修复等费用支出甚大。

一是行政复员经费。日军投降后，湖北省省、县两级 1945 年度"行政复员费"和"1946 年度行政复员费及教育复员费"达 183171.6 万多元[②]。以 1945 年 12 月全国物价指数增长倍数（2490.24）折算成 1937 年 7 月法币为 73.5558 万元。

二是救济善后。据《湖北省政府复员计划·紧急措施部分》[③]记载，湖北省"难民人数总计 10117961 人，占全省人口百分之四十二，其他各省流亡至本省之难民，虽无精确统计，估计在 50 万人左右"。其中，离籍难民 3372652 人，未离籍难民 6745308 人。所需复员经费概算为 5602742 万元[④]。而据《湖北分署自开办至结束各种费用分析比较表》[⑤]记载，自善后救济署湖北分署 1945 年 12 月 1 日成立至 1947 年 12 月 31 日结束，合计支出经费为 28，219，513，201.14 元。剔除在工业、农业、交通损失项目中已计算损失的 949113.62 万元，其余难民救济等项费用为 1872837.7 万元。以中间年份 1946 年 11 月全国物价指数增长倍数（6398.34）折算成 1937 年 7 月法币为 292.7068 万元。

① 湖北省政府社会处统计室编：《湖北省省营事业财产损失表》（1946 年 2 月），湖北省档案馆藏档案，档案号 LSA2.24—18。

② 湖北省政府编：《奉审计部未梗电饬列报复员工作情形，谨遵照规定项目分别报告如次》（1945 年 8 月），湖北省档案馆藏档案，档案号 LS23—3—2054。

③ 湖北省政府编印：《湖北省政府复员工作计划》（1945 年 9 月），湖北省档案馆藏档案，档案号 LS1—6—5782。

④ 湖北省政府编印：《湖北省政府复员工作计划·湖北省行政复员经费概算表（紧急措施部分）》（1945 年 9 月），湖北省档案馆藏档案，档案号 LS1—6—5782。

⑤ 周苍柏：《善后救济总署湖北分署业务总报告》（1948 年），湖北省档案馆藏档案，档案号 LSA2.24—9。

以上两项支出经费合计（1937 年 7 月法币）366.2626 万元。

12）医疗卫生损失

抗战爆发后，为适应战时需要，全省成立卫生队、训练卫生人员派赴接近战区各县和设立卫生院等支出，仅从 1941 年到 1945 年，就达 3000 多万元[①]。此项支出费用确定为 3000 万元，以中间年份 1943 年 7 月全国物价指数增长倍数（167.94）折算成 1937 年 7 月价值为 17.8635 万元。

13）人力资源损失

一是征用民夫工资。

1938 年初，日军进逼湖北，"全国抢修汉宜路，保障西迁运输"。省政府西迁，为适应战时运输的需要，征用大量劳工整修通往川、湘的巴（东）石（门）等公路和沟通鄂陕的老（河口）白（河）公路，新建咸（丰）来（凤）等公路，开辟巴柯（巴东经兴山、保康到房县柯家营）等驿道 2190 公里，疏浚清江恩施至宜都段航道，扩建恩施飞机场等。其中，仅谷城"用筑老白、樊河两公路民工约一百三十万（1305710）"[②]。鄂北光化县在抗战时期有人口 16.93 万，抗战 8 年，累计征用民夫 331.84 万人次[③]。而本次调查，十堰（郧阳）所属 6 县市，抗战期间征用民夫达 489.06 万人次[④]。据 1943 年《抗战以来本省征用民夫》[⑤]不完全统计，截至 1943 年 12 月，湖北省共征用民夫 6352054 人（次），其中构筑工事征夫 4661328 人（次）、输送军需征夫 1690726 人（次），"此外尚有未呈报县份及各部队直接向各县征募之夫为数亦有数十万"。湖北省抗战期间征用民夫人数统计，以《抗战以来本省征用民夫》记载人数为基数计算，自 1937 年 7 月至 1943 年 12 月，6 年半时间，平均每年征用民夫 977239 人（次），抗战 8 年间征用民夫为 7817912 人（次）。加上"此外尚有未呈报县份及各部队直接向各县征募之夫为数亦有数十万"，确定为 500000 人（次），8 年应有 615384 人（次）。两项合计为 8433296 人（次）。

日军为长期占据湖北，以适应扩大侵略战争的需要，强抓大量劳工为其搬运、

---

① 参见湖北省地方志编纂委员会编：《湖北省志·财政》，湖北人民出版社 1995 年版，第 237—238 页。

② 湖北省政府编：《湖北省 1941 年统计提要》（1941 年），中国第二历史档案馆馆藏档案，档案号二（1）—5048。

③ 温恭、陈峰麟编：《光化县抗战史料》（1948 年 4 月），湖北省档案馆馆藏档案，档案号 LS3—5—5499。

④ 中共十堰市委党史研究室：《抗战时期十堰（郧阳）人口伤亡和财产损失调研报告》（2009 年），第 62 页，存中共湖北省委党史研究室。

⑤ 湖北省政府 1943 年编：《抗战期间湖北概况统计提要》（1943 年），湖北省档案馆馆藏档案，档案号 LSA2.14—12。

修筑工事、道路和飞机场等。仅日军修筑徐家棚飞机场，就于1941年在武昌征用民夫2万余人[1]。日军还先后于1941年、1942年在宜昌等地强抓劳工数万，修建宜昌土门飞机场和当阳飞机场。"1944年12月，约3个月期间，（39）师团各步兵联队命令继续执行由以前实施中的宜昌、当阳、荆门附近建设飞机场的工作。各步兵联队为此强制地惨使该附近村庄人民……其所惨使人民的数字累计约达1万人工。"[2]从上述资料记载分析，抗战期间，日、伪军强行征用民夫数量极为巨大，应不少于国民政府征用民夫数量。因此，日、伪军征用民夫数量与国民政府征用人数大致可等量计算。

综合上述两个方面，抗战期间，湖北省被国民政府及日、伪军征用的民夫数量确定为16866592人（次）。据《竹山县最早的公路修筑概况》[3]记载，"民国二十六年，安（安康市）白（白河县）段开始施工"，"竹山县境内土路量定公尺数，按各保甲劳动力人数分配任务，自带工具、口粮，一星期换一次班，轮流修筑。"被征用民夫每人（次）按7个工作日计算，参照《各县雇农待遇》[4]湖北省中等县市1937年雇农日工工资0.2元标准，湖北省抗战期间征用民夫人工工资损失达2361.3229万元（视为1937年7月法币，不做折算）。据本次各地调查情况看，抗战期间被征用民夫工资损失，实际上应远大于此数。如十堰（郧阳）所属6县市民夫工资损失就有513.7683万元[5]。

二是服兵役人员工资。

为抗击日军侵略，国民政府征兵和抓壮丁的数量很大。仅1938年湖北省就征兵158226人[6]。"据枣阳、光化、保康、南漳、宜城5县统计，1940～1945年被抓壮丁数达33万以上。"[7]据恩施州调查统计，抗战期间恩施州所属8县市征兵人数共有104120人，其中按民国政府配额实征数为102224名（表十六），1943年至1945年期间三次拨交监犯422名，1934年拨交知识青年、政工教党团员214名，1945年又拨交1260名。

---

[1] 湖北省地方志编纂委员会编：《湖北省志·经济综述》，湖北人民出版社1992年版，第86页。

[2] 《佐佐真之助笔供》（1955年6月8日整理），见中央档案馆、湖北省档案馆编：《侵华日军在湖北暴行史料》，中国档案出版社2005年版，第419—422页。

[3] 作者袁修简，载《竹山文史》1994年第三辑。

[4] 湖北省政府秘书处统计室：《湖北省年鉴》，第一回第150页，1937年6月，藏襄樊市档案馆。

[5] 中共十堰市委党史研究室：《抗战时期十堰（郧阳）人口伤亡和财产损失调研报告》（2009年），第39页，存中共湖北省委党史研究室。

[6] 湖北省地方志编纂委员会编：《湖北省志·军事》，湖北人民出版社1996年版，第177—178页。

[7] 湖北省地方志编纂委员会编：《湖北省志·军事》，湖北人民出版社1996年版，第177—178页。

表十六：抗战时期恩施地区国民政府配额实征壮丁人数统计表

单位：人

数量 县别 年份	恩施	巴东	建始	利川	咸丰	宣恩	来凤	鹤峰	合计
1937	990	1184	1020	550	310	270	290	100	4714
1938	1106	1239	1101	1144	744	678	543	329	6884
1939	1500	1238	1389	1180	826	711	744	343	7931
1940	1711	1113	1422	1355	1226	893	803	389	8912
1941	2471	2112	1749	1988	2024	1468	1594	559	13965
1942	3108	3039	2866	2256	2556	1848	1147	556	17376
1943	3100	3833	3094	2522	2349	1890	1290	525	18603
1944	3103	2820	2615	2608	1544	1792	638	772	15892
1945	1396	1251	1196	1238	995	806	532	533	7947
总　计	18485	17829	16452	14841	12574	10356	7581	4106	102224

资料来源：湖北省恩施自治州地方志编纂委员会：《恩施州志》，湖北人民出版社 1998 年版，第 813 页。

抗战期间，国民政府从十堰（郧阳）各县壮丁中征发兵员达 111032 人；郧县 1937 年知识青年自愿参加山西青年抗日决死队 34 人，1944 年又有 47 名知识青年自愿参加远征军，其他各县知识青年自愿参加远征军（房县 97 人、竹山县 83 人、竹溪县 51 人、均县 500 人）731 人。十堰共有 111844 人应征入伍，直接参加对日作战。由于兵源欠缺，1942 年 12 月 11 日，竹溪县司法处看守所呈报将服刑犯人张炳娃等 6 人调服兵役，湖北省高等法院 1943 年元月 9 日核批为"核准调服军役"[①]。抗战时期十堰各县征发兵员情况如下（表十七）：

[①]《湖北省高等法院院长指令》第 128 号（1943 年 1 月 9 日），湖北省档案馆馆藏档案，档案号 LS72—10—3529。

表十七：抗战期间十堰各县征发兵员情况统计表

单位：人

年份	郧县	郧西县	房县	竹山县	竹溪县	均县	合计
1936	154	103		65		144	466
1937	511	319	440	213		444	1927
1938	2606	1250	1699	1215		1691	8461
1939	3717	2045	4698	2055		2722	15237
1940	3261	1376	1412	871		2940	9860
1941	3471	2107	796	1956		2746	11076
1942	2693	1905	3202	1811		3062	12673
1943	5677	2991	3889	2581		3324	18462
1944	3660	2698	4703	1663		1916	14640
1945	2316	1861	698	1100	11383	1372	18730
合计	28066	16655	21537	13530	11383	20361	111532
知识青年自愿从军	1937年34人 1944年47人	未查获数据	97	83	51	500（包含在总数内）	312
共计	28147	16655	21634	13613	11434	20361	111844

资料来源：中共十堰市委党史研究室：《抗战时期十堰（郧阳）人口伤亡和财产损失调研报告》（2009年），第19页，抗战损失课题成果卷号17—03—00—02。

以上襄阳5县、恩施8县、十堰6县共19县合计征壮丁就达545964人。

而据1943年《湖北省统计年鉴·历年月征壮丁累积》[①]记载，自1937年8月至1942年12月，全省累积征壮丁480861人，加上《湖北省统计年鉴·历年月征壮丁（乙）》[②]记载的1943年征壮丁64197人，6年半合计征壮丁545058人，平均每年征壮丁83855人。由此推算，抗战期间，湖北省8年共计征壮丁670840人。加上恩施州、十堰市自愿从军知识青年1026人及拨交监犯428人和恩施州1945年额外拨交1260人，湖北省总计征壮丁人数应不少于673554人。加上"在敌后游击战争中，鄂豫边抗日民主根据地的人民群众竭尽全力支援抗战、参加抗战，有5万人参加新四军、30万人参加地方抗日武装部队"。[③]湖北省参加新四军和地方抗日武装部队的人数只按鄂豫边根据地参军总数的50%计算，也有175000人。由此得出，湖北省总计参加抗日军队人数达848554人。以此为基数，按每人平

---

① 湖北省政府编：《湖北省统计年鉴》（1943年），第626—629页，藏十堰市档案馆。

② 湖北省政府编：《湖北省统计年鉴》（1943年），第622—623页，藏十堰市档案馆。

③ 方城：《湖北抗战的主要特点和历史地位》，载中共湖北省委党史研究室编：《湖北省纪念抗日战争胜利60周年论文集》，中共党史出版社2005年版，第46页。

均服兵役 4 年计算，参照《各县雇农待遇》①湖北省中等县市 1937 年雇农年工工资 30 元标准，服兵役人员工资达 10182.648 万元。

仅上述两项人力资源损失就达（1937 年 7 月法币）12543.9709 万元。

14）其他损失

一是伤亡人员抚恤金支出。

抗战期间湖北省平民伤亡达 1273711 人，其中死亡 821383 人，伤 411728 人，死伤不明 40600 人。伤亡人员抚恤金参照 1941 年 6 月《赈济委员会运送配置难民宜沙总站三十年六月工作月报表》②记载的"与秭监放之恤金系按死亡六十元，重伤四十元，轻伤十五元发放"标准，死亡人员恤金确定为 60 元，受伤人员恤金确定为重伤与轻伤的平均数 27.5 元，死伤不明者按照受伤人员标准计算。湖北省平民伤亡人员恤金支出合计为 61722000 元，以 1941 年 6 月全国物价指数增长倍数（11.79）折算成 1937 年 7 月法币为 523.5115 万元。

伤亡军人 864165 人恤金按照 1945 年中央政府制定的《陆海空伤亡官兵恤金给与领发办法》和《阵亡及死亡官兵恤金给与表》③中阵亡士兵一次性抚恤金给予标准的平均金额 2.5 万元计算，抚恤金共计 2160412.5 万元，以 1945 年全国统一物价指数增长倍数 1907.23 折算为 1937 年 7 月法币为 1132.7488 万元。

两项恤金支出合计 1656.2603 万元。

二是拨交、征购军粮经费。

抗战期间，湖北人民以"节衣缩食，捍卫国家"，"拿热血换取民族独立，拿生命保卫国家民族"的民族精神和实际行动参加抗战，支持抗战，作出了巨大贡献。为抗战部队提供军粮就是其中重要一项。当时，所需抗战军粮数量巨大，仅驻鄂西的部队每日耗粮就超过 30 万斤，且运输困难。1942 年一年，湖北省第五行政区 7 县就向上级拨交军粮、公粮 46.5 万石④。松滋县在抗战 8 年间，征购、拨交军粮 548640 石⑤。远安县"计自三十一年起至三十三年（1942 年至 1944 年）止，三年以来，各项配购军粮，达十一二万石之多"⑥。仅 1942—1945 年，就向当地驻军提供蔬菜 1834.56 万斤、黄豆 70 余万斤、柴火 5400 万斤、棕皮带 6 万

---

① 湖北省政府秘书处统计室编：《湖北省年鉴》（1937 年 6 月），第一回第 150 页，藏襄樊市档案馆。

② 中国第二历史档案馆藏档案，档案号一一 6—644。

③《陆海空伤亡官兵恤金给与领发办法》《阵亡及死亡官兵恤金给与表》（1940 年），松滋市档案馆藏档案，档案号第 346 卷，1940 年。

④ 襄樊市地方志编纂委员会：《襄樊市志》，中国城市出版社 1994 年版，第 395 页。

⑤ 松滋县政府：《松滋县抗战史料》（1948 年 3 月），湖北省档案馆藏档案，档案号 LS3—5—5493。

⑥ 湖北省政府民政厅主编：《湖北抗战史料》，武汉日报刊行，1945 年 4 月 10 日。

条、雨笠 43600 个、担架 2200 副、军鞋 545600 双、军袜 232100 双、猪 10 万头、羊 1560 只、鸡 185400 只，所有物资均是官价售卖，免费运送到部队驻地[1]。

抗战期间，湖北省拨交、征购军粮数量和经费支出没有系统统计资料记载。据十堰（郧阳）所属 6 县（为湖北省偏远山区贫困小县）本次调查不完全统计，拨交、征购军粮 977768 石，支出经费按 1937 年 7 月法币价值折算为 602.4228 万元[2]，平均每县 100.4038 万元。抗战时期，湖北省县级行政建制为 71 个，考虑沦陷因素，按一半县市拨交军粮，参照十堰（郧阳）各县平均数，湖北省拨交、征购军粮经费按 1937 年 7 月法币价值折算达 3564.3349 万元。

三是各项债券、捐献经费。

湖北人民支援抗战，是有力出力，有钱出钱。"支援武汉保卫战的献金运动，50 万人次捐献近百万元，连乞丐也走进了献金的行列。"[3]抗战开始后，为解决财政窘困的局面，政府发行救国公债、战时公债、同盟胜利公债、建国储金券、一元献机捐等各项债券，还有社会公益储蓄券和慰劳金募捐等。仅第七区不完全统计，抗战时期就劝募债券和慰劳金 3975.54 万元、美金公债 40740 元（1 美金折合法币 100 元）。这些公债虽都定有年息和偿还期限，但从未兑现（表十八）。

表十八：民国二十六年——民国三十四年恩施地区发行债券情况一览表

县别＼项目	币种	合计	救国公债	战时公债	同盟胜利公债	建国储金券	飞机募金	社会公益储券	其他
全区	国币（万元）	3975.54	20.08	49	732.02	1550.5	112.94	1500	10.31
	美金（元）	40740		27300	13440				
恩施	国币（万元）	689.81	4.48	8	510	158.6	15.73		
	美金（元）	12600		5400	7200				
利川	国币（万元）	381.63	3.52	8	114.46	158.6	97.05		
	美金（元）	11640		5400	62.4				
建始	国币（万元）	1621.63	3.52	6	105			1500	7.11
	美金（元）	3600		3600					
巴东	国币（万元）	942.87	3.04	4	2.56	933.27			
	美金（元）	1200		1200					

---

[1] 远安县政府：《远安县抗战史料》（1947 年），湖北省档案馆馆藏档案，档案号 LS3—5—5506。

[2] 中共十堰市委党史研究室：《抗战时期十堰（郧阳）人口伤亡和财产损失调研报告》（2009 年），第 30 页，存中共湖北省委党史研究室。

[3] 方城：《湖北抗战的主要特点和历史地位》，载中共湖北省委党史研究室编：《湖北省纪念抗日战争胜利 60 周年论文集》，中共党史出版社 2005 年版，第 46 页。

项目＼县别	币种	合计	救国公债	战时公债	同盟胜利公债	建国储金券	飞机募金	社会公益储券	其他
来凤	国币（万元）	10	2	8					
	美金（元）	5400		5400					
咸丰	国币（万元）	8.76	1.76	7					
	美金（元）	4200		4200					
宣恩	国币（万元）	3.68	1.68	2					
	美金（元）	900		900					
鹤峰	国币（万元）	310.16	0.8	6		300	0.16		3.2
	美金（元）	1200		1200					

注：1. 其他系慰劳金等。

　　2. 因资料不全，实际债券额远不止上数。

（资料来源：湖北省恩施自治州地方志编纂委员会：《恩施州志》，湖北人民出版社1998年版，第435页。）

秭归县在1943年就增设了七项劳军捐，捐款达27.78万元[1]。来凤县抗战8年间，共募捐救国公债24690元、飞机捐5939元，其他各种献金2176万元[2]。利川县从1940～1945年七次募集航空建设会费、总额802200元，还募集一县一机捐款31万元、各种公债186万元[3]。

湖北省各项债券发行数量和捐赠数额无系统统计资料记载。比照资料记载较为完整的房县（湖北省第八区偏远山区县）抗战期间各项债券及捐献资金（1937年7月法币）69566元水平，考虑沦陷因素，湖北省71个县级行政建制，按一半县市计算，各项债券及捐献经费就达246.9593万元，实际数字应远大于此。

四是农民迁移费。

据《抗战两年来湖北省游击战区农民间接损失估计总表》[4]记载，1937年7月至1939年6月，湖北省农民迁移费为4352160元。以中间年份1938年6月全国物价指数增长倍数（1.23）折算成1937年7月法币为353.8341万元。

上述恤金、军粮、债券与捐献、农民迁移费四项合计（1937年7月法币）5821.3886万元。

---

① 秭归县地方志编纂委员会编：《秭归县志》，中国大百科全书出版社1991年版，第311、312页。

② 来凤县档案馆：《来凤县民国实录》，1991年内部印行，第23页。

③ 利川县政府：《利川县抗战史料》（1948年3月），湖北省档案馆馆藏档案，档案号LS3—5—5521。

④ 湖北省政府秘书处统计室编：《抗战两年来湖北省公私损失统计》（之二，1939年），湖北省档案馆馆藏档案，档案号LS3—1—812—2。

以上 14 项《湖北省抗战损失统计》[1]未涉及项目间接损失共计 359344.5956 万元。

除上述这些项目外，还有战时临时费、壮丁训练费、损毁树木、鸦片专卖之掠夺、日军投降后的安置费等诸多项目，因资料匮乏或零散，未及详考，实有挂一漏万之嫌，不再详述。

2. 居民财产（直接）损失

据 1946 年 2 月统计较为系统的《湖北省公私财产损失统计》记载，湖北省抗战期间居民直接财产损失为 1405424765 万元[2]，折算成 1937 年 7 月法币为 547294.443 万元。其中：

（1）房屋损失 754771 栋，价值 591009685 万元[3]，折算成 1937 年 7 月价值为 230148.4394 万元。造成湖北居民房屋损失的原因，主要是日军对湖北重要城镇以飞机空袭投弹狂轰滥炸和日军地面攻击时的"地毯式轰炸"后，又进行"巨弹""猛爆"毁灭性的"破坏"、"轰毁"或"全部摧毁"以及日军侵占时大肆焚毁所致[4]。

（2）粮食损失 174454273 市担，价值 241935804 万元[5]，折算成 1937 年 7 月法币为 94213.5961 万元。据 1946 年 2 月《湖北省人民财产损失统计总表》统计，损失稻谷 132199723 市担，价值 182738887 万元；麦 20488146 市担，价值 33569504 万元；杂粮 21766404 市担，价值 25627413 万元。

（3）棉花损失 5749617 市担，价值 53863405 万元[6]，折算成 1937 年 7 月法币为 20975.2546 万元。

---

① 湖北省政府社会处统计室编：《湖北省抗战损失统计》（1946 年 2 月），湖北省档案馆藏档案，档案号 LSA2.24—18。

② 湖北省政府社会处统计室编：《湖北省抗战期间公私财产损失总表》（1946 年 2 月），湖北省档案馆藏档案，档案号 LSA2.24—18。

③ 湖北省政府社会处统计室编：《湖北省人民财产损失统计总表》《湖北省房屋损毁统计》（1946 年 2 月），湖北省档案馆藏档案，档案号 LSA2.24—18。

④ 日本《大阪朝日新闻》，昭和 15 年（1940 年）6 月 11 日。转引自政协宜昌市文史委编：《宜昌抗战图集》，2005 年内部发行，第 102、105—106 页。

⑤ 湖北省政府社会处统计室编：《湖北省人民财产损失统计总表》（1946 年 2 月），湖北省档案馆藏档案，档案号 LSA2.24—18。

⑥ 湖北省政府社会处统计室编：《湖北省人民财产损失统计总表》（1946 年 2 月），湖北省档案馆藏档案，档案号 LSA2.24—18。

（4）土布损失 18020155 疋，价值 10379482 万元[1]，折算成 1937 年 7 月法币为 4041.9331 万元。

（5）耕牛损失 398772 头，价值 6227534 万元[2]，折算成 1937 年 7 月法币为 2425.0994 万元。仅日军侵占枣阳县就"屠杀耕牛 21512 头"。

（6）农具损失 6582787 具，价值 6306039 万元[3]，折算成 1937 年 7 月法币为 2455.6705 万元。其中，水风车 360635 具，价值 2766231 万元；犁锄耙 2531372 具，价值 2036640 万元；其他 3690780 具，价值 1453168 万元[4]。

（7）牲畜损失 5073765 头，价值 21595831 万元[5]，折算成 1937 年 7 月法币为 8409.7553 万元。仅 1945 年 4 月，日军掘断藕池口及斗湖堤河堤，造成 500 万余亩范围内居民"家畜财物完全付之洪流。"[6]

（8）衣物损失 150281333 件，价值 380413350 万元[7]，折算成 1937 年 7 月法币为 148138.924 万元。

（9）其他损失价值 93693635 万元[8]，折算成 1937 年 7 月法币为 36485.7708 万元。

（六）结论

日军长时间、大范围地侵略、侵占湖北，造成湖北人口巨大伤亡。关于人口

---

[1] 湖北省政府社会处统计室编：《湖北省人民财产损失统计总表》（1946 年 2 月），湖北省档案馆馆藏档案，档案号 LSA2.24—18。

[2] 湖北省政府社会处统计室编：《湖北省人民财产损失统计总表》（1946 年 2 月），湖北省档案馆馆藏档案，档案号 LSA2.24—18。

[3] 湖北省政府社会处统计室编：《湖北省人民财产损失统计总表》（1946 年 2 月），湖北省档案馆馆藏档案，档案号 LSA2.24—18。

[4] 湖北省政府社会处统计室编：《湖北省农具损失统计》（1946 年 2 月），湖北省档案馆馆藏档案，档案号 LSA2.24—18。

[5] 湖北省政府社会处统计室编：《湖北省衣物牲畜损失统计》（1946 年 2 月），湖北省档案馆馆藏档案，档案号 LSA2.24—18。

[6] 《藕池口惨案》（1947 年整理），见中央档案馆、湖北省档案馆编：《侵华日军在湖北暴行史料》，中国档案出版社 2005 年版，第 211 页。

[7] 湖北省政府社会处统计室编：《湖北省衣物牲畜损失统计》（1946 年 2 月），湖北省档案馆馆藏档案，档案号 LSA2.24—18。

[8] 湖北省政府社会处统计室编：《湖北省衣物牲畜损失统计》（1946 年 2 月），湖北省档案馆馆藏档案，档案号 LSA2.24—18。

伤亡，本次调查获得的较为系统的资料是1946年2月湖北省政府社会处统计室编制的《湖北省人口伤亡统计表》。该表显示，从全国抗战爆发到日本投降，湖北平民直接伤亡928596人（不包括军人），其中死亡517742人。但是，该表缺失保康、鹤峰、咸丰、利川、建始、房县、竹山、竹溪8县直接人口伤亡数据。据本次调查所得有关保康、咸丰、建始、竹山4县资料统计，该4县人口直接伤亡1145人，其中死亡656人。其余4县即鹤峰、利川、房县、竹溪，仍未查获人口直接伤亡数据。另外，本次调查证实，日军投降后相继在宜昌、石首、监利3县杀伤平民706人，其中死亡683人。上述三组数据表明，抗战时期湖北平民直接伤亡共计930447人，其中死519081人，伤411366人。

日军长时间、大范围地侵略、侵占湖北，造成湖北财产巨大损失。关于财产损失，本次调查获得的较为系统的资料是1946年2月湖北省政府社会处统计室编制的《湖北省抗战损失统计》。该统计中的《湖北省抗战期间公私财产损失总表》显示，湖北省抗战期间社会财产直接损失为1898795206万元，折算成1937年7月法币为739420.6297万元。但是，《湖北省抗战损失统计》中社会财产直接损失资料缺失保康、鹤峰、利川、咸丰、建始、房县、竹山、竹溪8县。据本次调查所得有关保康、建始、房县、竹山4县资料统计，该4县直接财产损失合计为117.1363万元（1937年7月法币），其余4县即鹤峰、利川、咸丰、竹溪，仍未查获直接财产损失资料。另外，《湖北省抗战损失统计》除缺失8县直接财产损失资料外，还有若干直接财产损失项目未统计其中。据本次调查不完全统计，这些直接损失缺失项目合计为7209.3825万元（1937年7月法币）。关于社会财产间接损失，《湖北省抗战期间公私财产损失总表》显示为85153206元，折算成1937年7月的法币为33159.9937万元。但是，该表在统计社会财产间接损失时也缺失若干项目。根据本次调查所得资料统计，这些缺失项目共计为间接损失59344.5956万元（1937年7月法币）。关于居民财产（直接）损失，《湖北省抗战期间公私财产损失总表》显示为1405424765万元，折算成1937年7月法币为547294.443万元。因此，根据本次调查所得有限资料，即可确认日军侵略湖北造成财产损失（1937年7月法币）1686546.1808万元，其中直接损失1294041.5915万元（包括社会财产直接损失746747.1485万元、居民财产直接损失547294.443万元），间接损失392504.5893万元。

根据截至目前所掌握的资料和进行的相关研究，我们得出了湖北省抗日战争时期人口伤亡和财产损失的以上若干数据。由于年代久远、搜集资料困难等客观原因，应该说，我们得出的这些数据还只是初步的和尚不完整的数据，并不是研究的最终结果。今后，我们将继续推进本课题调研工作，以期在掌握更多资料和取得研究新成果的基础上对有关数据再做出修订和补充。

本次调查所获得的史料，是在事隔 60 多年以后所查找，不说挂一漏万，也是缺憾甚多。这些史料虽然很不完整，但足以说明日军侵略所造成的湖北人口伤亡巨大、财产损失惨重，并显示出一些鲜明特点。一是日军侵略所造成的湖北人口伤亡和财产损失持续时间长、覆盖面广。日军从 1937 年 8 月 21 日开始对湖北实行侵略轰炸至日本宣布无条件投降，日机对湖北的轰炸长达 8 年之久。日军从 1938 年 7 月 26 日从九江攻占黄梅小池至日本投降，侵占湖北长达 7 年多之久。全省 71 个县市，被日机轰炸造成人口伤亡的有 66 个县市，占全省县市总数的 92.96%；因日机轰炸造成财产损失的有 68 个县市，占全省县市总数的 95.77%。全省被日军先后全部或局部侵占的有 55 个县市，占全省县市总数的 77.47%；其中 44 个县市（含汉口市）被日军长期占领，占全省县市总数的 62%。日军长时间、大范围地侵略湖北，造成湖北人口巨大伤亡和财产重大损失。二是日机轰炸所造成的湖北人口伤亡和财产损失严重。日机对湖北长达 8 年之久的狂轰滥炸，造成湖北人口大量伤亡和财产重大损失。截至 1943 年 11 月，日机就在湖北炸死 23370 人[1]。所造成的财产损失，截至 1942 年 12 月，仅房屋就毁坏 20161 栋 41127 间[2]。因日机狂轰滥炸，湖北境内的交通设施受到严重毁坏，京汉、粤汉铁路陷于瘫痪，公路毁坏里程约占战前全省公路总里程的 90%[3]。三是日军侵略所造成的湖北难民伤亡数量巨大。日军侵略湖北，造成湖北难民总数达 9845460 人[4]。由于战争所造成的疫病流行而缺医少药、堤防失修而溃堤决口，造成湖北难民伤亡数量惊人。四是日军制造重大惨案所造成的湖北平民伤亡数量巨大。日军在湖北大量强奸伤害妇女、幼女，其中不少在强奸后将其残杀，且多次发生数百人集体强奸事件。五是日军侵略所造成的湖北居民财产直接损失数量多。据本次初步调查统计，日军侵略湖北直接给湖北居民财产造成 547294.443 万元（1937 年 7 月法币）的巨大损失，占目前不完全统计的湖北财产直接损失 1294041.5915 万元的 41%。这一数目，只包含当年初步调查的房屋、粮食、棉花、土布、耕牛、

---

① 参见湖北省政府秘书处统计室编：《抗战期间湖北概况统计》（1940 年 3 月），湖北省档案馆馆藏档案，档案号 LS2—2—35；湖北省政府秘书处统计室编：《抗战以来敌机空袭损失》（1939 年），湖北省档案馆馆藏档案，档案号 LS1—4—3759。

② 湖北省政府编印《湖北省统计年鉴》（1943 年），第 602 页，湖北省档案馆馆藏档案，档案号 LSA2—14—2。

③ 湖北省地方志编纂委员会编：《湖北省志·交通邮电》，湖北人民出版社 1995 年版，第 64—65 页。

④ 湖北省政府社会处统计室编：《湖北省难民统计》（1946 年 2 月），湖北省档案馆馆藏档案，档案号 LSA2.24—18。

农具、牲畜、衣物及其他共九项损失。湖北人民赖以生存的物资被日军侵占毁灭、焚烧、劫掠一空，使本来就在封建土地所有制下饥寒交迫的湖北人民雪上加霜。日军侵略湖北所造成的湖北人口伤亡和财产损失，对湖北的经济社会发展造成了极其严重的危害和影响。

1. 日军侵略造成湖北人口伤亡巨大，导致湖北人力资源大幅度减少，对湖北社会发展造成严重危害和影响。

日军侵略湖北，导致湖北在"抗日战争期间，人口逐年下降，而且下降的速度比较快"[①]，严重破坏了湖北人口正常自然增长和人力资源正常发展，严重破坏了湖北社会生产力，给湖北社会发展造成严重危害和影响。根据湖北省 1946 年 12 月 25 日冬季户口总复查数据与 1936 年湖北全省人口比较，不难看出这种危害和影响。1936 年，湖北全省人口 25531008 人[②]。因日军侵略，1937 年至 1945 年全省人口依次比 1936 年减少 85173 人、250819 人、301981 人、911003 人、1340751 人、1785243 人、1937975 人、4065164 人、4963772 人，下降比率依次为 0.33%、0.98%、1.18%、3.57%、5.25%、7%、7.6%、15.9%、19.44%[③]。

从湖北人口自然正常增长速度看，如按 1936 年（全省总人口 25531008 人）与 1935 年（全省总人口 25367475 人）的增长速度 6.45‰（1936 年比 1935 年增长 163533 人），到 1945 年全省应增加到 26878535 人，而 1945 年实际只有人口 20567236 人，与理论人口数比较，相差 6311299 人。日军的侵略严重破坏了湖北人口的自然正常增长。从湖北人口男女性别比例看，日军侵略湖北前的 1936 年，男 1377 万人，女 1175 万人[④]，男女性别比为 117∶100。1937 年 7 月 7 日至 1945 年 8 月 14 日，死男性 278404 人，女性 188488 人，死亡男女性别比例为 147.7∶100；伤男性 237766 人，女性 160309 人，伤残男女性别比例 148.3∶100。如加上抗战军人伤亡数，男女性别比相差更大。日军侵略造成湖北人口尤其是男性人口的巨大伤亡，导致湖北人力资源大幅度减少，对湖北社会发展造成了严重危害和影响。

---

① 湖北省地方志编纂委员会编：《湖北省志·地理（上）》，湖北人民出版社 1997 年版，第 60、61 页。

② 湖北省政府秘书处统计室编：《抗战期间湖北概况统计》（1940 年 3 月），湖北省档案馆馆藏档案，档案号 LS2—2—35（一）。

③ 湖北省地方志编纂委员会编：《湖北省志·地理（上）》，湖北人民出版社 1997 年版，第 60、61 页。

④ 湖北省政府民政厅统计室编印：《湖北省年鉴》（1937 年 6 月），第一回第 106—107 页，湖北省档案馆馆藏档案，档案号 LSA2.14—1。

2. 日军侵略导致湖北经济崩溃，对湖北经济发展造成严重危害和影响。

日军对湖北的侵略，首先以飞机对以城市为重点的房屋建筑、工业基础较好地区和车站、码头等基础设施多次反复"地毯式"狂轰滥炸，继以空、陆、海等多种精良之部队紧密配合实行毁灭性攻击"摧毁"和严重破坏[①]，侵占湖北后又对各占领区实行长期经济封锁和大肆抢劫、掠夺，造成湖北财产巨大损失。据初步调查和不完全统计，日军侵略造成湖北财产损失（1937 年 7 月法币）总值达 1686546.1808 万元；其中，直接损失 1294041.5915 万元，间接损失 392504.5893 万元。日军侵略给湖北造成的巨大财产损失，导致湖北经济崩溃，对湖北经济发展造成严重危害和影响。如全省原煤产量，战后到 1949 年仅为 23.5 万吨，占 1937 年 59.49 万吨的 39.5%。战后，汉口市政府拟修补被破坏的街道和公共卫生设施，计划 8 亿多元，而 1946 年税收只有 2 亿余元，最终使计划成为一纸空文。第五行政区（今襄樊市），1937 年粮食产量 6.71 亿公斤，1945 年仅 1.8344 亿公斤。战后，虽采取多种措施发展粮食生产，到 1949 年粮食总产量还只有 6.2 亿公斤，直到 1952 年粮食总产才超过 1937 年的产量，为 7.9 亿公斤，滞后发展 15 年[②]。

3. 日军侵略导致湖北地区生态失衡，对湖北人民的生存环境造成严重危害和影响。

一是日机长时间、大范围轮番轰炸和日军毁灭性的攻击，导致湖北地区生态失衡，对湖北人民的生存环境造成严重危害和影响。据《侵华日军在湖北暴行史料》记载，1939 年 4 月 28 日上午，36 架日机对面积不到 4 平方公里的光化县城老河口进行轰炸。"不到 3 小时，许多房屋化为灰烬，人民群众死伤惨重，有的全家被炸死。县城街中心落一炸弹，弹坑深达 4 米，坑口直径达数十米，两年后，这一弹坑仍在，行路人只得绕道而走。"[③]如此等等，不胜枚举。1937 年 8 月 20 日日军飞机空袭湖北至日本投降，日军对湖北的轰炸和攻击一直没有停止过，其大小战斗难以计数，仅武汉会战就有"大小战斗数百次"。日军先后在湖北发动的大规模或较大规模的战役共达八次，以主要城镇和攻占地为重点，实行毁灭性的"全部摧毁"和"破坏"，造成对环境的严重破坏和生态的失衡，对湖北人民的生存与发展造成了严重危害和影响。

---

① 《湖北省临时参议会会议记录》，1946 年 5 月。

② 湖北省襄樊市地方志编纂委员会：《襄樊市志》，中国城市出版社 1994 年版，第 267、288 页。

③ 《轰炸老河口》（1985 年整理），见中央档案馆、湖北省档案馆编：《侵华日军在湖北暴行史料》，中国档案出版社 2005 年版，第 304 页。

二是日军大范围侵占湖北，导致大量土地荒芜和损毁，对湖北人民的生存基础造成严重危害和影响。土地是人民赖以生存之本。抗战期间，湖北省土地损失数量极大。据本次初步调查和不完全统计，仅日军修建机场强占土地、因战争而荒芜土地、水利工程损毁无法灌溉土地、江河堤坝溃决淹没土地共计达 1852.4 万亩[①]。大量土地的荒芜、水利设施的损毁、江河堤坝溃决，不仅导致大量土地、良田土壤层等生态失衡，而且使广大民众丧失了赖以生存的基础。

三是日军侵略大面积砍伐山林树木，导致湖北地区生态失衡。日军第 39 师团 232 联队 2 大队 5 中队驻当阳县干溪时，自"1941 年 5 月至 1944 年止……将面积 70 华里山林砍尽，运往当阳、宜昌、汉口等地，建仓库营房"[②]。日本陆军（第）39 师团所属部队自侵占当阳县后，经常在当阳县"九子山区谢家塝、团凸、张家冲垭子、田凹子、片马山一带大量砍伐山林，尤其以 1944 年 12 月至 1945 年 5 月期间更甚 ……被砍伐的树木均长有五六十年之久"[③]。抗战期间，日军砍伐山林树木不计其数，导致湖北地区植被大面积破坏，生态严重失衡。

四是日军大量施放毒气和投射毒气弹，导致湖北地区生态环境的严重破坏和污染，给湖北人民的生存环境造成严重危害和影响。日军违背国际公法，从 1938 年 8 月 2 日起直到 1945 年 4 月，先后在黄梅、汉口、阳新、钟祥、黄冈、随县、枣阳、襄阳、宜城、荆门、郝穴、江陵、宜昌、当阳、沙市、枝江、沔阳、宜都、长阳、武昌、五峰、京山等地多次大量施放毒气和投射毒气弹。据日军鹈野晋太郎笔供，根据石井中佐的命令，在武昌西南方 4 公里"投射放射目标的约 16 平方公里的丘陵地带被毒瓦斯污染了，牧草起了气化瓦斯作用成了毒草……不能牧畜"；又"在武昌西方 4 公里湖上，为了训练放射水上赤筒，而以该湖上的小岛做[作]为目标"，致使"我看见该岛上有 50 所房屋，居住的中国人民 300 名，携带着部分的东西和家畜一起到湖岸上避难……该岛上的家禽类大部分都死了"[④]。

① 周苍柏：《善后救济总署湖北分署业务总报告》（1948 年），湖北省档案馆馆藏档案，档案号 LSA2.24—9；徐旭阳著：《湖北国统区和沦陷区社会研究》，社会科学文献出版社 2007 年版，第 443 页；湖北省政府秘书处编印：《湖北省政府复员工作报告》（1945 年 9 月），中国第二历史档案馆馆藏档案，档案号一（2）—61；《藕池口惨案》（1947 年整理），见中央档案馆、湖北省档案馆编：《侵华日军在湖北暴行史料》，中国档案出版社 2005 年版，第 211 页。

② 《森山精二罪行调查书》（1952 年整理），见中央档案馆、湖北省档案馆编：《侵华日军在湖北暴行史料》，中国档案出版社 2005 年版，第 364 页。

③ 《查讯控诉人詹国新的笔录》（1954 年 11 月 24 日整理），见中央档案馆、湖北省档案馆编：《侵华日军在湖北暴行史料》，中国档案出版社 2005 年版，第 418 页。

④ 《鹈野晋太郎笔供》（1954 年 8 月 3 日整理），见中央档案馆、湖北省档案馆编：《侵华日军在湖北暴行史料》，中国档案出版社 2005 年版，第 30—31 页。

如此等等，举不胜举。日军在湖北多次大量发射和试验生化毒气弹，其危害不仅在战时造成大量军民死亡和财产损失，而且对环境的破坏、污染影响至今。有些地方后来就因建设挖出日军当年投下未爆炸的炸弹，未被挖出的还有多少、遗留何处，均不得而知，其贻害程度无法估计。

4. 日军侵略导致湖北社会组织大量破坏，对湖北社会发展造成严重危害和影响。

一是对社会组织细胞——家庭的破坏。日军长时间、大范围地侵略、侵占湖北，造成湖北人口巨大伤亡，使数百万个家庭家破人亡，无数个家庭被杀绝，无数个乡村"成了无人区"[①]。1938年8月17日，日军在广济高垱垸施暴，不到半天功夫，全垸被"杀绝18户"[②]。二是对社会管理机构——社会团体组织的伤害。湖北全省先后被日军全部或局部侵占的共有55个县市政府和各社会团体组织，包括省政府及各团体组织均被迫搬迁，沦为流亡政府和流亡组织，有的导致消失。三是对社会秩序的破坏。除日军在湖北的侵略战争直接破坏湖北的社会秩序之外，流入湖北的近千万难民也对湖北的社会秩序造成极大的冲击。显然，这些都对湖北的社会发展造成了严重危害和影响。

5. 日军侵略严重伤害了湖北人民的心灵，对湖北人民的心理健康造成严重危害和影响。

据本次调查不完全统计，日军侵略造成湖北人口伤亡总数达2137876人（含军人），造成无数家庭家破人亡。如此巨大数量人员伤亡，无不牵动每个家庭和亲人、亲友及社会，更使其心理健康遭到极大伤害。据1946年1月不完全调查统计，日军侵略造成湖北难民9845460人，如此巨大数量的难民无家可归，被迫流离四方。日军在湖北强奸、轮奸妇女、幼女，老至"88岁的老婆婆"，幼至"未满8岁的女孩"。日军究竟在湖北强奸、轮奸妇女、幼女多少，因受害幸存者羞于告人，知情者也避讳之，所以根本难以查清。这些受害幸存的妇女，心灵都受到永难愈合的极大伤害，有的甚至因无法承受屈辱愤而自杀。日军侵占湖北后，还大肆进行心灵奴化和精神摧残，也对湖北人民的心理健康造成严重影响。日军

---

① 《13、39师团罪行调查书》（1951年12月整理）、《高垱惨案》（1990年整理），见中央档案馆、湖北省档案馆编：《侵华日军在湖北暴行史料》，中国档案出版社2005年版，第352、68页。

② 《13、39师团罪行调查书》（1951年12月整理）、《高垱惨案》（1990年整理），见中央档案馆、湖北省档案馆编：《侵华日军在湖北暴行史料》，中国档案出版社2005年版，第352、68页。

侵略对湖北人民心灵造成的严重伤害，不仅祸及当时，而且影响久远。20 世纪七八十年代，湖北许多被日军侵占过的地方的中老年人，还以"'老东（即日本侵略军）'来了"吓唬小孩[①]。直至今天，有些老年人还谈"日"色变。2006 年 6 月，宜昌市夷陵区抗损课题组人员到龙泉调查，想请 87 岁的刘文英老人谈谈日军侵略龙泉的情况，可老人即刻脸色惨白，嘴唇抽搐，双手发抖，好久才说："提起日本兵，我就怕……"

综上所述，日本帝国主义发动的侵华战争给湖北造成的人口伤亡巨大、财产损失惨重，危害影响深远。我们要充分利用本次调研所获得的铁的证据，深刻揭露日本侵略者给中国人民带来的深重灾难，"牢记历史、不忘过去"。牢记历史不是为了延续仇恨，而是为了"珍爱和平、开创未来"。

（执笔：方城　李福珍　桂柏松　望开国　曹金良

审稿：丁俊萍　敖文蔚　李良明　田子渝　徐凯希）

---

① 《李子恒等控诉书》（1951 年 11 月 12 日整理），见中央档案馆、湖北省档案馆编：《侵华日军在湖北暴行史料》，中国档案出版社 2005 年版，第 198 页。

二、专题调研报告

（一）武汉会战等战役中国军队伤亡调研报告

武 汉 会 战

武汉会战是抗日战争中中日双方投入兵力最多、延续时间最长的一次战略性战役。这次战役大大消耗了日军的有生力量，打破了日本妄想逼使中国屈服、早日结束战争的计划，是中国抗战史上具有重要意义的一次大会战。武汉会战从1938年6月11日日军攻占安庆开始，到当年10月25日武汉沦陷、中国军队撤出武汉止，历时4个半月。整个会战分为两个大的阶段：从6月日本大本营下令准备武汉作战开始到8月中旬，为武汉会战准备阶段，双方进行的主要是中小规模的作战。第二阶段从8月22日至10月25日武汉失守，进行的主要是大规模的作战。1938年6月13日，日军波田支队攻占安庆，武汉会战拉开序幕。此后，日军开始在九江、合肥大规模集结作战部队，积极作进攻武汉的准备。武汉会战主要是由黄（梅）广（济）战斗、田家镇要塞守卫战、阳（新）大（冶）守卫战、大别山北麓作战和武汉核心作战等比较大的战斗构成。会战地域主要在武汉外围的长江两岸、大别山麓、鄱阳湖展开，战场遍及安徽、河南、江西、湖北4省广大地区，纵横数千里。

由于年代久远和当时战争实践，各种不同资料记载的双方伤亡数字不一。目前，南京陆军指挥学院硕士研究生王守林撰写的《武汉会战67年祭》（见《军事历史》2005年第7期）的数字为最新数据，为中国军队伤亡25万人、中国军民伤亡40万人，日军伤亡10万人。由王秀鑫、李荣等编著、中国青年出版社出版的《中国20世纪全史》第五卷《武汉会战和广州会战》中记载中国军队"毙伤敌近4万人"。由湖北省地方志办公室编撰、湖北人民出版社出版的《湖北省志·军事》介绍日军伤亡20万人（日军自己宣称伤亡3万人）。由胡德坤著作、武汉大学出版社出版的《中日战争史》第 211 页记载日军"在中国军队的英勇抗击下，死伤近 4 万人"。可见，不同作者、不同书籍资料对中日双方的伤亡情况没有一个准确统一的数据。

这次调研的主题为"统计武汉会战中国军队的伤亡情况"，根据上级指示精神，本着实事求是、"查到多少、统计多少"的原则，我们通过深入细致的调研，收集、统计和分析各部队现保存的战斗详报（主要为保存在南京中国第二历史档案馆各部队战斗详报），目前已统计到武汉会战中国军队在湖北伤亡的数字为 79903 人，其中死亡 37069 人、受伤 33241 人、失踪 9593 人。由于各部队战斗详报保存不全，并且海空军和非主力部队伤亡情况各地均无资料，所以这个统计数字肯定要比实际伤亡数字少，但此数字全部来源于中国军队当时的战斗详报，比较真实可信。

主要参考资料

1. 毛磊、刘继增著：《武汉抗战史》，湖北人民出版社 1985 年版。

2. 胡德坤著：《中日战争史》，武汉大学出版社 2005 年版。

3. 宁涛、庆山著：《国民党治军档案》，中共党史出版社 2003 年版。

4. 《原国民党将领抗日战争亲历记》，政协文史资料委员会《武汉会战》编审组编：《武汉会战》，中国文史出版社 1989 年版。

5. 湖北省地方志编纂委员会编：《湖北省志·军事》，湖北人民出版社 1996 年版。

6. 李守森撰写：《武汉大会战 67 年祭》，载《军事历史》2005 年第 7 期。

7. 中国第二历史档案馆馆藏：《参战各部队战斗详报》，全宗号：七八七；案卷号：8115、8119、8121、8133、8145、8149、8152、8186、8187、8188、8189、8190、8191、8195、8196、8245、8247、8249、8250、8251、8252、8254、8255、8256、8257、8258、8259、8260、8261、8264、8269、8273、8279。

8. 毛传清著：《武汉抗战：1938 年世界反法西斯战争的中心》，见中共湖北省委党史研究室编：《湖北省纪念抗日战争胜利 60 周年论文集》，中共党史出版社 2005 年版。

随 枣 会 战

随枣会战是中国第五战区等部队在湖北省随县、枣阳地区对日军进行的防御战役，1939 年 5 月 1 日开始，5 月 20 日结束，历时 20 天。随枣会战是第五战区等部队在湖北随县、枣阳地区对日军的防御战役。涉及湖北（随县、枣阳）、河南（唐河、新野）等地。

关于中国军队在随枣会战中的伤亡情况，我们查阅、收集、分析研究了大量的资料，一些文献资料说法不一，有的资料记载的中国军队伤亡几百人，有的几万人。如《枣阳志》记载的国民党军队牺牲 650 人，负伤 1600 人，《湖北省志·军事》记载国民党军队伤亡 2.5 万余人《第二次世界大战史》（第二卷）记载国民党军队伤亡 2.5 万余人《抗战档案》（中央文献出版社出版）记载国民党军队伤亡 2 万余人。为了更准确地统计国民党军队伤亡人数，我们对随枣会战的经过进行了详细的分析研究，尤其对战役中各个战斗情况的分析研究，我们认为随枣会战国民党军队伤亡人数在 2.5 万人左右。

这次调研工作，我们认真贯彻落实省委的指示精神，按照其工作部署，本着求真务实的工作态度，我们赴中国第二历史档案馆收集国民党抗战时期的电报、战斗详报，对参战的各部队战斗情况和伤亡情况进行了分析研究，本着查到多少，统计多少的原则，客观地统计人数。目前，查到的国民政府军伤亡情况：死亡 6850 人，受伤 3885 人，失踪 2935 人，合计伤亡 13665 人。

主要参考资料

1. 湖北省地方志编纂委员会编：《湖北省志·军事》，湖北人民出版社 1996 年版。

2. 湖北省地方志编纂委员会编：《枣阳志》。

3. 迟浩田著：《抗战档案》，中央文献出版社 2005 年版。

4. 军事科学院军事历史研究部编著：《第二次世界大战史》（第二卷），军事科学出版社 2000 年版。

5. 湖北省档案馆馆藏：《四年来的战事经过》，中国国民党中央执行委员会宣传部编印。

6. 军事科学院军事历史研究部编著：《中国抗日战争史》，解放军出版社 1994 年版。

7.《原国民党将领抗日战争亲历记》，政协文史资料委员会《武汉会战》编审组编：《武汉会战》，中国文史出版社 1989 年版。

8. 郭雄、夏燕月、李效莲著：《抗日战争时期国民党正面战场重要战役介绍》，四川人民出版社 1985 年版。

9. 中国第二历史档案馆馆藏：《国民党军战斗详报、电报》，全宗号：七八七，案卷号：4369、8274、8743、8747、8760、8764、8765、8768、8769、8771。

枣 宜 会 战

枣宜会战是中国国民政府军第五战区部队在抗日战争相持阶段与日军华中派遣军第 11 军为争夺湖北枣阳、宜昌两个战略要地而进行的一场艰苦的防御战役，也是武汉沦陷后规模最大的一次防御战役。会战不仅给日军的军事力量以重创，歼灭日军 25000 余人，并击毙日军藤堂高英中将，同时迟滞了日军进攻重庆的企图，打击了日军的嚣张气焰，是抗日战争史上具有重要意义的一次战役。枣宜会战始于 1940 年 5 月 1 日，截至 1940 年 6 月 24 日，历时 55 天。此次会战中日双方部队以争夺战略要地宜昌地区为作战目标，分别以枣阳、宜昌为中心作战地区，地跨河南、湖北两省，涉及方城、新野、信阳、邓县、襄樊、钟祥、宜城、枝江、荆门、沙市、荆州等众多地区，双方攻守置换频繁，战事繁多，战斗异常艰苦惨烈。

关于这次战役军队伤亡情况，在调研中查到的各种文献资料记载日军伤亡的较多，但对中国军队伤亡的记载相对较少，而且说法不一、数据不统一。在我们查阅有记载的文献资料中，中国国民政府军伤亡人数大多在 10 万至 11 万。据《四年来的战事经过》（中国国民党中央执行委员会宣传部编印）中记载国民政府军伤亡 10 万余人，《湖北省志》（湖北人民出版社）中记载国民政府军伤亡 104000 余人，日军伤亡 25000 余人。《湖北军事大事记》记载国民政府军伤亡 104156 人，日军伤亡 25964 人。据 20 世纪 80 年代末台湾国民党"国防部"统计，第五战区部队在这次会战中阵亡 36983 人，受伤 50417 人，失踪 23100 余人，共计 110500 余人。

为了尽量弄清楚枣宜会战中国军队的伤亡情况，我们认真贯彻上级的指示精神，本着实事求是的原则，按照"查到多少，统计多少"的工作方法进行调研统计，分别在省档案馆、省图书馆、省政协、武汉市图书馆、武汉市档案馆、武汉大学、华中师范大学查阅了大量资料，并赴中国第二历史档案馆查阅了大量文献资料及国民政府军战斗详报、会战电文，参考已有的文章和资料，进行了认真的分析研究。我们认为，20世纪80年代末台湾国民党"国防部"统计的国民政府军伤亡数据比较可靠：阵亡36983人，受伤50417人，失踪23100余人，共计110500余人。但是，目前根据国民政府军当时的战斗详报统计的数据是：阵亡22275人，受伤22579人，失踪5286人，共计伤亡50140人。由于各部队的战斗详报保存不全，这个数据肯定要比实际伤亡数据少。下面将已经查到的战斗详报的情况做如下陈述：

1940年5月2日，日军第3师团附战车10余辆猛攻中国守军第二集团军第68军泌阳附近阵地，明港守军独27旅奋勇抗击，终因伤亡惨重撤出。此役独27旅阵亡1255人，受伤1285人，失踪328人，总计伤亡2868人。

1940年5月6日，日军以一联队进攻并以骑兵突袭中国守军独44旅旅部，吴鹏举旅长亲率部队迎战，伤亡惨重，第732团团长王锡龄重伤，部队混乱，唐河失陷。此役独44旅阵亡1169人，受伤1595人，失踪84人，总计伤亡2848人。

1940年5月9日，中央集团军殿后之第84军朝邓县撤退，军部以第173师负责掩护，第173师于渡河之际遭日军围攻，部队被冲散，与日军展开激烈战斗，师长钟毅少将阵亡。此役第173师阵亡2533人，受伤1911人，失踪468人，总计伤亡4912人。

1940年5月15日，日军第39师团全军进攻南瓜店，右集团军总司令张自忠亲率特务营和第74师443团、444团进行堵截，终因敌众我寡，特务营全营牺牲，第74师伤亡更重，团长以下将近千人阵亡。张自忠将军壮烈牺牲，总部自少将参谋张敬以下全部阵亡。

据《第五战区李宗仁在枣宜会战中的文电》（民国29年5月17日）中记载：三十三集团军第五十九军第38师在梅家高庙附近与南逃的日军二千余激战数日，毙敌甚多，我亦伤亡三百五十一人。江防军第6师与进攻吕堰镇的日军激战多时，毙敌四五百人，我亦伤亡七八百余人。

主要参考资料

1. 军事科学院军事历史研究部著：《第二次世界大战史》，军事科学出版社2000年版。

2. 《原国民党将领抗日战争亲历记》，政协文史资料委员会《武汉会战》编审组编：《武汉会战》，中国文史出版社1989年版。

3. 中国抗日战争史学会编：《抗日战争时期重要资料统计集》，北京出版社

1997 年版。

4. 湖北省新四军暨华中抗日根据地历史研究会、鄂豫地区革命史编辑部合编:《湖北抗战》,湖北人民出版社 1995 年版。

5. 中国史学会、中国社会科学院近代史研究所合编:《抗日战争》,四川大学出版社 2005 年版。

6. 中国人民解放军湖北省军区军事志编纂委员会编:《湖北军事大事记》,2002 年内部出版。

7. 敖文蔚主编:《湖北抗日战争史（1931—1945）》,武汉大学出版社 2006 年版。

8. 王秀鑫、李荣著:《中国 20 世纪全史》第 5 卷,中国青年出版社 2001 年版。

9. 湖北省地方志编纂委员会编:《湖北省志·军事》,湖北人民出版社 1996 年版。

10. 中国第二历史档案馆藏:《第五战区枣宜会战经过及检讨(第一至十册)》,全宗号：七八七,案卷号：9606、9607、9608、9609、9610。

11. 中国第二历史档案馆藏:《第五战区李宗仁在枣宜会战中的文电》,全宗号：七八七,案卷号：3119、9551、9552。

12. 中国第二历史档案馆藏:《第一至五战区、六至十战区战报》,全宗号：七八七,案卷号：9631、9644、9627、9658。

反攻宜昌战役

日军为发动长沙会战,自 1941 年 8 月下旬以来,从驻守宜昌的 13 师团抽出 4 个步兵大队及 2 个山炮大队开赴湘北作战,宜昌地区的守备兵力减少 1/3,防守襄河以西的第 4 师团也奉调参加长沙会战。中国统帅部看准这一有利的时机,令第六战区向日军发动进攻,后因日军第 39 师团增援而失败。会战于 1941 年 9 月 28 日开始,10 月 11 日结束,历时 14 天。

关于反攻宜昌战役中中国军队伤亡情况,一些文献资料记载的比较少。少数文献资料也有记载,但与我们这次调查的情况相去甚远,比如《湖北军事大事记》第 264 页记载:"国民党军队伤亡 54000 人,被俘 4300 人,日军伤亡 6854 人。"

为了更准确地统计反攻宜昌战役中国军队伤亡情况,我们赴北京、南京、河南、宜昌、重庆、恩施等地查阅了尚存的当时国民政府军的战斗详报、电报,并根据这些资料，统计出伤亡情况如下：第六战区江防军（第 5 师、121 师、185 师、55 师、军炮兵团、26 军炮团）受伤 2825 人，死亡 2130 人，失踪 122 人；20 集团军（第 8 军、53 军、73 军、游击队）受伤 2144 人，死亡 2305 人，失踪 223 人；41 军 124 师受伤 96 人，死亡 54 人，失踪 5 人。总计伤亡 9904 人，其中死亡 4489 人、受伤 5065 人、失踪 350 人。由于资料不全，这些数据显然比实际要少得多。

主要参考资料

1. 湖北省地方志编纂委员会编：《湖北省志·军事》，湖北人民出版社 1996 年版。

2. 中国人民解放军湖北省军区军事志编纂委员会编：《湖北军事大事记》，2002 年内部出版。

3. 中国第二历史档案馆藏：《八年抗战之经过》（何应钦著）。

4. 中国第二历史档案馆藏：《国民党军队战斗详报》，全宗号：七八七，案卷号：8769、9793、10125、10128、10625、10129。

鄂 西 会 战

鄂西会战是中国抗战中发生在湖北境内著名的战役之一。中国军队同仇敌忾，浴血奋战，打击了日军不可一世的嚣张气焰，取得了重大胜利。鄂西会战历时 1 个多月，歼日军 2.5 万余人，毁飞机 45 架，汽车 75 辆，艇 122 艘等。国民政府军伤亡 20517 人，失踪 5765 人。

鄂西会战是抗日战争发生在湖北境内的四大战役之一，也是抗战期间全国 40 多个著名战役之一。此次会战从 1943 年 5 月 5 日开始，6 月 10 日结束，历时 37 天，歼日军 2.5 万余人，毁飞机 45 架、汽车 75 辆、艇 122 艘。鄂西会战是中国第六战区部队在湖北省西部和湖南省北部地区对日军进行的防御战役，战线东起湘北滨湖之华容，西至长江西陵峡口之石牌，绵亘千里。

关于这次战役中军队伤亡情况，我们查到的各种文献、图书、资料记载日军伤亡较多，记载中国军队伤亡较少，而且说法不一，数据不统一。在我们查阅的有记载伤亡数据的资料中，中国军队伤亡数在 2 万—3 万人。据《第六战区鄂西会战概述》（第六战区长官部参谋处编印）记载，国民政府军伤亡 1.5 万余人。据 20 世纪 80 年代末台湾"国防部"统计，第六战区部队在这次会战中战死 23550 人，负伤 18295 人，失踪 7270 人。

为了能更准确地统计到鄂西会战中中国军队伤亡数据,我们赴中国第二历史档案馆(南京)搜集、查阅了大量的文献资料和中国军队的战斗详报,并进行分析研究,统计出中国军队伤亡情况:江防军死亡 3549 人,受伤 3050 人,失踪 1221 人。第 10 集团军死亡 4597 人,受伤 3109 人,失踪 3412 人。第 33 集团军死亡 450 人,受伤 696 人,失踪 282 人。第 75 军死亡 311 人,受伤 362 人。第 79 军死亡 1038 人,受伤 689 人,失踪 784 人。第 74 军死亡 1070 人,受伤 1506 人,失踪 67 人。总计伤亡 26192 人,其中死亡 11015 人、受伤 9412 人、失踪 5765 人。这里面不包括第 73 军、44 军的伤亡数字,因为我们没有搜集到第 73 军、44 军的原始资料。但据恩施新闻网阂江月所撰《鄂西会战纪实》讲:"在鄂西会战滨湖战役中第 73 军 1.3 万人伤亡殆尽。44 军参战部队少,也未统计到伤亡人数。"

主要参考资料

1. 《原国民党将领宋瑞琦抗日战争亲历记》,政协文史资料委员会《武汉会战》编审组编:《武汉会战》,中国文史出版社 1989 年版。

2. 军事科学院军事历史研究部著:《第二次世界大战史》,军事科学出版社 2000 年版。

3. 湖北省档案馆馆藏:《第六战区鄂西会战概述》,第六战区长官部参谋处编印。

4. 湖北省档案馆馆藏:《四年来的战事经过》,中国国民党中央执行委员会宣传部编印。

5. 军事科学院历史研究部编著:《中国抗日战争史》,解放军出版社 1994 年版。

6. 湖北省地方志编纂委员会编:《湖北省志·军事》,湖北人民出版社 1996 年版。

7. 中国人民解放军湖北省军区军事志编纂委员会编:《湖北军事大事记》,2002 年内部出版。

8. 中国第二历史档案馆藏:《第六战区战斗详报》,全宗号:七八七,案卷号:9774、10123、10130、10621、10652、10653、10655、10656、10664、10658。

(执笔: 郭星煌　李静庆　罗杰)

（二）新四军第五师及鄂豫边抗日民主根据地地方武装对日作战伤亡情况调研报告

1. 调研工作概述

《新四军第五师及鄂豫边抗日民主根据地地方武装对日作战伤亡情况》调研课题以 1939 年 1 月到 1945 年 9 月新四军第五师在中国共产党领导下,在鄂豫皖湘赣地区进行坚苦卓绝的抗日斗争历史事实为依据,在深入调查、掌握大量档案资料的基础上,认真研究,形成调研报告,以比较全面、客观地反映新四军第五师及鄂豫边抗日民主根据地地方武装在抗日斗争中的人员伤亡情况。

根据湖北省抗损课题领导小组安排,本课题由鄂豫边区革命史编辑部负责,委托武汉理工大学政治与行政学院承担。鄂豫边区革命史编辑部指定编辑部副主任逯拴生同志为课题调研领导小组负责人,编辑部编研室主任张肇俊同志参与指导和协调。本课题具体调研工作由武汉理工大学政治与行政学院中共党史专业文道贵教授等教师和研究生完成。课题调研组的成员情况是:

文道贵,武汉理工大学政治与行政学院副院长、教授

王世超,武汉理工大学政治与行政学院教授

陈　哲,武汉理工大学政治与行政学院副教授

王祝福,武汉理工大学政治与行政学院副教授

张天政,武汉理工大学政治与行政学院中共党史专业研究生

袁荣华,武汉理工大学政治与行政学院中共党史专业研究生

叶琼瑶,武汉理工大学政治与行政学院中共党史专业研究生

另外,武汉理工大学政治与行政学院祝江斌等老师和孙怀安、王运阳等研究生也为课题的研究做了大量的工作。

2006 年 5 月,本专题调研正式启动。在调研过程中,我们所使用的方法主要有:

第一,查阅原始档案及相关资料。2006 年暑假期间,课题组成员在张肇俊、

刘飞等同志的大力支持下连续奋战 20 余天，首先完成在鄂豫边区革命史编辑部收藏的有关电报、文献和公开出版著作等重点资料的查阅工作。累计查阅的出版物 230 余本、有关新四军第五师电报 52 本、新四军第五师暨鄂豫边区历史文献资料 33 本，做登记卡片 1500 余张，并进行了初步的分类整理。

第二，外出调研考察和积累资料。2006 年 9 月，课题组成员一行 6 人在张肇俊、文道贵等同志的带领下北上河南，在驻马店市委党史研究室、信阳市委党史研究室，遂平、确山、桐柏、罗山、光山、新县、潢川等县委党史研究室以及湖北大悟、红安等地进行了实地调研。此次实地调研历时 10 余天，追寻了新四军第五师抗日足迹，召开了座谈会，收集或购买、复印了《中共驻马店历史大事记丛书》《中共信阳党史资料汇编·丰碑》以及驻马店、信阳等地党组织的《组织史》等一批有价值的资料。

第三，到相关图书、档案和资料部门收集资料。2006 年 8 月上旬、11 月，课题组成员文道贵等同志两次到北京图书馆、中央党校图书馆、北京图书大厦等相关单位查阅、收集有关资料。2006 年 10 月中旬，课题组成员文道贵等同志专程到南京大学、中国第二历史档案馆、南京大屠杀纪念馆等相关单位查阅、收集有关资料。课题组其他同志也通过多种途径在武汉、黄冈等地查阅、收集了一些资料。

第四，利用网络媒体等途径收集资料。调研期间，课题组先后访问了中国新四军网、中国知网以及全国各地有关研究机构、相关部门的网站，尽可能多的收集有关资料、了解有关信息。

通过调研，课题组收集了一批资料。例如：《中共驻马店历史大事记丛书》《中共信阳党史资料汇编·丰碑》《侵华日军在湖北暴行史料》《日本侵华战争遗留问题》《新四军战史》《新四军英烈志》《新四军征战日志》《新四军的组建与发展》《华中抗日根据地史》《新四军战时经济工作研究》《新四军军史珍闻》《湖北抗日战争史》《河南抗战简史》《安徽抗日战争史》《江西抗日战争史》以及各种期刊杂志等一批资料，这些资料，有的是新购买的图书、有的是图书档案资料、期刊复印件、还有的是手抄件。这些资料对本课题的研究起到了积极作用。

经过调研，课题组从 2006 年下半年开始，对收集的资料进行了全面的分析、甄别，把遴选的资料全部制表打印出来，按年代分类装订，为撰写调研报告打下了良好的基础。

从我们调研工作的感受看，本课题调研存在的主要问题是：

一是资料获取困难。我们在调研中得知，由于鄂豫边区抗日民主根据地长期处于战争状态，环境动荡。关于新四军第五师及其他方武装人员实际伤亡和财产损失的资料保存十分不易，特别是经过中原突围等重大战役，大量的文献资料散失，系统的、完整的统计数据基本上无法获得。因此，此次调研虽然走访了不少地方，收集了为数不少的资料，但仍然存在相当多的缺失和遗漏，与实际情况相差很大。

二是资料的甄别困难。从我们整理鄂豫边区革命史编辑部收集到的现有的为数不少的电报、文献资料分析来看，对它们的甄别分类比较困难。许多电报、文献资料记载的战役情况是笼统的、概括的，有的还互相抵触。例如：我方参战部队中，哪些是新四军正规军、哪些是地方武装？正规军、地方武装分别伤多少、亡多少？由于分类十分模糊，研究起来显得比较困难。

2. 本专题的背景和概况

1931 年九一八事变，日本侵略者入侵中国东北。七七事变后，日本侵略者对中国发动了全面进攻。面对日本帝国主义的猖狂进攻，中国共产党提出以游击战争和人民战争的全民抗战路线，打败日本侵略者。1938 年武汉失陷后，武汉及其周围各县的广大民众在中国共产党的领导和影响下，纷纷揭竿而起，开展抗日游击战争。

1938 年 12 月，朱理治、郭述申、李先念等人根据中共中央的指示从延安到达河南竹沟，组成中共豫鄂边区党委，领导豫鄂边地区的抗日斗争。1939 年 1 月，根据中共中央中原局的指示，李先念以新四军竹沟留守处部分人员和当地部分中共党员为基础，组成新四军豫鄂独立游击大队（对外称新四军独立游击支队），从竹沟南下，挺进豫鄂边敌后，发展抗日武装，开展游击战争。2 月 25 日，独立游击大队在应山县北部的余家店同日军进行激战，首战告捷，共毙伤日军 20 余人。3 月底，应城抗日游击队一部在京山县公安寨伏击日军，毙伤日军慰劳团团长以下 30 余人。8 月，独立游击支队第 1 团队在花园、安陆之间憨山寺伏击日军，毙敌 10 余人，毁敌汽车 5 辆；第 2 团队在罗山县的朱堂店击退日军 400 余人的进攻，毙伤敌人 80 余人。为了更有利于开展对敌游击战争，1939 年 11 月中旬，中共豫鄂边区党委决定将该地区的人民武装统一整编为新四军豫鄂挺进纵队。1940 年 1 月，新四军豫鄂挺进纵队正式组成，李先念任司令员，朱理治任政治委员，刘少卿任参谋长，任质斌任政治部主任。豫鄂挺进纵队下辖 6 个团队（第 1、2、3、4、5、6 团队），3 个总队（信应游击总队、鄂东游击总队、应城国民抗敌自卫总队），共 9000 余人。随后，豫鄂挺进纵队陆续在豫南四望山、鄂中白兆山、南山和天（门）汉（川）湖区及襄河以西地区，建立了多块抗日根据地，成立了具有政权性质的豫鄂边区联合办事处。

1941 年 1 月皖南事变后，根据中共中央军委的命令，豫鄂挺进纵队于 4 月 5 日整编为新四军第 5 师，李先念任师长兼政治委员（后郑位三任政治委员），刘卿任参谋长（后文建武），任质斌任政治部主任（后任副政治委员、代政治委员），王翰任政治部副主任。下辖第 13、第 14、第 15 旅，第 1、第 2 游击纵队和鄂豫边区保安司令部及随营军事学校。全师共 1.5 万余人。

第 5 师整编完成后，在鄂豫边区连续粉碎了日、伪军的"扫荡"，建立了大悟山指挥中心。9 月，以鄂东地方武装为主成立了第 3 游击纵队。10 月，为配合新四军第 2、第 7 师进行自卫作战，第 5 师第 14 旅第 42 团和第 41 团、第 14 旅旅部先后挺进鄂皖边，创建了蕲（春）黄（梅）等小块根据地。11 月底到次年初，第 5 师以第 15 旅、第 13 旅一部及其天（门）汉（阳）地方武装连续发起侏儒山战役，共歼灭毙伤日军 200 余人，伪定国军第 1 师 5000 余人。在此期间，第 1、第 2 游击纵队各一部同第 13 旅和随营学校合并，一部改为地方武装；第 3 游击纵队与第 14 旅第 40 团合编为特务旅，广济县独立团改编为新的第 40 团。到 1941 年 11 月，新四军第 5 师部队建制序列有第 13 旅、14 旅、15 旅、特务旅、鄂豫边区保安司令部、鄂南独立 5 团、鄂北独立支队及随营军事学校等。

1942 年春夏之交，新四军第 5 师部队建制再次进行调整，实行主力部队地方化，建立第 1、第 2、第 3 军分区。5 月，第 14 旅第 41、第 42 团（欠 1 个营），分两批南渡长江，新辟了鄂南 10 个县的游击根据地。8 月，第 5 师以第 14 旅为基础成立江南兵团（亦称鄂皖兵团），建立第 4、第 5 军分区（稍后合并为第 4 军分区）。11 月，15 旅 45 团在礼山县四姑墩地区迎击日军的"扫荡"，击退日军骑兵 300 多名，12 月，13 旅 38 团在应城杨家河地区击退日、伪军 600 余人反复多次的进攻，毙伤敌 100 余人，俘敌 10 余人。同时粉碎了日、伪军 1 万余人对大、小悟山地区的"扫荡"。

1943 年，新四军第 5 师部队和鄂豫边区军民努力克服连续两年自然灾害带来的困难，大力加强抗日民族统一战线工作，团结各方面的进步势力，战胜了日、伪军春、夏季大"扫荡"，收复麻城、蕲春、云梦等县城。3 月下旬，为牵制鄂西、湘北日军，配合正面战场国民政府军作战，新四军第 5 师以第 15 旅和第 3 军分区部队挺进襄河以南和洞庭湖北岸河湖港汊地区，开展游击战争，年底建成洪湖和桃花山抗日根据地。

1944 年 4 月，新四军第 5 师与地方武装配合，在黄陂县长轩岭取得了伏击日军的胜利。7月，以淮南支队5个连、信应独立第25团5个连和第38团第3营共1000余人北上，协同兄弟部队发展豫南地区的抗日斗争，至抗战胜利前夕，控制了南起信阳，北达叶县，东自正阳，西迄泌阳间1万多平方公里的土地，在10多个县境内建立了民主政权和抗日武装。10月，成立鄂豫皖湘赣军区。到本年底，新四军第5师师部兼鄂豫皖湘赣军区领导机关下辖部队序列为：第13旅、第1、2、3、4、5五个军分区和河南挺进兵团。

1945年2月，鄂豫皖湘赣军区为支援八路军南下支队挺进湘粤边、开辟五岭抗日根据地，以第5师第40、第41团渡过长江，会同南下支队创建湘鄂赣根据地，并成立了辖有第1、2、3、4、5等支队，东、西军分区和湘北军分区的湘鄂赣军区。7月，南下支队主力继续南进，湘鄂赣军区撤销，于8月成立了鄂南军分区。到1945年8月，新四军第5师兼鄂豫皖（鄂豫皖湘赣）军区下辖部队序列包括：第13旅、第1、2、3、4、5、6、豫中、鄂南等军分区和鄂皖指挥部。8月中旬，根据中共中央关于建立超地方性正规兵团的指示，以第5师主力组成野战纵队参加抗日大反攻。下旬，争取国民党豫南挺进军5000余人起义，并编入第5师野战纵队。9月16日，第5师建立野战纵队，司令员文建武、政治委员任质斌，辖13、14、15等3个旅。

综上所述，从1939年1月到1945年9月，新四军第五师在中国共产党的领导下，在鄂豫皖湘赣地区进行了坚苦卓绝的抗日斗争。日本投降时，鄂豫边区共有8个党的地方委员会、行政专员公署、军分区，11个中心县委，66个党政军组织齐全的县级政权，地跨鄂豫皖湘赣五省。其中现属河南、安徽、湖南，江西省的有：罗山、新县、信阳、汝南、正阳、确山、上蔡、泌阳、遂平、西平、桐柏、叶县、舞阳、宿松、太湖、华容、岳阳、临湘、南县、平江、浏阳、长沙、瑞昌、东流、彭泽、九江、至德等县市；在新四军第五师及其前身所属的地方武装中，属以上各地区有：罗礼经光指挥部、罗礼应指挥部、信应指挥部、信阳指挥部、信罗指挥部、信应随指挥部、路东指挥部、路西指挥部、江南指挥部及河南挺进兵团、信阳游击大队、信阳挺进队、信应游击总队、信罗边总队、信应随总队、当谷山抗日游击队、泌阳游击队、经扶独立营、经扶县总队、确山抗日游击大队、确泌桐总队、汝正确总队、罗山独立营、罗礼县总队、罗礼应总队、桐柏山抗日游击大队、淮南支队、汝上遂总队、叶方舞支队、蕲太英边独立营、蕲太英边县总队、蕲宿太边县总队、黄宿边县总队、宿太总队、江南（石公华）挺进总队、湘北总队、岳临通总队、平浏长总队、阳瑞总队等。在整个抗日斗争中，新四军第五师及其他地方武装力量逐步得到发展壮大。

1939 年 1 月，李先念率新四军独立游击大队从竹沟南下鄂豫边时，独立游击大队和随行的干部共 160 余人。5 月，李先念将鄂中、豫南的部队合编为新四军挺进团，辖 3 个大队。6 月，养马畈会议后经过整编部队，组建新四军豫鄂独立游击支队，辖第 1、2、3 团队和挺进团队。到 1939 年底，豫鄂地区游击武装（新四军独立游击支队）发展到 9000 余人。1939 年夏，抗日十大团成立，全边区抗日十人团成员达 12 万人。

1939 年 11 月中旬，四望山会议决定统一整编部队为新四军豫鄂挺进纵队。新四军豫鄂挺进纵队辖 6 个团队，3 个游击总队（信应、鄂东、应抗）。新四军豫鄂挺进纵队组建一年中，对日、伪军作战 100 余次，歼敌近万人，纵队发展到 1.5 万余人，民兵自卫队 10 万余人。

1941 年皖南事变后，新四军豫鄂挺进纵队于 4 月 5 日正式整编为新四军第五师，辖 13、14、15 旅和第 1、2 游击纵队，共 1.5 万余人；1941 年 2 月，鄂豫边区抗日保安司令部成立，到 1941 年 12 月，边区地方武装发展到 7800 人，自卫队员 19.9 万余人，其中 1/3 是基干队。1942 年，边区主力军为 1.2 万余人，地方军为 1.1 万余人。到 1943 年年底，新四军第五师主力部队和地方武装由 1941 年的 1.5 万余人发展到近 4 万人。这一年，第五师仅在淮南就扩军 8000 余人。

1945 年 8 月日本投降时，新四军第五师兼鄂豫皖湘赣军区部队，发展到拥有 5 万余人的正规军和 30 余万人的民兵武装力量。

因此，为做好抗战时期新四军第五师及鄂豫边区地方武装人员伤亡与财产损失的情况调研，我们在力所能及的条件下，先后奔赴河南、湖北以及北京、南京等地的相关地、市（县）党史办、档案馆等机构，查阅保存的相关历史资料及出版的文史资料、地方志、著作、文集等，为进一步厘清抗战时期新四军第五师及鄂豫边区地方武装人员伤亡的具体情况作准备。但就目前收集的资料分析来看，反映新四军第五师部队战斗、成长壮大的电报、文献资料相对较多些，而有关各地方武装的资料非常缺乏。

3. 新四军第五师及鄂豫边抗日根据地地方武装对日作战伤亡情况

中国是日本军国主义发动侵略战争的主要受害国，在 1931 年九一八事变到 1945 年 8 月中国取得抗日战争胜利的长达近 15 年的时间内，日本军国主义者对中国进行了肆意的侵略和掠夺，给中国人民的生命和财产带来了巨大的损失。仅以新四军为例，据统计，"1938 年 5 月至 1946 年 1 月，新四军在对日伪作战中，自身伤亡 51602 人。其中 1938 年 5 月至 12 月 663 人，1939 年 3860 人，1940

年 8917 人，1941 年 8352 人，1942 年 5388 人，1943 年 8333 人，1944 年 10672，1945 年 1 月至 1946 年 1 月 5417 人①。"

作为华中地区抗战的中流砥柱的新四军第五师及其地方武装，从 1939 年 1 月到 1945 年 9 月，也以巨大的人员伤亡和财产损失，在鄂豫皖湘赣地区进行坚苦卓绝的抗日斗争。

根据调研，我们发现，面对残暴的日、伪军，新四军第五师及其地方武装英勇抗敌，勇于牺牲，在许多重大战役或战斗中付出了重大的人员伤亡是不争的事实。仅举一些事例：

1939 年 2 月至 5 月 2 日，新四军武装在平汉路袭击敌人的兵车、收复云梦城、进攻黄陂蔡店等战斗中共伤 12 人，亡 1 人②。

1939 年 8 月至 12 月，新四军在朱堂店战斗、新街战斗、游河战斗、马家冲战斗等战斗中，共伤亡大队长以下 240 余人③。

据有关资料记载，1939 年一年来，新四军在各大战役中英勇牺牲的干部战士有：团级干部丁宇震、李宗南 2 人；营级干部何家荣、宁刚文、刘立安、谢玉龙、高功、蔡世芳、袁鸿德、孔耀、张文廷、望前行、张异来、徐励、丁少谋、周国仪、史正万、张寄江、袁正超、李杨德 18 人；连排级干部 56 人，班长以上的 853 人。光荣负伤有：团级干部熊作芳、梁天云、王海山、周正、陈一震、朱立文 6 人；营级干部黄宏坤、曹玉清、林金山、宋蕴辉、陈炼、宋学汉、李冠群、张和知、陈震山、曹忠魁 10 人。此外还有连级干部 95 人、排长以下的 1856 人④。

1940 年 3 月，应城抗日游击队第三中队被山本大佐包围在伍家山的杨家坡，伤亡 20 多人，中队长秦福善在突围时壮烈牺牲。1940 年春，新四军独立团在蕲春茅山彭思桥战斗中伤亡数十人。⑤

1941 年 9 月 1 日向中央中原报告，日、伪军近四月来不断袭击医院，印刷厂，工厂，各地机关，基本区县，区级干部被捕杀 3000 以上⑥。

1941 年底，天汉军分区部队在沔阳县长淌口附近的汤家湾遭遇敌人，当场

① 《新四军战史》编委会编：《新四军战史》，解放军出版社 2000 年版，第 656 页。
② 鄂豫边区革命史编辑部藏：《五师历史文献·综合类（2）》，第 15 页。
③ 鄂豫边区革命史编辑部藏：《五师历史文献·综合类（2）》，第 15 页。
④ 中国人民解放军历史资料丛书编审委员会编：《新四军文献（1）》，解放军出版社 1992 年版，第 595 页。
⑤ 鄂豫边区革命史编辑部藏：《第五师重要历史资料》第 1 辑，第 35 页。
⑥ 鄂豫边区革命史编辑部藏：《五师电报·政治工作 19》，第 114 页。

牺牲 30 多人。当时大雪纷飞，北风怒号，突围出来的战士又冻死了 4 个人①。

1941 年 12 月至 1942 年 2 月，新四军第五师第十五旅、天汉支队联合第十三旅在武汉近郊发起侏儒山战役，与日、伪军大小战斗十余次，我方阵亡近 400 人②。

1942 年 6 月 3 日，新四军第三十七团、师部、第十三旅旅部，被宋河夏店、罗店敌寇千余袭击，伤亡 40 余人③。

1942 年，日军警备队在黄花涝屠杀新四军税收人员 50 人④。

1944 年 5 月 8 日，在大悟山保卫战中，新四军第十三旅第三十八团伤亡近 200 人。熊占山、陈向国两位营教指导员在战斗中身先士卒，壮烈牺牲⑤。

1945 年 4 月，第四军分区第四十团、第三五九旅七一九团一部配合鄂南武装一部，与敌伪成渠部共 2000 余人激战 4 日，我伤连长以下 67 人，牺牲连副 1 人，排长 1 人⑥。

1945 年 8 月日本宣布投降后，天汉县委根据襄北地委指示，成立天汉受降指挥部，在吕家港以西一带与日军战斗中，总队伤亡 10 多人⑦。

以上事例，不一而足。

日军为了达到消灭新四军第五师及其地方武装、侵略和占领鄂豫边区地区的目的，它经常性地对边区采取"扫荡""清乡"或者利用伪军等汉奸进行"以华制华"，所使用的残酷手段主要有：

（1）"扫荡""清乡"：

1942 年 12 月 17 日，日军第三师团及伪军第十一师等部共一万余人"扫荡"大小悟山地区，企图一举消灭新四军。新四军部队于事先得悉，分路突围。是役我伤亡 70 余（内连级干部 5 名），被俘管理科长及行署副主任共 20 余人，跑散 50 余人⑧。

（2）偷袭：

1939 年 12 月，李先念和区党委机关及大批干部在马家冲宿营时遭遇日军偷

---

① 鄂豫边区革命史编辑部编：《战斗在鄂豫边区（2）》，湖北人民出版社 1980 年版，第 244 页。

② 鄂豫边区卫生史编审委员会编：《新四军第五师卫生工作简史》（内部资料），第 25 页。

③ 鄂豫边区革命史编辑部藏：《五师电报·武装斗争（11）》，第 75 页。

④ 《武汉市人民检察署专报》（1952 年 9 月 15 日整理），见中央档案馆，湖北省档案馆编：《侵华日军在湖北暴行史料》，中国档案出版社 2005 年版，第 14 页。

⑤ 周志坚著：《八易春秋》，湖北人民出版社 1990 年版，第 165 页。

⑥ 鄂豫边区革命史编辑部藏：《五师电报·武装斗争（15）》，第 70—71 页。

⑦ 中共荆州地委党史办公室编：《襄河抗日民主根据地史稿》，湖北人民出版社 1995 年版，第 415 页。

⑧ 鄂豫边区革命史编辑部藏：《五师电报·武装斗争（11）》，第 161 页。

· 109 ·

袭、包围，新四军部队突围时伤亡 20 人，区党委《七七报》编辑李苍江在突围中被日军俘虏，壮烈牺牲，敌军焚烧民房 150 间，屠杀群众 9 人[①]。

1940 年 3 月 5 日，日、伪军千余人分七路突袭在赖新场的挺进纵队第四团队。丁世谟率天汉独立游击大队前往增援。第四团胜利突围，丁世谟等 80 余人在战斗中牺牲[②]。

1940 年 9 月 9 日，日、伪军偷袭我新四军鄂豫挺进纵队后勤部设在安陆柏树黄的被服厂，杀害我工作人员和当地群众 51 人，制造柏树黄惨案[③]。

（3）施放毒气：

1939 年 11 月 18 日，日军进攻在杨柳河的信南第三团，并施放毒气，2 名战士牺牲，7 人中毒[④]。

（4）浓烟熏死：

"1942 年秋，一名新四军战士（名字不详）在七铺附近被日军捉去，将他绑在'红部'门首，腰向前躬，口鼻下面燃着一把线香，这位战士被熏了一天多时间，熏得泪涕垂地，但他始终不吭一声，终被浓烟熏死"[⑤]。

（5）将新四军战士当练刺杀的靶子：

"日寇把 4 名被俘战士头蒙黑布，绑在火车站北边日寇平时练习刺杀的靶桩上，每桩隔 10 米并排而立。'靶'前各有日寇十余人的一列纵队，枪上亮晃晃的刺刀，待命刺杀。然后将所有的居民（包括笔者）赶到现场铁栅栏外站着，围观这群'皇军'的'德政'这是鬼子'杀一儆百'、遏止我军民抗日的惯用伎俩。随着日军官的一声令下，一场惨绝人寰的残杀开始了！四队日寇嚎叫着，一个个端着雪亮的刺刀，杀气腾腾，刺向绑在靶柱上的新四军战士。鬼子兵一人一刺刀，反复来回轮番刺杀，烈士全身被刺成肉泥……"[⑥]。

上述日军的种种暴行，举不胜举。

那么，在整个抗日战争时期，新四军第五师及鄂豫边区地方武装人员伤亡多

① 齐光著：《风雨沧桑》，武汉大学出版社 1994 年版，第 198 页。

② 京山县党史县志办公室编：《中国共产党京山历史》，1999 年 11 月内部出版，第 276 页。

③ 鄂豫边区革命史编辑部藏：《根据地历史资料》武装斗争（1），第 150—151 页。

④ 中共信阳地委党史资料征编委员会编：《豫南抗日民主根据地史稿》，河南人民出版社 1988 年版，第 107—108 页。

⑤ 《在浠水的暴行》（1988 年整理），见中央档案馆，湖北省档案馆编：《侵华日军在湖北暴行史料》，中国档案出版社 2005 年版，第 65 页。

⑥ 《肖家巷惨案》（1985 年整理），见中央档案馆，湖北省档案馆编：《侵华日军在湖北暴行史料》，中国档案出版社 2005 年版，第 89—90 页。

少呢？据《鄂豫边区抗日民主根据地史稿》等著作一般统计，八年抗战中，新四军第五师及鄂豫边区地方武装伤亡1.32万余人[1]。另据鄂豫边区卫生史编审委员会主编《新四军第五师卫生工作简史》说法，抗日战争时期，第五师伤亡了13274人，其中负伤9139人，阵亡4135人，付出了沉重代价[2]。湖北人民出版社出版《八易春秋》等当事人回忆录也都认为，新四军第五师伤亡为13229人[3]。

上述关于新四军第五师及鄂豫边区地方武装人员伤亡数字基本上认定为1.3万人，这一数字也为绝大多数研究者所引用。我们现根据鄂豫边区革命史编辑部收藏的有关电报文献资料记载，结合我们在各地的调研数据，参考整个新四军部队人员伤亡的数据情况，尝试对新四军第五师及鄂豫边抗日根据地地方武装对日作战人员伤亡情况作出新的统计分析和初步综合判断，具体按年度列表如下表：

新四军第五师及鄂豫边抗日根据地地方武装对日作战伤亡表（1939—1945）

类别 时间	牺牲	负伤	被俘	逃散	失踪	中毒	其他	合计
1939年	860	900	2	200		7		1969
1940年	440	1300						1740
1941年	760	600	180	180	2			1722
1942年	550	330	160	110				1150
1943年	600	450	150		30		810	2040
1944年	740	850	50		30		20	1690
1945年	506	933	50					1489
总计	4456	5363	592	490	62	7	830	11800

说明：

① 以上统计数据，仅依据第五师历年可查电报、文件等文献记录以及其他原始文献、著作记载整理形成的；

② 由于原始文献记录缺失，部分年份数据可能不全；

③ 1943、1944年的"其他"项分别为周玉良（特三旅）及小股力量等"叛变"数；

④ 以上统计数据为约数。

4. 结论

基于现有资料的分析和判断，我们得出的结论是，抗日战争时期，新四军第五师及鄂豫边抗日根据地地方武装对日作战伤亡至少11800人，其中，牺牲4456

① 鄂豫边区革命史编辑部编：《鄂豫边区抗日民主根据地史稿》，湖北人民出版社1995年版，第444页。

② 鄂豫边区卫生史编审委员会编：《新四军第五师卫生工作简史》（内部资料），1991年6月，第3页。

③ 周志坚著：《八易春秋》，湖北人民出版社1990年版，第197页。

人，负伤 5363 人，被俘 592 人，逃散 490 人，失踪 62 人，中毒 7 人，其他 830 人。由于资料缺失，这一数字肯定是不完整的。

主要参考资料

1. 鄂豫边区革命史编辑部编：《新四军第五师电报》（1—52），内部编印。

2. 鄂豫边区革命史编辑部编：《新四军第五师文献资料》（1—33），内部编印。

3. 中国人民解放军历史资料丛书编审委员会编：《新四军文献》（1—5），解放军出版社 1992 年版。

4. 中国人民解放军历史资料丛书编审委员会编：《新四军回忆史料》（1—2），解放军出版社 1992 年版。

5. 中国人民解放军历史资料丛书编审委员会编：《新四军参考资料》（1—3），解放军出版社 1992 年版。

6. 鄂豫边区革命史编辑部编：《鄂豫边区抗日根据地历史资料》（1—8），内部编印。

7. 鄂豫边区革命史编辑部编：《鄂豫边区革命史资料》（1—3），内部编印。

8. 广州军区通信兵史武汉编写办公室编：《新四军第五师通信兵历史文献资料汇编》，内部编印。

9. 中国档案馆、湖北省档案馆编：《侵华日军在湖北暴行史料》，中国档案出版社 2005 年版。

（鄂豫边区革命史编辑部、武汉理工大学抗战损失课题组）

（三）日军在武汉会战、枣宜会战中使用生化武器致中国军队伤亡的调研报告

一、调研工作概述

生化武器是日本侵略者企图吞并中国、征服亚洲与世界的秘密战略手段，是一种灭绝种族的残暴战争罪行。日本侵略者在侵华战争期间公然违反国际公约大规模使用生化武器，在进攻、撤退、扫荡、屠杀难民与伤兵，消灭抗日游击队等方面，无不使用生化武器，导致中国各地各种疫病大流行，大量中国军民惨死，给中华民族造成巨大伤亡。

然而，在侵华战争期间，日本不仅在国际上抵赖中国对其进行生化战的指控，而且反诬中国对日本军队使用生化武器。更令人不齿的是，在战败投降后的半个多世纪里，日本政府与右翼政客一直否认对华进行生化战的罪行，不断修改历史教科书，千方百计地抹杀其罪恶的历史。本次调研旨在弄清楚武汉会战、枣宜会战中日军使用生化武器致中国军队伤亡的具体情况，以昭示日本侵略者对中国进行生化战的历史，向世人揭露其反人类、反人道、反文明的罪行。

本着实事求是的原则，我们对侵华日军在武汉会战及枣宜会战中使用生化武器的情况进行了全面深入的调查，分别在省档案馆、省图书馆、省政协、武汉市图书馆、武汉市档案馆、武汉大学、华中师范大学查阅了大量资料，并赴中国第二历史档案馆查阅了包括中国参战军队战斗详报文电等大量档案文献资料，其后对这些资料进行了认真细致的研究。

二、日军在武汉会战、枣宜会战中使用生化武器的背景

日本侵略者为了以最小的代价、最短的时间达到霸占中国的目的，采纳了日本军医大尉石井四郎关于使用细菌战的献计。日本侵略者对中国军队进行生化战，其战术目标是大量杀伤中国军队，破坏中国的抵抗力量，为日军扫清侵略占领的障碍，达到其侵略的目的，战略目标是在中国造成战争与死亡恐惧，摧毁中

国军队的抵抗意志，以彻底征服中国，然后征服亚洲与世界。

1937 年卢沟桥事变后，根据日本大本营的命令，侵华日军开始在中国战场对中国军民使用化学武器。武汉会战是日本侵华战争开始以来规模最大、时间最长的一次战役。会战中，中国军民不屈不挠的民族精神和昂扬的斗志使日军速战的愿望逐渐破灭。然而，日本侵略者发现中国军队的防毒能力极其落后，几乎没有防毒的装备，受到毒气的攻击后，至少要在 30 至 40 分钟后才能恢复一定的战斗力。所以，日本侵略者决定采用生化武器对中国军队进行攻击，以争取主动，扭转战局。日本侵略者在武汉会战中运用的生化战在其侵略战争中具有引路作用，为其大规模使用生化武器作战积累了实践经验。此后，在抗日战争相持阶段，侵华日军更加依赖生化战手段来达到战争的目的，包括枣宜会战在内的诸多战役中大量使用生化武器。

三、日军在武汉会战中使用生化武器的罪行及其后果

在 1938 年的武汉会战中，日本侵略者为了扭转战局，开始大规模使用剧毒的糜烂性毒气与路易氏毒气，发动了至少上百次化学战。据日本方面统计：从 1938 年 8 月 21 日至 11 月 12 日，华中派遣军在攻打马当要塞、田家镇要塞、富池口、马头镇、隘口、潢川、阳新、湖口、广济、黄梅、富金山、麻城，信阳等地共使用毒气作战 357 次，消耗赤弹 9667 发、赤筒 32162 只、催泪筒 6667 只、发烟筒 20367 只。为掩盖其使用化学武器的罪行，日本侵略者还对受毒气侵害的中国军人进行了残暴的屠杀。

1938 年 8 月 22 日晨，波田支队步兵第 2 联队第 3 大队在赤湖北侧的城子镇朱庄向中国守军第 81 师发射 420 只赤筒，使中国守军撤退，然后"将被毒气伤害丧失战斗力的 300 人用刺刀杀害"。

1938 年 8 月 23 日，在黄梅广济防御战中，日军第 9 师团向瑞昌纵深发展，施放毒气，中国守军 2 个营官兵除营长李戈、1 名排长及 2 名战士中毒较轻得以生还外，其余人员均壮烈牺牲。

1938 年 9 月 1 日，在黄梅广济防御战中，日军向中国守军第 48 军第 176 师守备的凤凰山阵地进攻时，施放毒气，致使该师伤亡惨重。同时，守备郑公塔的中国守军第 68 军也受到毒气攻击，中毒达 400 人，其中 1 个营全部壮烈牺牲。

1938 年 9 月 9 日至 15 日，中国守军第 26 军、第 84 军 118 师、第 31 军、第 55 军等部与日军在广济西北反复争战，日军大量使用毒气，仍未能越过中国

守军防线，中国守军伤亡惨重。

1938 年 9 月 16 日，在阳新大冶守卫战中，日军为占领杨玉山，施放大量毒气，中国守军第 82 师大部分牺牲。

1938 年 9 月 26 日，日军第 27 师团步兵第 1 联队使用 565 只赤筒攻击覆雪山的中国守军，在战胜后将数十名受到毒气伤害的中国军人杀害。

1938 年 9 月下旬，在田家镇要塞守卫战中，日军第 6 师团为突破中国守军第 9 师、第 103 师、第 121 师的阻击，施放毒气，发射毒剂弹 28 发、榴弹 52 发，造成中国守军大量伤亡。9 月 29 日，日军对马鞍山中国守军炮兵阵地发射毒剂弹 38 发、榴弹 59 发。

1938 年 10 月 12 日，日军第 9 师团第 36 联队第 2 大队和野战毒气第 13 中队的一个小队在进攻中使用 60 只赤筒，然后刺杀因毒气伤害不能行动的中国军人约 50 人。

武汉会战期间日军第 2 军消耗化学武器情况

类别＼部别	第 3 师团	第 10 师团	第 13 师团	第 16 师团	第二毒气队	总计
八九式催泪筒	464	1050	732	100	365	2711
八九式催泪筒		25				25
九四式轻迫击榴弹			2376	2521		4897
九四式轻迫			666	1402		2068
九四式山炮		1804	789	108		2701
三八式野炮	查看邮件全文					

资料来源：粟屋宪太郎、吉见义明：《关于毒气作战的资料》，日本不二出版社 1989 年版，第 355 页。

武汉会战中中国军队受生化武器毒害伤亡统计表（一）

时间＼类别	地点	部队番号 日军	部队番号 中国军队	武器种类	伤亡情况
1938 年 8 月 22 日	赤湖北侧城子镇朱庄	波田支队步兵第 2 联兵队第 3 大队	国民党军第 81 师	赤筒 420 只	国民党军队被迫撤退，日军将被毒气伤害丧失战斗力的 300 人用刺刀杀害
1938 年 8 月 23 日	瑞昌	第 9 师团		毒气	国民党两个营的官兵除营长李戈一名排长及两名战士外，其余均牺牲

时间	类别 地点	部队番号		武器种类	伤亡情况
		日军	中国军队		
1938年 9月1日	黄梅 凤凰山		国民党军 第48军 第176师	毒气	该师伤亡惨重
1938年 9月1日	郑公塔		国民党军 第68军	毒气	中毒达400人,守军一个 营全部牺牲

武汉会战中中国军队受生化武器毒害伤亡统计表（二）

时间	类别 地点	部队番号		武器种类	伤亡情况
		日军	中国军队		
1938年9月 9日至15日	广济西北 防线		国民党军 第26、31、 55等部	毒气	国民党军队伤亡惨重
1938年 9月16日	杨玉山			毒气	该地国民党守军第82 师大部分牺牲
1938年 9月26日	覆雪山	第27师 团步兵 第1联队		565只赤筒	日军战胜后,将数十 名受到毒气伤害的中 国军人杀害
1938年 9月下旬	田家镇要 塞守卫战	第6 师团	国民党军 第9、103、 121师	毒剂弹28发, 榴弹52发	造成国民党军大量的 伤亡

武汉会战中中国军队受生化武器毒害伤亡统计表（三）

时间	类别 地点	部队番号		武器种类	伤亡情况
		日军	中国军队		
1938年 9月29日	马鞍 山		国民党炮 兵阵地	毒剂弹38发, 榴弹59发	国民党军队伤亡惨重
1938年 10月12日		第9师团第 36联队第2 大队和野毒 13中队		60只赤筒	国民党军队伤亡惨重, 日军还将因毒气伤害 不能行动的中国军人 约50人刺杀而死

四、日军在枣宜会战中使用生化武器的罪行及其后果

抗日战争进入相持阶段后，由于日本侵略者的常规军事进攻进展得不顺利，加之日本的生化武器研究实验与使用方式已经日臻完善，侵华日军便加强了对中国军队的生化战攻击，几乎在每一次重大军事进攻中都使用生化武器，使生化战成为日本侵略者的重要攻击手段。日军对中国军队伤亡最严重的毒气战就发生在枣宜会战中的宜昌地区。

1940 年 5 月 5 日，日军在枣阳流水沟战斗中施放毒气，造成中国守军伤亡惨重。

1940 年 6 月 3 日，日军一部约 5000 人向中国守军第 38 师进攻，16 时中国宜城守军遭日空军及毒气攻袭，损失惨重，宜城遂被日军攻陷，同时日军一部攻占孔家湾。

1940 年 6 月 12 日，日军攻占宜昌后，日军新编第四化学联队下辖的第十一大队进驻宜昌，并设立毒气武器装配厂和备集糜烂性、窒息性毒剂弹药。

枣宜会战中中国军队受生化武器毒害伤亡统计表

时间 \ 类别	地点	部队番号		武器种类	伤亡情况
		日军	中国军队		
1940 年 5 月 5 日	流水沟			毒气	国民党军队伤亡惨重
1940 年 6 月 3 日	宜城		国民党军第 38 师	毒气	国民党军队伤亡惨重，宜城被日军占领
1940 年 6 月	宜昌			糜烂性毒剂弹 2500 发，化学炸弹 300 余枚	国民党官兵 1600 余人中毒，600 余人死亡

五、结论

澄清史实是历史研究的基础，此次调研的主要目的在于全面、准确地挖掘史料，梳理日军使用生化武器的具体事例，提供历史研究的索引，为深入进行全貌研究和历史评论创造条件。但由于种种原因，所掌握的历史资料难以完整。本文仍然是一项阶段性成果，有待进一步搜集、充实。

主要参考资料

1. 武汉会战、枣宜会战中国参战部队战斗详报及其他档案资料 84 件，藏中国第二历史档案馆，全宗号七八六。

2. 毛磊、刘继增、袁继武、杨存厚编：《武汉抗战史要》，湖北人民出版社 1985 年版。

3. 步平、高晓燕、贺志刚编：《日本侵华战争时期的化学战》，社会科学文献出版社 2004 年版。

4. 王强、杨清镇编：《化学武器与战争》，国防工业出版社 1997 年版。

5. [日]田中雄喜著：《隐藏的恐怖：日本在第二次世界大战中的战争罪行》，美国科罗拉多：西方观点出版社 1996 年版。

6. 艾利克克罗著：《化学与生物战》，纽约：科伯尼克斯图书公司 2002 年版。

7. 湖北省档案馆馆藏：《四年来的战事经过》，中国国民党中央执行委员会宣传部编印。

8. 江峡：《残暴罪行：二战时期日本对中国的生化战》，《湖北行政学院报》2005 年第 4 期。

9. 郑龙昌：《日军侵华最严重的毒气战在宜昌》，《纵横》2005 年第 5 期。

10. 纪学仁编著：《侵华日军毒气战事例集——日军用毒 1800 例》，社会科学文献出版社 2008 年版。

（执笔：张友斌　罗杰）

（四）湖北沦陷区工业损失调研报告

一、日本侵略者的野蛮暴行

1938 年的武汉会战是抗日战争重要转折点。由于中国军民的顽强抵抗，迟滞了卢沟桥事变后日军长驱直入的进攻势头，推动着抗日战争转入战略相持阶段。武汉会战后，陷入长期作战泥潭的日本侵略者，不得不重新探讨对外政策，调整侵华策略。在实行政治诱降为主，军事打击为辅方针的同时，着眼于更大规模、更有组织的经济掠夺，"在物质上，掠夺普通人民的衣食，使广大人民啼饥号寒；掠夺生产工具，使中国民族工业归于毁灭和奴役化[①]。"通过最大限度地榨取沦陷区内的经济资源，达到以华制华，以战养战的罪恶目的。湖北沦陷区工业遭到空前的摧残和掠夺。

1938 年 10 月，日军攻陷武汉后，又相继占领沙市、宜昌等重要城市。日军每进犯一地前，先施以狂轰滥炸，占领后，即进行疯狂的抢劫，未能实现内迁的湖北工矿企业因而蒙受空前的损失。到 1939 年底，湖北全省已有大冶、鄂城、武昌、汉阳、阳新等 30 余座县城沦陷。日军以法西斯暴力为后盾，依靠汉奸组织，竭力掠取湖北的资源，同时，通过严密控制金融、工商、交通等经济命脉，使沦陷区经济日趋殖民地化。

1937—1945 年的日本侵华战争，是中国近代历史上的一场空前浩劫。日军的野蛮侵略，打断了湖北社会经济缓慢发展的历史进程，造成社会生产力的极大破坏，各阶层人民蒙受了极其惨重的物质和精神损失。刚刚得到恢复并处于发展巅峰状态的湖北工业重又跌入深渊。（见表 1、表 2）

表 1　武汉三镇工业拆迁损失统计

业　　别	机器损失（吨）	材料损失（万吨）
机器工业	11980	3
纺织工业	5100	5
公用事业	850	2

资料来源：转引自《湖北省志》，工业（上），湖北人民出版社 1995 年版，第 30 页。

[①] 毛泽东：《论持久战》，1938 年 5 月，见《毛泽东选集》第二卷，人民出版社 1991 年版，第 455 页。

表2 汉口市公用事业损失统计表

种类	项 目	单 位	数量	估价（元）	附注
水电	马达机件	部	43	12040000000	
	特区发电所	所	1	2000000000	
	洋松板		1000	8000000	
	皮线铜线	卷	386	2944000000	
电讯	电报机件			11360000000	
	电话机件			4400000000	
	房屋设备			3200000000	
	其他			20000000000	
路灯	路 灯	盏	300	3600000000	
车辆	汽 车	辆	20	320000000	
	马 车	辆	100	600000000	
	人力车	辆	9000	10800000000	
合计				71272000000	

资料来源：武汉市档案馆等合编：《武汉抗战史料选编》（1985年内部发行），第562页。

注：该表为《武汉抗战史料选编》集中附表的一种，附表前的文字说明损失估价"均按民国三十四年十二月价格估计"，该表亦标明形成时间为"民国三十五年元月"。据此判定该表"估价（元）"应为1945年12月法币。

（一）掠夺工业原料

日本是一个自然资源极其贫乏的国家，为了维持庞大的战争机器运转，对于中国大陆战争资源的掠夺成功与否，越来越成为日本战时经济体制能否维持的生死问题。为此，日军在湖北沦陷区内，首先把与制造军需品有关的矿产资源及金属制品作为首要的掠夺目标。并将集中在汉而未及转移的大批棉花、猪鬃、牛皮、桐油、生漆等物资劫掠一空。

1938年10月日军占领大冶。11月，日本内阁即决定把汉冶萍公司的大冶厂、矿和象鼻山铁矿，交给日本制铁株式会社经营，成立"日铁大冶矿业所"。同时，强迫大冶厂矿驻汉保管处提交全部矿山图纸和卷宗，为复工生产作准备。嗣又重新划定矿区，将矿山附近27处村庄全部平毁，强迫民工和俘虏7000余人从事复矿生产。为了更有效地进行掠夺式采矿，"日铁大冶矿业所"开展了一定规模的探矿工作，主要是槽探和钻探及少量坑探相结合，在下陆、管山、铜鼓地、铁山、分伙山等地布置了探槽或钻探，先后在大冶铁矿矿区施钻33孔，根据钻探资料计算，大冶铁矿铁矿石储量为4073万吨。在将大冶铁矿战前积存的优质铁矿砂抢运回国的同时，"日铁"又在大冶投入 7000 余万日元，陆续添置大批的发电、供电、采矿、选矿和运输设备，使日发电量达到 65 万度，并修复了被炸毁的铁路 27 公里，安装皮带运输机 2 座。

经过近 1 年的准备之后，大冶铁矿重新恢复生产。在采矿过程中，"日铁大冶矿业所"通过开挖直井，新建选矿台，使用钻探机、碎矿机、卷扬机、空气压缩机等先进设备，并强行征募上万名华工，日夜开工，对该矿进行最大限度的掠夺式开采，所产矿砂几乎全部运往日本八幡制铁所。通过露天开采和地下采掘同时并举的方式，使大冶矿山开采能力和铁矿运输能力达到每日 5000 吨。1941 年，该矿年产矿石突破百万吨大关。1943 年的产量更高达 144.5 万吨。到 1945 年为止，"日铁大冶矿业所"共计开采铁矿石 501.6 万吨，其中运往日本 427.76 万吨。加上抗战爆发之初汉冶萍公司未能售出的铁矿砂 235688 吨，共计运出 4513348吨，平均年产量和运输量均超过战前水平。此外，还从鄂城掠走铁矿砂 174471吨。尚有 802841 吨矿砂堆存石灰窑江岸码头未能运出。从 1893 年大冶铁矿正式投产，到 1944 年为止，大冶铁矿（包括象鼻山铁矿）共计生产铁矿石 2092.32万吨，其中被日本制铁所掠走的竟达 1550.8 万吨，占总产量的 74.17%[①]。

为了弥补战时冶金工业生产之不足，日军还在湖北沦陷区强行搜刮金属制品。日军每到一地，便强行占据金属矿产，或以低价收购含有金、银、铜、铁、铝、钨、铅、锡等成分的钱币、器皿；或以盐、糖、火柴等日用必需品及鸦片、毒品强行"交换"金属，甚至采用挨户搜查的办法，搜刮居民家中的金属制品。1941 年 12 月某夜，日本宪兵队配合陆海军警备部队，突然在武汉三镇宣布特别戒严，严禁车辆和行人通行，并禁止沿街居民伸头张望。大批日军及军用卡车分头将汉口、武昌市区马路两旁的下水道多孔铁盖及铁盖板拆卸一空，运回日本。为了完成"在经济措施上，要在占领区重点谋取重要的战略物资"的任务，1942年，日军在武汉等地发起捐献旧金属活动，在各主要街道遍设金属收购点，大量收购各种金属制品。1943 年 9 月，又由伪武汉特别市福利局出面，发动居民献纳金属制品，并强迫各同业公会交售紫铜、锡、镍币等。此外，日、伪军还大肆盗拆建筑物上的金属构件。到 1943 年，除日、伪军占用的机关大楼外，沦陷区内其他大中型建筑物上的金属构件，如铁门、铁梯、铜铁栏杆，甚至街巷之间的铁栅栏，均被拆卸一空。驻扎武穴镇的日军为获得铜铁材料，甚至将长空旅社三

[①] 中国人民政治协商会议湖北省委员会文史编委会编：《湖北文史资料》（季刊）总第 39 辑（汉冶萍与黄石史料专辑），中国文史出版社 1992 年版，第 126 页。

层楼房炸毁。

棉花是重要的工业原料和战争资源,棉纺工业曾是日本最发达的工业部门。1937 年后,由于与美英等国的关系不断恶化,日本进口棉花的主要来源出现问题,对于中国棉花资源的掠夺随之变本加厉,与棉花有关的加工、生产大受影响。在湖北沦陷区,棉花被列为特需特产,对于棉花贸易实行严格的控制。1938 年 7 月,"华中棉花改进会"成立,在独占形式下,规定价格,半抢半买。日军占领武汉后,在极力掠夺稻谷、苎麻、桐油等农产品的同时,立即组成"华中棉花改进会湖北分会",以日本棉花株式会社为干事,东洋棉花株式会社、伊藤忠商事株式会社、三菱商事株式会社,以及阿部市、吉田、江商、瀛华等洋行为会员,对湖北沦陷区棉花的生产、运销实行野蛮的统制。日本陆军经理部以军令形式规定,湖北棉花概由上述日商八大行家实行统购,严禁华人经营棉花业务,沦陷区内的棉花未经许可,禁止运往他地,违者予以严厉惩处。日军在沦陷区水陆要道并派驻经济警察和宪兵,设卡检查,凡未经日军许可运输者,一律没收。为了得到战区棉花,日伪并设立棉花纳入组合于沙市、随县、天门、应山、安陆等县镇,专事搜购。1939 年,仅日军盐井部队从汉口一地外运棉花即达 120 余万担。在九江,浔阳镇工商业户战前一直稳定在 25 个行业、850 家左右,市场交易十分活跃。1938 年沦陷后,不少工匠商户举家外逃,仅有日商"东棉洋行、岩井洋行、三菱洋行、荣泰洋行、三井洋行"五大巨头,垄断棉花、皮革和大宗土特产品的经营权,利用手中掌握的日用工业品,低价交换农产品。

在日本驻汉口特务部的参与下,日伪炮制了"汉口棉业公司"这一股本组织,由原在各县代日商收购棉花的华商出任经理,经营棉花收购业务。为了严格控制棉业公司的活动,日军又以伪汉口市政府社会局的名义,拼凑起由日商八大行和汉口棉业公司组成的"中日棉花同业公会",由日本棉花株式会社和东洋两行大班轮流担任公司理事会会长、副会长,则由中日双方各占一席,各关键部门均设有日人监督。在经营活动方面,中日棉花同业公会直接受日军驻华中军部经理部领导,并与该部签订合同,接受收购任务,划定收购地区,成为日本侵略者掠夺湖北农产的重要工具。按照日伪协议,沦陷区主要产棉县区仍归日本洋行收购,棉业公司则划定靠近战区的开门、京山、黄冈、黄陂、汉阳、沔阳、嘉鱼等县乡为收购区。1943—1944 年双方共收购棉花 100 万担。

（二）垄断经济命脉

1938 年 10 月，广州、武汉相继沦陷后，日本对华经济侵略机构最显著的变化，就是华北开发和华中振兴两个国策会社的出现。其中 1938 年 11 月成立的华中振兴株式会社，总部设于上海，同时在汉口、南京、杭州等地设立办事处，主要负责对华中经济的"重点开发"，侧重于工商业和航运业的经营。日本政府对会社拥有监督、操纵之权，同时给予会社以一定的特权，在营业开始 5 年内，可以享受政府补助金，并可发行 5 倍于已缴资本的华中振兴债券。时至 1942 年，华中振兴株式会社已下设有华中矿业、华中水电、华中盐业、华中铁道等 16 个分公司，在日本军队刺刀的庇护下，该会社事实上垄断了华中沦陷区全部的工矿交通事业（见表 3）。1943 年，武汉一地共有机械工厂 96 家，其中 8 家日本工厂资本金总额为 160 万元，而 88 家华人工厂仅有资本金约 10 万元。

表3　日本控制下的湖北沦陷区主要工矿交通事业

钢铁工业

名　　称	主要生产设备	最大生产能力	备注
汉冶萍公司汉阳铁厂	100 吨炉 2 座 250 吨炉 2 座	210000 吨	战前已停工多年
汉冶萍公司大冶铁厂	450 吨炉 1 座	270000 吨	战前已停工多年
汉口扬子铁厂	100 吨炉 1 座	30000 吨	战前多次停工已迁移

煤炭工业

名　　称	地点	资　　本	年产额	备注
富源煤矿公司	大冶	220000 元	100000 吨	在鄂南游击区
富华煤矿	大冶	300000 元	30000 吨	
炭山湾煤矿	阳新	800000 元		
开泰公司	阳新	80000 元		
振兴煤矿	大冶	30000 吨		

水泥工业

名　　称	地点	资　　本	年产量	工人数
华记湖北水泥公司	大冶	1023340 元	180000 桶	

铁　　路

名　　称	长度（公里）	工人数	备注
平汉铁路	1741.6	16707	汉口至信阳段，北平至新乐段，计 435.4 公里
粤汉铁路	1264.9	7896	武昌至蒲圻段，广州至琶江段，计 758.9 公里

资料来源：《日本帝国主义在中国沦陷区》，上海人民出版社 1962 年版，第 131—144 页。

为了配合军事上的进攻和武装占领，加速沦陷区内的殖民地化，日军竭力支持日本财团对沦陷区经济部门的垄断。在占领武汉后，日本对在华侵略机构进行了相应的补充和调整，为了调和军部与财阀在掠夺占领区资源方面的矛盾，1938年年底，日本内阁，军部和财阀间就对华经济侵略的范围达成协议，确定由日本军部和政府垄断采矿业、钢铁工业、公用事业、交通电讯事业，以及与日本经济有发生摩擦之虞的水产蚕丝等部门的经营权，将属于这个范围的工矿业称为"统制事业"。占领区内的其他工业和商业，如纺织、面粉、烟草、造纸及一般商业则由日本工商业主经营，称为"自由事业"。此类企业虽在表面上也允许华商经营，实际多被日军以"军管理"、"委托经营"等方式长期霸占。

以制蛋业为例，日军占领武汉伊始，即对长江航运及贸易实行严厉统制，汉口的对外贸易完全由日本设立的"武汉输出业联合会"所控制。中外厂商 1.1 万箱蛋制品存货亦被强行接收。1939 年 9 月，武汉输出业联合会成立"蛋及蛋制品业公会"，规定公会以外者不得从事蛋品输出业务。加入公会者有三井、三菱、大仓、岩井、安宅、吉田、瀛华、日本水产 8 家日本公司，但实际经营蛋制品加工及输出的只有三井、三菱、瀛华 3 家。（见表 4）

表 4　1942 年度汉口外国蛋厂统计

厂名	男工	女工	合计	备注
瀛华蛋厂	180	120	400	春季生产
三井蛋厂	60	160	220	春季生产
三菱蛋厂	40	160	200	春季生产
和记蛋厂	115	50	165	春季生产

资料来源：转引自陈真编：《中国近代工业史资料》第四辑，三联书店 1961 年版，第 486 页。

在日军暴力的支持下，抗战初期曾被中国政府查封的一批日本在华工厂和洋行卷土重来，加上新开办者，日本在汉工厂、洋行总数达到 60 余家。主要有三井洋行、三菱洋行、伊藤洋行、日棉实业株式会社、斋藤洋行、永和洋行、日华麻业株式会社、久保洋行、福原洋行、万太洋行、昭和通商株式会社、吉田产业株式会社、万和洋行、瀛华洋行、岩井洋行、中山制陶、日乐制粉、松川居等。这批日本经济机构分为公营、私营两种：公营企业负责人一般为日军官佐，企业由日军守卫；私营企业负责人则均与军方有特殊关系，受军方保护。

凭借原有的经济联系，这批日本工厂企业重整旗鼓，扩大经营，并采用中日合办、租赁、收买等方式霸占华资企业。日军经理部更以"委托经营"方式，将强占的武汉华资工厂转交给日本私人会社经营。如汉阳福和油厂所有之榨油制饼机件，刻经债权团邀中议妥，租与三井洋行营业，租期为四年，每年租金日钞九千元。战前十分活跃的汉口棉花打包厂，因日本严禁棉花自由移动，日商打包客户则均在日本同业公会打包厂成件，华商打包棉花者已全行停业。此外，日本军方还与日本厂商互相勾结，通过发行军用票，独占市场，垄断价格，很快掌控了湖北沦陷区的各个重要经济部门，控制了沦陷区的经济命脉。

1942年，汪伪政权在上海成立"全国商业统制总会"，由伪湖北省政府及汉口特别市政府联合组成的武汉经济统制事务处，随即改为"全国商业统制总会武汉分会。"与封存登记民用物资相配合，相应成立了经济警察处，名义上归汉口市警察局领导，实际归日本宪兵队管辖。作为敌伪的爪牙，经济警察每日在难民区一带巡逻检查，动辄以"哄抬物价"、"囤积居奇"、"移动物资"、"以货资敌"等罪名，进行敲诈勒索，将货物充公，轻则罚款，重则治罪。宝新二厂和尧记面粉厂因暗中生产被发现，1000余包小麦被没收，面粉业负责人被抓到日军"经济调查班"拘押。

同年5月，日军占领当局又颁布"召集团物资采办及搬出入取缔办法"，规定机械、金属、木材、药品、粮食、棉花等"利敌性大"的物资，"高度限制流出"，均由日本洋行统制。例如作为重要工业原料的棉花，只准由日本在汉八大棉花行——瀛华、东棉、日信、三菱、江南、伊藤忠、阿信布、吉田经营。1943年，日军挑选中国棉商与上述日本洋行共同组成"汉口中日棉花同业公会"，其业务活动直接受日军驻华中军部经理部领导，并与该部签订合同，接受收购任务，划定收购地区。棉花同业公会各重要部门均派有日人监督，中国棉商始终处于从属地位。

（三）无偿掠夺城乡劳动力资源

在无偿榨取沦陷区内的劳动力方面，日本侵略者表现得极为残酷，对湖北工业，尤其是城乡手工业造成严重的破坏。1938年末长沙会战期间，日军在武昌武泰区征用民工400余人，强迫少壮者不分昼夜地为日军搬运枪弹军械，老弱者则成群结队地被送到前线探踩地雷。1939年初，日军为修建成南湖机场，在武昌拉夫700余名，每人每日仅给日钞0.4元，馒头2个，食不果腹，苦累不堪。1941年为修建徐家棚机场，日军又在武昌征集民工2万余人。至于在武汉三镇修补道路、拆除民房、修筑机场以及随枣会战等几次战事期间，日伪各兵站无不大量拉差，年轻力壮的工人和市民无一幸免，老弱亦在强拉之列。在省内其他地区，日军的暴行更为露骨，随意强征城乡居民充作苦役。1940 年 7 月，日军大兴土木，兴建监利白螺飞机场，征集该县尺八、白螺两区役伕上万名，长年累月地投入施工，生活和施工条件极为恶劣。1944 年，日军为扩建荆门掇刀机场，除从武汉等地招来技工、技师数百人外，又在当地子陵、烟墩、团林、盐池等地强拉民工，见人就抓，每日出工者达一两千人，多时更达 4000 余人，分成日夜两班施工，前后共计强征劳工上万名，其中因伤、病折磨致死达数百人。1944 年日军在进攻长沙、衡阳期间，除了在武汉三镇大量征集民工，同时还在长江、汉水及内河湖泊强征民船，编成多支船队，为日军运送兵员和物资。由于有日本军方的暴力作后盾，且独占战争资源和生活必需品供应市场，在物质短缺、供求矛盾异常突出的情况下，湖北沦陷区成为廉价原料和劳动力的供应地。

在日军的统战下，沦陷区工人的生命安全没有任何保障，经常成为日军滥施淫威的对象。华人工厂则横遭破坏，社会生产力因而蒙受严重的破坏，元气大伤。到 1939 年，湖北全省工业因日寇侵略所造成的种种破坏和损失，总计已达 115776027 元之巨（见表 5、表 6）。以战前最为著名的武汉棉纺工业为例，"本市工厂规模最大者，第一纺织股份有限公司、裕华纺织股份有限公司、震寰纺织股份有限公司。战时所受损失，均极重大。兹分述如下：1. 第一纱厂于民国九年组设，当时资本额六百万元，厂址设武昌武胜门外曾家巷，全厂机器马力二千七百五十基罗瓦特，员工人数达四千一百余名，每日可生产十支、十六支、二十支、三十二支各种棉纱共一百件，及三十磅十六磅粗细布共五百匹。因迭受敌机轰炸，损失十分之八。复工后三年内方可恢复原状。2. 裕华纺织公司，厂址设在武胜门外中（下）新河，民国十年创设，资本额三百万元，机器马力一千七百六十匹，员工二千四百余名，纱锭四万枚，布机五百台，每日出产粗细棉纱一百二十件，粗细布一千匹。武汉转进时因交通工具缺乏，仅纱锭布机拆迁重庆，其余机件均告损失，房屋亦拆毁过半。3. 震寰纱厂，创于民国十一年，厂址设武昌上新河，当时资本额约一百七十万元，每日出产棉布一百匹左右，武汉转进时，即将机件大部拆迁陕渝，其未运走之机件及房屋被敌人拆毁者，均值法币三百二十余亿元，（一九四六年四月调查数）"①。

————————————

① 武汉市档案馆等合编：《武汉抗战史料选编》（1985 年内部发行），第 562 页。

表5 抗战初期湖北省营工业损失统计

厂　　　名	总　　　计	直接损失（元）	间接损失（元）
布纱丝麻四局	12090000	4600000	7480000
白沙洲造纸厂	9148	9148	
官纸印刷局	42000	42000	
官砖厂	75000	75000	
航务处修船厂	353381	25668	327113
武昌水电厂	1320000	1040000	280000
宝善米厂	310600	53000	257500
总　　　计	14200029	5760668	8439361

资料来源：转引自中国第二历史档案馆档案，第 639 号。

注：表中损失统计数为法币，原件未注明系按何年何月币值计算。

表6 抗战初期湖北民营工业损失统计

县市	厂数	总　　　计	直接损失（元）	间接损失（元）
汉口	565	52737000	8982300	43755000
武昌	52	29251000	1316000	27935000
汉阳	46	7179000	614000	6565000
广济	11	255000	195000	60000
大冶	5	3997000	144000	3853000
蒲圻	5	850000	850000	
应城	1	200000	120000	80000
沔阳	1	160000	100000	60000
汉川	2	40000	40000	
圻春	3	15800	10800	5000
浠水	3	18800	12800	6000
黄陂	15	145500	25500	120000
黄冈	8	387000	25000	362000
应山	5	106500	36000	70500
孝感	23	126500	88000	38500
随县	2	21500	65000	15000
江陵	20	5174500	5174500	
宜昌	31	545000	80000	465000
荆门	2	88000	73000	15000
襄阳	1	24000	13000	11000
光化	4	218000	218000	
当阳	2	10600	10600	
石首	1	15000	2000	13000
宜都	1	10000	10000	
总计	749	101576000	11854500	87721500

资料来源：转引自中国第二历史档案馆档案，第 639 号。

注：表中损失统计数为法币，原件未注明系按何年何月币值计算。

二、强占中国工矿企业

为了尽快把沦陷区生产作为一个附属部分纳入日本的总动员体系之中，使沦陷区经济变成日本战时经济的附庸，1940 年 10 月，日本内阁通过"国土计划设定要纲"，正式提出"适地适产主义"，即"日满华三者之间，实行适应分业"。日本着重发展军事工业、机械工业和精密工业；伪满着重发展电气工业和矿业，华北着重开发矿业和盐业；华中则允许存在一定数量的轻工业。

根据"适地适产主义"，日军占领武汉等地后，首先强行霸占未能西迁的中国工厂的设备厂房，加以初步整理复兴，使之成为日军的工业基地。相继成立有华中烟草株式会社、日华纺织株式会社、日华制油厂、华中电气股份公司、金龙面粉公司等。在日军野蛮掠夺资源和严密控制经济命脉的双重压迫下，湖北沦陷区残存的民营工业面临着经济完全殖民地化的险境。此间，这批企业已完全失去了自主发展的可能，或被合并，或遭破坏，或陷入困境而自生自灭，一切只能仰人鼻息，被迫变成日本战争机器的附属品和军需品加工厂。

（一）煤矿业

1938 年 10 月，大冶、阳新、蒲圻、武昌等县相继沦陷后，日军即采用高度垄断和掠夺式的开采方法，经营沦陷区的煤炭资源。其主要方式为：

一是由日本人直接组织开采经营。1939 年 10 月，日商"山下株式会社"负责人岩屋在大冶石灰窑组成"大冶煤炭株式会社"。直接开采大冶源华煤矿华厂（富华煤矿）、振兴、长利、利民、大华煤矿以及阳新开泰、炭山湾煤矿黄獭捕鱼分厂的煤炭。

二是由日伪政府开采经营。1940 年，日本商人和汪伪政权在武汉组织"中江（三合利）煤矿开发株式会社"，开发经营武昌县土地堂矿区仙人山煤矿、蒲圻县麻土坡煤矿和仙人观煤矿。

三是通过垄断沦陷区民办煤窑的产供销各环节，致使湖北沦陷区煤炭资源大量流失，矿业生产遭到严重破坏，广大煤矿工人挣扎在死亡线上。1941 年，为了更大规模的掠夺占领区的地下资源，日本占领当局组成华中矿业公司，培训了一批矿山地质、测量、物探人员，在湖北鄂南地区进行了相当规模的煤田地质调查。

（二）电力工业

1938 年 9 月日军攻占武汉前夕，汉口既济水电公司奉令将电厂 6000 千瓦新发电机及部分器材转运四川,其余资产及公司事务委托英商汉口电灯公司代为管理。武汉沦陷后,三镇电力工业横遭浩劫,武昌电网毁坏殆尽。嗣因英商与日军交涉无效,既济水电公司留汉的全部资产,被日本华中水电株式会社强占,所生产的电力,主要供日军使用。同年,随着长江、汉水沿岸许多城镇的相继沦陷,全省电力工业遭到严重破坏。1939 年,日军为掠夺大冶铁矿资源,开始着手恢复和扩大当地的电力生产。除修复原铁厂得道湾发电所,安装 500 千瓦、360 千瓦、280 千瓦发电机各 1 台,以 3.5 千伏电压供给铁山各矿用电外,同时修建石灰窑卸矿机,昼夜不停地将铁矿石抢运回日本。

1940 年 10 月,日本华中水电株式会社以军事需要,在武汉三镇之间敷设 33 千伏水底电缆,通过长江和汉水水底及汉阳龟山架空线接通武昌、汉口,又从汉口以架空线跨越汉水联通汉阳,从汉口向武昌、汉阳送电。太平洋战争爆发后,华中水电株式会社于 1942 年 1 月占领英商汉口电灯公司,改称为华水电株式会社汉口办事处特区营业所。(见表 7)

表 7　1943 年 5 月汉口发电及配电统计表

项　　目	原既济公司电厂	原汉口电灯公司
每日发电总量 kwh	85000	12000
每日厂用总量 kwh	10000	900
每日输电总量 kwh	67000	11000
每日用煤量（公吨）	170	24.6
每度电耗煤量（公斤）	2.0	2.2
最大电力 kw	5000	800
平均电力 kw	3400	600
负荷率%	74.5	76.2

1943 年 5 月,为扩大铁矿石生产规模,最大限度地掠夺大冶铁矿资源,日商又在大冶铁厂内安装 2 台 4200 千瓦汽轮发电机组和 130 马力、160 马力柴油发电机各 1 台,定名为"日铁发电所",并架设全长 22 公里的 66 千伏双回输电线路,将电力送至铁山,供采矿、碎石、机修之用。

（三）建材工业

武汉沦陷后,湖北建材业未迁诸厂多被日军或日本洋行强占而蒙受严重损失。武汉应城等地沦陷之初,应城石膏股份有限公司的主要负责人携款出走,公司财产及矿井均被日伪当局接管,所存 3.25 万吨石膏被低价收购,运往武汉销售。同时变卖公司资产，以还清欠债 476437.29 万元。嗣接伪湖北省政府训令：应城石膏股份有限公司在应城所存 25 万抬石膏由省政府代管，以后不准收买矿区石膏，公司资产及欠债由省政府派 7 人"查定委员会"查定，未查定之前，不准还债；应城运往汉口石膏全部售给日本特务部管辖的"石膏组合"，全部售款交省政府代管，公司不得留用；公司所需按月造册申报，由省政府支付；其税捐须经省政府核准。如有违者，一定严惩。1940 年，日伪当局强迫应城石膏股份有限公司改组为"应城膏盐公司"，由日本人出任公司顾问，下设制盐部和石膏部。两部下设 20 余个总厂和 60 余个分厂（实际设立制盐总厂 16 个，直辖汲卤盐棚 108 处），产品由膏盐公司统一包销。该公司制定的《应盐产销合作计划大纲草案》规定：总厂集中制盐，分厂分散汲卤，由公司统筹运销，卤水由公司给价专卖，各厂不得私自熬盐、售卤。日本从此控制了应城膏盐生产。1942 年，日军为封锁抗日根据地，将应城各矿的大部分盐棚烧毁，全矿区 108 个盐棚中，仅保留 8 处继续制盐，使整个矿区遭到严重破坏，井洞废毁大半。1938—1945 年，应城石膏产量累计 15.26 万吨，年均产量不足 2 万吨，全部膏盐税利均被日军劫夺。

华记湖北水泥厂部分设备拆运内迁后，其余机器设备被日本磐城水泥株式会社所强占。日商在从南京中国水泥厂掠来部分设备后，兴建立窑 6 座，使该厂复工生产。日本洋行另在汉口阜成石灰厂建立立窑 2 座，通过改造设备，生产水泥，易其名为士敏土厂。湖北玻璃厂自 1938 年被日军占据后，因平板玻璃设备悉数损毁，遂被强令生产药用玻璃瓶罐。日商森下秀雄则借武汉沦陷之机，与华商合营和记公司石灰厂，在武昌赤矶山开窑炼灰，月产 300—450 吨。

创办有年的湖北砖瓦业此间也多遭劫难。阜成砖厂的蒸汽机被日军掠走，恒泰砖瓦厂则被日本海军特务部占驻，强迫开工，无偿掠走砖瓦各数十万块，后将该厂转交日本品川公司。不数年间，厂房被拆毁，机器被变卖。华兴、富源两厂更被迫改为生产酒精。武汉三镇以外，黄梅县新华砖厂被日军占作仓库，宜昌德商砖厂则在抗战期间宣告倒闭。

（四）机械工业

武汉沦陷后，未及内迁的机器工厂均被日军占据，并将贵重设备劫走，残余设备则为日军生产和修造军品。如江岸机厂未迁走的部分设备，由日军第四野铁道兵北岗部队接管，强迫工人修理军用铁甲车和货车车厢，平均每年修理军车 20—30 辆。吕方记机器厂原为武汉规模较大的轧花机制造厂之一，年产轧花机

900 余台，武汉沦陷后，该厂机器被日军拆毁殆尽。另有少数与日商合作经营的民营机器厂，其中以汉口阮恒昌机器厂稍具规模。该厂与日商合作经营后，易名为"岩尾洋行"，主要是为日军修理车辆，以及生产自来水管和各种工具。到 1943 年，该厂设有铸造、机加工、红炉 3 个车间，已能制造简易车床、刨床和水泵；全厂员工从最初的 20 余人，增加到 1945 年的 150 余人。此外，日军于 1940 年在汉阳开办"武汉制纸株式会社"，除主要设备扬格式纸机从山东运来外，所缺其他设备，均从武汉三镇各工厂内强行拆占。大冶县金属加工业战前尚属活跃，沦陷后，日军大肆进行摧残烧杀，交通全部被封锁，行人稀少，产品销路断绝，各地商贩不来买货，手工业者亦逃避下乡，仅存的几家业户生产急剧下降，销售顿减，产品行销范围亦大为缩小，仅限于本县境内。

（五）制药业

日军占领武汉后，日本药房和商行卷土重来，到 1941 年，日本药商已增至 10 余家，丸三药房和武田药厂、思明堂药房等相继复工，但产品粗制滥造，质量明显下降。此外，拜耳汉口分厂亦开始生产六零六、阿斯匹林等产品，畅销一时，后因日本药品倾轧和日军的刁难，生产急剧下降。这一时期的华人药厂药商由战前的 116 户减至 83 户，为谋生计，被迫以行贿等手段来维持生存。

（六）日用化学工业

1938 年 10 月武汉沦陷前夕，楚胜火柴厂因无力内迁而被迫解散。日军占领武汉后，将该厂存放的机件物料全部掠夺一空，搬运至球场街外的英商怡和牛皮厂，改由日商三井洋行投产经营，生产聚宝盆牌火柴，主要供日军使用，少数销售于市场。由于工人多系四乡强行招来，倍受欺凌侮辱，虽开动排梗机 10 部，日产仅有 40 篓左右，且质量残次低劣。日军还利用强占的厂房设备，陆续在武汉开办了 5 家肥皂厂。其中，日华肥皂油脂厂是强占祥泰肥皂厂的厂房设备而开设；第一工业株式汉口工场是占据太平洋肥皂厂后开办；林大酒精制皂工场则是占领康成酒厂而兴办；加上金龙、三民两家肥皂厂，5 家肥皂厂总计月产肥皂 2 万箱，独占沦陷区肥皂市场。与此同时，日军还在湖北沦陷区大量倾销扇面牌肥皂。1944 年，日商又在汉口、汉阳分设大二、出光酒精厂，另在天门、通城等地设立酒精厂 30 余处，其中仅通城各厂日产酒精即达 1700 余斤。

（七）粮油加工业

武汉沦陷后，三镇原有各大面粉厂中，只有金龙厂一家托故未迁。该厂虽设于法租界，但沦陷后仍被日军予以强占，先以"委托经营"方式，由日东、三井两家日本洋行合作，改名为日东制粉株式会社，加工军粉，日生产能力1600包。不久，日军又将福新面粉五厂藏在汉口英租界内的部分机器设备，安装于该厂，用以扩大面粉生产能力。1939年，五丰面粉厂负责人姚维章从香港回到汉口。日商三井洋行以上海祥新面粉厂拆运至汉口的机器作为投资，利用五丰面粉厂的厂房，与姚维章合资经营，对外同时使用汉口制粉株式会社和五丰两个厂名。由日本人为厂长，姚维章任业务主任。该厂有钢磨12部，350匹马力电动机1台，日生产能力2640包。初为自产自销，后因原料不足，每月只能开工10天。1940年以后，全部改为日军加工军粮。（见表8）

表8 武汉沦陷期间部分面粉工业统计

厂　名	负责人	商　标	日产量（包）
北泰发记	刘万寿	万　年	280
付万丰生记	丁耀德	丹　凤	260
同　盛	彭金观	火　车	280
源和益记	涂炳炎	和　合	285
永兴鹤记	蒋鹤山		120
同　春	黄春廷	鹿　鹤	100
信记新	潘惠民	龙　凤	180
德　泰	陈子卿	民　船	700
永　泰	李少轩		200
瑞　丰	龚斋公		600
尧　记	陈尧轩		300
宝新新记	罗宝珊	工　农	800

资料来源：上海市粮食局等：《中国近代面粉工业史》，中华书局1987年版，第273页。

机米业方面，因面粉价格较高，一些米厂纷纷添置钢磨兼营磨粉。在安陆县，1939年7月由县商会在本县碓坊同业会员和粮食同业会员中集资万余元，创办福生米厂，购置德产立式35马力柴油机1部，日碾米3万余斤，除1/3供应本县城关居民外，其余销往武汉。日伪安陆县合作社成立后，接收福生米厂，改为主要代日军加工大米。

（八）纺织业

日军占领湖北各主要城镇后，全省纺织工业遭到极大破坏。1939 年，全省纱锭、织机、染机分别损失了 35%、66% 和 90%。除将棉花列为特需物资，实行严格统制外，日军经理部利用劫夺的纺织设备，相继开办了 10 家织布工厂，特别是强行霸占了武昌第一纱厂。该厂由于积欠英商安利英洋行债款，武汉沦陷前夕，未能将机器设备拆迁内地，全部生财物料及机器设备，交由债权人安利英洋行代管。武汉沦陷后，安利英洋行以抵押权的关系，在武昌第一纱厂屋顶绘上英国标志。并派英人驻厂看守。日商泰安纱厂负责人获悉第一纱厂董事尚在武汉，遂威逼利诱，要求合作，但遭到拒绝。1941 年 12 月太平洋战争爆发，美英等国对日宣战，在汉英美产业遂被日军强占，武昌第一纱厂亦由安利英洋行经手，在日本领事馆监督下，作为泰安纱厂的赔偿，交由泰安纱厂经营。以 60 万元作资本，计开出纱锭 2.5 万枚和织布机 500 台，全部生产军用品。申新四厂存放在汉口洋行仓库内的 2 万枚纱锭及 395 台织布机亦被日军全部劫走。裕华纱厂未能搬迁的动力设备和三道粗纱机等价值 57 万元的财物亦被日军抢掠，厂房被日军占为军事仓库。

染织业方面，1939 年开工者有 160 家，1940 年增至 327 家。其中，汉口福兴源漂染厂战前颇具规模，设备齐全，沦陷后，该厂机器设备如蒸汽机、锅炉、台车、黑油马达等，先后被日军吕武第 611 部队、大岛屋清酒厂、吉田产业株式会社、福美人酱厂搬走，致使该厂生产完全无法进行。通过抢夺设备、强行占领和接受经营，日本很快就在武汉等地建立了一系列日资纺织企业。

为了严密控制纺织品市场，日军在湖北沦陷区内采取控制生产，实行原料分配、产品销售统制政策，独占沦陷区的纺织品市场。以针织业为例，日商在武汉开设有日棉、后藤、中川、宏华等洋行和针织厂。除拥有 12 部电动袜机外，还有数百台手摇袜机，生产军袜和军用手套，同时将汉口六渡桥至三元里所有经营针织品的商店一律缴销营业执照，改由日本商人经营。由于日军大量需要军袜、手套，到 1943 年，日商控制下的武汉针织业已增至 315 家。

在湖北省其他县镇，针织业生产则出现了下列三种不同的情况。

第一，荆沙以下长江沿岸市县针织业极度衰落，荆沙及以上各县针织业则有所发展。如宜都县江口镇抗战前仅有袜机 17 部，从业人员 34 名。武汉等地相继沦陷后，因外来针织品断绝，该镇针织品生产一度畸形发展。袜机猛增至 62 部，从业人员达 124 人，产品供不应求。

第二，主要工商业城镇原有针织业衰落，少数城镇的针织业则有所发展。如沙市针织业在武汉、宜昌沦陷，上、下游货源断绝的情况下，适应周围乡镇和后方市场的需要，重新占领市场，主要产品远销川、藏。机织袜年产量达到5万余打，仍供不应求。1939年袜机达50台之多。（见表9）

表9 抗战前后沙市针织业统计

单位：元

年份	户数	职工	零工	袜机	袜子（打）	资金总额	商品流转额
1936	8	29	18	29	2336	3302	49056
1939	18	97	32	50	18900	10800	68040
1944	25	112	38	50	50000	11200	140000
1948	15	64	10	30	14000	1736	19600

资料来源：《沙市工商业调查》（内部发行），针织业，1950年。
注：表中货币为法币。

第三，在城镇针织业相对衰落的同时，农村针织业却得以维持。如日军占领黄冈、天门、光化等县城后，因无力控制周围的农村地区，形成城乡割据局面。不堪忍受日寇野蛮统治的手工业者，大多避居乡下继续生产。由于针织品供不应求，农村手工针纺业得以在夹缝中生存。光化县老河口镇40余名工人加班生产土纱袜，销售于附近的仙人渡、石花街、李官桥等8个集镇。

（九）卷烟、印刷业

武汉沦陷后，南洋兄弟烟草公司被日本东亚烟草公司所强占，除迁走部分机器外，其余均被日商占用，1942年成立"中华烟草株式会社"，利用原设备继续生产。嗣又改名为"中华烟厂"，拥有工人880人，月产卷烟3000箱。印刷业方面，日军占领武汉后，沦陷区印刷业被日商所垄断。在汉口，日商除"崇文阁印刷厂"外，又相继开设"三宝堂"、"木村"、"汉口"等印刷厂，以其较完善的生产设备，垄断了市场上的大部分印刷业务，迫使华商印刷业纷纷收歇。

（十）手工业

手工业与城乡市场联系密切。抗战期间，由于日军严密控制市场流通活动，垄断原辅材料的收购采运，湖北沦陷区手工业生产遭到沉重打击。许多制作皮鞋、皮件、沙发、木器、算盘的手工业工场，因原料被日军严密控制，匠人流离，而纷纷倒闭。武汉三镇残存的红炉业则被迫为日军修配军用工具。到1940年，汉口手工业能够维持生产的只有 1854 户。沙市手工业自 1940 年日军侵入该地后，各项指标下降，到 1944 年，从业户数、从业人员、产值、资金分别较日军占领前下降了 38%、46%、55% 和 52%。沦陷区其他城镇手工业的经营情况亦大致相类似。

由于此间日军在湖北沦陷区实行卷烟专卖制度，严密控制卷烟市场，机制卷烟来源异常紧张，手工卷烟随即很快在武汉及一批中小城镇广泛兴起。手工卷烟业设备简单，劳动力、原料和市场均称便利，因而在城乡皆有广阔市场。武汉很多失业工人依靠手工卷烟为生计，主要集中在汉阳十里铺一带，约有百余户之多。

三、在困境中挣扎的华人工厂

1941 年 12 月太平洋战争爆发后，随着战线越拉越长，日本国内物资短缺的矛盾日益尖锐。为了开发占领区内的资源，缓解资金和商品极度短缺的矛盾，日本军部允许占领区内的部分华资企业复工，但规定必须中日合作经营。且必须为军事服务。1942 年，汉口"复工"的华人工厂已有 133 家，约占战前工厂总数的 25.6%，年产量仅为战前的 15%。

为了便于严密控制，这批"复工"工厂主要集中在汉口三民路以上的难民区内，产品主要供给军用。日本占领当局虽在表面上允许部分华资工厂复工，但通过严格控制原料来源、销售市场及电力供应等环节，造成"复工"企业的处境极为艰窘。

面粉业　1938 年 10 月武汉沦陷前夕，福新、胜新、五丰等厂内迁或拆移，裕隆面粉厂被炸，到武汉沦陷时仅剩金龙面粉厂一家，并很快被日军所强占，为日军加工军粮。此时，武汉三镇难民丛集，粮荒严重，市面上尤以面粉最为奇缺，因而价格飞扬，经营米面加工利润甚为可观，一度可高达 30%—40%。同时，由于失业人口遍布街头，劳动力价格十分低廉。面粉商人竞相设法躲过日军的控制，使一批小型面粉厂相继开办。瑞丰面粉厂为其中开办最早的一家。该厂有钢磨 6 台，职工 17 人，使用电动马达为动力，每日可生产面粉 600 袋。（见表 10）

表 10 汉口沦陷初期小型面粉厂统计

（1938 年 10 月—1941 年）

厂　名	钢磨	动力	职工数	日产能力
瑞丰面粉厂	6	马　达	17	600
尧记面粉厂		马　达	10	300
宝新新记	10	马　达	35	800
德泰面粉厂	10	马　达	28	700
源和益记	10	柴油机	10	285
同　泰	5	柴油机	12	100
傅万丰生记	3	柴油机	8	260
兆泰发记	3	柴油机	7	280
同　盛	3	马　达	8	280
永兴鹤记	3	马　达	9	120
信记新	3	马　达	9	180
永　泰	3	马　达	8	200
合　计	59		161	4205

资料来源：上海市粮食局等：《中国近代面粉工业史》，中华书局 1987 年版，第 273 页。

由于日军对沦陷区社会经济生活的严密控制和野蛮压迫，这批小型面粉厂所需原料只能在武汉郊区收购，能够通过日军封锁而从外县偷运来汉者仅占少数。同时，因销售市场限制在武汉三镇，且受到严格检查，因而各面粉厂均未能得到较大的发展。各厂设备简陋异常，大多是从原有的和丰、裕隆以及胜新老厂等几家面粉厂烧毁的废旧材料中，经过修理重新装配而成。如瑞丰面粉厂的主要生产设备：10 根旧磨辊，4 个破圆筛，都是从和丰面粉厂烧毁后的废料中买来的。有些小厂则是卖面粉的商号扩大经营范围，买上两对磨辊，自磨自销。这批小厂所有人工，大多采用每人每天 5 角钱，不管饭。由于工人工钱比使用电力价格还低，因而各厂除钢磨使用电力外，另雇小工 60—70 人，日产面粉能力多在 200—600 包不等。

随着日本国内粮食危机日趋严重，侵华日军对于沦陷区内粮食资源的控制更加专横和严密，大米、面粉全部由日军统购，均被列为军用。武汉华商面粉厂横遭迫害的事件，时有所闻。由于日军的严密统制，战前已普遍采用机器的粮油加工业，这时又大多倒退回手工生产方式。在日军的统治下，沦陷时期的武汉小型面粉厂呈现出以下几个特点：

1. 设备异常简单，因而产量不高。各厂拥有钢磨一般为 2—4 部，最多未超过 10 部,日产量均在 700 包以下。然而由于设备简单,成本较低,加之面粉价格持续上涨,各厂获利无不丰厚。

2. 米面兼营。除新开办的面粉厂外,一批机米厂也购置钢磨兼营磨粉。当碾米获利较多时就碾米;当磨粉获利更多时则磨粉。

在武汉三镇简易小面粉厂有所发展的同时,湖北沦陷区内早已衰落的使用畜力的土磨坊也有所恢复,仅武汉三镇恢复营业的磨坊计约有 200 余家。其中汉阳有 72 家,武昌有 50 余家,汉口有 90 余家。每家磨坊有石磨三四部,每部石磨每天可磨面粉 200 斤左右。高产畜力磨坊每日可产粉 1000 斤左右。主要销售给大饼、油条、切面等食品店铺。很多磨坊则是自磨自制油面、机面出售。1941年前后,市场上面粉短缺,价格上扬,而畜力磨坊开销大,产量低,不可能获得更大的利润。于是以徐公记磨坊为首,将畜力磨粉改为机器磨粉。即使用 1 部钢磨,用电力带动,每日最多可生产面粉 40 包,最少亦有 20 包。在徐公记磨坊改装后,又有甘永昌、王发记等 10 余坊改装钢磨。(见表 11)

表 11 沦陷初期武汉机器磨坊统计

(1939—1941 年)

厂　名	负责人	职工数	钢磨	动力	日产量(包)	商标
甘永昌	甘如恒	4	1	柴油机	50	嫦娥
徐德盛	徐国璋	5	1	发电机	100	长青
徐恒丰	徐信臣	7	1	发电机	30	金莲
倪兴发	倪端	8	2	发电机	60	万寿
万　成	熊玉卿	4	1	发电机	30	金鸡
夏长发	夏际雅	5	1	发电机	30	多福
天　盛	曾云卿	4	1	发电机	30	交通
王发记	王发儒	1	1	发电机	3	
王正兴	王治儒		1	发电机	3	嫦娥
熊德成			1	发电机	3	
合　计	10 家	37	11		339	

资料来源:上海市粮食局等:《中国近代面粉工业史》,中华书局 1987 年版,第 274 页。

由于日军和伪政权通过严密的商品统制,对于各类工业原料及价格实行垄断,主要供给受日本人控制的工厂进行加工,或运回日本国内加工,再将成品运回沦陷区销售,因而这一时期"复工"的华商工厂处境异常艰难。一些日本厂商还冒用中国品牌生产,借以诋毁中国民族工业的声誉。武汉"青龙牌"肥皂素来在三镇市场享有声誉，沦陷期间，武汉市场上却出现了由日本工厂假冒生产的劣质"青龙牌"肥皂，高价出售。同时，日商还低价倾销日本"扇面牌"肥皂，借以对华人工业进行打击。

除面临着日本侵略者的野蛮掠夺和严密控制之外，湖北沦陷区内的华人工业，还饱受横征暴敛，敲榨勒索之苦。1943 年 9 月，武汉日伪当局在发起献纳金属制品活动之际，趁机大肆压榨一般工商业者。日伪当局强行规定：武汉三镇各同业公会均须购缴紫铜 75 斤、锡 30 斤、5 分镍币 800 枚，储备券 1.8 万元。这些被日伪所严密控制的一类物资，只能用高价方能购足，用以完成献纳指标。不久，又有伪全国商业统制总会湘赣鄂分会策动献金委员会，规定各业商户将所谓利润之一部，提充国防献金。指定同业公会理事长每人献金 10 万元，会员则分为三等捐献，即甲等每户献金 1000 元；乙等每户献金 800 元；丙等每户 600 元。强派硬要，有恃无恐，凶恶至极。除了各种有名目的捐献、摊派外，日本军方人员、特务、汉奸和经济警察向一般工商业者强索硬要之事更是时有发生。广大工商业者的财产、货物无故被没收者不可胜数。

四、抗战时期湖北工业损失统计

1945 年 8 月 15 日，日本战败投降，世界反法西斯战争取得了最后的胜利。但是日本帝国主义的侵略，却给中国人民造成了难以愈合的创伤，中国工业化的缓慢进程，被野蛮的暴力所切断。1938—1945 年，湖北工业生产力损失异常惨重，全省工业受到空前的破坏，呈现出一幅满目疮痍的残破景象。

战前的武汉是近代中国重要的产业基地和工商业重镇，这里集中了湖北九成以上的新式工商业。抗战爆发，在汉省营、民营工业损失惨重。（见表 12、表 13）

表 12　湖北省营工厂部分损失统计（武汉部分）

厂名	所在地	总计	直接损失（元）					间接损失（元）		
			共计	厂房	机件	设备	其他	共计	生产减少	拆迁费
总计		14200029	5760668	320000	5045668	255000	140000	8439361	8071000	368361
纱布丝麻四局	武昌	12090000	4600000	200000	4200000	100000	100000	7490000	7200000	290000
白沙洲造纸厂	武昌	9148						9148		9148
官纸印刷局	武昌	42000	42000	40000		2000				

厂名	所在地	总计	直接损失（元）					间接损失（元）		
			共计	厂房	机件	设备	其他	共计	生产减少	拆迁费
官砖厂	汉阳	75000						75000	75000	
航务处修船厂	武昌	353381	25668		25668			327113	270000	57713
武昌水电厂	武昌	1320000	1040000	60000	800000	15000	30000	280000	270000	10000
宝善米厂	汉口	310500	53000	20000	20000	3000	10000	257500	256000	1500

说明：

一、本表所列各厂之直接损失，除修船厂系根据航务处报告填列外，其余纱布丝麻四局、武昌水电厂、宝善米厂等厂，均系按照其全部资产总值减除未迁出部分估计编列。

二、本表所列各厂拆迁费：除纱布局（麻局由武昌迁宜昌在内）、造纸厂及修船厂等之拆迁费，系根据各该厂报厅预计算资以外，其余武昌水电厂、宝善米厂及麻局由宜昌迁万县拆迁费，概系依照其迁移吨数估列。

三、其他一项，包括废铁、废料及麻袋等。

资料来源：武汉市地方志编纂委员会办公室：《武汉抗战史料》，武汉出版社 2007 年版，
第 482 页。

注：表中损失统计数为法币，原件未注明系按何年何月币值计算。

表 13 湖北民营工厂部分损失统计（武汉部分）

县市及业别	厂数	总计	直接损失（元）					间接损失（元）		
			共计	机件	厂屋	设备	原料及成品	共计	生产减少	拆迁费
总计	749	101576000	11854500	5665700	1093500	3415900	1679400	89721500	86787000	2934500
汉口	565	52737300	8982300	4449200	844000	3188100	501000	43755000	42621000	1134000
水电	1	9601000	6320000	3160000	400000	2760000		3281000	3141000	140000
冶炼	28	2773200	450200	150200	50000	150000	100000	2323000	2043000	280000
金属品	3	26500	6500	3000	2000	500	1000	20000	20000	
机器	67	1342000	57000	20000	30000	2000	5000	1285000	1260000	25000
电器	7	173600	8600	3000	4000	600	1000	165000	165000	
土石品	16	548300	127500	100000	20000	2500	5000	420800	415800	5000
化学	42	2007000	192000	120000	36000	24000	12000	1815000	1810000	5000
纺织	1	7735000	65000	50000		15000		7670000	7290000	380000
染织	65	2240000	120000	48000	36000	12000	24000	2120000	2100000	20000
面粉	4	8450000	150000			50000	100000	8300000	8100000	200000
米厂	194	9054000	900000	480000	180000	90000	150000	8154000	8150000	4000
打包	1	300000						300000	300000	

县市及业别	厂数	总计	直接损失（元）					间接损失（元）		
			共计	机件	厂屋	设备	原料及成品	共计	生产减少	拆迁费
烟草	1	5354000	170000	100000		50000	20000	5184000	5184000	
木材	6	161000	19000	8000	6000	3000	2000	142000	142000	
印刷	52	1283200	225000	135000	45000	15000	30000	1058200	1013200	45000
服饰品	6	707000	22000	6000	6000	2000	8000	685000	680000	5000
榨油	3	902000	130000	60000	20000	10000	40000	772000	747000	25000
其他	8	79500	19500	6000	9000	1500	3000	60000	60000	
武昌	52	29851000	1316000	179000	47000	50000	1046000	27935000	26391000	1544000
纺织	3	27670000	1130000	100000		30000	1000000	26540000	25000000	1540000
染织	8	69000	9000	2000	4000	1000	2000	600000	600000	
化学	1	186000	33000	10000		1000	20000	153000	153000	
米厂	38	1278000	138000	66000	33000	17000	22000	1140000	1140000	
印刷	1	39000	5000		5000			34000	30000	4000
其他	1	15000	15000	7000	1000	3000	1000	2000	8000	8000
汉阳	46	7179000	614000	438000	82000	29000	65000	6565000	6510000	55000
水电	2	85000	15000	6000	5000	2000	2000	70000	50000	20000
冶炼	2	34000	8000	4000	2000	1000	1000	26000	26000	
机器	13	502000	194000	150000	18000	6000	20000	308000	300000	8000
化学	4	1895000	81000	50000	10000	6000	15000	1814000	1800000	14000
纺织	8	108000	48000	18000	12000	6000	12000	60000	60000	
面粉	1	2059000	51000	50000		1000		2008000	2000000	8000
米厂	11	370000	100000	75000	15000	5000	5000	270000	270000	
榨油	11	2122000	117000	85000	20000	2000	10000	2005000	2000000	5000
□□	1	4000						4000	4000	
黄陂	15	145500	25500	12500	5000	3000	5000	120000	120000	
米厂	15	145500	25500	12500	5000	3000	5000	120000	120000	

说明：

一、本表所列业别一项，水电包括水厂、电厂；冶炼包括翻砂厂、铁厂；土石品包括玻璃厂、料器厂、石膏厂、轧石厂及砖厂；化学包括漂染厂、肥皂厂、油饼厂及火柴厂；服饰品包括纽扣厂、军服厂、鞋厂、鞋帽厂及织带厂；其他包括煤球厂、牙刷厂、粉袋厂及猪鬃厂。

二、设备一项系指工厂内外之一切设备而言（如公司之用具、电话、电灯等装备，及电厂之线路、变压器，水厂之自来水管等设备）。

三、拆迁费系按下列标准计划：汉口至宜昌每吨30元，宜昌至万县，每吨90元，宜昌至重庆，每吨140元，汉口至宝鸡每吨80元，汉口至贵阳每吨140元，汉口至沅陵每吨30元。

资料来源：武汉市地方志编纂委员会办公室：《武汉抗战史料》，武汉出版社2007年版，第482页。

注：表中损失统计数为法币，原件未注明系按何年何月币值计算。

若就湖北全省而言，据1947年12月国民政府经济部统计处公布，以1937年7月法币价值为准，抗战期间湖北省经济事业财产损失。（见表14）

表14　抗战期间湖北省经济事业财产损失

直接损失

（单位：元）

	资本数	资产价值	损失程度	损失数
工业类	300762414	831006550	43.2	358994830
矿业类	36710000	146840000	34.2	50860640
电业类	29131550	80490334	43.2	34771824

间接损失

（单位：元）

工业类	直接损失数 358994830	受损后年减少价值 35899483	受损后平均停业年数 6.9	损失数 247706434
矿业类	年产品价值 6202000	年纯利 1240400	受损后平均停业年数 6.9	损失数 8558760
电业类	直接损失数 34771824	受损后年减少纯利 3477182	受损后平均停业年数 6.9	损失数 23992556

资料来源：转引第二历史档案馆档案。

在全省工业损失中，机械、材料损失计达40690吨（见表15），存量仅及战前的40%。其中又以武汉三镇工业损失最为惨重，仅汉口市工厂设备损失达14220吨，总值达8200余亿元（按1946年2月法币价值，下同）。汉口食品工业中，"裕原东"、"汪玉霞"等18家共损失16550美元，9120万元法币。加上公用事业、金融业、公用建设、卫生设备、学校财产等方面的损失，共计42294亿元；武昌市财产损失则达2588亿元，其中工商损失达2107亿元。"抗战发生后，武昌市区有迭次空袭之直接破坏与严重威胁，不但房屋建筑大有损失，而公私企业亦因之停工减料，销售断绝，损失甚巨。武汉撤退前，又急于疏散，另求安全地区，自有搬运之消耗与新创基础之糜费，且计划未周，中途遭难，因而倾家荡产者，亦为损失之最大原因。迄武昌为敌人盘据后，则更征工征料，建筑工事，任意焚烧，以为儿戏，其损失更为惊人。因此于复员之初，即详作财产损失调查，据各区呈报之统计，全部财产损失即以损失时价格计算，总数达258828101985元之多。其中210709166800元属于工商损失部分，其余数字则为普通住户之损失统计"。武昌第一纱厂因迭遭轰炸，损失十之七八。裕华纱厂除内迁纱锭布机外，其余机件均告损失，房屋亦拆毁过半。震寰纱厂情况与裕华厂基本相同，该厂除大部分纱锭布机拆运四川、陕西外，其余未运走之机件及房屋被日军拆毁者价值法币 320 余亿元。除去厂房、设备、机件、物料等有形财产的直接损失外。因战争造成的工厂停工，生产额减少，纯利润锐减等间接损失更是无法计数。

表 15　抗战时期湖北工业设备、材料损失统计

（单位：吨）

业　　别	机械损失	材料损失	损失（%）	备　　注
机械行业	2980	3000		
纺织行业	5100	500	60	布机损失 66%染机损失 90%纱锭损失 35%
粮食加工	670	380	48	
火柴工业	1260	5100	40	
肥皂工业	200	500		
印刷工业	700	1000	60	
炼油工业	300	150	60	
电力工业	850	2000	55	
水泥业	1000	10000		
其他工业	3000	2000	60	
总　计	16060	24630	60	

资料来源：转引自湖北省建设厅编：《湖北省建设概况》（1948 年），第 47 页。

1937 年，湖北全省纺织工业计有纱锭 32 万枚，布机 3500 台。抗战胜利后，全省仅存纱锭 8 万枚、布机 1200 台。全省机械工业战前有工作母机 3340 台，战后仅有 600 余台。电力工业发电机容量，战后较战前锐减 11900 千瓦，生产能力下降 41.9%。船舶工业战后比战前减少吨位上万吨；石膏产量不及战前 1/3。湖北手工业的损失情况亦大致相同。抗战全面爆发后，仅武汉三镇不到半年即倒闭 277 家，占全省工商业倒闭户数的 36.7%。武汉沦陷后，更有一大批知名行业和产品，如皮鞋、皮件、沙发、木器、算盘等，因日军严密控制原材料而无法生存。到 1940 年，汉口一地能够勉强维持生产的只有 1854 家。同年，日军占领沙市，该市手工业急剧衰落。到 1944 年，沙市手工业仅剩 879 家，从业人员 2605 人，产值 164 万元，资金 29 万元，分别比 1939 年下降 38%、44%、55% 和 52%。大冶县战前有金属制品业 10 户，从业人员 31 人；木器行业 316 家，从业 436 人。大冶沦陷后，木器业全停，金属制品业仅剩 6 户 6 人。

若按工矿企业归属划分，湖北全省省营事业财产损失共计 48325 亿元，其中

直接损失约计 46017 亿元，间接损失 2308 亿元。全省民营事业财产损失 5564 亿元，其中直接损失 1061 亿元，间接损失 4503 亿元。（见表 16、表 17）

表 16 抗战时期湖北省营事业财产损失统计

单位：万元

类　别	总　计	直接损失	间接损失	备　注
农业部分	564700	45500	519200	省农改所及各县农林场
工业部分	34329355	15673213	19056142	省建设厅属各工厂
矿产部分	4909361	4909361		省建设厅属各工厂
公路部分	18132172	17468681	664291	省公路局
电讯部分	53501290	53447359	53921	省公路局
航业部分	367159777	367152375	7402	省航局
公用事业部分	974400	974400		前武昌水电厂
公用事业部分	2720092	10688	2709404	湖北省平价物品处
银行部分	567123	491123	76000	省银行
总　计	483259070	460172710	23086360	

资料来源：湖北省政府统计处编：《省营、民营事业在抗战中财产损失表》（1946 年 2 月）。

注：表中损失统计数为 1946 年 2 月法币价值。

表 17 抗战时期湖北民营事业财产损失统计

单位：万元

类　别	总　计	直接损失	间接损失
工业部分	36550000	2104200	34445730
矿产部分	14820218	5721088	9099130
公用事业部分	4273200	2786400	1486800
总　计	55643418	10611688	45031730

资料来源：湖北省政府统计处编：《省营、民营事业在抗战中财产损失表》（1946 年 2 月）。

注：表中损失统计数为 1946 年 2 月法币价值。

抗战时期，湖北工业除内迁各厂矿外，留在武汉等地的大批中小企业受到日军的高压统制而损失惨重，工业生产水平急剧下降，"数十年之经营毁于一旦，可惜孰甚"。

参考文献

湖北省地方志编纂委员会:《湖北省志工业志稿·冶金》,中国书籍出版社1990年版。

湖北省地方志编纂委员会:《湖北省志工业志稿·建材》,新华出版社1991年版。

湖北省地方志编纂委员会:《湖北省志工业志稿·机械》,武汉大学出版社1990年版。

湖北省地方志编纂委员会:《湖北省志工业志稿·电力》,人民出版社1993年版。

湖北省地方志编纂委员会:《湖北省志工业志稿·二轻》,中国轻工业出版社1992年版。

湖北省地方志编纂委员会:《湖北省志工业志稿·化工》,中国文史出版社1991年版。

湖北省地方志编纂委员会:《湖北省志工业志稿·纺织工业》,中国文史出版社1990年版。

湖北省地方志编纂委员会:《湖北省志工业志稿·综述》,湖北人民出版社1995年版。

湖北应城石膏矿志编纂委员会:《湖北应城石膏矿志》,武汉理工大学出版社1990年版。

武钢大冶铁矿矿志办公室编:《大冶铁矿志》。

湖北省冶金志编纂委员会:《汉冶萍公司志》,华中理工大学出版社1990年版。

湖北省档案馆编:《汉冶萍公司档案史料选编》,中国社会科学出版社1992年版。

裕大华纺织资本集团史料编辑组:《裕大华纺织资本集团史料》,湖北人民出版社1984年版。

武汉市档案馆等编:《武汉抗战史料选编》。

湖北省政府统计处编:《湖北省抗战损失统计》,1946年,湖北省档案馆馆藏档案,档案号LSA2.24—18。

中央档案馆、湖北省档案馆编:《侵华日军在湖北暴行史料》,中国档案出版社2005年版。

政协湖北省文史委员会《湖北文史资料》湖北省地方志编纂委员会:《湖北省志工业志稿·冶金》, 中国书籍出版社 1990 年版。

政协武汉市文史委员会《武汉文史资料》(季刊)。

政协荆州市文史委员会《荆州文史资料》(季刊)。

政协宜昌市文史委员会《宜昌文史资料》(季刊)。

政协恩施市文史委员会《恩施文史资料》(内部发行)。

政协应城市文史委员会《应城文史资料》(内部发行)。

政协老河口市文史委员会《老河口文史资料》(内部发行)。

(执笔: 徐凯希)

（五）抗战时期湖北大中学校人口伤亡和
　　财产损失调研报告

一、调研工作概况

2006 年 4 月至 10 月，根据省委的指示精神，省教育厅组织专班就抗战期间湖北大中学校人口伤亡和财产损失开展专题调研。

4 月，全省抗损课题调研工作会议之后，省教育厅编志办组织人员及时到省档案馆查阅抗战时期有关大中学校西迁人口伤亡和财产损失的档案，查找调研线索，制订课题调研实施方案。省教育厅厅长办公会议专题研究课题调研工作，会议决定成立省教育厅抗损课题调研领导小组和课题组，落实抗战课题调研经费，提供人力、物力、财力保障，确保课题调研工作的顺利开展。

5 月，省教育厅召开抗损课题调研工作会议，部署调研工作，确定重点对抗战时期的 9 所高校、6 所中专进行调研。9 所高校是：国立武汉大学（今武汉大学）、省立医科大学（今并入武汉大学）、省立商科大学（今并入武汉大学）、武昌文华图书馆学专科学校（今并入武汉大学）、私立武昌中华大学（今华中师范大学）、私立武昌华中大学（今华中师范大学）、省立农业专科学校（今华中农业大学）、省立教育学院（今湖北大学）、武昌艺术专科学校（今湖北美术学院、武汉音乐学院）；6 所中专是：湖北省立高级商业职业学校（今并入湖北经济学院）、湖北省立高级护士职业学校（今并入湖北中医学院）、湖北省乡村师范学校（今黄冈师范专科学校）、湖北省立第三师范学校（今并入孝感学院）、湖北省第四区区立简易师范学校（今并入长江大学）、湖北省立第七师范学校（今并入湖北民族学院）。省教育厅印发课题调研实施方案，对高校开展抗损课题调研的指导思想、工作目标、工作步骤、工作原则、时间安排、组织领导提出了明确要求。

6 月至 9 月，各学校组织专班，收集资料，开展调研，到省档案馆、南京中国第二历史档案馆、西迁时期学校所在地档案馆、学校档案馆和图书馆查阅相关档案文献资料，沿着学校当年西迁路线查找资料，寻找相关证人，调查损失情况。

据统计，全省教育系统投入 100 多人次查阅档案，共查阅档案 1000 余卷，复印 100 余卷，150 万字；投入 50 人次查阅文献资料，共查阅 100 余篇，复印 40 篇，20 万字；同时，组织 26 人次进行社会调查，共采访证人 34 人，获取证言 41 篇，1.2 万字。经过近半年的调查，基本掌握了抗战时期湖北大中学校的人口伤亡和财产损失情况。

10 月，省教育厅在各学校调研的基础上完成综合专题调研报告撰写及附件整理。通过抗战损失课题调研，各高校加强了爱国主义思想教育，坚定了牢记历史、不忘过去、珍爱和平、开创未来的决心和信心，强化了实现中华民族伟大复兴的责任感和使命感。

二、湖北大中学校抗战时期西迁的基本情况

1938 年，抗日战争的烽火燃烧到了湖北。为保存中华民族的元气，培养抗战建国人才，当时的湖北省政府决定有计划地将省城及即将成为战区的大中等学校西迁到鄂西、鄂北等后方，尽可能地将贵重仪器、设备、图书运往鄂西北保存。省、市立中等学校大部分迁至鄂西、鄂北，合并改组为"湖北省立联合中等学校"（即"湖北联中"）；部分国立高等学校经主管部门审批后自行选址；私立高中等学校自行选址，自定去向，一些规模较大的私立学校也纷纷迁往鄂西北、川、滇、黔、桂等大西南后方。

（一）高等院校西迁情况

1937 年，湖北省有 7 所高等学校，即国立武汉大学、私立武昌中华大学、私立武昌华中大学、省立教育学院、私立武昌文华图书馆学专科学校、私立武昌艺术专科学校、省立农业专科学校，武汉沦陷后，除省立农业专科学校迁恩施外，其他公私立高等学校均迁四川、云南。1940 年省立农专改为省立湖北农学院，1941 年再度开办湖北省立教育学院（1944 年改为国立湖北师范学院），1943 年成立省立湖北工学院（1944 年改为武汉大学工学院，后并入武汉大学），1943 年建立省立医学院。1944 年，湖北有 4 所高等学校，即省立农学院、工学院、医学院、师范学院。

抗战时期湖北高等学校西迁情况表

原校名	现校名	原校址	迁移时间	迁移地址	复校时间	复校校址	备注
国立武汉大学		武昌珞珈山	1938年2月	四川乐山	1946年10月	武昌珞珈山	1946年10月31日，回归武昌珞珈山
湖北省医科大学	武汉大学	武昌旧两湖书院	1943年	恩施	1946年	张之洞路旧两湖书院	1922年创办湖北省立医学专门学校，1924年改为湖北省医科大学，应战时需要，于1943年5月在恩施改名为湖北省立医学院，院长朱裕璧
私立武昌文华图书馆学专科学校		武昌县华林	1938年	重庆曾家岩	1947年春	武昌崇福街	1941年10月迁江北唐家街廖家花园
私立武昌中华大学	华中师范大学	武昌粮道街	1938年	宜昌后坪	1946年	武昌粮道街	1938年先迁宜昌后坪，再迁重庆南岸林觉寺
私立武昌华中大学		武昌县华林	1938年7月	广西桂林	1946年5月	武昌县华林	1939年转往云南大理的喜州镇
湖北省立农业专科学校	华中农业大学	武昌宝积庵	1938年秋	恩施五峰山	1945年秋	武昌宝积庵	1940年秋又迁到恩施北郊的金子坝改名为农学院
湖北省立教育学院（国立湖北师范学院）	湖北大学	武昌宝积庵	1941年	在恩施五峰山复校	1945年	先抵江陵，后至沙市童家花园	1936年7月停办；1941年在恩施五峰山复校；1944年改名为国立湖北师范学院；1948年5月，国师正式迁往武汉
私立武昌艺术专科学校	武汉音乐学院 / 湖北美术学院	武昌水陆街	1938年2月	宜昌宜都	1946年9月	汉口府东五路	1938年年底又迁至四川江津县感德坝

1935 年湖北高等学校一览表

校名	设立年月	校址	校长	班数	教职员数	学生人数	全年经费（元）	备注
国立武汉大学	1893.07	武昌珞珈山	王星拱	4院13系	200	670	1,355,863	经费为 1931 年数字，学生教师为 1936 年数字
湖北省立教育学院	1930.08	武昌宝积庵	姜琦	6	36	101	75,226	1936 年停办；1941 年在恩施复校
私立武昌中华大学	1912.05	武昌粮道街	陈时	35	79	476	140,364	1919 年 12 月立案
私立武昌华中大学	1924.09	武昌县华林	韦卓民	4	49	118	169,520	1931 年 12 月立案
私立武昌艺术专科学校	1920.04	武昌水陆街	唐义精	8	39	64	83,100	1930 年 8 月立案
私立武昌文华图书馆学专科学校	1920.09	武昌县华林	沈祖荣	2	20	18	37,372	1929 年 8 月立案
私立汉口博医卫生技术专门学校	1924 年	汉口协和医院内	贾溥泉（澳）					1929 年迁汉口

资料来源：湖北省地方志编纂委员会编：《湖北省志·教育》，湖北人民出版社 1993 年版，第 126 页。

1944 年湖北高等学校一览表

校名	校长	校址	开办时间	办学概况	备注
国立湖北师范学院	汪奠基	恩施五峰山	1941年秋	设教育、国文、英语、史地、数学、理化、音乐7系。至1946年招生600余名，毕业300余人	1944年春由省立改国立，1946年复员沙市，后迁汉
湖北省立农学院	管泽良	恩施金子坝	1940年春	设农艺、园艺、农业经济、植物病虫害4系，至1945年毕业本科生105人	其前身为省立农专，1946年复员返汉
湖北省立医学院	朱裕壁	恩施土桥坝	1943年春	设医本科、医专科，至1946年招本科生5班160人，招专修科60人	1946年复员迁汉
湖北省立工学院	许传经	恩施金子坝	1943年	1948年设水利系招生46人；1944年添设木工程系，招生43人	1944年秋由武汉大学办理

资料来源：湖北省地方志编纂委员会编：《湖北省志·教育》，湖北人民出版社 1993 年版，第 140 页。

国立武汉大学（今武汉大学）起源于 1893 年湖广总督张之洞在武昌创办的自强学堂，1902 年以后相继更名为方言学堂、国立武昌高等师范学校、国立武昌师范大学、国立武昌大学、国立武昌中山大学。1928 年 7 月正式组建国立武汉大学。"自国立武汉大学成立后，原有国立师范大学、商科大学、省立法科大学、文科大学、医科大学等校先后停办，"其部分教育资源并入了国立武汉大学。1932 年 2 月，国立武汉大学迁往珞珈山新校舍。1938 年 2 月经教育部批准，国立武汉大学迁往四川岷江边的小县城——乐山，学校成立迁校委员会。从 3、4 月起，开始迁校行动，500 多名学生和重要设备、珍贵书籍均搬到乐山。1938 年 9 月 1 日，武汉大学开始了在四川乐山 8 年的办学历程。抗战胜利后，于 1946 年 10 月复员武昌。

国立武昌商科大学（今并入武汉大学），原名国立武昌商业专门学校，于 1916 年 9 月在武昌三道街原存古学堂旧址开办，是中国第一所全国性的高等商业专门学校。1924 年，国立武昌商业专门学校正式改名为国立武昌商科大学；1926 年 12 月，国立武昌商科大学与国立武昌中山大学等校合并，组建国立武昌中山大学；1928 年 7 月，在组建国立武汉大学，国立武昌商科大学成为武汉大学社会科学院商业系的基础。

省立医科大学（今并入武汉大学）创办于 1923 年，当初，陈雨苍在武昌两湖书院旧址创办湖北省立医院专门学校。1924 年改名为省立医科大学，1926 年并入国立武昌中山大学，1928 年改名为武汉大学医科，1929 年医科停办，学生分别转入上海同济大学医学院和广州中山大学医学院。因战时伤亡颇多，医护人员需求量大，1943 年 5 月省立医学院在恩施成立，朱裕壁任院长。抗战结束后，学校于 1946 年初迁回武汉。

私立武昌文华图书馆学专科学校（Boone Library School，简称文华图专，今并入武汉大学）前身为文华大学文华图书科。文华图书科创建于 1920 年 3 月。1924 年 9 月，武昌文华大学与武昌博文书院和汉口博学书院之大学部合并组成华中大学，文华图书科遂改称华中大学文华图书科。1929 年 8 月经教育部批准命名为湖北私立武昌文华图书馆学专科学校。1932 年 3 月正式启用湖北私立武昌文华图书馆学专科学校校名。1938 年 6 月文华图专奉命由武昌迁往重庆曾家岩求精中学，同时在求精中学内建筑临时校舍一所，名"康宁楼"。民国三十年五月（1941 年），校舍遭敌机炸毁。1941 年 10 月迁江北唐家街廖家花园①。学

---

① 湖北省地方志编纂委员会编：《湖北省志·教育》，湖北人民出版社 1993 年版，第 19 页。

校从 1947 年 1 月开始从重庆迁回武昌。

私立武昌中华大学（今并入华中师范大学）1938 年秋西迁宜昌后坪，三周后因武汉撤守，中华大学再度西迁重庆，栖身于重庆南岸龙门浩禹王庙，在湖北同乡会旧址开课办学。中华大学是一所综合性大学，开办有 3 个学院 13 个系，并附设师范专修科。在重庆办学时，笔墨纸张都匮乏，青菜豆腐是珍肴，每天都有死亡威胁，中华大学师生照样每天出操、升旗、上课，按时作息。还利用重庆人才荟萃的机会广纳名师来校任教。

私立武昌华中大学（今并入华中师范大学）1938 年 7 月 3 日从武昌辗转搬迁到广西桂林，遭敌机轰炸；1939 年转往云南喜洲，弦歌于南诏故郡，办学 7 年半。华中大学是一所规模较大的教会大学，设有文学院、理学院和教育学院，9 个系及音乐专科。对喜洲和大理的文化教育事业作出了很大贡献。华中大学到喜洲之前，全镇只有大学生 3 人；到喜洲后，共招收云南学生 300 多人。喜洲镇私立五台中学成了华中大学教育学院实习中学，长期存在的师资问题因此而得到解决，为当地培养了数以千计的初、高中毕业生。华中大学师生在白族语言文字、风俗习惯、南诏和大理国历史古迹、洱海水资源利用、水生动物研究等许多方面，都取得了可喜的成果。华中大学在云南声望相当高，1944 年办学经费有些困难，云南社会各界人士纷纷解囊相助，支援学校建设。1946 年 4 月华中大学迁回武汉。

湖北省立农业专科学校（今华中农业大学），1937 年，省立农业专科学校在宝积庵湖北高等农业学堂原址上成立。1938 年夏，省立农业专科学校随同湖北省政府迁至恩施五峰山。1939 年 9 月 16 日，省政府决定湖北省立农业专科学校从湖北省立联合中等以上学校中分出独立，恢复原名，程鸿书为校长。1940 年学校迁至恩施金子坝，同年 11 月学校由湖北省立农业专科学校改名为湖北省立农学院，张伯谨（时任省教育厅长）兼任院长。1945 年抗战胜利，学院迁回武昌宝积庵。

湖北省立教育学院（今湖北大学），1930 年，时任省教育厅厅长黄建中为了发展本省乡村教育，着手筹建湖北省立乡村师范学院，校址即今武昌沙湖之滨的宝积庵。1931 年，经国民政府教育部批准，将湖北乡村师范学院改为湖北省立教育学院；1936 年上半年，受当局压迫，学院被迫停办。抗日战争时期，湖北省政府西迁恩施，建立临时省会，湖北省立教育学院于 1941 年秋迁恩施五峰山恢复办学。1944 年省立教育学院改为国立湖北师范学院。1945 年抗战胜利后，学校由恩施先迁江陵，后迁沙市童家花园，1948 年迁回武汉。

私立武昌艺术专科学校（今分设武汉音乐学院、湖北美术学院），1917 年，

"美术研究会"试办美术函授班。1920 年 4 月，在美术函授班的基础上创办了武昌美术学校。1922 年 11 月，正式设立武昌美术学校。1930 年 1 月，改校名为私立武昌艺术专科学校。1937 年，敌机骚扰武汉，该校设第二部于宜都古老背。1938 年 8 月，武昌水陆街校舍被炸，遂全部迁至宜都。不久，因宜都接近城区，再迁至四川德感坝。1945 年 10 月迁回汉口宁波会馆。

（二）初高级中学西迁情况

抗日战争爆发不到半年时间，日本帝国主义侵占了中国半壁河山。侵略军足迹所至，学校设施摧毁殆尽，大批学生流亡武汉等地。为收容流亡学生，国民政府教育部规定，凡日军侵占的省份，均成立一所国立中学，收容战区青年。教育部于 1938 年 2 月在湖北省郧县设立综合性的国立湖北中学，并在均县、谷城、房县及河南安阳设立分校，收容冀鲁流亡学生数千人。该校 1939 年迁四川绵阳，改称国立第六中学。

湖北省政府决定实施战时教育，有计划地将学校向鄂西、鄂北战略后方转移。1938 年，武汉形势相当紧张。省政府决定，全省中学合并改组为"湖北省立联合中等学校"，简称"湖北联中"，向鄂西、鄂北安全地带搬迁，由省政府主席兼任校长，省教育厅厅长兼任副校长，联中下设若干分校，各分校按省政府统一部署设点。

1938 年 1 月，省教育厅初步决定将武昌规模较大的中等学校转移，部分班级到鄂西北及鄂南的中等学校，在鄂西北分别设置了恩施高中分校、长阳初中分校、通山初中分校、天门女子分校，以及当阳师范分校。由于战事逐渐吃紧，省教育厅决定除省立武昌中学、武昌职业学校、实验学校及省立第三、第四小学等暂留原地办学外，其余学校悉数迁往鄂西、鄂北各县。1938 年 7 月，湖北省召开省中等以上学校校长会议，拟定迁往鄂西北的学校，加上当地原有学校共有 47 所省立、市立、私立中等以上学校，合并为湖北联合中学。校长由省政府主席陈诚兼任，副校长由省教育厅厅长陈剑脩兼任。"联中"共设分校 22 所、各分校设主任 1 人。省政府对各中学进行了具体的安排：汉口市立一中迁恩施，新成立恩施高中；江陵高中（内附初中）迁恩施金子坝；省立第一女中迁恩施，新成立恩施女子中学；汉口市立第一女中，迁恩施新屯堡，新成立附有初中的高级中学；省立农专附中迁恩施三步岩，新成立巴东初中；中华大学附中迁巴东火烽镇，新成立巴东初中；省立武昌中学，迁均县武当山，新成立武当中学；省立武昌高级中学迁建始三里坝；省立实验学校初中迁利川城内，新成立利川初中；省武昌高级商业学校附中迁建始三里坝，新成立建始高中；省立汉阳初中迁宣恩城内，新成立宣恩初中；省立武昌初中迁咸丰城内，新成立咸丰初中。各县中学，诸如江陵中学、安陆中学、宜昌中学、襄阳中学、黄冈初中、荆门初中、钟祥初中等学校及有关班级，均参与了西迁大行动。

除西迁鄂西、鄂北的部分学校外；部分私立中等学校因种种原因，不愿并入"湖北联中"，作出迁往四川、贵州、广西和云南等地的选择。例如，私立武昌大公中学于 1938 年 2 月迁到宜昌小溪塔，开办了高中部 11 个班，学生 545 人；初中部 5 个班，学生 265 人。日军沿汉宜公路向沙洋进犯后，宜昌受到严重威胁，大公中学再迁兴山；最后迁出湖北到四川的巫山和巫溪的大昌；1940 年秋季，迁到万县葵花寨山坳里，终于定下校址，恢复上课。在万县，大公中学艰苦办学 6 个春秋，高、初中男女学生发展到 3 个部 23 个班，1200 多名学生。

由教会津贴的学校迁移情况是：圣公会创办的 5 所中学，即私立武昌文华中学、文华二部、私立武昌圣希理女子中学、私立汉口圣保罗女子初中、私立汉阳益智中学，它们自组联中，率学生 360 人，于 1938 年迁到广西全县，1939 年下半年迁云南滇南，1942 年 10 月又迁贵州清镇，直至抗战胜利后复员武汉。中华基督教会办的私立武昌博学中学、私立汉口懿训女子中学，1938 年迁往四川江津，1940 年春迁重庆南岸。循道会办的私立武昌博文中学于 1938 年秋迁钟祥，1939 年迁四川奉节铁佛寺，1940 年迁四川万县大悲寺。私立汉阳训女中学 1937 年迁到汉口法租界协和礼堂，1942 年元月遭日军封锁后，经沔阳、沙市、宜昌到万县与博文汇合。

据统计，湖北省 1938 年有省、市、县立中学 28 所，私立中学 60 所；省市立师范学校 11 所；省、市、区立职业学校 5 所，私立职业学校 13 所。而西迁鄂西、鄂北参加联合中学的学校 35 所，47 个科部。其余大部分或是另迁四川、云南、广西、贵州等地，或是陆续停办。私立中等学校因为种种原因，西迁鄂西、鄂北的只有 3 所，即中华大学附中、私立汉口心勉女中（后并入巴高女高）、私立汉口商会初级商业学校（后并入巴东商高）。此后，一些私立中等学校陆续西迁，私立汉口震旦初中与私立上智中学部分师生在沔阳县成立联合中学沔阳分校；私立武昌鄂南初中迁通城为联合中学通城分校；光化县的郧阳中学也并入鄂北的分校。

1938年"湖北联中"各分校一览表

分校名称	校址	教职员数（人）	班数（个）	学生人数（人）	全年经费数（元）	原并入学校或单位	备注
秭归职业	秭归新滩	22	10	407	72000	省职应用化学科、印刷科、市职高级染织科	
恩施农专	恩施五峰山	11	5	212	60720	省立农专、农专附中	
恩施高农	恩施三步岩	10	4	163	41280	省立农专、农专附中	
恩施高中	恩施金子坝	58	26	1552	195816	汉口市一中、江陵高中、宜昌高中、中华大学附中高中、恩施初中	内附初中
恩施女高	恩施新屯堡	31	18	593	134712	省一女中、汉口市一女中、宜昌中学女生、江陵中学女生	内附初中
巴东高工	巴东东瀼口	30	12	325	99024	汉阳高工、中华大学附中有关科类、省职土木科应化科、江陵中学土木科、汉口市职土木科	
巴东高商	巴东楠木园	31	8	394	91224	武昌高商、汉口市职高商、汉口市商会初商	内附初商
巴东初农	巴东罗坪	11	10	143	33756		
巴东初中	巴东火烽镇	27	12	512	89820	中华大学附中初中、安陆初中	
巴东初工	巴东野山关	14	6	285	55584		
巴东女高	巴东罗溪坝	30	18	505	134712	二女中、襄阳中学女生、钟祥初中女生、心勉女中	内附初中
巴东女职	巴东龙船河	18	9	220	69840	省女师有关科类、汉口市女职	
建始师范	建始七里坪	13	7	287	54588	省师	
建始女师	建始松树坪	16	8	326	62448	省女师	
建始高中	建始三里坝	53	24	1 350	176640	武昌中学、高级中学、高商附中、襄阳中学高中	内附初中
利川乡师	利川岩洞寺	23	8	252	57156	原指定武昌、襄阳、宜昌、黄冈、郧县5乡师合设房县乡师，未成，后部分学生就读于以恩施乡师为基础所设之利川乡师，部分学生就读于郧县高中师范部。	内附简师
利川初中	利川城内	23	12	534	89820	实验初中、黄冈初中	
宣恩初中	宣恩城内	26	12	617	89820	汉阳初中、江陵初中	
咸丰初中	咸丰城内	24	12	493	89820	武昌初中	

154

分校名称	校址	教职员数（人）	班数（个）	学生人数（人）	全年经费数（元）	原并入学校或单位	备注
来凤初中	来凤三光坪	26	12	516	89820	荆门初中、宜昌中学初中	内附女子部
郧县高中	郧县城外	56	22	1520	179208	以省立郧县初中为基础增设高中	内附初中女子部、师范部
谷城初中	谷城城外	30	18	678	128976	襄阳初中、钟祥初中	
总计		538	267	11884			

资料来源：湖北省地方志编纂委员会编：《湖北省志·教育》，湖北人民出版社1993年版，第126页。

（三）中等专业学校西迁情况

根据省教育厅的统一部署，省立农业专科学校迁恩施五峰山，新成立恩施农专，其附中则在恩施三步岩成立恩施高级农业学校；省立初级工业学校迁巴东野三关，新建巴东初级工业学校；省立汉阳高级工业职业学校、省立武昌职业学校土木科和应用化学科以及汉口市立职校、江陵高中的土木科迁巴东东瀼口，新成立巴东高级商校；汉口市立职业学校、汉口市商会初级商科、武昌高级商业学校迁巴东楠木园，新成立巴东高级商业职业学校（附商科）；省立武昌女子师范有关科类、省立武昌女子职校迁巴东龙船河，新成立巴东女子职业学校；省立武昌职业学校应用化学科、印刷科和汉口市立职业学校高织科迁秭归新滩，新成立秭归职业学校。

全省中等师范学校西迁也进行了统一部署。省立武昌师范迁建始七里坪，新成立建始师范学校；省立武昌女子师范学校迁建始树坪（后来迁至来凤县李家河），新成立建始女子师范学校；武昌、郧阳、宜昌、黄冈、襄阳、恩施师范及郧县乡村师范学校等，迁利川岩洞寺，新成立湖北联中利川乡村师范学校（内设简易师范）。这些师范学校之一部迁郧县城里，新成立郧县高中（附初中、师范、女子部）。因为西迁，有的学校班级拆得七零八落，身首异地。新成立的学校容纳了众校班级，成了典型的"杂牌军"，管理极不容易。1946年各学校陆续迁回原校址办学。

湖北省立高级商业职业学校（今并入湖北经济学院）始建于1907年的湖北商业中学堂，是中国近现代史上建校最早的商科学校之一。辛亥革命后学校更名为"湖北省甲级商业学校"，北伐战争后并入省立第二中学，1935年改组更名为

"湖北省立高级商业职业学校"。1938 年，与很多中等专业学校一起组建"湖北联中"，迁往巴东楠木园。1946 年 6 月迁回武昌。

湖北省立高级护士职业学校（今并入湖北中医学院），创建于抗战初期的 1939 年，是湖北省药检高等专科学校的前身。1939 年 9 月由湖北省政府民政厅卫生科长左吉和一批爱国人士在临时省会——恩施创立了湖北省立护士职业学校，附设于湖北省立医院内，左吉兼任校长。1941 年 9 月校址由恩施县城梓桐巷迁至土桥坝沙湾。同年增设助产班。1942 年高护独立，隶属于省卫生处。1943 年改属湖北省立医学院。1943 年，湖北省立医学院成立，高护隶属湖北省立医学院。1945 年 12 月，更名为湖北省立医学院附设高级医事职业学校。1946 春，附职随湖北医学院复校武汉。1952 年 10 月 21 日，经省教育厅同意，原湖北省立医学院附设高级医事职业学校更名为湖北省武昌卫生学校。1958 年 12 月 6 日，经省人民委员会批准，原湖北省武昌卫生学校改建为湖北武昌药检专科学校。

湖北省乡村师范学校（今黄冈师范学院）前身是创建于 1905 年的"黄州府师范学堂"。1937 年更名为"湖北省立黄冈乡村师范学校"。1938 年 7 月，湖北省立黄冈乡村师范学校并入湖北联中，向鄂西山区转移，有少数师生随之西迁，绝大多数师生仍留在鄂东。1939 年，留在鄂东的湖北省立黄冈乡村师范学校学生与原省立黄冈初中合并，组建湖北联合中学鄂东分校，简师及师训班设在黄冈市罗田县三里畈。1942 年 2 月，湖北联中鄂东分校分为三校，师训、师范班及男初七班改为省立第二师范学校，设泗泊河。1945 年 8 月，湖北省立黄冈乡村师范学校迁回黄州，因黄州校舍毁坏，当年年底，暂迁至浠水下巴河。

湖北省立第三师范学校（今并入孝感学院）于 1943 年在随县环潭龚家湾（湖北省立第三高中旧址）筹建，1945 年 8 月正式成立，是孝感师范高等专科学校的前身；1946 年迁校安陆县城，改名为省立安陆师范学校。

湖北省第四区区立简易师范学校（今并入长江大学）是原荆州师范学院的前身，始建于 1936 年 12 月。1938 年湖北省第四区区立简易师范学校先后搬迁到松滋西斋灵鹫寺、松滋刘家场庆贺寺、公安袁家双楼子、鄂西建始花果坪。1946 年迁回荆州。

湖北省立第七师范学校（今并入湖北民族学院）与武昌、黄冈、宜昌、郧阳、襄阳等 6 所乡村师范学校合并为湖北省立联中利川乡村师范分校。因恩施属湖北省第七行政区，1941 年 8 月学校易名为湖北省立第七师范学校。1946 年 4 月湖北省立第七师范学校由利川岩洞寺迁至恩施舞阳坝，校名也同时改为湖北省立恩施师范学校。

抗战时期湖北省部分中等学校西迁情况表

原校名	现校名	原校址	迁移时间	迁移地址	复校时间	复校校址	备注
湖北省立高级商业职业学校（湖北商业中学堂）	湖北经济学院		1938年	宜昌	1946年秋	武昌	即湖北商业高等专科学校前身，始建于1907年，是中国近现代史上建校最早的商科学校之一
湖北省立高级护士职业学校	湖北中医学院			湖北恩施	1946年	武昌紫阳湖	1939年10月在恩施成立，1983年9月改名为湖北药检专科学校，2004年更名为湖北中医学院紫阳校区
湖北省乡村师范学校	黄冈师范专科学校		1937年			黄冈	1937年更名为"湖北省立黄冈乡村师范学校"
湖北省立第三师范学校	孝感学院	随县环潭龚家湾	1943年		1947年9月	安陆	迄今已有60多年的办学史
湖北省第四区区立简易师范学校	长江大学	荆州城	1939年	松滋庆贺寺		荆州城	原荆州师范学院的前身是湖北第四区简易师范学校，始建于1936年12月
湖北第七师范学校	湖北民族学院	利川	1938年夏	恩施利川	1946年	恩施市	因恩施属湖北省第七行政区，1941年8月学校易名为湖北省第七师范学校

三、抗战期间湖北大中学校人口伤亡

抗战期间，湖北省大中学师生人口伤亡严重。据被调查的14所大中学校统计，抗战期间，14所大中学校直接伤亡88人，其中直接死亡20人；间接伤亡106人，其中间接死亡102人。

抗战期间，国立武汉大学遭受日军屠杀、蹂躏而伤亡的师生员工共计110人，其中，直接伤亡26人，间接伤亡84人。1939年8月19日，日军飞机轰炸四川乐山。因当时正值暑假期间，许多战区师生员工不能回家度假，只能留在乐山，再加上武汉大学师生员工的居住地点，分散在乐山全城区。日机轰炸乐山时，造成国立武汉大学人员重大伤亡。1939 年 10 月 20 日，武汉大学呈送乐山县政府"8·19"损失报告单（嘉字 3123 号文件）记载：炸死武汉大学学生 5 人、职员工友 3 人、教职员家属 7 人，炸伤学生 2 人、工友 6 人（名单附后）。1941 年 4 月，奉令在武汉留守看护校产的工友余景华、查润生、李济生、张宝山 4 人，被汉奸张宗耀诱骗至武昌城内青龙巷，除张宝山一人途中设计逃脱外，其余 3 人全被日本宪兵队长小田杀害。此外，据不完全统计，从 1931 年到 1946 年复校之前，国立武汉大学因日军侵占中国引起贫困、营养缺乏、无医无药治疗而非正常死亡的武大在校学生和青壮年教师，多达 84 人。在乐山 8 年之中，75 名青年学生死于地方病，年龄都在 22 岁左右，有的是苦读四年大学刚毕业，还未走出校门的青年人；8 位极富才华的中青年教授如黄方刚、吴其昌、萧君绛等因贫病交加而英年早逝。年龄最小的 40 岁，最大的年仅 51 岁。

武汉大学乐山"8·19"大轰中死伤人员名单

姓名	性别	年龄	籍贯	单位、职业	伤或亡
文　健	男	21	江西萍乡	中文系二年级学生	在龙神祠宿舍被炸死
李其昌	男	23	江苏泰兴	经济系二年级学生	在龙神祠宿舍被炸死
俞允明	男	20	江苏丹徒	经济系二年级学生	在龙神祠宿舍被炸死
龚业广	男	20	湖南湘潭	外文系三年级学生	在龙神祠宿舍被炸死
曾焱华	男	21	云南会泽	机械系一年级学生	在乐山城区被炸死
林贵安	男			武大工友（水夫）	在乐山城区被炸死
张益明	男			武大工友（杂工）	在乐山城区被炸死
李泽孚	男			武大职员（校警）	在乐山城区被炸死
张六姨	女	40	安徽怀宁	张镜澄教授家属	在乐山城区被炸死
不　详	女			张镜澄教授家属	在乐山城区被炸死
陈秀英	女	30	湖南湘阴	左孝纯先生夫人	在乐山城区被炸死
左克明	女	1.5	安徽怀宁	左孝纯先生女儿	在乐山城区被炸死
不　详	女			左孝纯先生家属	在乐山城区被炸死
叶少君	女			孙　芳教授夫人	在乐山城区被炸死
不　详	女			冯有申教授家属	在乐山城区被炸死
韩德庆	男	25	江苏江都	法律系三年级学生	在龙神祠宿舍炸成重伤
高　端	男	22	江苏如皋	法律系二年级学生	在龙神祠宿舍炸成重伤
周维章	男			武大工友	在乐山城区炸成重伤

姓名	性别	年龄	籍贯	单位、职业	伤或亡
汪洋海	男			武大工友	在乐山城区炸成重伤
彭光武	男			武大工友	在乐山城区炸成重伤
李秀芳	女			武大工友	在乐山城区炸成重伤
任国钦	男			武大工友	在乐山城区炸成重伤

1938 年初，私立武昌艺术专科学校在西迁途中 4 名教授遇难，其中包括武昌艺术专科学校校长唐义精和西画主任唐一禾。

1938 年 8 月 11 日，日机轰炸武汉，私立武昌华中大学三幢高大雄伟的教学楼被夷为平地，死伤师生 60 余人，正在武汉参加救亡活动的中山大学教授林诚厚也殉难①。此外，私立武昌华中大学在此期间，间接死亡 3 人。

1943 年 5 月 12 日凌晨 2 时半，私立武昌中华大学借用的校舍因附近挖掘防空洞放炮的震动，女学生宿舍墙体倒塌，造成 1 死 4 伤的惨剧。

抗战期间，私立武昌文华图书馆专科学校间接死亡 3 人。

抗战期间，湖北省中等专业学校师生人口伤亡较为严重。

1938 年 11 月，湖北省省立高级商业职业学校先奉旨迁巴东县楠木园，在搬迁途中，由于生活条件较差，有 2 名学生死于疾病，1 名学生因拥挤坠楼死亡。

1943 年，日军渡江南犯，湖北省第四区区立简易师范学校被迫西迁至松滋。日机轰炸松滋刘家场校舍，学生再次逃亡。在逃亡途中，师生遇到日机轰炸，有不少学生倒在血泊之中。据不完全统计，抗战时期，"省四师"被杀害死亡 1 人，间接死亡 3 人。

四、抗战期间湖北大中学校财产损失

湖北在沦陷前就遭到日军飞机的狂轰滥炸，沦陷中又经过日军的烧杀掳掠，丰厚的文化积累销毁殆尽，加上在疏散搬迁过程中的损失，湖北的教育事业经历了空前浩劫。许多学校被迫撤销，师生星散，实验室被拆，学科建设被迫中断和延迟，建设综合大学的理想遭受巨创；学校人员、图书、仪器设备、科研手稿遭受轰炸，许多教授多年的心血毁于一旦，科研项目被迫中断，学科发展被迫停顿；广大师生被迫流离迁徙，贫病交加，死伤无数；校园建设被迫中断，校舍内部也遭受了严重的破坏。以 1938 年 10 月武汉沦陷为标志，湖北不仅完全丧失了中国

---

① 中国第二历史档案馆馆藏档案，全宗号 5，案卷号 849。

抗战文化中心的地位,而且其原来在历史上形成的区域文化中心的功能也不复存在。武汉从战前的 125 万多人降为 33 万余人,中等以上学校西迁,许多小学停办,致使学校数量骤然下降。在伪市政府成立前,武汉市仅有小学 20 来所。在沦陷 7 年中,武汉始终没有一所高等院校。

据 1945 年 9 月编印的《湖北省政府复员工作计划》统计,湖北省公私立学校的战时所受财产损失(按全国抗战前 1937 年上半年法币计算)为 45431981元,其中,直接损失总额 22333975 元,间接损失总额约 23098006 元。

湖北省公私立学校抗战期间被灾损失情况表

单位:法币元(1938 年币值)

损失项目	受损失的校数或机关数	直接损失	间接损失	合计
总计	3,923	22,333,975	23,098,006	45,431,981
大学	10	2,905,000	2,996,000	5,901,000
中学	79	11,640,000	11,854,500	23,494,500
小学	2,763	6,831,325	7,349,150	14,180,475
社教机关	1,071	957,650	898,356	1,856,006

资料来源:湖北省档案馆馆藏档案,档案号 LS10—1—1752、LS10—1—1757(附件 1、2)。

据民国三十五年(1946 年)2 月核报,抗战期间,湖北省公私立学校损失32503944 万元(法币,按核报时币值计算),其中直接损失总额 16366628 万元,间接损失总额约 16137316 万元。

湖北省公私立学校财产损失统计总表

民国三十五年二月　　　单位:万元(法币)

项别	共计	直接损失	间接损失
总计	32,503,944	16,366,628	16,137,316
专科以上学校	3,866,640	2,599,920	1,266,720
中等学校	9,897,800	4,681,820	5,215,980
初等学校	16,642,300	8,126,638	8,515,662
社会教育	2,097,204	958,250	1,136,954

资料来源:湖北省档案馆馆藏档案,档案号 LS10—1—1752、LS10—1—1757(附件 19)。

湖北省公私立学校财产直接损失统计

民国三十五年二月 单位：万元（法币）

项别	共计	建筑物	器具	图书	仪器标本	化学药品	机件	其他
总计	16,366,628	10,915,580	3,263,348	542,310	261,050	83,840	312,100	987,900
专科以上学校	2,599,920	912,000	1,199,200	92,800	12,200	6,400	140,960	236,360
中等学校	4,681,820	3,447,840	340,120	108,260	111,760	77,440	171,140	425,260
初等学校	8,126,638	5,887,440	1,539,528	274,450	129,840	——	——	295,380
社会教育	958,250	668,300	185,000	66,800	7,250			30,900

资料来源：湖北省档案馆馆藏档案，档案号 LS10—1—1752、LS10—1—1757（附件 19）。

湖北省公私立学校财产间接损失统计

民国三十五年二月 单位：万元（法币）

项别	共计	迁移费	防空设备费	其他
总计	16,137,316	354,980	1,071,975	14,710,360
专科以上学校	1,266,720	24,000	914,800	327,920
中等学校	5,215,980	66,660	27,720	5,121,600
初等学校	8,515,662	228,270	89,802	8,197,590
社会教育	1,136,954	36,050	39,654	1,063,250

资料来源：湖北省档案馆馆藏档案，档案号 LS10—1—1752、LS10—1—1757（附件 19）。

以上各项统计调查皆在抗战中进行，并不完整，有明显的缺漏，且各数字间出入也较大。但即便是这些零碎而不完整的损失数目，已是极为巨大，足以证明抗战时期湖北省教育所受惨重损失。

（一）高等学校财产损失情况

西迁途中，由于形势紧急，路途遥远，面对日寇的狂轰滥炸和恶劣的自然环境，各高校匆忙迁徙，长途跋涉，许多珍贵图书、仪器、设备或不能及时运出而遭日寇掠夺，或于途中丢失、或遇轰炸被毁，损失巨大。据 1945 年 9 月编印的《湖北省政府复员工作计划》中统计，仅湖北省专科以上学校的战时所受损失（按战前 1937 年上半年法币计算）5901000 元，其中，直接损失总额 2905000 元，间接损失总额约 2996000 元。1946 年经核实补报（按战前物价 4000 倍计算），全省专科以上学校财产损失 38666400000 元法币，其中，直接损失总额 25999200000 元，间接损失总额约 12667200000 元。

湖北省公私立专科以上学校战时损失表

单位：法币元

类别	项目	原报数		补报数
		1937 年前价格（元）	1945 年价格（元）（以战前物价 4,000 倍计）	1945 年价格（元）（以战前物价 4,000 倍计）
直接损失	建筑物	1,700,000	6,800,000,000	2,320,000,000
	器具	290,000	11,600,000,000	39,200,000
	图书	174,000	696,000,000	232,000,000
	仪器标本	24,000	90,000,000	32,000,000
	化学药品	12,000	48,000,000	16,000,000
	机件	260,000	1,040,000,000	369,600,000
	其他	445,000	1,770,000,000	593,600,000
	小计	2,905,000	22,044,000,000	3,975,200,000
间接损失	迁移	85,000	340,000,000	—
	侨设	2,905,000	11,620,000,000	659,200,000
	防空设备	6,000	24,000,000	4,000,000
	小计	2,996,000	11,984,000,000	663,200,000
合计		5,901,000	34,028,000,000	4,638,400,000
总　计			38,666,400,000	

说明：

（1）原报数是本省复员作计划所列，其中公立学校包括国立武汉大学和省立农专二校，因图书仪器大部已运出，受沦陷时损失合计为 1,905,000 元；私立学校包括中华大学、华中大学、艺术专科学校等，受沦陷损失合计为 100 万元；文华图书馆的大量珍本图书未能于武汉沦陷前运出，为日寇所掠，损失在 15 万元以上。

（2）本省专科以上学校损毁校名表共有 8 校，国立武汉大学、农专、商大、医大、中华大学、华中大学、艺专、图书馆学学校。原报复员计划所列本省公私立专科以上学校战时损失表中对于商科大、医科大因当时未据查报，故未列。但医学院已于 1943 年在恩施恢复办学，复员计划中拟继续商大办学，该两校无迁移费方面的间接损失，两校的直接损失与医学院的侨设及防空设备均与其他学校相同。补报数主要就商科大学、医科大学两校损失而列。

资料来源：

1. 湖北省档案馆，湖北省复员事别业务计划。

2. 湖北省档案馆，湖北省公私立专科以上学校战时损失表。

3. 中国第二历史档案馆，湖北省公私立各类学校战时变迁情形、损失估计及实施步骤。

4. 湖北省档案馆，湖北省公私立专科以上学校战时损失表。

5. 湖北省档案馆，湖北省公私立学校抗战期间被灾损失情况表，LS10—1—1752。

1．武汉大学损失

1931 年九一八事变后，国立武汉大学师生率先通电全国各大学，呼吁抗日救国，并组织成立武大抗日救国会，多次组织师生捐款捐物，支援爱国抗日将士。1937 年抗日战争爆发后，武大师生抗日激情高涨，多次邀请周恩来、董必武等中共领导人来校作抗日演讲。1938 年 4 月奉令迁往四川乐山，在乐山的 8 年艰苦岁月中，武大师生除饱尝背井离乡、长途跋涉、颠沛流离、物价高涨之苦以外，国立武汉大学的校舍曾 3 次遭受日机轰炸；迁校途中的图书仪器设备 3 次遭受日机轰炸和抢劫；存留在珞珈山和汉口租界的公私财物被日军劫掠一空；新建的珞珈山校舍被日军拆毁 30 余栋，水电门窗破坏殆尽；三名护校工友惨遭日本宪兵杀害。1938 年 11 月 17 日，武大迁校途中运抵宜昌的仪器设备，被炸毁 143 箱，财产损失价值法币 505164 元；1939 年 2 月 4 日，武大迁校途中运抵四川万县的仪器设备，被炸毁 50 箱[1]，财产损失价值法币 110520 元；1939 年 8 月 19 日，日军飞机轰炸四川乐山，炸毁武大龙神祠学生宿舍一栋、炸毁叶圣陶等 62 位教授的房屋、书籍、器具等，财产损失价值法币 1608500 元；1940 年 8 月 20 日，日军飞机轰炸四川重庆，炸毁武大驻渝办事处房屋和器具，财产损失价值国币 3840 元；1941 年 8 月 23 日，日军飞机第二次轰炸四川乐山，炸毁武大男、女生宿舍各一栋及 11 位教师 63 位学生的书籍、衣物、器具等，财产损失价值国币 106648 元。1940 年 3 月 4 日，武大迁校时存放在汉口英商新泰堆栈的公私财物 810 箱，被敌伪派来海军士兵及苦力 60 余人、载重汽车 28 辆，将堆栈前后门包围，将所有公私财物尽载而去，42080 册图书杂志遭日军掠夺[2]。这次遭受日军抢劫的财物，都是抗战以前武大购置的，其损失价值 412278000 元。1938 年 10 月至 1945 年 8 月，日军占领珞珈山，将武大校舍作为军营和野战医院，长达 8 年之久。国立武汉大学的财产间接损失，包括迁校、复校、为抗战捐款捐物、防空疏散、重建乐山校舍、租赁购置乐山房屋土地、救济战区学生等 7 项。据不完全统计，抗战期间，武汉大学财产损失共计 30.07 亿元（法币，下同），其中，直接损失 6834941.64 元，间接损失 3006204300.91 元。

2．私立武昌文华图书馆专科学校损失

私立武昌文华图书馆专科学校战前图书 4.5 万余册，战时只运走十之一二，

---

[1] 农伟雄、关健文：《日本侵华战争对中国图书馆事业的破坏》，载中国社会科学院近代史研究所、中国抗日战争史学会主办：《抗日战争研究》1994 年第 3 期。

[2]《第二次中国教育年鉴》，商务印书馆 1948 年版。

余者后毁于盟军的空袭炸弹[①]。武昌文华图书馆专科学校遭受日本飞机轰炸的直接损失 88725.32 元（法币，1940—1941 年的币值）；武昌的文华公书林被日本兵抢掠、毁坏的直接损失仅据并不完全的估计就达 106998.00 美元。间接损失（法币）1940 年 12000 元；1941 年 217450.00 元；1943 年 521803.00 元；1947 年 101468930.00 元。

文华图专各年份因抗战而增加的各种费用统计

年　份	1940	1941	1943	1947
金额（法币元）	12,000.00	217,450.00	521,803.00	101,468,930.00

注：根据 1973 年进行文华图专资产清查时翻译的文华图专校长沈祖荣档案中的英文财务报告制表（译稿藏武汉大学档案馆，原档案藏武汉市档案馆，此次调研查阅未果）。选择符合历史事实的各项费用开支统计而成。统计表中设置了备注项说明选择此项开支的理由。因为这些年份中物价上涨指数差别太大，故未计算总计金额。

文华图专抗战捐款捐物情况

年　份	事　由	金　额
1942	捐献青年号飞机	金额未详
1943	捐献鞋袜劳军	1,540.00

资料来源：中国第二历史档案馆，五一967#、五一967（1）。

3．湖北省立医科大学损失

湖北省立医科大学虽未发现有直接人口伤亡和财产损失，但间接损失较大，抗战结束后，1946 年初迁往武汉的迁复费法币 7754816 元（包括附设省立医事职业学校在内），1946 年的校舍修缮费法币 41000000 元（含医职），1947 年校舍修缮费 580000000 元。在复校途中，1 名学生在乘船时不慎落水身亡。

4．私立武昌华中大学损失

1938 年 8 月 11 日，日机轰炸武汉，私立武昌华中大学三幢高大雄伟的教学楼被夷为平地。私立武昌华中大学战前图书 10 万余册，西迁时仅携出 1 万余册，留武昌者悉为敌伪攫取（《第二次中国教育年鉴》，商务印书馆 1948 年版）。抗战期间，直接损失 500000 余元法币，515297 美元，间接损失 100004178.22 元法币，313 美元。

---

① 《第二次中国教育年鉴》，商务印书馆 1948 年版。

华中大学直接财产损失

时间	损失项目或文物名称	文物价值		备注
		法币	美金（美元）	
1939	固定资产损耗		292,397	
1942	音乐设备		1,200	敌军掠夺
1942	仪器设备	50余万	19,000	敌军掠夺
1942	普通器物		5,000	敌军掠夺
1942	图书		181,700	敌军掠夺
1942	建筑材料		1,500	敌军掠夺
1942	其他		13,250	敌驻学校房屋折损
1938	教员住宅三栋		1,250	遭敌机轰炸
合计		50余万	515,297	

资料来源:

1. 中国第二历史档案馆馆藏档案，案卷号5—5359;

2. 《中华民国教育年鉴》，第二次第二册，第178页;

3. 湖北省档案馆馆藏档案，案卷号LS10—6—116。

私立武昌华中大学战时文物损失申请登记表

[云南大理喜州（三十五年四月底）　　　　武昌县华林（三十五年五月以后）]

文物名称	估计价值战前美金计算	损失时间	损失地点	损失情形	该项文物目前下落
音乐设备	$1,200	1942年2月~4月	武昌本校	由武汉敌军司令官命令攫取	不明
理科设备	$19,000	1942年2月~4月	半在武昌半在汉口	由武汉敌军司令官命令攫取	不明
普通器物	$5,000	1942年2月~4月	武昌本校	由武汉敌军司令官命令攫取	不明
图书	$181,700	1942年2月~4月	武昌本校	由武汉敌军司令官命令攫取	不明
建筑材料	$1,500	1942年2月~4月	武昌本校	由武汉敌军司令官命令攫取	不明
教员住宅三栋	$1,250	1938年8月11日		被轰炸损毁	不明
其他	$13,250	自1942年春季起		因敌军进驻本校所受房屋拆毁等损失	不明

资料来源: 湖北省档案馆馆藏档案: 私立武昌华中大学战时文物损失申请表（见附件24，第80—81页）。

华中大学间接财产损失

时间	损失项目或名称	价值		备注
		法币（元）	美金（美元）	
1938	一日一分运动	25.85		
1938.1939	征募寒衣捐款	1,371.79		
1940	韦卓民捐款		313	
1941	慰劳湘北抗战将士捐款	1,025.00		
1942	学生社团"火社"捐款	1,755.58		
1946	教育部拨复员费	100,000,000.00		
合计		100,004,178.22	313	

资料来源：

    1. 湖北省档案馆馆藏档案，档案号 LS10—1—1794;

    2. 中国第二历史档案馆馆藏档案，档案号 5—966、5—965、5—1586。

5. 私立武昌中华大学损失

抗战期间，中华大学直接损失 1000 元法币、431910 美元，间接损失 143002867.50 元法币、375 美元。另外，私立武昌中华大学复员武昌后，重建费达数 10 亿元，私立武昌中华大学为抗日将士捐布套 120 个、棉背心 25 件，布鞋 48 双。

中华大学直接财产损失

时间	损失项目或名称	价值		备注
		法币（元）	美金（美元）	
1938	图书	1,000		私人图书4950册被敌军掠夺
1939	固定资产损耗		431,910	
合计		1,000	431,910	

资料来源：中国第二历史档案馆馆藏档案，档案号 5—11704、5—5284。

中华大学间接财产损失

时间	损失项目或名称	价值		备注
		法币（元）	美金（美元）	
1932	慰劳抗日军捐款	403.10		均为现洋
1937、1938	认购救国公债	1,060.00		
1938	一日一分运动	109.78		
1940	陈时捐款		375	
1940	教职员及学生一日捐款	306.39		

时间	损失项目或名称	价值		备注
		法币（元）	美金（美元）	
1941	青年号飞机捐款	988.23		
1946	教育部拨复员费	100,000,000.00		
1946	美国援华会补复员费	43,000,000.00		未注明币种
合计		143,002,867.50	375	

资料来源：

1. 华中师范大学档案馆存，《中华周刊》401 期，1932 年 2 月 27 日；
2. 华中师范大学档案馆存，中华大学档案第 35 卷；
3. 湖北省档案馆馆藏档案，档案号 LS10—1—1794；
4. 中国第二历史档案馆馆藏档案，档案号 5—965、5—972；
5. 《中华民国教育年鉴》，第二次第二册，第 177 页。

6. 省立农业专科学校损失

在武昌宝积庵时，其图书颇富，至 1938 年，学校图书室共有各类图书 8000 余册。1938 年夏，省立农专迁恩施，学校组织设备、图书等西迁。其时交通困阻，图书仪器，运以小舟，水陆辗转，溯长江而上到宜都，图书等设备在此处停留时遭遇日寇飞机轰炸，所运图书、仪器均沉入江中，损失惨重，所剩各类图书仅有 50 余册。剩余图书、设备从宜昌转乘船过清滩、泄滩，到巴东改走旱路，过茶阳坡、六重坡、建始，迤逦至恩施五峰山。仪器标本具体损失数目现无资料可查，但到 1942 年湖北省立农学院 2 周年时，经在各地采购，仍只有 200 余件。在学校迁移过程中仅运费和防空物资就耗费 224072850 法币元（按 1945 年物价）。在运输途中，大部分图书、仪器和其他教学物资被敌机炸沉江中，损失在近 26 万法币元（按 1937 年物价）。

湖北省立农学院公物运费支付表

费别	金额（法币元）	说　明
车费	92,552,850	由恩施至巴东汽车四辆
船费	38,000,000	由巴东至宜昌木船二支
船费	18,000,000	由宜昌至洋口（建设厅轮船）
船费	45,000,000	由宜昌信诚运输行木船
船费	4,800,000	由汉口武昌驰船（四小划）
力资	12,000,000	由恩施挑运急需公物箱至宜昌一六口力资
力资	2,360,000	由金子坝至红庙搬运费
力资	360,000	由巴东下车搬至县府中山台

费别	金额（法币元）	说 明
力资	500,000	由巴东下河
力资	500,000	由宜昌河边起运公物至宜昌,武汉日报社仓库
力资	6,000,000	在宜昌下河
力资	2,400,000	在宜昌过当
力资	1,000,000	在汉口过当
力资	600,000	在武昌起力
总计	224,072,850	单位（元）

资料来源：湖北省档案馆。

7．湖北省立教育学院损失

湖北省立教育学院几度搬迁，学校财产蒙受了巨大损失，依目前可查资料初步统计，直接损失和间接损失约 29835537387.93 元（法币，按战后币值计算）。其中，在恩施五峰山重建造成损失 22812625 元，从恩施五峰山迁至江陵童家花园损失 1662641507.5 元，从江陵迁回武汉损失法币 28150000000 元，金圆券 83255 元。

8．武昌艺术专科学校损失

民国二十七年（1938 年）初，抗日战争期间，在一次空袭之中，武昌艺术专科学校校舍全部尽毁于日本飞机的狂轰滥炸，夷为平地（《中国高等学校变迁》华东师范大学出版社 1992 年版）。所有校具、教具、图书、字画、仪器、机械模型、标本及教职员工、学生衣物等类几损毁殆尽，如学校基金万福轮船被炸沉于藕池口，樊口田产被敌伪侵占，历年收益化为乌有。抗战期间，学校直接损失 1374450000 元（法币，按战后币值计算），间接损失 293685265 元（法币，按战后币值计算），180 美元。

武昌艺术专科学校抗战期间校产损失表

——民国三十五年二月

项目	价值（法币元）	项目	价值（国币元）
校舍	861,000,000	电器设备	13,950,000
金工机械	42,000,000	基金	157,500,000
木工机械	54,600,000	教职员损失	73,500,000
学生劳作用具	4,200,000	校具	63,000,000
石印照相机	5,250,000	运动用具、医药设备	4,200,000
石膏模型	4,200,000	流亡迁移损失	25,200,000
农业生产	1,050,000	员役流亡迁移损失	25,200,000
乐器	46,500,000	合计	1,433,850,000

资料来源：湖北省档案馆馆藏档案，档案号 LS10—6—116。

（二）公私中等学校损失

湖北省抗战期间中等学校损毁情况调查表

类别		省立中等学校数	优良的私立中学等学校数
抗战前中等学校数		31	47
抗战期间保持完整的中等学校数		1	5
抗战期间已损毁的中等学校数	全毁	8	7
	毁三分之二	20	16
	毁二分之一	1	15
	毁三分之一	1	4

资料来源：湖北省档案馆馆藏档案：抗战期间湖北省中等学校调查表。

据 1945 年 9 月编印的《湖北省政府复员工作计划》中记载："1938 年，随湖北联中迁移的各中等学校，除少数重要图书、仪器及公文卷宗迁移外，其次要公物及一切校具以交通工具困难，无法搬出，即已搬出各项公物因辗转运输亦多损失，连同各校校舍、校产损失（按照战前 1937 年上半年法币计算）23,494,500元，其中直接损失总额 11,640,000 元，间接损失总额约 11,854,500 元。1946 年，经进一步核实甄别、补报（按照 1945 年法币计算）全省中等学校财产损失98,978,000,000 元，其中直接损失总额 46,816,000,000 元，间接损失总额约52,162,000,000 元。"

湖北省公私立中等学校战时损失表

单位：法币元

类别	项目	原报数		补报数
		1937 年前价格	1945 年价格（以战时物价 4000 倍计）	1945 年价格（以战时物价 4000 倍计）
直接损失	建筑物	7,836,000	31,344,000,000	3,134,400,000
	器具	773,000	3,092,000,000	309,200,000
	图书	246,500	986,000,000	98,600,000
	仪器标本	254,000	1,016,000,000	101,600,000
	化学药品	176,000	704,000,000	70,400,000
	机件	1,388,000	1,552,000,000	155,200,000
	其他	966,500	3,866,000,000	386,600,000
	小计	11,640,000	42,560,000,000	4,256,000,000

类别	项目	原报数		补报数
		1937 年前价格	1945 年价格（以战时物价 4000 倍计）	1945 年价格（以战时物价 4000 倍计）
间接损失	迁移	151,500	606,000,000	60,600,000
	侨设	11,640,000	46,560,000,000	4,656,000,000
	防空设备	6,3000	254,000,000	25,400,000
	小计	11,854,500	47,420,000,000	4,742,000,000
合计		23,494,500	89,980,000,000	8,998,000,000
总计			98,978,000,000	

说明：本省中等教育损毁学校 186 所。原报数为复员计划中中等教育学校的损失附表，包括公立学校 41 所，私立学校 64 所，共 105 所。补报数主要补报 81 所未报学校的损失情况。

资料来源：

1. 湖北省档案馆馆藏档案，档案号 LS10—1—432：湖北省公私立中等学校战时损失表。

2. 湖北省档案馆馆藏档案，档案号 LS10—1—432：湖北省公私立中等学校战时损失表。

3. 中国第二历史档案馆馆藏档案：湖北省公私立各类学校战时变迁情形、损失估计及实施步骤。

4. 湖北省档案馆馆藏档案，档案号 LS10—1—432：湖北省公私立中等学校战时损失表。

5. 湖北省档案馆馆藏档案，档案号 LS10—1—1752：湖北省公私立学校抗战期间被灾损失情况表。

在西迁途中，道路艰难，学校损失严重。据经历者回忆，船行"速度之慢，像沙漠中赶路的骆驼一样，从武汉到宜昌要经历五十多天"。有时江河水急，船无法行进，只好用人来拉纤。由于水流湍急，时有险情发生。省立女子职业学校大批纺织机器及其成品作业，仅运到秭归新滩就沉于江底。"国立湖北中学"雇汉江上的木船西去郧县，船在汉水青山港发生事故，船上家属和体质孱弱的女学生全部落水，只有 5 名幸免于难，其余均葬身水域。校长杨展云难辞其咎，被撤了职。

省立武昌中学（原省立第一中学）、省立武昌高中，1938 年 10 月政府下令由均县武当山中学接收。而全校师生溯江而上抵达时，因交通困难，无法前往武当山，上面又指示速将员工率领到宜昌，到鄂西寻觅适当的校址。当师生们随逃难的人群涌入宜昌时，公房、民房已经全部被占用，师生们只好露宿街头。上面又指示师生不分昼夜离开宜昌到河西，他们沿施宜大道进发。师生们盲目前进，经贺家坪、椰坪、漆树垭、土门坎到巴东野三关才暂停，后终于在 1938 年 12 月在建始三里坝建校。据该校校史记载，建始三里坝："在县城东约 60 华里。这里新建房屋较多，有客栈，也有饭馆。这就为解决学生住宿和伙食问题创造了有利条件。学校决定将校址安置在这里。此后，学校在三里坝小溪河边，山上山下各建教室 12 间，学生寝室 16 间。又根据需要新建了图书馆、单身教工宿舍、大食堂、大厨房、猪圈等房屋。还制作了 750 张双人架床。"

1938 年 11 月，湖北省省立高级商业职业学校先奉旨迁巴东县楠木园，商校包租商船"宝亭"号载运图书资料和教学仪器设备，在秭归新滩翻沉，图书资料和教学仪器设备一个不剩。1940 年 3 月，日军侵占荆宜，巴东受到威胁，商校又只好迁利川县汪家营，一切从头开始。因学校多次搬迁，校具、房屋损失，无法计算。

湖北省立第三师范学校，1945 年 5 月，省财政厅给"三师"汇发法币 500000 元作"三师"修建设备费。"三师"在当年 8 月于龚家垮正式成立，9 月初开学上课。仅月余，"三师"随政府复员迁校到随县淅河镇，500000 元投入几乎付之东流。1947 年 9 月迁校安陆县城其迁校经费 8960000 元。以上 2 项累计间接损失 9560000 元。

1938 年 6 月，日军入侵江陵，对荆州城区进行了狂轰滥炸，使刚建立的原驻在荆州城区大十字街的湖北省第四区区立简易师范学校校舍不幸被夷为平地。1940 年，日寇大举进攻沙市、宜昌，原"简师"师范科学生来家齐不幸落入敌手，被日军枪杀于荆州西十二里童家桥。1943 年，日寇渡江南犯，"省四师"被迫再度西迁至松滋。后日寇轰炸松滋刘家场校舍，学生再次逃亡。抗战时期，湖北省第四区区立简易师范学校直接财产损失 10 万余元法币（约 5000 大洋），间接损失 200 余万法币。

（三）公私立小学财产损失

据 1945 年 9 月编印的《湖北省政府复员工作计划》中记载：武汉沦陷后，原有省立小学一律停办，各校图书、仪器、课本、模型虽有一部分迁移，但大部分因交通工具困难未能同行，连同各校校舍校具及其他一切设备损失（按照战前 1937 年上半年法币计算）14180475 元，其中直接损失总额 6831325 元，间接损失总额约 7349150 元。1946 年，经进一步核实甄别、补报（按照 1945 年法币计算）全省中等学校财产损失 166423000000 元，其中直接损失总额 55221320000 元，间接损失总额约 111201680000 元。

湖北省公私立小学战时损失表

单位：法币元

类别	项目	原报数		补报数
		1937 年前价格	1945 年价格（以战时物价 4000 倍计）	1945 年价格（以战时物价 4000 倍计）
直接损失	建筑物	4,906,200	19,624,800,000	39,249,600,000
	器具	1,316,900	5,267,600,000	10,525,200,000
	图书	253,875	915,500,000	1,831,000,000
	仪器标本	108,200	432,800,000	865,600,000
	化学药品			
	机件			
	其他	246,150	984,600,000	1,969,200,000
	小计	6,831,325	26,835,780,000	54,450,600,000
间接损失	迁移	190,225	760,900,000	1,521,800,000
	侨设	6,831,325	27,325,300,000	34,630,600,000
	防空设备	327,600	299,340,000	598,680,000
	小计	7,349,150	28,285,540,000	56,751,080,000
合　计			55,221,320,000	111,201,680,000
总　　计			166,423,000,000	

说明：

本省公私立初等学校损失校名表共有幼稚园、初小、完小、简小、短小等 26,082 校，复员工作计划附表说明仅列 1,496 校，现就调查及报告又增加 24,586 校。

资料来源：

1. 湖北省档案馆馆藏档案，档案号 LS10—1—432：湖北省公私立中等学校战时损失表。
2. 中国第二历史档案馆馆藏档案：湖北省公私立各类学校战时变迁情形、损失估计及实施步骤。
3. 湖北省档案馆馆藏档案，档案号 LS10—1—1752：湖北省公私立学校抗战期间被灾损失情况表。

（四）公私立社会教育机关战时损失

据 1945 年 9 月编印的《湖北省政府复员工作计划》中记载：抗战期间，省社会教育及文化机关除教育品、陈列展览品、设备可以搬运的以外，其他的，如房屋、各种建筑物等都遭到破坏，据部分单位统计，造成财产损失（按照战前 1937 年上半年法币计算）1855976 元，其中直接损失总额 957650 元，间接损失总额约 898326 元。1946 年，经进一步核实甄别、补报（按照 1945 年法币计算）

全省中等学校财产损失 20972036000 元，其中直接损失总额 9836000000 元，间接损失总额约 11136036000 元。

湖北省公私立社会教育机关战时损失表

单位：法币元

类别	项目	原报数		补报数
		1937 年前价格	1945 年价格（以战时物价 4000 倍计）	1945 年价格（以战时物价 4000 倍计）
直接损失	建筑物	671,300	2,655,200,000	4,027,800,000
	器具	176,200	792,800,000	1,057,200,000
	图书	65,800	273,200,000	394,800,000
	仪器标本	7,250	29,000,000	43,500,000
	化学药品			
	机件			
	其他	37,100	86,400,000	222,600,000
	小计	957,650	3,836,600,000	5,745,900,000
间接损失	迁移	36,050	144,200,000	216,300,000
	侨设	822,650	5,696,600,000	4,935,900,000
	防空设备	39,656	158,600,000	237,936,000
	小计	898,326	5,999,400,000	5,390,136,000
合　　计			9,836,000,000	11,136,036,000
总　　计			20,972,036,000	

说明：本省社会教育及文化机关损失表共列有 421 所,参考民国二十六年湖北年鉴及各县报告为 908 所,复员工作计划附表所列仅为 356 所,兹增列 552 所。

资料来源：

1. 湖北省档案馆馆藏档案，档案号 LS10—1—432：湖北省公私立中等学校战时损失表。
2. 中国第二历史档案馆馆藏档案，湖北省公私立各类学校战时变迁情形、损失估计及实施步骤。
3. 湖北省档案馆馆藏档案，档案号 LS10—1—1752：湖北省公私立学校抗战期间被灾损失情况表。

（五）湖北省大中学校复校经费情况

1945 年抗战胜利后，湖北省西迁的学校陆续迁回原校址办学，增加了学校迁校、复校、重建经费投入。

1．湖北省教育文化复员经费 6816676175 元（法币）。

湖北省教育文化复员经费总预算书

单位：法币元

教育文化复员经费总额		6,816,676,175	4．各院校及社教机关图书仪器教学设备费	小计	666,573,000
1．各院校及社教机关三十五年（1946年）经费	小计	267,723,175		高等教育费	19,333,000
	高等教育费	10,503,350		中等教育费	365,070,000
	中等教育费	60,929,585		国民教育费	19,170,000
	国民教育费	31,226,640		社会教育费	263,000,000
	社会教育费	15,093,600	5．各院校及社教机关迁移费	小计	1,221,724,000
	中等以上学校学生副食费	149,970,000		高等教育费	194,847,000
2．各院校及社教机关校馆建筑费	小计	2,849,550,000		中等教育费	775,463,000
	高等教育费	99,900,000		国民教育费	204,619,000
	中等教育费	1,841,400,000		社会教育费	46,795,000
	国民教育费	738,100,000	6．复员紧急措施经费	小计	149,106,000
	社会教育费	170,150,000		教育文化复员紧急措施经费	149,106,000
3．各院校及社教机关普通器物设备费	小计	562,000,000	7．收复区善后事宜经费	小计	100,000,000
	高等教育费	18,500,000		恢复收复区各项文化事业费	100,000,000
	中等教育费	216,500,000			
	国民教育费	264,000,000			
	社会教育费	63,000,000			

资料来源：湖北省档案馆馆藏档案：湖北省教育文化复员紧急措施经费预算书。

2．湖北省立各院校及社教机关迁复经费 2286535500 元（法币）。

湖北省立各院校及社教机关迁复经费概数表

学校名称	员生春旅运费	图书器物搬运费	公役旅费	修缮开办费	合计
省立农学院	105,000,000	15,666,000	4,185,000	1,100,000	125,951,000
省立医学院	48,750,000	15,666,000	1,080,000	400,000	65,896,000
……					
总计	1,684,433,500	533,878,000	24,424,000	23,800,000	2,286,35,500

资料来源：湖北省档案馆馆藏档案：湖北省立各院校及社教机关迁复计划表及经费概数表。

五、结　　论

经过半年多的调查研究,我们查清了抗战时期湖北省大中学校西迁损失的基本情况。从 1931 年日本发动九一八事变开始,到 1945 年抗战胜利,直至 1946 年各级学校复员返校,给湖北教育造成了巨大财产损失,对广大师生的身心健康和学校发展造成巨大的伤害。抗战期间,大中学校直接伤亡 88 人,其中直接死亡 20 人;间接伤亡 106 人,其中间接死亡 102 人。抗战期间湖北省公私立学校损失 32503944 万元(按 1945 年法币计算,即战前物价 4000 倍,下同),其中直接损失总额 16366628 万元,间接损失总额约 16137316 万元。全省专科以上学校财产损失 3866640 万元,其中直接损失总额 2599920 万元,间接损失总额约 1266720 万元。全省中等学校财产损失 9897800 万元,其中直接损失总额 4681600 万元,间接损失总额约 5216200 万元。学校在返校复员过程中,湖北省教育文化复员经费 6816676175 元,省立各院校及社教机关迁复经费 2286535500 元。

在这场残酷的战争中,湖北各大中学校蒙受了巨大而惨重的损失,穿越时空,重览历史,无法忘却的切肤之痛,这警示着我们:千年易过,日寇的罪孽难消!只有正视历史,以史为鉴,不忘过去,珍爱和平,开创未来,方能繁荣文化,强盛祖国,实现中华民族的伟大复兴!

(执笔:邓辉)

三、资　料

（一）综合资料

1．湖北省境内敌机投弹伤害统计表（1939 年）

2．湖北省抗战两周年间敌机空袭损害统计表（1939 年）

3．湖北省境内敌机投弹伤害统计表（1939 年）

4．湖北省抗战以来敌机空袭损害统计表（1940 年）

5．湖北省抗战以来敌机空袭损害（1940 年）

6．抗战四年来湖北省敌机空袭损害（1941 年）

7．抗战四年来湖北省敌机空袭损害（续一）（1941 年）

8．抗战四年来湖北省敌机空袭损害（续二）（1941 年）

9．抗战四年来湖北省敌机空袭损害（续三）（1941 年）

10．抗战四年来湖北省敌机空袭损害（续四）（1941 年）

1. 湖北省境内敌机投弹伤害统计表（1939年）

截至二十八年九月底止

时期	有空袭之日数	投弹总数	伤害弹数				虚掷弹数			死伤人数			炸死牲畜				房屋损失共计		炸毁		震倒		备注
			共计	爆炸	燃烧	烟幕	共计	爆炸	燃烧	共计	死	伤	共计	马骡	耕牛	其他或未详	栋数	间数	栋	间	栋	间	
总计	201	12,258	12,121	11,730	361	30	137	120	17	17,989	7,350	10,639	386	77	54	255	14,561	10,888	12,450	7,020	2,111	3,868	
自二十六年八月至二十八年六月底	161	10,872	10,763	10,450	283	30	109	97	12	15,891	5,927	7,964	312	79	47	186	12,319	8,536	10,367	5,312	1,952	3,224	见以前各编
二十八年七月份	12	179	176	166	10	—	3	3	—	247	116	131	37	—	—	37	379	507	250	503	129	4	见后调查表
二十八年八月份	8	136	128	108	20	—	8	8	—	650	519	131	2	—	2	—	138	149	117	113	21	36	见后调查表
二十八年九月份	6	306	302	283	19	—	4	4	—	80	32	48	—	—	—	—	49	12	40	12	9	—	见后调查表
补查二十七年十月份	4	2	2	—	2	—	—	—	—	635	485	150	—	—	—	—	800	—	800	—	—	—	见后增补表
补查二十七年十一月份	1	110	110	110	—	—	—	—	—	110	50	60	—	—	—	—	220	220	—	220	—	—	见后增补表

时期	有空袭之日数	空袭次数	投弹总数	伤害弹数				虚掷弹数			死伤人数			炸毙牲畜				房屋损失共计		炸毁		震倒		备注
				共计	爆炸	燃烧	烟幕	共计	爆炸	燃烧	共计	死	伤	共计	马骡	耕牛	其他或未详	栋数	间数	栋	间	栋	间	
补查二十八年一月份	1	1	—	—	—	—	—	—	—	—	50	20	30	—	—	—	—	25	—	25	—	—	—	见后增补表
补查二十八年二月份	—	—	57	57	57	—	—	—	—	—	23	20	3	—	—	—	—	800	—	800	—	—	—	见后增补表
补查二十八年四月份	2	6	367	367	367	—	—	—	—	—	82	35	47	4	—	4	—	30	471	30	452	—	19	见后增补表
补查二十八年五月份	2	6	167	154	127	27	—	13	8	5	109	79	30	31	-2	1	32	1	983	1	398	—	585	见后增补表
补查二十八年六月份	4	5	62	62	62	—	—	—	—	—	112	67	45	—	—	—	—	20	10	20	10	—	—	见后增补表

说明：

本省境内敌机空袭统计，前经先后编印自二十六年八月份起至二十八年元月份止之"第一集"，及"二十年二月份"，"二十八年三月份至六月份"各册，暨《抗战两周年同敌机空袭损害统计》图表分送参考。兹将二十八年七、八、九各月份资料，并将补查以前各月份资料，继续编列，藉资衔接。

[湖北省政府编：《湖北省境内敌机空袭统计》（1939年），湖北省档案馆馆藏档案，档案号 LS1—4—3721]

2. 湖北省抗战两周年间敌机空袭损害统计表（1939年）

（自二十六年七月起至二十八年六月底止）

甲、按月份分析

年月及县市	有空袭日数	空袭次数	投弹总数	伤害弹			虚掷弹				死伤人数			毁坏房屋		炸毙牲畜			炸毁船只						炸毁车辆			防空损失			油料损失				击落敌机架数
				计	炸	燃	烟	计	炸	燃	计	死	伤	栋	间	马骡	牛	其他或未详	兵舰	要塞轮	小火轮	铁驳	拖驳	民船	汽车	火车皮	牛车	飞机	高射炮	探照灯	汽油	煤油	机油	其他油料	
总计	161	398	10,872	10,763	10,450	283	30	109	97	12	15,891	5,927	9,964	12,319	8,536	79	47	186	9	1	3	1	4	91	6	29	11	59架	1	1	40箱5听	300听	500桶	55听	46
26.7																																			
8	2	3	8	8	8						10	7	3	1				2																	
9	1	2	18	15	14	1		3	2	1	791	301	490	306														5							
10	3	4	64	64	62	2		2	2		7	6	1		1																				
11																																			
12	1	1	61	61	60	1		1	1		5	1	4																						
27.1	6	8	461	415	410	5		46	46		427	190	237	86	42													18		1	15桶				
2	5	7	361	361	361						99	35	64	8	37		1											8			25桶3听				11
3	5	9	510	510	510			10	10		262	103	159	154	9		4	6										9	1						
4	8	13	360	350	350			2	2		316	153	163	256	15		2	25						1	2	4		9				300听		55听	22
5	3	3	105	103	103			2	2		6	3	3	5	5		9	3										2							9
6	1	1	62	60	60																														
7	19	46	1,134	1,134	1,127	7		6	6		1,152	414	738	2,016	99	2	5	13	8	1	1		1	3				5							
8	23	58	1,866	1,860	1,810	50	30	14	14		5,359	1,684	3,675	2,771	1,106	64	2	22			2	1	2	9		25		3					500桶		2
9	19	55	864	850	847	3		6	6		708	216	492	760	210			8							2										
10	10	43	850	847	818	29					553	259	294	1,010	1,111		3																		
11	18	50	1,082	1,072	1,009	63		10	6	4	1,933	712	1,221	536	1,823	9	20	76	1				1	2	1		11								
12	2	2	10	10	10						1				1																				
28.1	5	12	63	56	46	10		7	7		55	14	41	7	22			1																	
2	4	7	355	353	328	25		2	2		1,104	378	726	195	544			2																	1
3	10	26	1,155	1,150	1,134	16		5	5		1,614	758	856	1,292	1,233	6		14						6											1

年月及县市	有空袭日数	空袭次数	投弹总数	伤害弹				虚掷弹			死伤人数			毁坏房屋		炸毙牲畜			炸毁船只						炸毁车辆				防空损失			油料损失				击落敌机架数
				计	炸	燃	烟	计	炸	燃	计	死	伤	栋	间	马骡	牛	其他或未详	兵舰	要塞火轮	小火轮	铁驳	拖驳	民船	汽车	火车	牛车	车皮	飞机	高射炮	探照灯	汽油	煤油	机油	其他油料	
4	4	27	985	983	904	79		2	2		931	470	501	437	2,200	1		14						9	1											
5	7	12	339	339	335	4					328	150	178	401	69	3	1	1						61												
6	6	9	185	185	144	41					190	73	117	2,083	9	1		2																		

乙、按县份分析

区县	有空袭日数	空袭次数	投弹总数	伤害弹				虚掷弹			死伤人数			燃坏房屋		炸毙牲畜			炸毁船只						炸毁车辆				防空损失			油料损失				击落敌机架数
				计	炸	燃	烟	计	炸	燃	计	死	伤	栋	间	马骡	牛	其他或未详	兵舰	要塞火轮	小火轮	铁驳	拖驳	民船	汽车	火车	牛车	车皮	飞机	高射炮	探照灯	汽油	煤油	机油	其他油料	
汉口市	28	31	1,575	1,519	1,506	13		56	56		877	358	519	204	350		1	10											41	1			500		55	1
武昌	30	32	1,148	1,142	1,136	6		6	6		2,386	803	1,583	1,148	211	55	3	5						2	2	3		29	8			300			55	16
汉阳	8	9	357	351	341	10		6	5	1	1,535	490	1,045	1,276	248			2																		
咸宁	6	6	69	69	69						24	7	17		20																					
蒲圻	4	6	66	66	66						38	12	26		39																					
通山	1	1	15	15	12	3					60	20	40	110																						
阳新	9	11	147	147	147						615	200	415	170	5		2						4				5									
大冶	19	25	259	259	259						30	5	25	96																						
鄂城	6	8	125	125	125						67	37	30	550	5						1															
黄冈	8	8	132	132	130	2					169	48	121	136	121			8																		
浠水	7	8	223	223	223						225	75	150	1,505																						
蕲春	8	9	83	83	83						133	38	95	402	25		4	13			1															
广济	24	35	288	288	273	15					67	21	46	21	70									1												
黄梅	4	6	217	217	217						41	18	23	25	125				2		2															16
英山	1		36	25	25			11	11		65	32	33																	1						
麻城	9	12	459	459	455	4					241	70	171	400	229		1												1							
黄安	3	3	60	60	60						6		6	24	190					6																
黄陂																																				
礼山	5	5	83	83	82	1					72	53	19	35	450																					10
孝感	7	7	212	212	212						116	58	58	22	6		1	13																		
应山	3	3	128	128	95	3	30				215	58	157	294		9		22													1					1
随县	8	18	592	592	567	25					926	411	515	1,886			4	5																		

续表

区县	有空袭日数	空袭次数	投弹总数	伤害弹·计	炸	燃	烟	虚掷弹·计	炸	燃	死伤人数·计	死	伤	燃坏房屋·栋	间	炸毙牲畜·马骡	牛	其他或未详	炸毁船只·兵舰	要塞重舰	小火轮	铁驳轮	拖驳	民船	炸毁车辆·汽车	火车皮	牛车	防空损失·飞机	高射炮	探照灯	油料损失·汽油	煤油	机油	其他油料	击落敌机架数
钟祥	4	11	211	211	211						179	102	77	27	80																				1
京山	1	2	222	222	220	2					2,100	700	1,400	1,200																					
沔阳	2	5	220	220	220						240	80	160																						
监利	2	2	3	3	3						48	30	18	4						1															
石首	1	4																																	
公安	1	2	91	91	71	20					145	113	32	204	62			45																	
江陵	2	8	93	92	92			1	1		227	115	112	144																					
荆门	6	6	195	195	195						35	12	23	55																					
宜城	4	7	320	320	320						280	96	184	230			1	2																	
枣阳	7	8	349	349	349						321	141	180		1,138		3	22																	
襄阳	22	30	1,035	1,024	1,013	11		11	7	4	1,317	456	861	20	2,382	1	23	13						46	2	11				1	40桶	5听			1
光化	8	10	155	154	154			1	1		70	26	44	12	32									20											
谷城	1	3	10	10	10						175	75	100	200																					
南漳	1	1																																	
当阳	2	2	220	220	220						205	110	95	152	52			25																	
宜昌	29	39	1,295	1,281	1,174	107		14	10	4	2,517	1,019	1,498	1,832	512		9	1						12		1		9							
利川	1	1													1																				
恩施	4	7	178	175	134	41		3	3		124	38	86	2,080	3																				

说明:

一、本表系根据本府统计室历次所编之《敌机空袭统计》汇合编列,其原始材料均系各地地方政府、军警等机关所随时查报。

二、抗战两周年间,本省各处被炸之资料,大体均已搜罗完备,惟自去秋本省东部逐渐沦为战区后,各地空袭报告、间有少数不全,故此项统计不免仍有疏漏之处,以后查有之查报资料中,亦列有仅列数概数或概数,原编制时,多暂为估计,或遗付缺如,此类亦待以后随时修正补充。

三、本表为便于明了概况计,将有数字可计之资料,尽量分类编列,此外,如炸毁子弹库、油库、堆栈、盐栈,其损失物品数量不详,故概未列入。

四、本表所列各项内容之详细分析,及用文字注明之详细分析,见原编《敌机空袭统计》中。

五、本表所列击落敌机如表列数外,尚有我游击队曾于二十八年二月十九日晚袭击应城,将停留机场之敌机十二架,全部焚毁,合计敌机在本省境内之损失,应共五十八架,本表专就空袭部分编制,故未全列。

[湖北省政府秘书处统计室编:《抗战两年来损失统计》(1939年),湖北省档案馆馆藏档案,档案号 LS3-1-612]

民国二十八年七月湖北省政府秘书处统计室制

3. 湖北省境内敌机投弹伤害统计表（1939年）

截至二十八年二月底

时期	有空袭之日数	空袭次数	投弹总数	伤害弹数			虚掷弹数				死伤人数			炸毙牲畜数				房屋损失共计		炸毁		震倒		备注
				共计	爆炸	燃烧	烟幕	共计	爆炸	燃烧	共计	死	伤	共计	马骡	耕牛	其他或未详	栋数	间数	栋	间	栋	间	
总计	134	315	8,093	7,991	7,818	143	30	102	70	12	11,850	4,194	7,656	270	75	39	156	6,156	5,015	4,843	2,286	1,313	2,729	
自二十六年八月至二十八年一月底	129	297	7,510	7,411	7,278	103	30	99	87	12	10,437	3,563	6,874	221	75	37	109	5,719	3,398	4,791	1,702	928	1,696	见敌机空袭统计第一集
补查二十七年十月份	—	5	151	151	151	—	—	—	—	—	173	103	70	2	—	—	2	—	196	—	32	—	164	见增补表
补查二十七年十一月份	—	2	61	60	45	15	—	1	1	—	120	144	24	45	—	—	45	237	877	16	118	253	759	见增补表
补查二十八年元月份	1	4	16	16	16	—	—	—	—	—	16	6	10	—	—	—	—	5	—	—	—	5	—	见增补表
二十八年二月份	4	7	355	353	328	25	—	2	2	—	1,104	378	726	2	—	2	—	195	544	68	434	127	110	

说明：

一、敌机历次投弹伤害之详细情形，另见各分表。

二、除自二十六年八月起至二十八年元月底止之敌机空袭统计第一集，已另行编印外，兹将下列各表附订本表后，藉资衔接参考。

　湖北省境内敌机空袭调查表：二十八年二月份。

　增补湖北省境内敌机空袭调查表：二十七年十月份、二十七年十一月份、二十八年元月份。

三、本年三月份之敌机空袭调查材料，正在搜集中，一俟材料齐全，即继续编制。

（湖北省政府秘书处统计室编制）

[湖北省政府秘书处统计室编：《湖北省抗战损失统计》（1939年），中国第二历史档案馆藏档案，档案号六（4）—639]

4. 湖北省抗战以来敌机空袭损害统计表（1940年）

按月份分析（自二十六年七月起至二十八年十二月底止）

年月	有空袭日数	空袭次数	投弹总数	伤害弹 合计	伤害弹 爆炸	伤害弹 燃烧	伤害弹 烟幕	虚掷弹 合计	虚掷弹 爆炸	虚掷弹 燃烧	死伤人数 合计	死伤人数 死	死伤人数 伤	损坏房屋 栋	损坏房屋 间	炸死牲畜 马骡	炸死牲畜 牛	炸死牲畜 其他牲畜	炸毁船只 兵舰	炸毁船只 货轮	炸毁船只 小货轮	炸毁船只 铁船	炸毁船只 驳船	炸毁船只 蔓船	炸毁船只 民船	炸毁车辆 汽车	炸毁车辆 火车皮牛车
总计	220	510	13245	13076	12584	462	30	167	149	24	18500	7556	10941	13001	17388	77	54	259	9	1	5	1	4	1	137	6	11
26.7	—	—	—	—	—	—	—	—	—	—	—	—	—	—	—	—	—	—	—	—	—	—	—	—	—	—	—
26.8	2	3	8	8	8	—	—	—	—	—	10	7	3	1	—	—	2	—	—	—	—	—	—	—	—	—	—
26.9	1	2	18	15	14	1	—	3	2	1	792	301	470	356	—	—	—	—	—	—	—	—	—	—	—	—	—
26.10	3	4	64	64	62	2	—	—	—	—	7	6	1	—	1	—	—	—	—	—	—	—	—	—	—	—	—
26.11	—	—	—	—	—	—	—	—	—	—	—	—	—	—	—	—	—	—	—	—	—	—	—	—	—	—	—
26.12	1	1	61	61	60	1	—	—	—	—	5	1	4	—	—	—	—	—	—	—	—	—	—	—	—	—	—
27.1	6	8	461	415	410	5	—	46	46	—	427	190	237	86	42	—	1	—	—	—	—	—	—	—	—	—	—
27.2	5	7	361	361	361	—	—	—	—	—	99	33	64	8	37	—	—	—	—	—	—	—	—	—	—	—	—
27.3	1	9	510	510	510	—	—	—	—	—	262	103	159	154	—	—	4	6	—	—	—	—	—	—	—	—	—
27.4	8	13	360	350	350	—	—	10	10	—	316	153	163	256	15	—	2	25	—	—	—	—	—	—	1	2	4
27.5	2	3	105	103	103	—	—	2	2	—	6	3	3	5	5	—	5	3	—	—	—	—	—	—	—	—	—
27.6	1	1	62	60	60	—	—	2	2	—	6	3	3	—	—	—	—	—	—	—	—	—	—	—	—	—	—
27.7	19	46	1734	1134	1127	7	—	—	—	—	1152	414	738	3016	39	2	5	13	8	1	1	—	—	1	3	—	—
27.8	23	58	1866	1860	1810	20	30	6	1	5	5759	1684	3675	2771	1106	64	2	22	—	—	2	1	4	—	9	—	25

年月	有空袭日数	空袭次数	投弹总数	伤害弹				虚掷弹			死伤人数			损坏房屋		炸死牲畜			炸毁船只					炸毁车辆		
			总数	合计	爆炸	燃烧	烟幕	合计	爆炸	燃烧	合计	死	伤	栋	间	马骡	牛	其他牲畜	兵舰	货轮	小货轮	铁船驳船	民船蔓船	汽车	火车车皮	牛车
27.9	19	53	864	850	850	3	—	14	14	—	708	216	492	36	210	—	—	3	—	—	—	—	2	—	—	—
27.10	14	52	826	826	818	8	—	—	—	—	1188	744	444	1810	1111	3	3	—	—	—	—	—	—	—	—	—
27.11	9	51	1192	1192	1119	63	—	10	6	4	2043	762	1281	536	2043	3	20	76	1	—	—	—	2	1	—	11
27.12	2	2	10	10	10	—	—	—	—	—	1	—	1	—	1	—	—	—	—	—	—	—	—	—	—	—
28.1	5	13	63	56	46	10	—	7	—	7	105	34	71	32	22	—	—	1	—	—	—	—	—	—	—	—
28.2	5	8	412	410	385	25	—	2	2	—	1127	398	729	995	544	—	—	2	—	—	—	—	—	—	—	—
28.3	10	25	1155	1150	1134	16	—	5	5	—	1614	758	850	1292	1233	1	6	14	—	—	—	—	6	—	—	—
28.4	5	33	1352	1350	1271	79	—	2	2	—	1053	505	548	467	2671	1	4	14	—	—	—	—	9	1	—	—
28.5	9	18	506	493	462	31	—	13	8	5	437	229	208	402	1052	1	—	32	—	—	—	—	55	—	—	—
28.6	10	14	247	247	206	41	—	—	—	—	302	140	160	2103	19	—	1	2	—	—	—	—	—	—	—	—
28.7	10	21	260	257	223	30	—	3	3	—	319	127	119	379	863	—	—	37	—	—	—	—	—	—	—	—
28.8	8	16	136	128	148	20	—	8	8	—	650	519	131	138	149	—	2	—	—	—	—	—	52	—	—	—
28.9	6	12	306	302	283	19	—	4	4	—	80	32	48	49	12	—	—	—	—	—	—	—	—	—	—	—
28.10	8	15	137	128	111	17	—	9	9	—	16	9	7	195	1	—	—	—	—	—	—	—	—	—	—	—
28.11	1	1	5	5	5	—	—	—	—	—	1	—	1	5	—	—	—	—	—	—	—	—	—	—	—	—
28.12	9	19	762	741	677	64	—	21	11	—	422	186	236	240	143	—	4	4	—	—	2	—	—	—	—	—

[湖北省政府秘书处统计室编:《湖北概况统计》(1940年),湖北省档案馆馆藏档案,档案号 LSA2.14—10]

5. 湖北省抗战以来敌机空袭损害（1940年）

（自二十六年七月起至二十八年十二月底止）

有空袭日数			220
空袭次数			510
投弹总数			13,243
伤害弹		合计	13,076
		爆炸	12,584
		燃烧	462
		烟幕	30
虚掷弹		合计	167
		爆炸	149
		燃烧	18
死伤人数		合计	18,500
		死	7,556
		伤	10,944
损毁房屋		栋	15,001
		间	11,388
炸毙牲畜		马骡	77
		牛	54
		其他或未祥	259
炸毁船只		兵舰	9
		要塞轮	1
		小火轮	5
		铁驳	1
		拖驳	4
		趸船	1
		民船	137
炸毁车辆		汽车	6
		火车皮	29
		牛车	11

（《抗战期间湖北概况统计提要》，湖北档案馆馆藏档案，档案号 LSA2.14—12）

6. 抗战四年来湖北省敌机空袭损害（1941 年）

（截至三十年九月底止）

甲、时间别

年月	空袭次数	投弹枚数	死伤人数		损坏房屋		炸毙牲畜		
			死	伤	栋	间	马骡	牛	其他
总计	1,096	18,188	9,578	13,438	20,709	14,171	79	64	265
二十六年七月	—	—	—	—	—	—	—	—	—
八月	3	8	7	3	1	—	—	—	—
九月	2	18	301	490	306	—	—	—	—
十月	4	64	6	1	—	1	—	—	—
十一月	—	—	—	—	—	—	—	—	—
十二月	1	61	1	4	—	—	—	—	—
二十七年一月	8	461	190	237	86	42	—	—	—
二月	7	361	35	64	8	37	—	1	—
三月	9	510	103	159	154	9	—	4	6
四月	13	360	153	163	256	15	—	2	25
五月	3	105	3	3	—	5	—	—	3
六月	1	60	—	—	—	—	—	—	—
七月	46	1,134	414	738	2,016	99	2	5	13
八月	58	1,866	1,634	3,675	2,771	1,100	64	2	22
九月	55	864	216	492	760	210	—	—	8
十月	52	826	744	444	1,810	1,111	—	3	—
十一月	51	1,192	762	1,281	536	2,043	9	20	76
十二月	2	10	—	1	—	1	—	—	—
二十八年一月	13	63	34	71	32	22	—	—	1
二月	7	412	398	729	995	544	—	—	2
三月	26	1,155	758	856	1,292	1,233	—	6	14
四月	33	1,352	505	548	467	2,671	1	4	14
五月	18	506	229	208	402	1,052	1	2	32
六月	14	247	140	162	2,103	19	—	1	2
七月	21	360	127	192	379	863	—		37

[湖北省政府编：《湖北省 1941 年统计提要》（1941 年），中国第二历史档案馆馆藏档案，档案号二（1）—5048]

7．抗战四年来湖北省敌机空袭损害（续一）（1941 年）

（截至三十年九月底止）

甲、时间别

年月	空袭次数	投弹枚数	死伤人数		损坏房屋		炸毙牲畜		
			死	伤	栋	间	马骡	牛	其他
八月	16	136	519	131	138	149	—	2	—
九月	12	303	32	48	49	12	—	—	—
十月	15	137	9	7	195	1	—	—	—
十一月	1	5	—	1	5	—	—	—	—
十二月	19	762	183	236	240	143	—	—	4
二十九年一月	3	4	53	66	—	7	—	—	—
二月	1	30	8	8	—	15	—	—	—
三月	6	13	2	7	11	—	—	3	—
四月	3	8	2	6	3	—	—	—	—
五月	70	1,131	690	749	2,061	577	—	—	1
六月	108	352	134	536	1,049	49	1	—	—
七月	60	250	70	103	56	2	1	—	—
八月	40	164	19	41	222	—	—	—	—
九月	38	588	281	204	177	497	—	—	2
十月	47	129	77	85	85	112	—	—	—
十一月	6	65	168	181	17	247	—	—	—
十二月	15	93	14	26	51	40	—	—	—
三十年一月	11	155	63	71	569	3	—	6	—
二月	4	—	—	—	—	—	—	—	—
三月	34	557	159	114	492	37	—	—	—
四月	6	248	63	41	156	108	—	—	—
五月	24	8	—	—	38	—	—	—	—
六月	58	298	19	12	24	5	—	—	—
七月	13	173	71	92	2	443	—	—	—
八月	26	502	113	146	—	641	—	—	3
九月	13	177	16	3	695	—	—	—	—

[湖北省政府编：《湖北省 1941 年统计提要》（1941 年），中国第二历史档案馆馆藏档案，档案号二（1）—5048]

8. 抗战四年来湖北省敌机空袭损害（续二）（1941 年）

乙、县别

县市	空袭次数	投弹枚数	死伤人数		损坏房屋		炸毙牲畜		
			死	伤	栋	间	马骡	牛	其他
总计	1,096	18,188	9,578	13,438	20,709	14,171	79	64	265
汉口市	33	1,575	358	519	204	350	—	1	10
武昌	34	1,148	853	1,583	1,148	211	55	33	5
汉阳	11	390	498	1,054	1,276	263	—	—	2
咸宁	6	69	7	17	—	20	—	—	—
蒲圻	8	68	62	26	—	39	—	—	—
通城	5	45	37	52	31	483	—	—	34
通山	1	15	20	40	110	—	—	—	—
阳新	11	147	200	415	170	5	—	—	—
大冶	25	259	5	25	96	—	—	—	—
鄂城	8	125	37	30	550	5	—	2	—
黄冈	16	132	48	121	136	121	—	—	8
浠水	8	223	75	150	1,505	—	—	—	—
圻春	9	83	38	95	402	25	—	4	13
广济	38	333	41	52	26	70	2	2	—
黄梅	6	217	18	23	25	125	—	—	—
英山	1	36	32	33	35	—	—	—	—
罗田	3	55	47	15	35	—	—	—	—
麻城	12	459	70	171	400	229	—	1	—
黄安	3	60	—	6	24	190	—	—	—
礼山	5	83	53	19	35	450	—	2	—
孝感	7	212	58	53	22	6	—	1	13

[湖北省政府编：《湖北省 1941 年统计提要》（1941 年），中国第二历史档案馆馆藏档案，档案号二（1）—5048]

9. 抗战四年来湖北省敌机空袭损害（续三）（1941 年）

（截至三十年九月底止）

乙、县别

县市	空袭次数	投弹枚数	死伤人数		损坏房屋		炸毙牲畜		
			死	伤	栋	间	马骡	牛	其他
应城	2	—	385	150	800	—	—	—	—
应山	3	128	58	157	—	294	9	—	22
随县	27	637	492	609	—	2,035		7	8
钟祥	12	226	112	112	27	122			
京山	2	222	700	1,400	1,200				
天门	1	—	20	30	25	—			
沔阳	8	226	80	166	—	—			
监利	12	323	58	62	28	10		1	2
石首	8	151	26	—	25	100			
公安	3	91	113	32	204	—			45
松滋	7	27	15	36	—	—			
枝江	4	14	40	43	3	2	1	1	—
江陵	16	181	268	251	188	90			
荆门	23	776	136	161	885	707			
宜城	12	375	129	210	235	280			
枣阳	19	605	224	226	—	2,133		8	22
襄阳	45	1,534	994	1,344	682	2,557	1	23	45
光化	34	1,958	362	540	2,365	1,882	1		
谷城	7	80	77	104	200	2			1
南漳	7	195	171	423	1,165	—			
远安	2	—	49	24	17	—			
当阳	6	224	126	125	152	72			25
宜都	4	6	5	3	2	—	—	—	—

[湖北省政府编：《湖北省 1941 年统计提要》（1941 年），中国第二历史档案馆馆藏档案，档案号二（1）—5048]

10. 抗战四年来湖北省敌机空袭损害（续四）（1941年）

（截至三十年九月底止）

乙、县别

县市	空袭次数	投弹枚数	死伤人数		损坏房屋		炸毙牲畜		
			死	伤	栋	间	马骡	牛	其他
宜昌	83	2,026	1,858	1,971	2,882	745	9	8	1
秭归	17	127	82	29	36	56	—	—	—
长阳	9	204	14	39	33	56	—	—	—
五峰	3	3	—	—	—	—	—	—	—
宣恩	3	6	—	—	—	—	—	—	—
来凤	14	639	32	52	426	5	—	—	—
咸丰	1	2	—	—	—	—	—	—	—
利川	2	2	—	—	—	1	—	—	—
恩施	425	887	156	274	2,383	154	1	—	4
巴东	23	482	238	298	516	264	—	—	5
房县	2	5	—	—	3		—	—	—

（根据防空司令部及各县报告表编制）

[湖北省政府编：《湖北省1941年统计提要》（1941年），中国第二历史档案馆馆藏档案，档案号二（1）—5048]

（二）人口伤亡资料

1．抗战两年来湖北省人民伤亡统计表（1939年）

县市	共计		被敌机轰炸人数		临时补查			
	死	伤	死	伤	死	伤	死伤原因	数字来源
总计	34071	30933	5927	9964	28144	20969		
汉口市	358	519	358	519	—			
武昌	843	1613	803	1583	40	30	武汉撤退时被炸	参照杂志估列
汉阳	490	1045	490	1045	—			
咸宁	212	67	7	17	205	50	被炸及被敌屠杀	据该县人民函述估列
蒲圻	52	56	12	26	40	30	武汉撤退时被炸	参照杂志估列
通山	20	40	20	40	—			
阳新	500	815	200	415	300	400	被炸	根据该县报告估列
大冶	5	25	5	25	—			
鄂城	37	30	37	30	—			
黄冈	168	121	48	121	120	—	被敌屠杀及发生疫病	据该县人民函述估列
浠水	75	150	75	150	—	—		
蕲春	38	95	38	95	—			
广济	17021	5046	21	46	17000	5000	被敌屠杀及发生疫病	据该县人民函述估列
黄梅	18	23	18	23	—			
英山	32	33	32	33	—			
罗田	12	45	—	—	12	45	被炸	根据报告补列
麻城	70	171	70	171	—			
黄安		6		6	—			
礼山	53	19	53	19	—			
孝感	58	58	58	58	—			
汉川	500	—	—	—	500	—	被敌屠杀	据该县人民函述估列

191

县市	共 计		被敌机轰炸人数		临时补查			
	死	伤	死	伤	死	伤	死伤原因	数字来源
应城	400	200			400	200	被炸	参照杂志估列
应山	8058	15157	58	157	8000	15000	原因待查	死系据该县府原查报数填列，伤系按原查报数三分之一修正估列
随县	411	515	411	515	—	—		
钟祥	102	77	102	77	—	—		
京山	700	1400	700	1400	—	—		
天门	43	30	—	—	43	30	被敌屠杀及被炸	根据该县报告补列
沔阳	1280	160	80	160	1200	—	被敌屠杀	据该县人民函述估列
监利	55	38	30	18	25	20	被炸	根据报告补列
公安	113	32	113	32	—	—		
江陵	115	112	115	112	—	—		
荆门	142	133	12	23	130	110	被炸	根据报告补列
宜城	96	184	96	184	—	—		
枣阳	200	206	141	180	59	26	被炸	根据报告补列
襄阳	526	889	456	861	70	28	被敌屠杀	根据报告填列
光化	26	44	26	44	—	—		
谷城	75	100	75	100	—	—		
当阳	110	95	110	95	—	—		
宜昌	1019	1498	1019	1498	—	—		
恩施	38	86	38	86	—	—		

说明：

一、本表所列被敌机轰炸人数，全采用本府编印之湖北省抗战两周年间敌机空袭损害统计表内所列数字，其来源及编列情形，业详该表说明，兹不赘述。

二、本省因抗战死伤之人民，除被敌机轰炸以外，尚有被敌人屠杀及其他原因之死伤，颇不在少数，惟此类数字，向无专案查报，一时无法详列，并被轰炸死伤部份，亦多遗漏。本表为求死伤人数之比较翔实，特加临时补查一栏，由短期间所搜集之各项公私报告中，尽量忝酌补列，并分别证明死伤原因及数字来源，以备查考及将来校正之资。至无依据之传说，则以尚待证实，概不计列。

三、本表所搜集之材料，均系截至二十八年六月底止。在此抗战两年间，死伤事实，颇为繁多，本表所列，不少挂漏，均待以后陆续调查补充。

[湖北省政府秘书处统计室编：《抗战两年来湖北省损失土地与人口》（1939 年），湖北省档案馆馆藏档案，档案号 LS2—1—148]

2．湖北省抗战以来伤亡人口统计表（1940 年）

（自二十六年七月至二十八年十二月底止）

县市	共计		被敌机轰炸人数		团队作战伤亡人数		临时补查			
	死	伤	死	伤	死	伤	死	伤	死伤原因	数字来源
总计	35478	32304	7556	10944	485	852	27438	20508		
汉口市	358	519	355	519	—	—	—	—		
武昌	853	1583	453	1583	—	—	—	—		
汉阳	490	1048	490	1046		2	—	—		
咸宁	250	184	7	17	38	117	205	50	被炸及被敌屠杀	据该县人民函述估列
蒲圻	66	58	60	26	4	32	—	—		
通城	34	48	34	48			—	—		
通山	36	47	20	40	16	7	—	—		
阳新	500	815	200	415	—	—	300	400	被炸	根据该县报告估列
大冶	5	25	5	25	—	—	—	—		
鄂城	37	30	37	30	—	—	—	—		
黄冈	260	372	48	121	92	251	120	—	被敌屠杀	根据该县报告估列
浠水	109	169	75	150	32	19	—	—		
蕲春	47	106	38	95	9	11	—	—		
广济	17072	5094	38	46	34	48	17000	5000	被敌屠杀及发生疫病	据该县人民函述估列
黄梅	18	34	18	23	—	11	—	—		
英山	32	33	32	33	—	—	—	—		
罗田	47	15	47	15	—	—	—	—		
麻城	85	189	70	171	15	18	—	—		
黄安	40	77	—	6	40	71	—	—		
黄陂	90	39	—	—	90	39	—	—		
礼山	58	78	53	19	5	59	—	—		

县市	共计		被敌机轰炸人数		团队作战伤亡人数		临时补查			
	死	伤	死	伤	死	伤	死	伤	死伤原因	数字来源
孝感	100	111	58	58	42	53	—	—		
云梦	10	5	—	—	10	5	—	—		
汉川	500	1	—	—	—	1	500		被敌屠杀	据该县人民函述估列
应城	385	156	385	150		6				
安陆	3	31	—	—	3	31	—	—		
应山	8081	15181	58	157	23	24	8000	15000	原因待查	据该县府查报及原因估计……
随县	470	567	448	546	22	21	—	—		
钟祥	102	77	448	77	—	—				
京山	700	1400	700	1400						
天门	71	71	120	30	8	11	43	30	被敌屠杀及被炸	据该县报告补列
沔阳	1280	160	80	160	—	—	1200	—	被敌屠杀	据该县人民函述估列
潜江	—	1	—	—	—	1	—	—		
监利	50	76	58	62	2	14	—	—		
公安	113	32	113	32	—	—	—	—		
枝江	4	4	4	4	—	—	—	—		
江陵	172	180	172	180	—	—	—	—		
荆门	124	143	124	143	—	—	—	—		
宜城	76	184	76	184	—	—	—	—		
枣阳	200	207	200	207	—	—	—	—		
襄阳	544	892	474	864	—	—	70	25	被敌屠杀	根据报告填列
光化	42	105	42	105	—	—	—	—		
谷城	75	100	75	100	—	—	—	—		
当阳	126	125	126	125	—	—	—	—		
宜都	5	3	5	3	—	—	—	—		
宜昌	1581	1685	1581	1685	—	—	—	—		
秭归	3	11	3	11	—	—	—	—		
来凤	30	36	30	36	—	—	—	—		
恩施	48	115	48	115	—	—	—	—		
巴东	69	82	69	82	—	—	—	—		

说明:

　　一、本表所列被敌机轰炸人数,全采用本府编印之湖北省抗战以来敌机空袭损害统计表内所列数字,其来源及编列情形,业详该表说明,兹不赘述。

　　二、团队作战伤亡人数系根据本省保安处查报数字填列。

　　三、本省因抗战死伤之人口,除被敌机轰炸及团队作战伤亡者外,尚有被敌人屠杀及其他原因之死伤,颇不在少数,惟此类数字尚无专案查报,一时无法详列,并被轰炸死伤部分,亦有遗漏。本表为求死伤人数比较翔实,特加临时补查一栏,由短期间所搜集之各项公私报告中,尽量参酌补列,并分别注明死伤原因及数字来源,以备查考及将来校正之资。至无依据之传说,则以尚待证实,故不计列。

　　四、本类所搜集之材料,均系截至二十八年十二月底止。在抗战以来,死伤事实,颇具**繁多**,本表所列不少挂漏,均待以后陆续调查补充。

[湖北省政府秘书处统计室编:《湖北省概况统计》(1940 年 3 月),湖
　　北省档案馆馆藏档案,档案号 LSA2.14—10]

3.《湖北省抗战损失统计》前言及人口伤亡统计说明（1946年2月）

前　言

一、本编材料系根据各县市各机关依照行政院颁抗战损失查报表式及本府派员调查之报告综合编列，情形特殊之县份，则由本府统计室根据已有之材料估计列入。

二、关于国营事业及中央驻省机关之财产损失照规定由各该机关汇齐层转，概未列入。

三、本编计分人口伤亡、难民统计及公私财产损失三类。

四、人口伤亡数字系自七七事变起至三十四年八月十四日止。

五、难民数系依三十五年一月调查数字编列。

六、公私财产损失中计分省属机关团体、教育、省营事业及人民财产损失等六项。

七、省营事业计分农业、工业、矿业、公路、电讯、航业、公用事业及银行等六部分；民营事业计分工业、矿业及公用事业三部分，人民财产损失计分房屋、粮食、土布、棉花、耕牛、农具及其他七部分。

八、本编损失价值均以国币元为单位，原列系损失时之价值，为求一律起见，依照各该物品三十五年二月与其损失时价值之价比予以换算。

人口伤亡

湖北省人口伤亡统计

附本省各区分区人口伤亡统计

说明：

1．本表人口伤亡系指受敌军攻击、敌机轰炸、敌人任意拘囚、横施毒刑、大举屠杀或人民自卫抗战等项情形而伤亡之人口数字编列。

2．军人伤亡未列入

[湖北省政府社会处统计室编：《湖北省抗战损失统计》（1946年2月），湖北省档案馆馆藏档案，档案号 LSA2.24—18]

4. 湖北省人口伤亡统计表（1946年2月）

三十五年二月

区别	共计					重伤				
	合计	男	女	幼童	不明	合计	男	女	幼童	不明
总计	928,596	516,170	348,797	31,222	32,407	234,559	135,672	91,236	7,651	—
汉口市	93,630	47,704	36,275	3,424	6,227	14,629	3,323	5,628	678	—
武昌市	55,293	28,862	20,523	1,640	4,268	10,919	6,336	4,218	365	—
汉阳市	7,684	4,064	3,051	257	312	1,841	986	782	73	—
第一区	199,656	110,933	78,144	8,690	1,384	63,617	35,842	26,768	2,007	—
第二区	116,497	63,794	46,428	3,963	2,312	29,790	16,887	11,739	1,164	—
第三区	118,211	65,588	44,636	2,666	5,321	30,596	17,197	12,599	800	—
第四区	144,479	81,687	52,903	5,105	4,784	37,442	21,137	15,109	1,198	—
第五区	106,035	65,803	34,821	2,869	2,542	26,871	16,774	9,216	381	—
第六区	80,321	42,894	30,232	2,492	4,703	16,998	10,902	5,657	439	—
第七区	5,825	4,209	1,526	90	—	1,659	1,171	449	39	—
第八区	965	627	258	26	54	197	117	71	9	—

区别	轻 伤					死 亡				
	合计	男	女	幼童	不明	合计	男	女	幼童	不明
总计	176,295	102,094	69,073	5,123	—	517,742	278,404	188,488	18,443	32,407
汉口市	20,266	11,012	8,631	623	—	58,735	28,369	22,016	2,123	6,227
武昌市	11,035	7,112	3,669	254	—	33,339	15,414	12,636	1,021	4,268
汉阳市	1,360	762	541	57	—	4,483	2,316	1,728	127	312
第一区	31,153	16,515	13,465	1,173	—	104,886	58,581	38,911	5,510	1,834
第二区	29,230	15,372	12,889	969	—	57,477	31,535	21,800	1,830	2,312
第三区	24,573	14,220	9,842	511	—	63,042	34,171	22,195	1,355	5,321
第四区	30,331	19,845	9,665	321	—	76,706	40,705	28,129	3,088	4,784
第五区	17,594	10,626	6,502	466	—	61,570	38,403	19,103	1,522	2,542
第六区	9,005	5,358	3,420	227	—	54,318	26,634	21,155	1,826	4,703
第七区	1,585	1,162	401	22	—	2,581	1,876	676	29	—
第八区	163	110	48	5	—	605	400	139	12	54

[湖北省政府社会处统计室编:《湖北省抗战损失统计》(1946 年 2 月),湖北省档案馆馆藏档案,档案号 LSA2.24—18]

5. 湖北省敌人屠杀人口统计表（1946年2月）

三十五年二月

区别	共计					重伤				
	合计	男	女	幼童	不明	合计	男	女	幼童	不明
总计	660,395	382,228	229,994	15,766	32,407	154,416	95,195	55,725	3,496	—
汉口市	57,832	31,776	18,273	1,556	6,227	7,261	5,109	2,028	124	—
武昌市	30,347	17,008	8,844	727	4,268	4,520	3,121	1,301	98	—
汉阳市	3,866	2,154	1,303	97	312	531	327	183	21	—
第一区	98,195	64,405	30,154	1,752	1,884	29,025	20,001	8,668	356	—
第二区	92,107	49,907	37,604	2,284	2,312	21,787	12,373	8,837	577	—
第三区	95,283	53,587	34,746	1,629	5,321	24,034	13,733	9,766	535	—
第四区	121,733	68,984	44,381	3,584	4,784	32,060	18,248	12,908	904	—
第五区	92,107	58,177	29,160	2,228	2,542	22,072	13,927	7,576	569	—
第六区	67,634	35,726	25,314	1,891	4,703	12,981	8,271	4,404	306	—
第七区	—	—	—	—	—	—	—	—	—	—
第八区	791	504	215	18	54	145	85	54	6	—

〔湖北省政府社会处统计室编：《湖北抗战损失底稿》（1946年2月），湖北省档案馆馆藏档案，档案号 LS2—1—147〕

6. 湖北省散人屠杀人口统计表（续）（1946 年 2 月）

三十五年二月

区　别	轻　伤					死　亡				
	合计	男	女	幼童	不明	合计	男	女	幼童	不明
总　计	114,498	70,767	41,156	2,575	—	391,481	216,266	133,113	9,695	32,407
汉口市	6,117	4,669	1,327	121	—	44,454	21,998	14,918	1,311	6,227
武昌市	4,099	2,669	1,332	98	—	22,228	11,218	6,211	531	4,268
汉阳市	765	416	324	25	—	2,570	1,411	796	51	312
第一区	14,145	9,135	4,735	275	—	55,025	35,269	16,751	1,121	1,884
第二区	22,945	11,878	10,414	653	—	47,375	25,656	18,353	1,054	2,312
第三区	18,885	11,500	7,073	312	—	52,364	28,354	17,907	782	5,321
第四区	24,988	16,573	7,796	619	—	64,685	34,163	23,677	2,061	4,784
第五区	15,113	9,431	5,369	313	—	54,922	34,819	16,215	1,346	2,542
第六区	7,325	4,422	2,747	156	—	47,328	23,033	18,163	1,429	4,703
第七区	—	—	—	—	—	—	—	—	—	—
第八区	116	74	39	3	—	530	345	122	9	54

[湖北省政府社会处统计室编：《湖北抗战损失底稿》（1946 年 2 月），湖北省档案馆馆藏档案，档案号 LS2—1—147]

（三）财产损失资料[①]

1. 抗战两年来湖北省主要产物输出贸易损失总表一（1939年）

项　　别	共计（千元）	损失估计（千元）	
		第一周年	第二周年
总计	243,650	101,350	142,300
猪鬃	2,300	400	1,900
猪肠	1,300	300	1,000
生水黄牛皮	5,850	1,350	4,500
羊皮	1,500	——	1,500
蛋品	4,275	——	4,275
鸭毛	100	——	100
未列名动物产品	4,500	2,000	2,500
茶	8,775	2,600	6,175
黑木耳	1,700	700	1,000
茯苓	570	270	300
五棓子	360	160	200
滕竹木及制品	680	280	400
芝麻	3,750	1,250	2,500
豆类	1,500	500	1,000
豆饼	7,650	3,150	4,500
棉饼	640	240	400
桐油	10,600	3,200	7,400
柏油	3,200	1,200	2,000
面粉	950	——	950
麸糠	1,600	600	1,000
棉花	151,100	72,100	79,000
苎麻	7,500	2,500	5,000
未列名植物产品	4,800	1,800	3,000
生丝	1,170	270	900
本色棉纱	9,000	3,000	6,000
铁矿砂	2,850	1,350	1,500
石膏	2,550	1,050	1,500
生漆	1,080	480	600
未列名杂货	1,800	600	1,200

[湖北省政府秘书处统计室编：《抗战两年来湖北省公私损失统计》
（1939年），湖北省档案馆馆藏档案，档案号 LS3—1—812—3]

[①] 以下档案资料中，涉及财产损失的货币统计数据，凡未标明币种者均为法币（亦称为国币），凡未标明货币
单位者均以"元"为单位。特此说明。

2. 抗战两年来湖北省主要产物输出贸易损失总表二（1939 年）

抗战第一周年

项别	平常年输出净值	本年出口占平常年百分数	损失估计	备注
总计	143,600	—	101,350	
猪鬃	2,000	80	400	
猪肠	1,000	70	300	
生水黄牛皮	4,500	70	1,350	
羊皮	1,500	—	—	
蛋品	4,500	—	—	
鸭毛	100	—	—	
未列名动物产品	2,500	20	2,000	
茶	6,500	60	2,600	
黑木耳	1,000	30	700	
茯苓	300	10	270	
五棓子	200	20	160	
滕竹木及制品	400	30	280	
芝麻	2,500	50	1,250	
豆类	1,000	50	500	
豆饼	4,500	30	3,150	
棉子饼	400	40	240	
桐油	8,000	60	3,200	
柏油	2,000	40	1,200	
面粉	1,000	—	—	
麸糠	1,000	40	600	
棉花	79,000	10	72,100	
苎麻	5,000	50	2,500	
未列名植物产品	3,000	40	1,800	
生丝	900	70	270	
本色棉纱	6,000	50	3,000	
铁矿砂	1,500	10	1,350	
石膏	1,500	30	1,050	
生漆	600	20	480	
未列名杂货	1,200	50	600	

说明：

一、本表输出净值，系根据本府统计年鉴第一回商业部分对外贸易之数字。

二、表列输出项目，仅列其主要种类，且纯系本省所产者，他如各地货物集中本省各埠转关出口者，概未计入。

三、表列净值为出口总值减进口总值所得之差。

四、本年输出占平常年之百分数，系按当时战局及航路、陆路交通输运情形并参照有关贸易之各类书报，酌量估计之数。

五、损失估计系用下式求得：平常年输出净值-本年输出总值=本年损失总值。

[湖北省政府秘书处统计室编：《抗战两年来湖北省公私损失统计》（1939年），湖北省档案馆馆藏档案，档案号 LS3—1—812—3]

3．抗战两年来湖北省游击战区农民损失估计总表（1939 年）

单位：元

县市别	共计	对总数百分比	直接损失	间接损失	备注
总计	324,500,181	100.00	191,135,426	133,414,755	
武昌	14,857,002	4.57	8,912,589	5,944,413	
汉阳	8,349,499	2.66	4,649,170	3,690,329	
嘉鱼	3,956881	1.20	2,145,153	1,761,728	
咸宁	3,521,992	1.05	1,906,854	1,615,138	
蒲圻	5,001,645	1.55	2,777,847	2,253,798	
当阳	2,278,929	0.70	1,393,966	824,963	
通城	4,522,124	1.39	3,507,501	1,014,623	
通山	3,043,296	0.94	1,448,536	1,594,760	
阳新	7,254,937	2.23	3,641,297	3,613,640	
大冶	7,500,981	2.31	3,841,808	3,659,173	
鄂城	10,795,196	3.32	5,833,163	4,902,033	
黄冈	17,122,304	5.27	8,740,819	8,381,485	
浠水	12,013,557	3.70	6,097,017	5,316,540	
蕲春	8,756,471	2.76	4,614,753	4,141,718	一、直接损失系指遭受
广济	7,948,336	2.44	4,808,484	3,139,852	敌人劫掠、抢夺、屠杀、
黄梅	9,866,140	3.03	6,346,981	3,519,159	焚烧、毁坏、践踏、淹
英山	3,419,857	1.05	2,172,820	1,247,037	没而言。
罗田	3,342,069	1.02	1,957,858	1,384,211	二、间接损失系指逃避
麻城	14,248,941	4.39	8,884,221	5,364,720	迁徙，致各项收入之减
黄安	5,848,683	1.80	3,880,896	1,967,787	少，及意外之开支费用
黄陂	9,334,469	2.87	6,195,024	3,139,445	而言。
礼山	4,194,603	1.29	2,806,723	1,387,880	
孝感	14,838,736	4.57	8,166,385	6,672,351	
云梦	4,659,365	1.43	3,085,596	1,573,769	
汉川	10,398,314	3.20	6,762,772	3,633,542	
应城	9,502,834	2.92	5,382,868	4,119,966	
安陆	8,023,130	2.47	5,333,002	2,690,128	
应山	10,344,756	3.18	7,023,729	3,321,027	
随县	17,248,106	5.31	11,360,346	5,882,760	
钟祥	15,391,901	4.74	8,765,385	6,634,516	
京山	12,383,750	3.82	8,206,473	4,177,277	
天门	19,690,078	6.05	10,150,483	9,539,595	
沔阳	19,006,716	5.85	9,817,832	9,183,884	
潜江	11,928,923	3.67	7,320,384	4,606,539	
汉口市	4,051,660	1.25	2,596,691	1,454,969	

[湖北省政府秘书处统计室编：《抗战两年来湖北公私损失统计》（1939
年），湖北省档案馆馆藏档案，档案号 LS3—1—812—2]

4．抗战两年来湖北省游击战区农民直接损失估计总表（1939 年）

单位：元

县市别	直接损失					
	共计	主要农产物	农业副产物	房屋	牲畜	什物及农具
总计	191,135,426	76,302,260	4,893,638	14,233,100	44,209,082	51,497,356
武昌	8,912,589	5,297,942	156,584	456,680	1,435,551	1,565,832
汉阳	4,649,170	791,824	141,740	413,420	7,884,794	1,417,392
嘉鱼	2,145,153	736,159	60,964	177,870	560,320	609,840
咸宁	1,906,854	629,874	56,064	163,520	496,756	560,640
蒲圻	2,777,847	1,142,161	71,808	209,440	636,358	718,080
当阳	1,393,966	203,560	57,554	167,790	389,686	575,376
通城	3,507,501	911,829	44,160	128,800	1,981,112	441,600
通山	1,448,556	858,262	25,920	75,400	229,554	259,200
阳新	3,641,287	382,424	143,112	417,410	1,268,231	1,431,120
大冶	3,841,808	452,938	148,728	433,790	1,319,072	1,487,280
鄂城	5,833,103	2,052,250	167,192	484,120	1,469,665	1,659,936
黄冈	8,740,819	1,736,940	307,584	897,120	2,723,335	3,075,840
浠水	6,697,017	2,980,302	163,200	476,000	1,445,515	1,632,000
蕲春	4,614,053	1,182,720	150,692	439,530	1,334,899	1,506,912
广济	4,808,484	1,115,199	112,628	328,510	999,603	2,252,544
黄梅	6,346,981	2,454,114	118,774	346,430	1,052,191	2,375,472
英山	2,172,820	1,001,820	51,430	150,010	455,264	514,296
罗田	1,957,858	653,970	57,280	165,690	508,110	572,808
麻城	8,884,221	4,045,620	212,544	619,920	1,880,697	2,125,440
黄安	3,880,096	1,161,944	123,816	361,130	995,846	1,238,160
黄陂	6,195,024	1,778,152	205,408	564,130	1,713,246	1,934,088
礼山	2,806,123	969,620	80,640	235,200	714,863	806,400
孝感	8,166,385	3,093,760	222,672	649,460	1,973,773	2,226,720
云梦	3,085,596	1,585,440	65,374	190,680	590,366	653,736
汉川	6,762,772	3,427,340	146,496	427,280	1,296,696	1,464,960
应城	5,382,868	2,990,480	111,872	326,270	835,534	1,118,712
安陆	5,333,002	3,058,740	99,840	291,200	884,822	998,400
应山	7,028,729	3,230,931	147,840	431,200	1,335,358	1,878,400
随县	11,360,346	5,926,580	254,880	743,400	1,886,686	2,548,800
钟祥	8,764,385	4,678,324	179,432	523,320	1,589,997	1,794,312
京山	8,200,473	3,670,100	199,216	581,000	1,763,989	1,992,168
天门	10,150,483	5,722,300	225,144	656,670	1,294,929	2,251,440
沔阳	9,810,832	2,783,676	304,568	888,300	2,795,646	3,045,672
潜江	7,300,384	3,436,900	170,592	497,560	1,509,412	1,705,920
汉口市	2,596,691	138,125	107,880	374,650	957,236	1,078,800

[湖北省政府秘书处统计室编：《抗战两年来湖北省公私损失统计》(1939
年)，湖北省档案馆馆藏档案，档案号 LS3—1—812—2]

5．抗战两年来湖北省各项紧急经费支出损失统计表（1939年）

款　　别	支出概数	备　　注
总　　计	5,000,000	
广州建设厅代购麻袋价款	60,000	
武汉军事特别防务费	40,000	
汉口市政府领购麻袋费	30,000	
武昌市政处收买凤凰山民房拆迁价款	1,000	
武汉防空指挥部防空设备费	50,000	
武汉警备旅购置无线电机费	2,000	
武汉警备旅战时卫生材料及军医处医疗器械费	2,000	表列各项防空设备费，系包括在抗战期间由库担任各项防空设备及各机关建筑防空壕、地下室，并建筑机场工程等费，合并注明。
搭盖徐家棚军用、草棚用费	5,000	
蔡甸第十一陆军医院购置费	12,000	
伤兵被褥等费	6,000	
民政厅购置积谷麻袋费	50,000	
省会警察局临时防护费	2,000	
水上警察局紧急临时费	1,000	
武胜关防御工程费	500,000	
白浒山炮兵阵地民房拆迁费	3,000	
省府担任武汉防空经费	250,000	
各干部人员训练经费	150,000	
各项防空设备费	3,836,000	

[湖北省政府秘书处统计室编：《抗战两年来湖北省公私损失统计》（1939年），湖北省档案馆馆藏档案，档案号 LS3—1—812—3]

6. 抗战两年来湖北省税收损失统计总表（1939年）

单位：元

科目	两年损失共计	二十六年七月至二十七年六月			二十七年七月至二十八年六月		
		应收数	实收数	损失数	应收数	实收数	损失数
总计	42,956,050	39,382,063	23,957,231	15,424,832	40,220,101	12,688,883	27,531,218
田赋	3,936,006	5,040,642	2,455,513	2,585,129	5,198,606	847,729	4,350,877
契税	1,295,062	1,052,520	585,771	466,749	1,052,520	224,207	828,313
营业税	4,446,510	9	3,359,962	732,127	4,757,083	1,042,700	3,714,383
保安经费收入	6,784,083	5,345,499	2,795,529	2,549,970	5,345,499	1,111,386	4,234,113
公产租金	989,930	760,368	370,031	390,337	760,368	160,775	599,593
堤工捐	551,079	379,867	172,054	207,813	394,947	51,681	343,266
工地清查收入	3,294,616	1,954,998	442,400	1,512,598	1,954,998	172,980	1,782,018
各项收入	5,817,590	9,347,350	7,085,460	2,261,890	9,347,350	5,791,650	3,555,700
县地方收入	7,985,782	7,362,570	3,858,199	3,504,371	7,362,570	2,881,159	4,481,411
汉口市收入	4,855,392	4,046,160	2,832,312	1,213,848	4,046,160	404,616	3,641,544

说明：

一、表列保安经费收入，系田亩捐及商铺捐。

二、表列县地方收入，系各县地方田赋附加、契税附加、屠牙附加、公学产租课及杂项收入。

三、表列各项款目，均另编详细分表于后。

[湖北省政府秘书处统计室编：《抗战两年来湖北省公私损失统计》(1939年)，湖北省档案馆馆藏档案，档案号 LS3—1—812—3]

7. 湖北省贸易概说与抗战两年来损失（1939 年）

本省对外贸易之研究，本室曾于二十六年根据江汉、宜昌、沙市、三海关历年贸易统计及平汉粤汉两路局货运登记表册，照实际情形，按各项进出口货物，酌量加以估计，编成《本省对省外国外贸易初步估计》。输出方面之主要货品为猪鬃、猪肠、生水黄牛皮、羊皮、蛋品、茶、木耳、茯苓、五桐子、芝麻、豆类、棉子饼、桐油、面粉、麸糠、棉花、苎麻、生丝、棉纱、铁矿砂、石膏、生漆及其他产物共二十九种，平常年输出净值约国币一万四千三百余万元。上项货物纯系本省出产，如邻省集中本省各埠转运出口者，均经剔除，未予列入。至输入方面，计有糖品、麻毛织品、饮食品及药品等三十二种，总值一万三千四百余万元，出入相抵，出超约八百七十万元。自"七七"神圣抗战展开以后，海口多被敌人封锁，沪汉航线，亦告中断，所有输出输入之货物，遭受重大打击。徐州争夺战起，平汉陇海两路，全部用于军事，北上运输，同时遮断，其时本省外运路线，仅粤汉一路而已。复以军运频繁，车辆缺乏，货运方面，亦感困难，除贵重货物有少数出口外，其余大部土货，无法运销，故第一年贸易总额剧烈下降，为数仅及往年三分之一。迨次年七八两月，猪鬃蛋品等各有极少数之外销，其余进口出口全部停滞。十月间广州放弃，武汉相继退出，至此本省对外贸易，整个断绝，其损失之惨巨，自无待赘言矣。

按此次损失之编制，仅以本府第一回统计年鉴内贸易数字作根据，分抗战第一年与第二年损失两表，每项损失数参照平时运销国别，与当时战局及航路陆路交通运输情形，并查考有关贸易各类书报，酌量估计。第一年输出损失约一万零一百余万元，第二年损失约一万四千二百余万元，两年共计约二万四千四百余万元。惟关于进口货物之总值未及编列，一以此项数字不易搜集，一以抗战以后外汇上涨，运费增加，因之成本提高，售价昂贵，销路无形减少，凡非必需物品，多以国产代替，输入数额之税减，自系意中事。本篇仅估计本省主要产物输出之损失，为对外贸易之一部，至进出口全部统计之编制，惟有俟诸异日。

[湖北省政府秘书处统计室编：《抗战两年来湖北省公私损失统计》(1939 年)，湖北省档案馆馆藏档案，档案号 LS3—1—812—3]

8. 湖北省特产概说与抗战两年来损失 (1939 年)

本省特产首推棉、麻、茶、桐，次为柏油、生漆及桐子等各项，每年输出总值连一万万元以上，为国际贸易之主要商品，关系于农民生活及本省经济至深且巨，慨自抗战以远，水陆交通发生阻滞，运输颇感艰困，因而价格低落，市场萧涩。二十七年七月间敌寇窜入省境，泥足所至，庐舍为墟，鄂东各县产棉弃丰，因战事激烈，居民逃避一空，田园荒芜农作尽弃，十月武汉撤退敌人深入，鄂东鄂南鄂中三十四县，相继沦陷，其时正值棉花吐絮之际，不遭践踏，即被封弃，故直接损失于敌人之手者，约十之七八，间接因棉农迁徙风雨腐蚀者又十之二三，故游击战区内特产一项全部列为损失。至麻、茶、桐油等类，均为敌人窥觎之资源，直接间接无一不遭受其损害，若后方各县直接固无损失之可言，但外销断绝，市场停滞，价格惨落，农民亏损最大。棉花每市担售价二十五元，苦无顾主，桐油、生漆贬价出沽，亦难脱手，损失之重，为数亦为不少。

本篇编制方法系根据各县各类之年产量，参照当时战况及沦陷时期之先后，分直接损失与间接损失两部，同时并按各种特产之收获季节，酌量其损失数之多寡，如棉（十一月收获）桐油、柏油（均系冬季收获），仅列二十七年之损失数。茶、麻（均系春夏季收获），则编有两年之损失，后分别其种类性质何者需最迫，掠夺较，何者运输不便，遗弃居多，准此推估，故各县各类之损失，均有差别，未可固定其通一标准也。后方间接损失仅列数量较大者棉花、桐油、生漆三种。各种损失数，由下式求得：

$$损失数=年产量×战前三年平均市价－（年产量×战后市价）$$

综计本省六种特产之损失，总值 125,320,605 元，其分类概数如下：

棉	86,298,615 元
麻	8,355,850 元
茶	13,038,480 元
桐油	10,363,780 元
柏油	2,783,880 元
生漆	4,080,000 元

此外本省所产之桐子、茯苓等数量亦多，惟各县究有若干，以往未见翔实调查，不便臆断，姑于商业部门之主要产物输出损失内，各为计列，聊资补充，本篇暂付阙如。

[湖北省政府秘书处统计室编：《抗战两年来湖北省公私损失统计》
（1939 年），湖北省档案馆馆藏档案，档案号 LS3－1－812－2]

9. 湖北省矿业概说与抗战两年来损失（1939 年）

本省矿产之具有经济价值者，以铁矿为最，膏盐及煤矿次之，其蕴藏之富在国内亦占重要地位，惟因人力财才不足，未能充分开发，货弃于地，殊属可惜。省营矿业之已开采者仅象鼻山铁矿一处，民营矿业公司全省共计七十余家（未经正式注册或未呈准试探之私营小矿未计在内）。

在抗战第一年期间，本省各矿除象鼻山铁矿及应城石膏公司因矿产品销路滞涩以致生产减少外，其余各矿所受影响尚称轻微。迨至第二年间敌寇侵入鄂境，鄂东鄂南鄂中三十四县先后沦为游击战区，大冶、阳新一带煤矿公司及应城膏盐公司所存矿产品多被敌寇劫夺，象鼻山铁矿所有机件设备虽已奉令迁运至巴东（仅约四分之一）。惟该矿之为敌寇垂涎，闻现已补充机件设备，开始发矣。至其他各县矿区，多僻处乡间，且规模甚小，敌寇未甚注意，故除因战事关系停止开采蒙受生产减少之损失外，其被敌寇采发或掠夺者尚属有限。据此次统计其损失如下：

甲、省营矿业　直接损失　　2,730,000 元
　　　　　　　间接损失　　978,145 元
　　　　　　　共　　计　　3,708,145 元
乙、民营矿业　直接损失　　1,710,000 元
　　　　　　　间接损失　　7,935,000 元
　　　　　　　共　　计　　9,645,000 元
丙、损失总计　　　　　　　13,353,145 元

本省矿业素无详细统计，材料异常缺乏，故此次估列矿业损失极感困难，除象鼻山铁矿损失系根据该矿管理处报告估计及秭归矿业损失系根据该县报告填列外，其余各矿均系根据本省第一回年鉴及本府二月份行政统计，再参酌向各方面探询所得材料估计编列。至估计方法，系依据下列各式计算：

一、生产减少[停工月数×平时每月平均生产值]+[开采月数×（平时每月平均生产值-战时每月平均生产值）]。

二、直接损失=资产总值-迁出部分总值。民营各矿多无资产调查，故直接损失部分仅列矿产品之损失，至估计方法，则视其矿产为敌寇所需要之程度及交

通情形而定，损失成分之高低，其最高者占其年产量百分之三十（大冶），其次占百分之二十（应城），最低占百分之十五（阳新）。

又汉冶萍铁矿，因被军政部借用，其机件等亦由经济部迁建委员会迁运后方，本篇故未列入。

抗战两年来湖北省省营、民营矿业损失总表

项别		总计	省营矿业	民营矿业
总计		13,353,145	3,708,145	9,645,000
直接损失（元）	共计		2,930,000	1,710,000
	厂屋		20,000	—
	机件		430,000	—
	运输工具		1,800,000	—
	矿产品		48,000	—
间接损失（元）	共计		9,78,145	—
	生产减少		960,000	7,935,000
	拆迁费		18,145	—

[湖北省政府秘书处统计室编:《抗战两年来湖北省公私损失统计》(1939年），湖北省档案馆馆藏档案，档案号 LS3－1－812－2]

10．湖北省工业概说与抗战两年来损失（1939 年）

　　本省省营工厂，仅纱布丝麻四局等十厂（制革厂、毛呢厂租与军政部未计在内）资产总额约计十三百余万元。民营工厂全省共计七百四十九家，资本总额达五十余万元，集中于武汉者计六百零三家，占全省总数百分之八十。

　　自卢沟桥事变发生之日起二十八年六月止，在抗战第一年间本省各城镇时遭敌机轰炸，市面萧条，各业工厂有因生产品销路滞涩，以致生产减少或停歇者，有因原料价格昂腾成本增高以致亏累倒闭者；尚有少数工厂，直接牺牲于空袭之下者，其损失程度虽较逊于第二年，但统计全省损失，其数字亦属可观。迨至去岁七八月间，九江瑞昌相继沦陷，敌寇侵入鄂境以来，鄂东各县如广济、浠水、蕲春、大冶、黄冈等县工厂，除少数性质重要、规模较大工厂（如华计水泥厂等）奉令迁移内地或附近乡村外，其余各厂或被敌机炸毁，或遭敌寇掠夺摧残或自行停闭。十月武汉放弃，鄂南鄂中各县次第沦为战区，省营工厂之各有价值者，均奉令先后迁移后方（详省营工厂损失表），武汉民营工厂之比较重要者，亦多陆续迁出，筹备复工。其中冶炼业之拆迁者计六河沟炼铁厂、顺昌铁工厂等二十家迁重庆、常德、陵沅等地，纺织业拆迁者计申新、大成迁宝鸡，裕华迁重庆（第一纱厂迁移地点不明）。染织业拆迁者计和兴、亚东、远东、善昌、东华等四十八家，迁宝鸡、常德、沅陵、祁阳等地。电业之拆迁者计既济水电公司迁重庆（仅迁一公司汉阳电厂迁地不明）。面粉业之拆迁者计腾新迁西安，福新迁宝鸡重庆，五丰迁沅陵。机器业之拆迁者计吕方记、洪顺、周恒顺、胡尊记等五十家，分迁西安、宝鸡、重庆、衡阳、祁阳、沅陵等地。其他各业拆迁者，计应城石膏制品厂迁老河口，建华油漆厂、振兴糖果厂迁重庆。沙市各业工厂，除信义面粉厂尚未迁移外，其余各厂均分别迁移内地。此外各县工厂之自动迁移安全地带者，亦不在少数（约占三分之一）。至留存战区未经迁出之各厂，其损失情形大致亦如上述鄂东各县相若。据此次统计，全省公私各业工厂损失如下：

　　甲、省营工厂　　直接损失：　　　　15,760,668

　　　　　　　　　　间接损失：　　　　898,439,361

　　　　　　　　　　共　　计：　　　　14,200,029

　　乙、民营工厂　　直接损失：　　　　11,854,500

　　　　　　　　　　间接损失：　　　　89,721,500

　　　　　　　　　　共　　计：　　　　101,576,000

　　丙、损失总计　　　　　　　　　　115,796,029

本篇资料来源：一、根据各警察局及各县政府报告；二、根据各地难民口述；三、向各有关系方面探询所得；四、参考《湖北省第一回年鉴》、《湖北省工业概况》及第一、二次战时调查报告。惟此次各方面报告极不完整，如仅言该地工厂炸毁若干家，被敌摧残若干家，迁移或停闭若干家，鲜有载明其损失数字者，故本篇所列数字除少数工厂系根据报告外，其余概系参酌各方所有资料，估计编列，其估计方法如下：

一、生产减少=[停工月数×平时每月平均生产值]+[开工月数×（平时每月平均生产值－战时平均每月生产值）]。

二、拆迁费=拆迁吨数×（每吨运输费+每吨平均拆卸等费）。

三、厂屋机件设备原料及制成品全部损失=资产总值

如非全部损失则依其规模、性质、所在地及损失程度参酌其资产总值（若无资产数字即照其资本额）按成估计。

至各地工厂遭受损失之家数，有未据报告，亦有用估计编列者，如汉口方面之花楼街民生路、民权路、黄陂街大夹街一带房屋，据说已被敌寇焚毁，故凡在各该地带之工厂，即以其二分之一作为损失而估计之。

本篇所列各业工厂，概以置有动力机或机器工作者为限，不拘工人多寡。至其他类似农、民、副业之手工业（如手工纺织），因已列在农民副业损失项中，故未赘。

抗战两年来湖北省省营民营工厂损失总表

项别		总计	省营工厂	民营工厂
总计		115,776,029	14,200,029	101,576,000
直接损失（元）	共计		5,760,668	11,854,500
	厂屋		320,000	1,093,500
	机件		5,045,668	5,665,700
	设备		255,000	3,415,900
	原料及制成品		—	1,679,400
	其他		140,000	—
间接损失（元）	共计		8,439,361	89,721,500
	生产减少		8,071,000	86,787,000
	拆迁费		368,361	2,934,500

[湖北省政府秘书处统计室编：《抗战两年来湖北省公私损失统计》(1939年)，湖北省档案馆馆藏档案，档案号 LS3—1—812—2]

11. 抗战两年来湖北省省营工厂损失估计表（1939年）

厂名	所在地	总计	直接损失（元）					间接损失（元）			备注
			共计	厂屋	机件	设备	其他	共计	生产减少	拆迁费	
总计		14,200,029	5,760,668	320,000	5,045,668	255,000	140,000	8,439,361	8,071,000	368,361	
纱布丝麻四局	武昌	12,090,000	4,600,000	200,000	4,200,000	100,000	100,000	7,490,000	7,200,000	290,000	纱布局一部分迁宝鸡，一部分迁巴东益阳麻局。麻局迁出机件，仅占全部二分之一
白沙洲造纸厂	武昌	9,148						9,148		9,148	迁巴东
官纸印刷局	武昌	42,000	42,000	40,000		2,000					
官砖厂	汉阳	75,000						75,000	75,000		迁万县
航务处修船厂	武昌	353,381	25,668		25,668			327,713	270,000	57,713	
武昌水电厂	武昌	1,320,000	1,040,000	60,000	800,000	150,000	30,000	280,000	270,000	10,000	该厂仅迁一小部分至巴东，余均未迁出
宝善米厂	汉口	310,500	53,000	20,000	20,000	3,000	10,000	257,500	256,000	1,500	该厂仅迁一小部分迁秭归

说明：

一、本表所列各厂之直接损失，除修船厂系根据航务处报告填列外，其余纱布丝麻四局，武昌水电厂，宝善米厂等厂，均系按照其全部资产总值减除其迁出部分估计编列。

二、本表所列各厂拆迁费：除纱布局（麻局由武昌迁宜昌在内）造纸厂及修船厂等之拆迁费，系根据该厂报厅预算填列外，其余武昌水电厂、宝善米厂及麻局由宜昌迁万县拆迁费，概系依照其迁移吨数估计。

三、其他一项，包括废铁、废料及麻袋等物。

[湖北省政府秘书处统计室编：《抗战两年来湖北省公私损失统计》（1939年），湖北省档案馆馆藏档案，档案号 LS3－1－812－2]

12．抗战两年来湖北省各县市商店损失估计总表（1939 年）

县、市别	共计	直接损失（元）	间接损失（元）
总计	176,006,350	96,136,350	79,870,000
汉口市	69,954,500	22,454,500	47,500,000
武昌城区	13,392,250	9,242,250	4,150,000
汉阳城区	5,299,500	3,549,500	1,750,000
武昌	635,000	345,000	290,000
汉阳	810,000	460,000	350,000
嘉鱼	1,025,000	575,000	450,000
咸宁	1,512,400	952,400	560,000
蒲圻	1,824,650	1,204,650	620,000
崇阳	1,250,000	800,000	450,000
通城	1,250,000	800,000	450,000
通山	1,475,000	975,000	500,000
阳新	2,425,000	1,650,000	775,000
大冶	2,570,000	1,690,000	880,000
鄂城	2,635,600	1,860,600	775,000
黄冈	2,494,550	1,614,550	880,000
浠水	2,695,000	1,975,000	720,000
圻春	2,303,000	1,528,000	775,000
广济	3,773,400	2,683,400	1,096,000
黄梅	2,520,000	1,745,000	275,000
英山	825,000	475,000	350,000
罗田	825,000	475,000	350,000
麻城	2,657,450	1,782,450	875,000
黄安	877,800	527,800	350,000
黄陂	1,425,000	650,000	775,000
礼山	764,000	464,000	300,000
孝感	2,630,750	1,755,750	875,000
云梦	1,150,000	750,000	400,000
汉川	1,610,000	950,000	660,000
应城	3,150,000	2,275,000	875,000
安陆	1,170,000	720,000	450,000

县、市别	共计	直接损失（元）	间接损失（元）
应山	2,767,000	1,392,000	875,000
随县	3,426,000	2,546,000	880,000
钟祥	2,939,000	2,059,000	880,000
京山	2,670,000	1,950,000	720,000
天门	2,730,000	1,750,000	980,000
沔阳	3,080,000	2,100,000	980,000
潜江	980,000	620,000	360,000
监利	129,000	14,000	115,000
公安	848,000	848,000	—
江陵	475,000	360,000	115,000
荆门	3,036,000	2,566,000	470,000
宜城	691,000	476,000	215,000
枣阳	2,970,000	2,500,000	470,000
襄阳	1,924,900	1,354,900	570,000
光化	268,900	48,900	220,000
谷城	550,000	440,000	110,000
当阳	339,000	339,000	—
宜昌	7,364,000	5,664,000	1,700,000

[湖北省政府秘书处统计室编：《抗战两年来湖北省公私损失统计》（1939年），湖北省档案馆馆藏档案，档案号 LS3—1—812—3]

13. 抗战两年来湖北省金融概说与损失（1939年）

查本省省银行于抗战两年来直接所受损失约计一百一十三万二千元,间接所受损失约计十九万三千五百元,共计一百三十二万五千五百元,业列详表附后。至其他公私银行, 多系分行、支行, 咸隶属于各该总行, 其同抗战所受之损失, 均直接报告各该总行。即在抗战以前, 此类银行存放款之多寡, 汇兑之增减, 及全部营业之损益, 向来保守秘密, 不肯公开, 均由各该总行汇编报告, 呈报财部。故本编除省银行外, 对其他公私银行抗战两年来各项损失, 概未估列, 以免重叠。

至本省各县市钱庄及典当所受损失, 均于商业部门, 通盘估计, 列入商业损失表内, 不再另编。

查本省公债, 因抗战关系, 募销停滞, 在本省财政方面计, 固属减少一部分收入, 就公债本身价值而言, 似无若何损失, 故亦未计数编列。

武汉失陷后, 敌人发行伪钞, 吸收我法币, 扰乱我金融, 此种损失, 当亦甚巨, 惟损失至若何程度, 殊难悬揣估计。此外人民私有货币, 或被敌机轰炸焚毁, 或因陷落后被敌军强行掠夺, 损失究有多少, 亦属零散难稽, 故从阙如。

[湖北省政府秘书处统计室编:《抗战两年来湖北省公私损失统计》(1939年),湖北省档案馆馆藏档案, 档案号 LS3—1—812—3]

14. 抗战两年来湖北省银行直接间接损失表（1939 年）

直接损失		间接损失	
项　别	损失数	项　别	损失数
总　计	1,132,000	总　计	193,500
房屋建筑估值	944,000	房租收益	85,000
汉口公新里	170,000	西迁费用	80,000
汉口东山里	180,000	轮船租费及燃料	30,000
汉口保元里	250,000	车辆燃料及零件	20,000
汉口厚福里	50,000	全体员役旅费及运送费	20,000
汉口清远巷仓库	70,000	临时租赁房屋装修设备等费	10,000
汉阳仓库	90,000	防空设备费	28,500
武昌支行房屋	68,000	总行恩施柿子　防空洞石库	4,200
武昌旧图书馆房屋	66,000	总行恩施柿子　临时办公室及地价	6,200
营业用器具估值	188,000	总行恩施火神庙行员宿舍	1,900
总行及武昌支行	123,000	总行恩施夏家湾建筑临时房屋	1,900
武穴支行及黄石港办事处	10,000	恩施支行东正街仓库地下室	800
岳口支行及仙桃沙洋两办事处	16,000	恩施支行北正街行内青石库房	1,000
随县支行	4,000	恩施支行夏家湾临时仓库	500
蒲圻办事处	4,000	巴东办事处石库及临时建筑	1,100
樊城办事处	5,000	巴东办事处防空洞	400
恩施支行	6,000	郧县办事处建库及补修仓库	2,100
宋埠办事处	2,000	宜都办事处建石库	1,600
花园办事处	3,000	咸丰办事处防空洞	300
广水办事处	3,000	万县办事处防空洞	400
藕池口办事处	2,000	万县联合办事处石库防空洞	3,800
汉阳及清远巷仓库	7,000	沙市支行防空壕	500
孔龙农仓	1,000	宜昌支行防空壕	600
仙桃货库	2,000	沙洋办事处防空壕	700
		重庆办事处津贴商会防空壕	500

[湖北省政府秘书处统计室编：《抗战两年来湖北省公私损失统计》(1939 年)，湖北省档案馆馆藏档案，档案号 LS3—1—812—3]

15. 抗战两年来湖北省合作事业概说与损失（1939 年）

本省合作社之组织，遍布各县市，鄂中鄂东一带尤称发达，自敌寇侵入鄂境以来，鄂东各县首当其冲，迨至武汉放弃，鄂中鄂南各县相继沦为游击战区，各该地区合作营业损失之巨，概可想见。合作事业之损失当首推货款一项，惟货放入游击战区各合作社未经收回之款项，因社员逃避，指导人员多未退出，是否完全损失，尚无从清查，故暂将其货款未收回部分列入间接损失。关于业务损失亦未据查报，但（一）各社股金早经存入货款机关；（二）社员储金各社以时局关系无法运用多已退还；（三）营业器具各社因业务简单，多系向社中职员借用，故从有损失，自属有限，惟运销供给消费生产各社工具物料之损失，当不在少数，现以无法估列。

本篇所列游击战区货款，损失共计三，二七三，九七四元，尚有中国银行及湖北建设厅货放各县未收回款项五三六，一一七元，其中亦有一大部分系放于游击战区各县合作社。因各县细数无法查明分开，故未列入。

本篇材料系由建设厅合作处供给。

[湖北省政府秘书处统计室编:《抗战两年来湖北省公私损失统计》(1939年），湖北省档案馆馆藏档案，档案号 LS3—1—812—3]

16. 抗战两年来湖北省合作事业损失估计表（1939年）

县市别	货款损失（元）	县市别	货款损失（元）
总　计	3,273,974	罗　田	7,132
		麻　城	15,137
汉口市	91,626	黄　安	1,125
汉　阳	310,955	黄　陂	73,748
嘉　鱼	105,671	礼　山	18,278
咸　宁	326,219	孝　感	141,885
蒲　圻	133,359	云　梦	150,111
崇　阳	86,075	汉　川	365,511
通　城	46,201	应　城	357,334
通　山	38,401	安　陆	189,878
阳　新	137,486	随　县	47,142
大　冶	26,667	天　门	227
鄂　城	110,736	潜　江	40,153
黄　冈	185,616	英　山	26,994
浠　水	81,179	武　昌	145,263
黄　梅	44,462		

[湖北省政府秘书处统计室编：《抗战两年来湖北省公私损失统计》(1939年)，湖北省档案馆馆藏档案，档案号 LS3—1—812—3]

17．抗战两年来湖北省公路损失总表（1939 年）

总　　计	19,621,467			
直 接 损 失 （元）				
共　计	公　路	桥　梁	油类机件器物	车　辆
16,964,778	11,766,650	4,942,000	245,629	10,499
间 接 损 失 （元）				
共　计	营业收入	迁移费	疏散费	车辆折耗	其他
2,656,689	2,003,847	28,628	8,729	609,656	5,829

说明：其他一项包括员工送眷费及办公房屋修理费。

[湖北省政府秘书处统计室编：《抗战两年来损失统计》（1939 年），湖
北省档案馆馆藏档案，档案号 LS3－1—612—4]

18．抗战两年来湖北省航业损失总表（1939 年）

总计	2,944,724			
直 接 损 失 （元）				
共　计	船舶	燃料	器材	设备
1,376,724	1,202,000	29,110	129,200	132,694
间 接 损 失 （元）				
共　计	营业收入减少		迁移费	疏散费
1,568,000	1,560,000		4,000	4,000

[湖北省政府秘书处统计室编：《抗战两年来损失统计》（1939 年），湖
北省档案馆馆藏档案，档案号 LS3－1—612—4]

19．抗战两年来湖北省长途电话损失总表（1939 年）

总计	716,230			
直 接 损 失 （元）				
共计	线路	机件	材料	工具
652,785	600,691	27,307	20,544	4,243
间 接 损 失 （元）				
共计	营业收入		迁移费	
63,445	58,445		5,000	

[湖北省政府秘书处统计室编：《抗战两年来损失统计》（1939 年），湖北省档案馆馆藏档案，档案号 LS3－1－612－4]

20．抗战两年来湖北省教育损失（1939 年）

本省中等以上公私教育文化机关，大都设于各大市镇或县城区域内，至各级初等及社会教育文化机关，散布于各县市乡镇者，为数固多，同时设立于武昌、汉阳汉口市区及其他各大市区以内者，亦复不少，其一切设备，当以设于大市区者为较完备。

抗战军兴，敌寇对于我国后方教育文化机关，破坏不遗余力，本省各级学校负责人员，均抱忧危之感。二十七年七月间，战事逼近本省东南边区，本府对于原有各校，深恐其受战局影响，一旦停顿，易致青年流离失所，曾经通饬各级学校，事先设法迁移安全区域，继续教学。同时将全省中等学校断然改组为湖北省立联合中等以上学校（将省立专科学校加入在内），分设鄂西鄂北各地，登记移送原有学生并广收失学青年，试办完全免费教育，即膳宿等费，亦皆由学校供给。计在武汉放弃以前，凡武汉市区各级学校，及游击战区内之各级中学及省办社教机关等，均已先后迁徙后方（未迁出者极少）。惟值得军事紧张之际，交通运输不无阻滞，加以事机迫促，不及充分准备，因之公私各级校馆原有一切设备，除一部分图书、仪器转运后方，得以幸存外（内女师分校寄存宜昌一部分器物亦遭敌机轰炸损失），其余如建筑物、器具、化学药品、机件以及未及运出之图书、仪器等或遭敌机轰炸，或被敌军破坏捣毁，其损失已属重大，至临时预防补救与其他必要之措置，如救济费、抚恤费、防空设备费，及其他各项特支费用之损失，亦复不赀。

至游击战区各县公私立初等学校，凡设立于城区或较大市镇者（约占三分之一）无不先后遭受损失，其分布于乡区者（约占三分之二）是否有无损失不得而知，故未计列。

兹依据本府教育厅档案列载，与各方调查报告，将游击战区各县市，及后方被敌机轰炸各城市之各级教育文化机关损失，详加查计，分为直接间接两类计列其数字，其无确实数字可据者，酌依事实予以估计，一并计列，藉资补充。

此次统计结果：

公 立 部 分（元）	
直接损失	12,704,425
间接损失	1,673,258
共　计	14,377,683
私 立 部 分（元）	
直接损失	9,629,550
间接损失	461,650
共　计	10,091,200
总　计	24,468,883

说明：

一、依行政院规定，公私立专科以上学校之损失原应由教育部审计列报，本编暂将列入以供参考。

二、内公立专科以上学校二校，直接损失计壹佰玖拾万零伍仟元，间接损失计叁万柒仟元，私立专科以上学校四校直接损失计壹佰万元，间接损失计捌万贰仟元，共计叁佰零贰万肆仟元。

[湖北省政府秘书处统计室编：《抗战两年来损失统计》（1939年），湖
北省档案馆馆藏档案，档案号 LS3—1—612—4]

21．抗战两年来湖北省人民迁移用费估计表（1939 年）

县别	人口概数	估　计	
		迁移人口占原人口百分数	迁移人口概数
总计	25,247,000	12	3,154,800
武昌	355,000	12	51,600
汉阳	446,000	12	53,500
嘉鱼	143,000	10	14,300
咸宁	154,000	12	18,500
蒲圻	186,000	12	22,300
崇阳	173,000	10	17,300
通城	182,000	10	18,200
通山	79,000	10	7,900
阳新	433,000	15	65,000
大冶	403,000	15	60,500
鄂城	450,000	12	54,000
黄冈	875,000	12	105,000
浠水	542,000	11	59,600
蕲春	524,000	12	62,900
广济	358,000	20	71,600
黄梅	387,000	20	77,400
英山	239,000	10	23,900
罗田	220,000	10	22,000
麻城	588,000	10	58,800
黄安	327,000	10	32,700
黄陂	689,000	12	82,700
礼山	262,000	10	26,200
孝感	637,000	12	76,400
云梦	223,000	11	24,500
汉川	390,000	11	42,900
应城	299,000	11	32,900
安陆	302,000	11	33,200
应山	353,000	12	42,400

县别	人口概数	估　计	
		迁移人口占原人口百分数	迁移人口概数
随县	724,000	20	144,800
钟祥	497,000	20	99,400
京山	488,000	11	53,700
天门	771,000	11	84,800
沔阳	799,000	11	87,900
潜江	367,000	13	47,700
石首	249,000	5	12,500
公安	344,000	4	13,800
松滋	454,000	4	18,200
枝江	250,000	4	10,000
江陵	685,000	8	54,800
荆门	481,000	15	72,200
宜城	200,000	13	26,000
枣阳	444,000	18	79,900
襄阳	606,000	16	97,000
光化	205,000	4	8,200
谷城	351,000	4	14,000
保康	112,000	—	—
南漳	422,000	1	4,200
远安	129,000	—	—
当阳	296,000	8	17,900
宜都	309,000	4	12,400
宜昌	539,000	14	75,500
兴山	116,000	—	—
秭归	232,000	—	—
长阳	265,000	—	—
五峰	87,000	—	—
鹤峰	70,000	—	—
宣恩	117,000	—	—
来凤	111,000	—	—
咸丰	117,000	—	—
利川	231,000	—	—
恩施	289,000	2	5,800
建始	217,000	—	—

县别	人口概数	估　计	
		迁移人口占原人口百分数	迁移人口概数
巴东	200,000	—	—
房县	247,000	—	—
均县	275,000	—	—
郧县	393,000	—	—
竹山	266,000	—	—
竹溪	182,000	—	—
郧西	226,000	—	—
汉口市	743,000	70	520,100
武昌城区	296,000	70	207,200

说明:

本省自抗战开始以来,人民为避免敌机轰炸及敌军屠杀扰害计,凡属被轰炸城镇及沦陷区域,莫不扶老携幼,纷纷逃避。此项迁移情形,有远至省外数千里之遥者,有走鄂西鄂北各边远县份者,有仅在县境内外之附近山区者,有预策安全作久留计者,有随战况变化辗转迁徙者,亦有任环境驱使,时往时返者,远近既不一致,久暂亦极悬殊,至人数之多寡,更属繁复难稽,不可究诘。故于此欲计抗战两年中各县人民之迁移,不但实地调查,诸多棘手,即从事估计,亦极感困难。本表为欲达到用数字粗略表示之任务,暂根据各县人口概数,按其所受影响之深浅,及其区域之大小,酌定其迁移人口占原有人口之百分数(除汉口市及武昌、汉阳两城区酌定为百分之七十外,其余各县,以受影响较大之县份,如黄梅、广济、随县、钟祥等县,酌定为百分之二十,为各县人口迁移之最高额。其他各县,斟酌情形递减,最少为百分之一。至今未受敌陆空军侵袭影响县份,则概未估列,因此等县份,惟有奉令疏散之事实,其数亦不甚多故也)以估计其迁移人口概数。此项估计,系因各项足为估计根据之参考资料缺乏,暂用极简单直率之方式,约略计算,自难于尽合事实。然衡以各项实际情形,在此抗战两周年间,人民迁移之数,较之表中所列,实有过之,无不及也。本表为恐过涉夸大,故从少数估列。

[湖北省政府秘书处统计室编:《抗战两年来湖北省损失土地与人口》(1939年),湖北省档案馆馆藏档案,档案号 LS2—1—148]

22．抗战两年来湖北省人民死伤迁移用费估计表（1939 年）

项别	人数	估计用费之数	备注
总计	3,219,804	16,980,468	
死亡人数及埋葬费	34,071	851,775	以平均每人 25 元估计
受伤人数及医药费	30,933	30,933	以平均每人 5 元估计
迁移人数及迁移费	3,154,800	16,097,760	本编农业部分，列农民迁移费 4,352,160 元包括在内

[湖北省政府秘书处统计室编：《抗战两年来湖北省损失土地与人口》（1939 年），湖北省档案馆馆藏档案，档案号 LS2—1—148]

23．湖北省抗战两年来财政概说与损失（1939 年）

自全面抗战展开以来，鄂东、鄂南富庶之地，尽已转入游击战区，各项税收，顿形锐减，即本省精华所在之武汉，亦相继沦陷，其税收来源，完全断绝。至于未陷县份，或因敌机轰炸，或受时局影响，税收亦较前减少。故抗战两年来本省省县市地方税捐及各项收入损失总计，竟达四千二百余万元（其中武汉三镇税收损失约占全数四分之一）。而支出方面，在抗战期间，由库支出之各项紧急用费亦达五百万元，此外本省各机关之迁移费及省营工厂之拆迁费，均分编于各该部门之内，尚未计入。以向感财力枯窘之本省，蒙此重大损失，其财政上困难，可不言而喻矣。

本部门编制之方法，其税收损失各表，则根据应收数（即可能收数）减去实收数，以求出损失数，而时期则分为二十六年七月至二十七年六月及二十七年七月至二十八年六月两段落，并将两年损失共计数编列于表前，除将税收损失编制总表外，复编列详细分表，附于总表之后，以备参证。至于表列各项税收，均系本省省县市地方经常收入，而县市地方经常收入内之各项补助费收入，则概未编列，藉避重复。紧急经费支出损失表，所列各费，系根据抗战两年间由库支出各项紧急经费，查明编列，至于各机关之迁移费及省营工厂之拆迁等费，均散见各该部门表内，本表概未列入。

[湖北省政府秘书处统计室编：《抗战两年来湖北省损失土地与人口》（1939年），湖北省档案馆馆藏档案，档案号LS2—1—148]

24. 湖北省抗战期间财产直接损失 （1940 年 12 月）

损失主体与损失地域对照表

地域别	共计	各项主体财产直接损失						
		机关	学校	农业	矿业	工业	公用事业	商业
湖北	887470.53	172597.87	321155.00	550.00	—	230,278.28	2,811.40	90,319.00

地域别	各项主体财产直接损失						
	银行业	铁路	公路	航业	民用航空	电讯	邮务	人民团体	住户
湖北	—	—	5,939.38	38,700.00	—	—	1,395.00	—	29,724.60

资料来源：根据主计处截至民国二十九年十二月底收到行政院各省查报表及交通部统计室递送之材料汇编。

[《抗战中人口及财产受损失统计》，中国第二历史档案馆馆藏档案，档案号二十一（2）—327]

25. 湖北省抗战期间财产间接损失详析（1940 年 12 月）

单位：国币元

1. 机关

丑，地方机关

机关别	共计	迁移费	防空设备费	疏散费	救济费	抚恤费
			各项财产直接损失			
湖北省政府及所属	15,595.92	9,466.25	3,656.35	—	1,075.72	734.00
湖北县政府及所属	443.36	275.36	168.00	663.60	—	—

[《抗战中人口及财产所受损失统计》，中国第二历史档案馆馆藏档案，档案号二十一（2）－327]

26. 湖北省抗战期间财产间接损失详析（续）（1940年12月）①

（乙）地域别

各项税收

地域别	共计	田赋	契税	营业税	牙当税	屠宰税	牲畜税	房捐	行政收入	财产收入	其他收入	未详	查报县市数
湖北	7,370.00	60,000.00	8,000.00	300.00	400.00	4,000.00	—	—	—	—	—	—	—

2. 赈济费用途别

黄：地域别

赈济费用途别

地域别	共计	急赈	工赈	难民运配	难童供养	失业公务员救济	战区学生救济	难民医疗	其他	查报县市数
湖北	779.75	—	—	779.15	—	—	—	—	—	2

材料来源：根据主计处处长至民国二十九年十二月底收到行政院查报表汇编。

[《抗战中人口及财产所受损失统计》，中国第二历史档案馆馆藏档案，档案号二十一（2）—327]

① 本表摘录自中国第二历史档案馆藏《抗战中人口及财产所受损失统计》，标题为本书编者所拟。

27. 湖北省各区县粮食总产量、损失量及需要量（1945年6月）

三十四年六月　　　　　　　　　　　单位：公吨

区县别	战前总产量	战时损失量	战济难民需要量
总计	3,959,280	2,764,665	910,616
武汉区			82,068
汉口市			53,527
武昌城区			21,341
汉阳城区			7,200
第一区	582,000	408,160	104,915
武昌	96,000	72,000	11,442
嘉鱼	24,000	18,000	6,453
咸宁	18,000	10,800	6,910
蒲圻	30,100	16,040	6,129
崇阳	35,200	21,120	8,730
通城	26,400	13,200	7,700
通山	38,000	14,000	3,569
阳新	88,000	66,000	15,581
大冶	108,000	81,000	18,138
鄂城	128,000	96,000	20,263
第二区	783,200	617,920	194,553
黄冈	92,300	82,800	31,443
浠水	99,200	129,280	12,929
圻春	80,000	60,000	17,578
广济	44,000	33,000	11,153
黄梅	64,000	57,600	14,541
英山	6,400	3,840	3,685
罗田	76,400	19,800	3,673
麻城	80,000	40,000	16,842
黄安	72,000	43,200	13,837
黄陂	100,000	80,000	24,828
礼山	31,200	15,600	9,645
孝感	88,000	52,800	34,401
第三区	840,000	591,600	205,733

区县别	战前总产量	战时损失量	战济难民需要量
云梦	40,000	24,000	12,031
汉川	60,000	30,000	21,055
应城	68,000	40,800	16,167
安陆	22,000	19,200	16,727
应山	56,000	33,600	19,003
随县	112,000	84,000	25,977
钟祥	160,000	120,000	22,358
京山	152,000	114,000	30,725
天门	160,000	12,000	41,630
第四区	740,800	552,480	182,283
汉阳	84,000	50,400	24,033
沔阳	176,000	105,600	43,138
潜江	48,800	29,280	18,058
监利	96,000	76,800	27,865
石首	40,000	32,000	11,585
公安	56,000	50,400	6,815
松滋	80,000	80,000	11,946
枝江	24,000	19,200	8,020
江陵	736,000	108,800	30,823
第五区	536,800	465,600	97,260
荆门	128,000	96,000	21,643
自忠	43,300	43,200	9,615
枣阳	80,000	85,000	8,797
襄阳	136,000	136,000	20,286
光化	64,000	38,400	10,163
谷城	40,000	24,000	9,923
保康	5,600	—	—
南漳	40,000	40,000	16,883
第六区	177,200	125,440	42,597
远安	12,000	9,600	2,170
当阳	80,000	60,000	11,863
宜都	10,400	8,200	11,118
宜昌	28,000	25,200	14,469
兴山	3,600	—	—
秭归	10,400	—	148

区县别	战前总产量	战时损失量	战济难民需要量
长阳	14,400	8,640	2,056
五峰	18,400	13,800	773
第七区	187,040	—	694
鹤峰	13,600	—	—
宜恩	22,400	—	—
来凤	14,400	—	184
咸丰	14,400	—	—
利川	13,440	—	—
恩施	52,000	—	337
建始	40,000	—	—
巴东	16,800	—	173
第八区	112,240	3,465	513
房县	20,800	—	—
均县	19,200	3,465	438
郧县	20,000	—	—
竹山	13,440	—	—
竹溪	14,800	—	—
郧西	24,000	—	75

说明：

一、粮食总产量包括米麦、大豆、苞谷、马铃薯等项，依据湖北省政府二十五年年鉴编列并以齐米为拼合单位。

二、战时损失量为各区县自敌寇侵扰后历年损失累计数，包括掠夺、焚毁、荒芜及受战事影响不能收割等项。

三、救济难民需要量系按难民大小口人数，平均每人每月需用大米三十市石，救济期六个月计算。

四、本省粮食产量原已供不应求，加以历年担负单粮副食马料等，每年约一百三十万公吨，故尤其粮食匮乏，难民救济之需要量应请总署如实拨发。

[湖北省政府编：《湖北省政府令发日寇暴行调查》（1945 年），湖北省
档案馆馆藏档案，档案号 LS18—3—226]

28.湖北省各区县棉产量损失量及布疋棉花需要量(1945年6月)

三十四年六月　　　　　　　　　　　　单位:公吨

区县别	棉产量及损失量		善后救济需要量	
	战前棉产量	战争中损失量	布　疋	皮　棉
总计	156,800	369,516	23,775	20,452
武汉区	—	—	1,785	1,535
汉口市	—	—	1,162	999
武昌城区	—	—	463	398
汉阳城区	—	—	160	738
第一区	6,311	15,556	2,586	2,225
武昌	630	7,260	268	237
嘉鱼	1,778	4,445	759	738
咸宁	—	21,445	797	748
蒲圻	—	—	752	737
崇阳	—	—	217	786
通城	—	—	797	764
通山	—	—	89	76
阳新	294	441	386	332
大冶	2,192	6,576	456	387
鄂城	1,417	2,834	503	432
第二区	25,638	60,736	5,180	4,456
黄冈	6,780	23,450	845	727
浠水	7,763	2,645	392	337
圻春	463	695	472	406
广济	7,329	7,061	300	258
黄梅	3,570	2,856	397	336
英山	—	—	137	118
罗田	164	—	137	118
麻城	4,988	9,482	452	389
黄安	313	625	343	295
黄陂	798	396	667	574
礼山	—	—	239	206
孝感	6,150	27,525	805	392

区县别	棉产量及损失量		善后救济需要量	
	战前棉产量	战争中损失量	布 疋	皮 棉
第三区	23,306	61,909	4,905	4,220
云梦	3,973	77,979	282	243
汉川	4,150	74,525	493	424
应城	1,362	2,724	379	326
安陆	984	1,968	388	324
应山	200	400	447	384
随县	5,346	9,623	698	600
钟祥	1,748	4,195	554	477
京山	7,748	3,547	689	593
天门	4,065	13,008	975	839
第四区	89,217	195,678	4,425	3,867
汉阳	5,748	20,116	563	484
沔阳	10,520	36,820	1,010	869
潜江	7,000	22,400	435	374
监利	9,858	29,574	653	562
石首	6,038	15,085	271	233
公安	9,838	24,595	206	198
松滋	5,936	14,840	362	312
枝江	3,435	5,153	215	185
江陵	10,838	27,095	710	610
第五区	26,765	29,536	2,474	2,128
荆门	1,845	2,768	537	462
自忠	1,900	1,520	216	185
枣阳	10,090	18,162	267	229
襄阳	6,670	5,336	502	433
光化	3,500	1,750	228	194
谷城	2,080	—	263	227
保康	—	—	43	37
南漳	680	—	417	359
第六区	3,605	6,101	1,331	1,145
远安	—	—	81	69
当阳	1,450	7,160	300	258
宜都	898	7,786	299	257
宜昌	7,262	3,155	359	309

区县别	棉产量及损失量		善后救济需要量	
	战前棉产量	战争中损失量	布 疋	皮 棉
兴山	—	—	37	32
秭归	—	—	91	99
长阳	—	—	119	102
五峰	—	—	45	39
第七区	—	—	592	569
鹤峰	—	—	27	23
宜恩	—	—	43	37
来凤	—	—	50	43
咸丰	—	—	57	49
利川	—	—	89	77
恩施	—	—	153	731
建始	—	—	90	79
巴东	—	—	83	72
第八区	1,964		497	427
房县	689		85	73
均县	560	—	76	65
郧县	254		724	107
竹山	177		70	60
竹溪	173	—	62	53
郧西	113	—	80	69

说明：

一、棉产量系根据湖北省二十五年年鉴编列。

二、损失量为各区县自敌寇侵扰后历年损失累计数。

三、布疋产量与损失量因资料一时不易收集故从略。

四、布疋需要量按照难民及贫民数大口二尺宽布七丈，小口减半大小口按总人数六四比例计算，并按三千市丈作一公吨计算。

五、棉花需要量系按照难民数及贫民数大口皮棉四斤，小口减半计算。

[湖北省政府编:《湖北省政府令发日寇暴行调查》(1945 年)，湖北省档案馆馆藏档案，档案号 LS18—3—226]

29．湖北省各区县房屋损失及需要间数（1945 年 6 月）

三十四年六月　　　　　　　　单位：千间

区县别	战前原有间数	战时损失间数	善后救济需要间数
总计	42,820	6,148	1,229
武汉区	2,300	893	179
汉口市	1,487	679	136
武昌城区	593	166	33
汉阳城区	220	48	10
第一区	4,102	577	116
武昌	381	57	11
嘉鱼	244	37	7
咸宁	261	39	8
蒲圻	232	28	6
崇阳	330	40	8
通城	308	31	6
通山	135	14	3
阳新	589	88	18
大冶	766	115	23
鄂城	856	128	26
第二区	9,774	1,484	297
黄冈	1,660	299	60
浠水	910	164	33
圻春	879	140	28
广济	558	94	19
黄梅	727	131	26
英山	367	44	9
罗田	347	52	10
麻城	795	89	18
黄安	553	65	13
黄陂	1,379	221	44
礼山	386	39	8
孝感	1,211	145	29
第三区	7,424	7,026	205
云梦	446	54	11

区县别	战前原有间数	战时损失间数	善后救济需要间数
汉川	741	89	18
应城	569	68	94
安陆	541	68	13
应山	635	76	15
随县	1,227	184	37
钟祥	845	127	25
京山	898	162	26
天门	7,542	231	46
第四区	7,37	1,074	215
汉阳	803	104	21
沔阳	7,438	173	35
潜江	697	84	17
监利	929	749	30
石首	386	62	12
公安	454	82	16
松滋	796	159	32
枝江	401	64	13
江陵	1,233	197	39
第五区	4,166	702	140
荆门	826	124	25
自忠	283	57	11
枣阳	594	131	26
襄阳	831	166	33
光化	298	36	7
谷城	488	59	12
保康	202	—	—
南漳	644	129	26
第六区	3,011	374	94
远安	213	34	7
当阳	481	72	14
宜都	562	90	18
宜昌	595	207	21
兴山	208	—	—
秭归	438	1	—
长阳	394	47	9

区县别	战前原有间数	战时损失间数	善后救济需要间数
五峰	152	23	5
第七区	2,838	6	1
鹤峰	128	—	—
宣恩	203	—	—
来凤	225	1	—
咸丰	269	—	—
利川	418	—	—
恩施	582	3	1
建始	425	—	—
巴东	388	2	—
第八区	2,268	12	2
房县	374	—	—
均县	318	12	2
郧县	574	—	—
竹山	325	—	—
竹溪	290	—	—
郧西	397	—	—

说明:

一、房屋包括住宅、商店、机关、学校、仓屋、畜舍及一切公私建筑在内。

二、原有房屋数量依据三十年湖北省统计提要各县人口密度估计,每方市里人口在80人以上之县份每人估计配有房屋二间,其人口60—80者每人配1.9间,30—60者配1.8间,30以上者配1.7间。

三、我军自武汉撤退后,政府机关及一般难民多留住后方各区县市房屋,因以略为加多,其中恩施、宜昌、襄阳、巴东增加尤速,本表原有屋数字自均应酌量提高。

四、损失房屋包括全部毁坏及一部损害两种,其中自行修补尚可利用者仍列入损失数字内。

五、沿交通路线或战略地区之城市乡镇房屋毁损数量颇大,其中武汉三镇房屋毁损比例22%—45%,各县房屋毁损比例1%—22%。

六、难民紧急救济时期,需要房屋间数系按损失间数五分之一计算。

[湖北省政府编:《湖北省政府令发日寇暴行调查》(1945年),湖北省档案馆馆藏档案,档案号 LS18—3—226]

30．湖北省各区县医药卫生器材需要数量（1945 年 6 月）

三十四年六月　　　　　　　　　　　　单位：公吨

省县卫生机关	单位(数)	医用药品及化学药品		医疗器材及化验仪器		卫生工程及测量仪器	
		每单位分配数	共计	每单位分配数	共计	每单位分配数	共计
总　　计	134		200		1500		500
省卫生处	1	4.5	4.5	73	13	14	14
省卫生实验所	1	1.0	1.0	15	15	2	2
省会卫生事务所	1	0.5	0.5	12	12	2	2
省(市)立医院	11	1.0	11.0	15	165	1	11
公路卫生总站	50	0.2	10.0	2	100	1	50
甲级县卫生院	20	3.6	72.0	22	140	7	140
乙级县卫生院	31	2.4	74.4	17	529	6	186
丙级县卫生院	19	1.1	26.6	12	228	5	95

说明：

一、医药器材、化验仪器、卫生工程等项名称、数量另附清册。

二、各县卫生院分级以人口为标准。

各县人口在四十万以上者为甲级，计有大冶、鄂城、黄冈、浠水、蕲春、黄梅、麻城、黄陂、孝感、随县、钟祥、京山、天门、汉阳、沔阳、监利、松滋、江陵、荆门、襄阳等二十县。人口在二十万以上，不满四十万者为乙级，计有武昌、阳新、广济、英山、罗田、黄安、礼山、云梦、汉川、应城、安陆、应山、潜江、石首、公安、枝江、枣阳、谷城、南漳、当阳、宜都、宜昌、秭归、长阳、利川、恩施、建始、巴东、房县、郧县、郧西等三十一县，人口不满二十万者为丙级，计有嘉鱼、咸宁、蒲圻、崇阳、通城、通山、光化、保康、兴山、五峰、鹤峰、宣恩、来凤、咸丰、均县、竹山、竹溪等十九县。

三、武汉三镇分配数额由省级卫生机构拨付。

四、各县如有特种需要由卫生主管机关统筹配拨。

[湖北省政府编：《湖北省政府令发日寇暴行调查》（1945 年），湖北省档案馆馆藏档案，档案号 LS18—3—226]

31. 湖北省各区县耕牛、农具、种籽及生活用具需要表① （1945 年 6 月）

三十四年六月

区县别	耕牛（头）	农具（套）	种籽（公吨）	生活用具（公吨）
总计	203,123	203,123	19,670	101,180
武汉区	2,258	2,258	216	9,119
汉口市	1,463	1,463	141	5,948
武昌城区	566	566	56	2,371
汉阳城区	229	229	19	800
第一区	35,267	35,267	2,210	11,657
武昌	6,590	6,590	241	1,271
嘉鱼	2,774	2,774	136	917
咸宁	2,231	8,231	146	768
蒲圻	2,686	2,686	129	681
崇阳	1,544	6,544	184	970
通城	895	895	162	856
通山	510	510	75	397
阳新	4,924	4,924	328	1,931
大冶	6,197	6,197	382	2,015
鄂城	6,916	6,916	427	2,251
第二区	42,259	42,259	4,098	21,617
黄冈	5,124	5,124	662	3,494
浠水	2,563	2,543	272	1,433
圻春	2,765	2,765	370	1,953
广济	2,046	2,046	235	1,239
黄梅	5,776	5,776	306	1,616
英山	878	878	78	409
罗田	778	778	77	408
麻城	1,853	1,853	355	1,871
黄安	2,234	2,234	292	1,537
黄陂	8,079	8,079	523	2,759
礼山	1,430	1,430	203	1,072
孝感	8,733	8,733	225	3,822

① 此表原件模糊不清，个别数字有误。

区县别	耕牛（头）	农具（套）	种籽（公吨）	生活用具（公吨）
第三区	43,269	43,269	4,334	22,859
云梦	4,724	4,724	253	1,337
汉川	6,104	6,104	444	2,339
应城	4,396	4,396	341	1.996
安陆	2,077	2,077	352	1,859
应山	2,952	2,952	402	2,118
随县	4,550	4,550	547	2,886
钟祥	3,738	3,738	471	2,484
京山	4,142	4,142	647	3,414
天门	12,586	12,586	897	4,626
第四区	51,635	51,635	3,840	20,284
汉阳	5,730	5,730	506	2,670
沔阳	12,690	12,690	909	4,793
潜江	5,974	5,974	380	2,007
监利	7,554	7,554	587	3,094
石首	2,737	8,737	244	1,287
公安	1,746	1,746	144	757
松滋	2,830	2,830	252	1,325
枝江	1,646	1,645	169	891
江陵	10,729	10,729	649	3,425
第五区	76,945	16945	2,049	70,807
荆门	3,881	3,881	455	2,405
自忠	1,145	1,145	285	1,068
枣阳	1,651	1,651	427	978
襄阳	3,821	3,821	185	2,254
光化	1,273	1,273	214	1,129
谷城	2,383	2,383	269	1,103
保康				5,870
南漳	2,791	2,791	354	8,890
第六区	9,980	9,980	897	4,733
远安	799	799	46	242
当阳	1,376	1,376	250	1,318
宜都	2,174	2,174	234	1,235
宜昌	3,216	3,216	305	1,608

区县别	耕牛（头）	农具（套）	种籽（公吨）	生活用具（公吨）
兴山				
秭归	—	—	3	17
长阳	1,704	1,704	213	228
五峰	711	711	16	86
第七区	—	—	15	77
鹤峰	—	—	—	—
宜恩	—	—	—	—
来凤	—	—	4	21
咸丰	—	—	—	—
利川	—	—	—	—
恩施	—	—	7	37
建始	—	—	—	—
巴东	—	—	4	19
第八区	1,510	1,510	11	57
房县	—	—	—	—
均县	1,510	1,510	9	49

[湖北省政府编：《湖北省政府令发日寇暴行调查》（1945 年），湖北省
档案馆馆藏档案，档案号 LS18—3—226]

32．湖北省抗战损失调查统计（1945 年 9 月）

1．财税

湖北省税务战时变迁情形及损失估计

自抗战以后，各县自治事业，逐步发展，自治财源，亦渐次扩充，收入科目不下十余种，预算数额，年有增加。当时以经征处不堪负此重责，遂裁处设局征收。惟沦陷各乡，被敌伪设卡强征，致使应征税收，损失甚巨。如蒲圻、武昌、汉阳、嘉鱼、咸宁、通城、崇阳、大冶、阳新、鄂城、通山、蕲春、浠水、黄梅、广济、罗田、英山、黄安、黄冈、麻城、礼山、随县、安陆、孝感、云梦、应山、应城、天门、汉川、京山、沔阳、潜江、枣阳、钟祥、监利、枝江、江陵、远安、宜都、宜昌、荆门、当阳、石首、松滋、公安、光化等四十七县，于二十七、二十九、三十二、三十四各年战役中，相继沦陷，截至现在止，按后方同等完整县份历年收数分别估计，共应征自治税收二十五亿三千三百〇八万九千元。除已征二亿八千一百四十七万九千元外，其余损失二十二亿五千一百六十一万元，以致各该县税务局组织缩小至最低限度。其五六等局局长，由县长兼任，甚至仅存一税局名义。

（录自《湖北省政府复员工作计划》，民国三十四年九月湖北省政府编印，第 12 页。）

2．农工矿

（1）湖北省农业战时变迁情形及损失估计

抗战军兴，本省农业建设与战前略有差异，关于政策方面，战前注重农业研究，例如棉业改良，战后则注重农业推广，例如粮食增产棉花增产。其次关于机构方面，自武汉、荆宜相继沦陷，原有武昌宝绩庵农业试验场、南湖农业试验场、棉业改良场，以及京山林场、羊楼刚改良场等业务，即无形停顿；嗣因鉴于战时农业建设工作不容或缓，遂先后成立鄂西农场、鄂北农场、鄂西林场、（即前襄阳林场均郧谷农场）兽疫血清制造厂、五峰茶业改良场、畜收改良场以及兽疫病虫防治队，惟以战时物力财力均极艰难，故设备皆不如战前各场厂；再本省后方各县以实行新县制关系，业经设立县农业场者达三十四县，惜以经费过少，未能发挥基础农业建设力量。至于战时农业之损失，亦可有二方面：第一，省级各农业机关，据农业改进所估计，共损失房屋、器具、具农、农产、林产、畜产等约值 15,000,000,000 元。（以二十六年上半年物价指数为准，约值 1,500,000 元），第二，本省农民之损失，据湖北省统计提要手册所载，自二十七年至三十二年被灾区域计达六十三县，其中二十七县遭受寇灾最烈，牺牲最巨，遭受匪灾者凡三县，遭受水灾者二十七条（原文如此，编者注），估计被灾面积达 122,000,000 市亩，灾民凡 5,524,190 人。复据湖北省赈济委员会编印之鄂北各县蝗冒灾情一览所载，三十三年鄂北各县受灾县份共二十一县，灾情约达八成，受灾面积水旱约达四百九十余万亩，损失稻谷及杂粮达三百九十余万石，待振人数约一百三十四万余人。

（录自《湖北省政府复员工作计划》，民国三十四年九月湖北省政府编印，第 94—95 页）

（2）湖北省水利战时变迁情形及损失估计

本省水利方面，在战时各项水利工程变迁及产量税减，所受之损失除堤工另详堤工复员计划外，关于农田方面，虽无确切数字可资稽考，但对于沦陷半沦陷及未沦陷各县，根据各种报告可约略估计如下：（一）全沦陷者计武昌、汉阳、咸宁、蒲圻、通山、蕲春、黄陂、礼山、孝感、汉川、应城、天门、潜江、沔阳等十四县，计水田（依塘坝堰沟等灌溉）11,046,000 市亩，旱田 4,111,000 市亩，除原来缺水之水田 3,682,000 市亩、旱田 1,028,000 市亩外，经数年之兵后，原有之灌溉工程至少有半数已经毁废，即半数水田 3,682,000 市亩、旱田 1,541,000 市亩已缺水灌溉。（二）半沦陷者计嘉鱼、崇阳、阳新、大冶、鄂城、黄冈、浠水、广济、黄安、云梦、安陆、应山、随县、钟祥、京山、监利、石首、枝江、江陵、荆门、南漳、当阳、宜昌二十四县，计水田（依依堰沟等灌溉）3,560,000 市亩、旱田 7,380,000 市亩，除原来缺水之水田 1,153,000 市亩，旱田 1,845,000 市亩外，经敌骑蹂躏之区，原有灌溉工程平均至少有四分之一已经毁坏，即四分之一水田 576,750 市亩、旱田 1,384,000 市亩已缺水灌溉。（三）其计水田（依塘坝堰沟等灌溉）6,080,000 市亩、旱田 9,200,000 市亩，除原来缺水之水田 2,027,000 余三十三县市亩、旱田 2,300,000 市亩外，在抗战期间虽经推行农田水利，努力增产，终以物力人力均集中于军事，原有之灌溉工程至少有十分之一不免失效，即十分之一水田 405,300 市亩、旱田 690,000 市亩。其全部损失估计如下：因战事而缺灌溉之水田共计 4,664,000 市亩，每亩少收新量稻谷 16 市石，八年共少收 74,624,000 市石，每石以五元计，（民国二十六年物价）共计 373,124,000 元；旱田共计 3,615,000 市亩，每亩少收苞谷（新粮）一市石，八年共少收 28,920,000

市石；每石三元计，共计 86,760,000 元。统损失计 459,884,000 元。

（录自《湖北省政府复员工作计划》，民国三十四年九月湖北省政府编印，第 101 页）

（3）湖北省工矿战时变迁情形及损失估计

咸阳纺织工厂之设立：纱布两局甫经整理复工，即因武汉战事紧张而拆迁，其运抵宝鸡者，计有六千六百六十四箱。二十八年十月遭敌机轰炸者一百五十一箱，伤者四百三十六箱，为从事疏散并本设法利用增加战时生产之旨，随即开始清理。第一次清出纱机五千锭及传动机件，与中国银行咸阳中国打包公司，于二十九年三月一日签订合办咸阳鉴时纺织工厂合约，继又清出纱机五千锭及传动机件，于同年六月五日签订第二次合约，前后共计一万锭。三十二年十月又加入布机一百五十五台，但以动力无着，此项布机，迄未开工。

民康毛棉厂之设立与停办：本省存陕机器，除以纱机一万锭与中国打包公司合办咸阳临时纺织工厂外，复清出三千锭，与民康实业公司于三十二年一月一日签订合办民康毛棉厂合约，惟以对方种种违背合约，经向该公司方交涉，遂行解约，于三十三年月底停办。经将此项纱机出售与楚新公司，所得价款均价作恢复本省纺织工业之用。

其余存陕机料之出售：本省存陕纺布机器，除已利用之一万三千锭及布机一百五十五台与材料等，最后复出纱机五千锭，但均残缺过甚，经运同零星机器材料，售与中兴企业公司，又原租与申新纱厂之细纱机十八部，运同另有之粗纱机八部，售与该厂，所得价款，均价恢复本省纺织工业之用。

万县麻织厂之设立：麻局机器于武汉战事紧张时拆卸，沿江西运，于二十九年三月运同沿江西运之一部分布局织布机一百部，在万县设立麻织厂。

万县机械厂之设立：省航业局所属之修船厂，于二十七年十月因武汉战事紧张，拆运宜昌，经提出一部份机件，于同年二十月在宜昌复工。二十八年四月，改称机械厂，迁往万县，十一月正式成立万县机械厂。三十三年复将原有修械所已设之巴东机械厂合并为该厂巴东分厂。

万县造纸厂之设立：本省造纸厂机器于武汉战事紧张时，迁至后方，经运万县整理利用，于三十年一月一日成立万县造纸厂。

省营工矿业之损失：纱布丝麻四局，于拆迁时，战事已极紧张，机件众多，计划装箱者仅约半数。计纱机三万锭，布机七百台，原动机之机件及纱局，架玻璃等件，重约三千吨，实际运到宝鸡及宜、巴、万等地者，至多两千吨，余均损失，运到宝鸡以后，一小部分遭受轰炸毁伤。象鼻山铁矿及炭山湾煤矿机件，大都运出，路轨车辆均沉没江中，固定设备亦予破坏。其余各厂除机器什九运出，余亦损失。以上各项损失计二千万元左右。（系就二十六年价值估计）今以二千倍计应为二百亿元。

（4）湖北省复员时期等筹及恢复各厂矿资金额估计表

建设及恢复厂名	估计资金		备考
	按二十六年上半年物价估计	照二千倍物价指数估计	
总计	60,500,000	121,000,000,000	
武昌水电厂	5,000,000	10,000,000,000	该厂系恢复
武昌纺织厂	12,000,000	24,000,000,000	该厂系设立
武昌麻织厂	3,000,000	6,000,000,000	该厂系设立
汉阳造船厂	10,000,000	20,000,000,000	该厂系扩充
万县造纸厂	1,500,000	3,000,000,000	近同扩充
大冶水泥厂	2,000,000	4,000,000,000	该厂系恢复
制革厂	1,000,000	2,000,000,000	该厂系恢复
象鼻山铁矿	15,000,000	30,000,000,000	该厂系恢复
炭山湾煤矿	10,000,000	20,000,000,000	该厂系恢复
纺织机制造厂	1,000,000	1,000,000,000	该厂系建设

附注：他如接受及整理敌各工矿事业暂定为（二十六年上半年物价计），今以二千倍计，应为 40,000,000 元，连同上统计机关，照二千物价指数估计共为 161,000,000,000。再筹设焚城纺织厂，因需出售咸衡临时纺织工厂之陈旧机件，后再与中国银行合办资金暂不确定。

（录自《湖北省政府复员工作计划》，民国三十四年九月湖北省政府编印，第92页）

3．交通

（1）湖北省公路战时变迁情形及损失估计

自抗战后，本省公路较好车辆大部被征军用，同时并奉命加强及整理种其桥涵便利军用，惟车辆被征后，营业大受影响，收支不敷甚巨。爰于二十六年十一月将公路管理局撤销，缩编为公路处，各附属段站厂队，亦酌予裁减，以腾出之经费，将原设之养路段，扩充为八个工程处，分任加强路基桥涵工作。迨二十七年十月，由武汉撤退时，公路路线即损失大半，车辆油料及机件器材等，因搬运不及，被敌机炸毁及军队扣用，损失极巨。自是公路处已随本府西迁，剩余车辆机件器材，均绕道湘省装运恩施，撤退来此之段站厂处队，除路警队士兵酌予遣散，队部仍予保留外，余均撤销，员工亦就地疏散，并将剩余机件器材，在咸丰设立修车总厂及器材库各一所，车辆则分配于鄂北、鄂西、巴咸三段行驶。二十八年八月为节省开支将公路处撤销，改公路政科，并于建设厅内办公，路警队亦予裁撤，酌留少数士兵，由段站直接指挥。二十九年五月沙宜失守，鄂西段随之撤销，车辆机件均有损失。由是通车路线愈益缩短，所存汽油，亦将耗罄；后以国际路线中断，无法添购，乃将残存车辆加以拼修，改装木炭燃行驶维持后方交通。三十年十月，为便于计划战后复员及统一指挥，将原设之路政科，及省长途电话管理处、航政处等予以撤销，另成立交通事业管理处，总揽其事。旋又配合军事运输，新建咸来公路（长五十四公里），及巴咸路恩施城郊之清江大桥（即中正桥）红舞路改线工程，均于三十一年度内先后完成。（按红舞路系应恩施空军需要，将由施开巴车辆，绕行机场之一段路线，改由红庙至舞阳坝衔接中正桥行驶，咸来路亦应驻来凤空军需要而兴建），同时以旧有车辆，大部残损，无法拼修使用，经陆续报废六十余辆，并向交通部先后价拨新旧汽车三十七辆，分配各段行驶（上项价拨汽车系自三十一年起至三十三年度止所发之数）。三十二年冬，恩施飞机场扩大工程，将由施开咸车辆经过机场外开一段公路占用，改为疏散道，禁止车辆通行，复将该段公路计划改线，由中正桥西端经北门外正街，穿越恩施城区，以接南门外公路，此项工程经按当时物价估算工程费，请航委会拨款，因工款迄未拨到，尚未开工。三十三年将咸丰修车总厂设备，酌予扩充，并成立恩施修车分厂，添购应用机件，以加强修车能力。同年十一月，中正桥因木料腐烂，陷塌一孔，由施开巴车辆，仍沿旧线经机场外围行驶，当时恩施航空站，以车辆通过，妨碍空军安全，请求赶修中正桥，并开关渡口，载渡汽车，经又派员勘修渡口一处，并将中正桥陷塌之一孔，于一星期内修复，暂通人行，俟全部整修竣事，再行开放通车。三十四年三月，敌冠犯鄂北，樊老孟老两路，又陷敌手（自二十七年十月起至三十四年三月止，共计损失 3,918.91 公里，剩余之数，尚有 573.36 公里），所余鄂北公路，仅均草老白两段，正于整理之际，旋奉中央电令，将该路移交西北公路局汉中分局接管，经数度与战时运输管理局洽商后，只移交工程部分，运输业务，仍就原有机构照常办理。惟目前军事日见进展，军输愈益增繁，巴咸路路其桥涵，均奉积积极加强整理以利军运。而车辆一项，因该两路现仅有汽车九十三辆，且因机件朽坏，时须修理，每日能经常行驶者，不及半数，以之配合军运，实相差甚远，复于同年五月，呈请中央拨发新车五十辆，尚未奉得批示。以上所述，为战时变迁情形，至损失方面，如路线、车辆、油料、鄂材、房屋等，均另列祥表，以供参考。

（录自《湖北省政府复员工作计划》，民国三十四年九月湖北省政府编，第76—77页）

（2）湖北省公路损失调查及复员时期修复一览表

线别	路线名称	起讫及经过地点	里程	修复时期
		总　计	3,918.91	
干线		小　计	2,078.44	上列路线较为重要拟随军进展于六个月修复通车。
	汴粤（汉界段）	汉口经黄陂麻城至小界岭	181.50	
	汴粤（武界段）	武昌经鄂城大冶辛潭铺至界牌	199.69	
	京川（界柳段）	界子墩经黄梅广济浠水至柳子港	209.20	
	京川（汉柳段）	汉口经黄陂至子港(此段利用汴粤故不列里程)		
	京川（宜汉段）	汉口经应城皂市沙洋十里铺当阳至宜昌	364.20	
	洛韶（樊老段）	樊城至老河口	74.30	
	洛韶（孟老段）	孟家楼经光化至老河口	24.44	
	洛韶（襄沙段）	襄阳经自忠十里铺江陵至沙市	204.90	
	洛韶（沙东段）	沙市经公安至东获庙	75.00	
支线	广武（鄂东支线）	广济至武穴	36.20	
	武咸（鄂南支线）	武昌至咸宁	87.36	
	咸通（鄂南支线）	咸宁至通山县之南林桥	45.32	
	阳瑞（鄂南支线）	阳新之茶铺经阳新至界首（通江西瑞昌）	60.32	
	辛赵（鄂南支线）	辛潭铺经通山崇阳羊楼洞至赵李桥	138.60	
	崇平（鄂南支线）	崇阳经通城至界上（通湖南平江）	67.60	
	襄化（鄂北支线）	樊城经零阳随县安陆至花园	258.80	
	安长（鄂北支线）	安陆经云梦至长江埠	51.60	
		小　计	1,422.14	

线别	路线名称		起讫及经过地点	里程	修复时期
支线	鄂东	罗英	罗田至英山	46.00	
		罗兰	罗田经浠水至兰溪	74.17	
		罗立	罗田至胜家堡(安徽立煌通)	45.00	
		武蕲	武穴经田家镇至蕲春	36.73	
		方团	方家坪至团风	10.00	
		中经线	中馆驿至中途店通河南	57.03	
		河宣	河口至宣化店	46.15	
		黄逻	黄安至阳逻	91.99	
	鄂南	贺大	贺盛至大冶之盛洪乡	72.10	上列路线拨于一年内修复通车。
		大石	大冶经黄石港至石灰窑	22.50	
		阳田	阳新至田家镇	30.00	
		沙皂	沙市经潜江岳口天门至皂市(岳口至皂市已完成)	53.99	
		咸高	咸宁至高桥	25.56	
		龙堰	龙港至堰下	10.56	
	鄂北	郎孝	郎君桥至孝感	30.07	
		樊新	樊城至黄渠河（通河南新野）	50.00	
		钟皂	钟祥经京山至皂市	114.23	
		宜平	宜城至南漳	52.40	
		应宋	应城至宋河	49.60	
		安平	安陆至平坝	40.50	
		随环	随县至环潭	46.00	
	鄂中	宋河	宋埠经黄安至河口	65.60	
		黄广	黄陂经礼山至广水	116.66	
		夏花	夏店至花园	46.90	
支线	鄂西	襄隆	襄阳至隆中	12.50	
		烟玉	烟墩堡至玉泉寺	7.00	
		荆育	荆门至育溪河	33.70	
		荆沙	荆门至沙洋	57.50	
		应陈	应城至陈家河	24.72	
		漕汤	漕家场至汤池	5.50	
		应临	应城至临江口	10.00	
		杨钟	杨家潭至钟祥郑家集	33.00	

线别	路线名称		起讫及经过地点	里程	修复时期
			小　　　计	418.33	
武汉	武汉近郊路	武张	武昌至张公祠	8.67	
		二北	二郎庙至北洋桥	24.83	
		青王	青山至王家庄	18.96	
		武珞	武昌至珞家山	8.50	
		武莲	武昌至莲台洲	56.10	
		凤北	凤凰山至北咀	28.40	
		武金	武山至金口	52.00	
		金五	金口至五里界	37.78	
		五土	五里界至土地堂	15.09	
		武葛	武昌至葛店	46.00	
		滠阳	滠口至阳逻	20.00	
		武豹	武昌至豹子解	37.00	
		汉蔡	汉口至蔡甸	30.00	
		蔡黄	蔡甸至黄陵机	25.00	
		汉大	汉阳至大军山	30.00	

损失价值	路基路面平均每公里修建费	5,000元	合计	民二十六年上半年应需价值	按二千倍物价指数价值
				19,594,550元	39,187,100,000元
	桥梁洞平均每公尺修建费	350元	合计	8,229,900元	16,459,800,000元

说明：

一、查二十六年本省公路修建费平均每公里约为一万五千元至二万元，其时路面包价每公里三千元，现估路基路面修建费每公里五千元，约合上数三分之一至四分之一，即假定路基尚未全数破坏，只列一部分修建费。

二、损失桥梁涵洞，按每公里平均六公尺估计，共损失桥涵 23,514 公尺。建筑费按民二十六上半年物价估计，至单价每公尺 350 元系以六公尺单孔桥为标准，按木料每板价 0.11 元，铁件每磅 0.25 元计算而得。

三、复员时所需修整费须按原价照施工时物价指数计算发给。

四、按民国二十六年上半年路基路面平均每公里修建费为 5,000 元，今以物价指数二千倍计算，平均每公里应为 10,000,000 元。

五、桥梁涵洞当时（二十六年上半年）每公尺平均修建费为 350 元，今以二千倍计算，则为 700,000 元。

六、路基路面当时（二十六年上半年）损失合计为 19,594,550 元，今以物价指数二千倍计算应为 39,189,100,000 元。

七、桥涵当时（二十六年上半年）损失合计为 8,229,900 元，今以二千倍计算应为 16,459,800,000 元。

八、收复后公路如已破坏，则按预算拨给；如未破坏而须修整者则按预算数三分之一拨给。

（录自《湖北省政府复员工作计划》，民国三十四年九月湖北省政府编印）

（3）湖北省公路战时损失车辆油料机件调查表

物料名称	损失年月	损失数量	损失地点	损失原因	当时单价	合计
汽车	二十六年十月	285辆	石家庄一带	军事转迁	每辆3000元	855,000元
汽车	二十七年十月	103辆	武汉近郊及武崇汉黄汉宜襄花各路段	武汉转进	每辆3000元	309,000元
汽车	二十九年五月	22辆	沙宜一带	沙宜转进	每辆3000元	33,000元
汽油	二十七年十月	17895加仑	武汉近郊及武崇汉黄汉宜襄花各路段	武汉转进搬运不及	每加仑2元	35,790元
机油	二十七年十月	12.368加仑	武汉近郊及武崇汉黄汉宜襄花各路段	武汉转进搬运不及	每加仑4元	85,472元
各式修车机件	二十七年十月	127件	武汉近郊及武崇汉黄汉宜襄花各路段	武汉转进搬运不及	平均每件500元	63,500元
各式修车机件	二十九年五月	12件	沙宜一带	沙宜转进	平均每件800元	9,600元
各种汽车楔件五金材料	二十七年十月	约共装载十车	武汉近郊及武崇汉黄汉宜襄花各路段	武汉转进搬运不及	平均每车50000元	500,000元
总计						1,891,362元

说明：

一、表列二十六年十月损失汽车二百八十五辆，系当时奉军委会令征调北上服役，因军事转进损失者。二十七、九两年共损失汽车一百一十四辆，系武汉沙宜转进时因撤退不及，被敌机炸毁车队扣用与沦陷未能开出而损失者。其损失油料机件材料等均与上述情形相同。

二、本表所估当时单价，系按民国二十六年上半年物价估计。

三、复员时所需车辆油料机件等购买费，须照原价按购买时物价指数伸算发给。

四、按二十六年上半年物价计算，车辆机油等荐损失合计为1,891,362元，今照二千倍物价指数计算应为3,782,724,000元。

（录自《湖北省政府复员工作计划》，民国三十四年九月湖北省政府编印）

4．教育

（1）湖北省公私立专科以上学校战时损失表

别类	项目	二十六年前价格	现时价格(以战前物价四千倍计)
直接损失	建筑物	1,700,000	6,800,000,000
	器具	290,000	2,600,000,000
	图书	174,000	696,000,000
	仪器标本	24,000	90,000,000
	化学药品	12,000	48,000,000
	机件	260,000	1,040,000,000
	其他	445,000	1,770,000,000
	总计	2,905,000	22,044,000,000
间接损失	迁移	85,000	340,000,000
	侨设	2,905,000	2,620,000,000
	防空设备	6,000	24,000,000
	总计	2,996,000	2,984,000,000

说明：

一、公立专科以上学校：武昌国立武汉大学及省立农专二校，受沦陷损失合计 1,905,000 元（图书仪器大部份毕已运出损失较少），数字系就当时物价指数言。下同。

二、私立专科以上学校：武昌私立中华大学、华中大学、文华图书馆专科学校、艺术专科学校，受沦陷损失，各校合计 1,000,000 元（中华、华中及艺术三校图书仪器药品等无大损失，文华大量珍本图书未能于武汉沦陷前运出，传已为敌所劫夺，损失在 15 万元以上），数字系就当时物价指数言，下同。

（录自《湖北省政府复员工作计划》，民国三十四年九月湖北省政府编印，第 24 页）

（2）湖北省公私立中等学校战时损失表

别类	项目	二十六年前价格	现时价格(以战前物价四千倍计)
直接损失	建筑物	7,836,000	31,344,000,000
	器具	773,000	3,092,000,000
	图书	246,500	986,000,000
	仪器标本	254,000	1,016,000,000
	化学药品	176,000	704,000,000
	机件	1,388,000	1,552,000,000
	其他	966,500	3,866,000,000
	总计	11,640,000	42,560,000,000

别类	项目	二十六年前价格	现时价格(以战前物价四千倍计)
间	迁移	151,500	606,000,000
接	侨设	11,640,000	46,560,000,000
损	防空设备	63,000	254,000,000
失	总计	11,854,500	47,420,000,000

说明：

一、公立中等学校：武昌省一女中、省武中、省武高中、省武初中、省实验学校、汉口市一中、市一女中、省立汉阳、黄冈、钟祥、安陆各初中、黄梅、黄陂、阳新、大冶、天门、黄安、浠水各县立初中（受沦陷损失），省立江陵、宜昌各中学（被炸），与省立联中女师分校（存宜校具被炸）等；及武昌省师、省女师、省联师、省立黄冈乡师、圻区简师、蕲春二区简乡师（受沦陷损失），省立宜昌、襄阳乡师（被炸）等师范学校，武昌省武职、省女职、省高商、省高农、汉口市职、市女职、汉阳省高工、钟祥、通城县立初职（受沦陷损失）、宜昌县立初职（被炸）等职业学校，以上各校，合计损失 5,983,000 元。（省立及汉口市立各校图书、仪器、化学药品，几全部运出损失极微）。

二、私立中等学校：武昌之希理达、文华、博文、善导、言杰、大化、安徽旅鄂、张楚、楚材、文学、荆南、君化、鄂南、大江、成达、启黄、东湖、三楚、菱湖、懿德、中华附中、华中附中、艺专附中，汉口之江汉、博学、懿训、武汉圣约瑟、育贤、震旦、汉江、培文、汉光、圣嘉纳、光华、民善、圣保罗、心勉，汉阳之训女、益智，孝感之求实、启环、以及钟祥育才、应城西河、广济大公、黄冈正源、蕲春启明、崇阳、净厂、鄂城虹川（受沦陷损失），宜昌之旅宜鄂西、华英（被炸）等私立中学、武昌之同仁、助产、省医院护士、湖南旅鄂、汉口之普仁护士、红十字会助产、普仁助产、宗汉会计、市商初职，以及大冶石灰窑振德、钟祥普爱、天门初商、应城、新蒲（受沦陷损失），沙市初职（被炸）等私立职业学校，以上各校合计损失 5,657,000 元。

（录自《湖北省政府复员工作计划》，民国三十四年九月湖北省政府编印，第48—50页）

（3）湖北省会公私立初等学校战时损失表

别类	项目	二十六年前价格	现时价格(以战前物价四千倍计)
直	建筑物	4,906,200	19,624,800,000
接	器具	1,316,900	5,267,600,000
损	图书	253,875	915,500,000
失	仪器标本	108,200	432,800,000
	化学药品	—	—
	机件	—	—
	其他	246,150	984,600,000
	总计	6,831,325	26,835,780,000
间	迁移	190,225	760,900,000
接	侨设	6,831,325	27,325,300,000
损	防空设备	327,600	299,340,000
失	总计	7,249,150	28,385,540,000

说明：

一、公立初等学校：武昌省会及汉口市之公立幼稚园一七校、初小八三校、完小七八校、简小六校、短小八八校（受沦陷损失）；游导区各县公立之初小八一五校、完小五〇校、简小一四校、短小一〇七校（受沦陷损失），（相当于游击区各县原有公立各类初等学校总数三分之一）非游导区中宜昌、襄阳、巴东、恩施等县一部分之公立初等学校（被炸），以上各县校合计损失 3,871,275 元。

二、私立初等学校：武昌省会及汉口市之私立幼稚园三校、初小六三校、完小七三校（受沦陷损失）；游击区各县之私立初小二〇二校完小二六校、简小一校（受沦陷损失），（相当于游击区各县原有私立各类初等学校总数之三分之一）以及非游击区中如宜昌、襄阳、巴东、恩施等县一部分之私立初等学校（被炸），合计损失 2,960,050 元。

（录自《湖北省政府复员工作计划》，1945 年 9 月湖北省政府编印，第 60—61 页）

（4）湖北省社教机关及其他文化机关抗战直接损失表

机关性质别	时期	小计	建设物	器具	图书	仪器标本	其他
公共民众学校	二十六年价格	44,800	—	23,600	10,600	—	10,600
	现时价格（以四千倍计）	179,200,000	—	84,400,000	42,400,000	—	42,400,000
省立中山学校	二十六年价格	90,200	65,600	16,400	8,200	—	17,600
	现时价格（以四千倍计）	360,800,000	262,400,000	65,600,000	32,800,000	—	6,800,000
公私立民教育馆	二十六年价格	195,850	123,500	32,800	15,100	7,250	3,000
	现时价格（以四千倍计）	783,400,000	494,000,000	321,200,000	70,400,000	29,000,000	12,000,000
公私立图书馆	二十六年价格	267,500	185,700	52,400	26,400	—	—
	现时价格（以四千倍计）	1,070,000,000	742,800,000	1,807,600,000	205,600,000	—	—
公立体育场	二十六年价格	83,500	69,000	14,200	—	—	—
	现时价格（以四千倍计）	334,000,000	276,000,000	58,000,000	—	—	—
公立科学馆	二十六年价格	220,000	200,000	20,000	—	—	—
	现时价格（以四千倍计）	880,000,000	800,000,000	80,000,000	—	—	—
其他公私立教育文化机关	二十六年价格	55,800	27,500	16,500	5,500	—	6,300
	现时价格（以四千倍计）	223,200,000	110,000,000	66,000,000	22,000,000	—	185,600,000
总　计	二十六年价格	957,650	671,300	176,200	65,800	7,250	37,100
	现时价格（以四千倍计）	3,836,600,000	2,655,200,000	792,800,000	273,200,000	29,000,000	86,400,000

说明：

一、公共民众学校：武昌县立民校二四校、游击区各县公立民校一六四校，合计损失器、图书等44,800元。民校通常皆借用各级学校房屋，再设备简单，故未列建筑物等其他损失。

二、省办中山民校：游击区各县民校八二校，因沦陷损失90,200元。

三、公立民众教育馆：省立武昌、武穴、蒲圻、岳阳民教馆四所，汉口市立民教馆一所，及游击区各县公产民教馆四所（受沦陷损失），非游击区内省立宜昌民教馆兴宜昌县立民教馆（被炸），图书、仪器等，大部已运出，无甚损失）。

四、私立民众教育馆：武昌私立民众教育馆，合计5500元。

五、公立图书馆：武昌省立图书馆、汉口市立图书馆各一所，及游击区内宜昌县立图书馆一二所（受沦陷损失），非游击区内宜昌县立图书馆一二所（被炸），合计损失265,500元。（中以武昌省立图书馆损失最大，新馆舍16万元，美国定制之藏书钢架四万元，器具五千元，少部分未及运出之线装书1万元，计215000元，汉口市立图书馆书本不多，亦无多损失。）

六、私立图书馆：武昌私立图书馆一所，受沦陷损失，计2000元（图书运出未列损失）。

七、公立体育场：武昌省立体育场、汉口市立体育场各一所，游击区各县公立体育场19所（因沦陷损失），合计损失83,500元。

八、省立科学馆：武昌省立公共科学实验馆一所，因沦陷损失，计220,000元（科学实验仪器药品皆已运出未受损失）。

九、其他公立教育文化机关：其他公立教育文化机关，因受沦陷及敌机轰炸损失（如宜昌之抗敌剧团因被炸损失800元，尚未接到齐全报告，兹总估计损失50,000元。

十、其他私立文化机关：本省原少私立教育文化机关，除一部分民教馆、图书馆已据实分项列计外，其余估列5000元。

（录自《湖北省政府复员工作计划》，1945年9月湖北省政府编印）

（5）湖北省社教机关及其他文化机关抗战间接损失表

机关性质别	时期	小计	迁移	修设	防空设备
公共民众学校	二十六年价格	—	—	—	—
	现时价格（以四千倍计）	—	—	—	—
省立中山学校	二十六年价格	—	—	—	—
	现时价格（以四千倍计）	—	—	—	—
公私立众教育馆	二十六年价格	224,100	18,150	195,850	10,100
	现时价格（以四千倍计）	296,400,000	72,600,000	183,400,000	40,400,000
公私立图书馆	二十六年价格	293,600	4,800	167,520	21,300
	现时价格（以四千倍计）	1,174,500,000	19,200,000	1,070,000,000	85,200,000
公立体育场	二十六年价格	86,256	1,000	83,500	1,756
	现时价格（以四千倍计）	3,351,000,000	4,000,000	3,340,000,000	7,000,000
公立科学馆	二十六年价格	225,500	5,000	1,220,000	500
	现时价格（以四千倍计）	906,000,000	20,000,000	880,000,000	2,000,000
其他公私立教育文化机关	二十六年价格	68,900	7,100	55,800	6,000
	现时价格（以四千倍计）	275,600,000	28,400,000	223,200,000	14,000,000
总计	二十六年价格	8,980,556	36,050	822,650	39,656
	现时价格（以四千倍计）	5,999,400,000	144,200,000	5,696,600,000	157,600,000

（录自《湖北省政府复员工作计划》，1945 年 9 月湖北省政府编印）

5. 湖北省战时损失房屋估计

二十七年七月敌军侵入省境，我军抗拒阳新、广济一带，鏖战三月，居民相率迁避，十月军事转移，武汉放弃，至二十九年沙宜继陷，本省富庶之地，先后沦于敌手，其他未沦陷者亦多遭轰炸，情况之惨，损失之巨，实空前罕有之浩劫也。本省营建资料之调查，向付缺如，抗战以来，如村落住宅城镇商店以及学校仓库祠堂庙宇等，多被敌寇焚毁，更难有确实统计。爰依据三十年本省统计提要，就人口密度估计，每方市里人口在八十以上之县份，每人估计配有房屋二间，其人口在六十至八十人者，每人配 1.9 间，其人口在三十至六十人者，配 1.8 间，其在三十人以下者，配 1.7 间，兹按此估计，将本省战前原有及战时损失房屋列表如下，以明梗概：

湖北省各行政区战前原有及战时损失房屋一览表

区　　别	战前原有间数	战后损失间数	备考
汉口市	2,300,000	593,000	
第一行政区	4,002,000	577,000	
第二行政区	9,774,000	1,484,000	
第三行政区	7,424,000	1,026,000	
第四行政区	7,137,000	1,047,000	
第五行政区	4,166,000	702,000	
第六行政区	3,011,000	374,000	
第七行政区	2,638,000	6,000	
第八行区政	2,268,000	12,000	
总计	42,820,000	6,148,000	

（中国国民党中央委员会党史委员会编印：《中华民国重要史料初编——对日抗战时期》，第二编"作战经过"，1981 年）

33. 湖北省第一区财产损失统计总表（1945 年 12 月）

民国三十四年十二月

县别	共计		房屋		粮食		土布		棉花		耕牛		农具		其他
	价值（万元）		数量（栋）	价值（万元）	数量（担）	价值（万元）	数量（疋）	价值（万元）	数量（担）	价值（万元）	数量（头）	价值（万元）	数量（具）	价值（万元）	价值（万元）
总计	24,990,274		50,259	14,747,352	12,375,075	6,004,565	332,012	174,986	214,241	836,221	42,441	344,327	392,158	380,099	2,502,724
武昌	6,026,135		9,366	3,922,800	1,813,500	904,190	60,700	30,350	63,780	255,120	6,590	54,610	116,667	71,633	787,432
汉阳	2,714,798		3,289	1,383,300	1,327,682	628,211	56,000	28,000	49,200	196,800	9,563	77,510	65,926	45,577	354,900
嘉鱼	581,335		1,221	333,230	98,500	51,230	22,600	10,170	11,670	53,526	2,774	21,292	17,346	9,787	102,100
咸宁	3,598,295		6,481	2,784,200	993,337	533,015	44,380	26,628	17,170	60,095	1,809	18,090	19,535	12,207	164,060
蒲圻	2,110,334		4,120	1,099,837	1,120,315	566,924	40,619	26,402	14,013	49,046	3,691	36,910	29,903	65,044	266,721
崇阳	2,525,050		4,404	1,646,400	1,049,293	550,844	31,880	17,534	9,201	36,804	3,900	30,600	33,689	55,914	186,954
通城	423,330		1,336	176,800	60,435	32,280	8,147	3,259	1,648	5,668	1,096	878	58,028	53,445	151,000
通山	356,130		8,333	85,025	115,403	72,482	6,000	1,800	3,376	11,810	2,830	22,760	40,054	27,982	134,271
阳新	1,952,929		3,468	809,560	1,819,570	946,559	20,986	10,493	12,290	49,160	2,997	23,976	4,983	18,095	95,086
大冶	1,363,663		1,385	298,700	1,692,740	897,675	14,700	7,350	9,383	28,152	4,087	32,791	3,817	15,595	83,400
鄂城	3,337,725		6,850	2,207,000	2,284,300	821,155	26,000	13,000	22,510	90,040	3,104	24,910	2,210	4,820	176,800

[湖北省政府社会处统计室编：《湖北省各县抗战时期损失统计》（1945 年 12 月），湖北省档案馆馆藏档案，档案号 LS2—1—158]

34. 湖北省第二区财产损失统计总表（1945 年 12 月）

民国三十四年十二月

县别	共计 价值（万元）	房屋 数量（株）	房屋 价值（万元）	粮食 数量（担）	粮食 价值（万元）	土布 数量（疋）	土布 价值（万元）	棉花 数量（担）	棉花 价值（万元）	耕牛 数量（头）	耕牛 价值（万元）	农具 数量（具）	农具 价值（万元）	其他 价值（万元）
总计	22,238,042	61,945	14,767,224	8,659,927	4,844,751	311,292	135,120	99,570	593,629	38,682	314,578	342,889	163,138	1,419,602
黄冈	4,965,565	13,995	2,899,000	2,578,495	1,689,521	64,600	21,476	22,260	88,070	5,624	45,992	20,723	15,693	205,813
浠水	2,603,880	6,860	2,178,000	212,108	90,843	34,000	11,200	2,400	8,600	8,085	73,256	18,737	21,984	219,997
蕲春	1,783,673	7,260	1,265,766	492,150	298,100	55,500	20,700	2,310	8,400	2,556	17,186	20,092	19,260	159,261
广济	2,027,731	4,872	1,440,200	820,580	249,818	73,500	36,750	4,700	29,200	3,223	28,886	58,106	20,456	222,421
黄梅	1,700,087	7,538	1,033,976	387,174	217,490	6,500	1,950	31,300	234,500	4,321	31,284	64,887	18,836	162,050
英山	209,140	1,089	177,356	23,674	13,190	1,012	4,567	800	4,890	656	5,137	5,472	560	3,440
罗田	1,848,314	3,804	1,800,000	37,000	21,040	5,500	3,600	2,400	11,440	778	6,114	2,400	460	5,660
麻城	556,331	1,266	232,000	355,710	193,955	3,200	1,560	900	5,469	1,853	13,997	40,250	10,690	98,660
黄安	791,683	2,331	363,210	568,636	322,318	6,700	3,670	2,300	13,460	2,077	15,716	31,100	11,709	56,600
黄陂	3,254,571	4,818	1,397,116	2,475,700	1,369,315	56,080	27,080	22,600	138,600	8,079	65,970	44,164	26,790	229,700
礼山	2,492,067	8,112	1,980,600	708,700	379,160	4,700	2,567	7,600	46,000	1,430	11,040	36,958	16,700	56,000

[湖北省政府社会处统计室编：《湖北省各县抗战时期损失统计》（1945 年 12 月），湖北省档案馆馆藏档案，档案号 LS2—1—158]

35. 湖北省第三区财产损失统计总表（1945年12月）

民国三十四年十二月

县别	共计 价值（万元）	房屋 数量（栋）	房屋 价值（万元）	粮食 数量（担）	粮食 价值（万元）	土布 数量（疋）	土布 价值（万元）	棉花 数量（担）	棉花 价值（万元）	耕牛 数量（头）	耕牛 价值（万元）	农具 数量（具）	农具 价值（万元）	其他 价值（万元）
总计	23,825,022	49,794	13,416,490	16,034,834	7,717,395	567,881	311,724	84,251	470,131	44,585	374,023	291,291	209,029	1,326,230
孝感	4,324,249	3,859	2,734,700	2,168,000	1,066,800	210,774	126,464	34,098	170,490	4,657	36,246	63,777	36,453	153,096
云梦	633,555	958	119,040	616,596	337,832	13,800	8,280	4,000	22,800	3,822	38,230	25,250	17,229	90,144
汉川	2,192,054	5,452	1,250,820	1,197,200	672,900	5,510	2,612	11,340	64,022	4,276	34,002	36,846	30,098	137,600
应城	1,635,618	3,524	523,530	1,607,600	876,400	24,625	17,387	4,283	27,132	3,360	27,889	21,600	15,000	148,280
安陆	2,249,098	7,244	1,629,900	827,000	463,700	25,300	12,120	1,532	9,128	2,499	16,966	20,080	16,164	101,120
应山	1,119,122	1,443	341,290	1,203,980	639,598	12,363	6,181	1,746	10,682	1,117	7,818	14,800	11,443	102,110
随县	3,585,826	8,007	2,149,500	2,393,600	1,065,660	25,060	12,530	2,490	14,940	4,550	38,420	44,096	21,776	283,000
钟祥	3,482,229	6,056	2,191,200	2,636,700	1,085,100	26,000	13,700	4,600	29,132	3,926	32,408	18,894	15,809	114,880
京山	1,916,607	4,699	1,000,000	1,668,158	724,805	48,870	24,661	3,387	16,155	3,800	31,420	18,638	17,566	102,000
天门	2,686,664	8,552	1,476,510	1,716,000	784,600	175,579	87,789	16,775	105,650	12,578	110,624	27,310	27,491	94,000

[湖北省政府社会处统计室编：《湖北省各县抗战时期损失统计》（1945年12月），湖北省档案馆馆藏档案，档案号 LS2—1—158]

36. 湖北省第四区财产损失统计总表（1945年12月）

民国三十四年十二月

县别	共计 价值（万元）	房屋 数量（栋）	房屋 价值（万元）	粮食 数量（担）	粮食 价值（万元）	土布 数量（疋）	土布 价值（万元）	棉花 数量（担）	棉花 价值（万元）	耕牛 数量（头）	耕牛 价值（万元）	农具 数量（具）	农具 价值（万元）	其他 价值（万元）
总计	38,882,553	44,198	19,750,320	25,161,147	12,246,263	1,082,073	553,850	428,027	2,208,963	54,354	462,617	955,733	399,635	3,260,905
沔阳	4,013,165	6,969	931,720	4,711,085	2,059,495	178,888	113,110	53,373	213,492	18,841	151,798	161,530	150,650	392,900
潜江	2,418,432	8,701	1,548,600	1,160,000	592,000	17,000	8,500	4,398	27,592	5,980	49,840	81,200	56,900	135,900
监利	4,335,302	5,255	2,761,800	1,360,000	710,000	162,500	72,500	76,973	483,258	7,567	62,468	35,565	18,276	227,000
石首	1,547,937	1,897	740,000	932,900	474,235	19,000	9,500	15,600	92,400	1,622	15,102	21,300	14,700	202,000
公安	1,575,418	2,230	753,000	1,159,200	491,380	32,610	17,400	13,607	71,642	1,747	14,976	28,800	12,020	215,000
松滋	2,239,862	2,867	766,500	2,068,332	1,155,352	25,622	12,686	5,657	33,628	1,397	12,197	22,481	16,367	243,132
枝江	1,669,474	2,864	891,600	856,000	456,000	35,063	14,459	8,619	51,151	2,412	18,148	21,519	14,986	223,130
江陵	15,198,651	9,333	9,375,600	9,400,000	3,868,727	537,000	268,500	131,500	526,000	10,621	98,968	388,457	90,856	970,000
荆门	5,884,312	4,082	1,981,500	3,513,630	2,439,074	74,390	37,195	118,300	709,800	4,140	39,120	244,381	24,880	652,743

[湖北省政府社会处统计室编：《湖北省各县抗战时期损失统计》（1945年12月），湖北省档案馆馆藏档案，档案号LS2—1—158]

37. 湖北省第五区财产损失统计总表（1945年12月）

民国三十四年十二月

县别	共计	房屋		粮食		土布		棉花		耕牛		农具		其他
	价值（万元）	数量（株）	价值（万元）	数量（担）	价值（万元）	数量（疋）	价值（万元）	数量（担）	价值（万元）	数量（头）	价值（万元）	数量（具）	价值（万元）	价值（万元）
总计	17,188,552	42,573	13,247,200	2,829,174	1,285,705	48,860	27,876	145,032	697,476	16,956	147,723	276,213	104,560	1,678,012
自忠	4,013,397	7,940	3,078,700	845,000	404,350	12,400	6,120	37,000	214,000	3,145	30,125	63,900	36,990	243,112
枣阳	2,463,306	3,838	1,296,600	1,605,474	700,040	26,000	15,600	76,812	794,056	1,651	16,710	93,666	26,300	114,000
襄阳	4,331,493	13,977	4,070,600	114,700	58,015	2,400	1,320	8,213	50,778	3,776	34,180	50,700	19,600	97,000
光化	3,498,312	7,667	2,350,800	87,000	41,950	4,000	2,400	16,007	96,042	3,273	26,440	56,900	17,680	963,000
谷城	2,487,888	8,083	2,163,100	68,000	28,450	4,060	2,436	7,000	42,600	2,383	18,532	7,000	2,770	230,000
保康	198,337	628	163,700	43,000	19,750	—	—	—	—	27	227	2,011	660	14,000
南漳	195,819	440	123,700	72,000	33,150	—	—	—	—	2,701	21,509	2,036	560	16,900

[湖北省政府社会处统计室编：《湖北省各县抗战时期损失统计》（1945年12月），湖北省档案馆馆藏档案，档案号 LS2—1—158]

38. 湖北省第六区财产损失统计总表（1945 年 12 月）

民国三十四年十二月

县别	共计 价值（万元）	房屋 数量（株）	房屋 价值（万元）	粮食 数量（担）	粮食 价值（万元）	土布 数量（匹）	土布 价值（万元）	棉花 数量（担）	棉花 价值（万元）	耕牛 数量（头）	耕牛 价值（万元）	农具 数量（具）	农具 价值（万元）	其他 价值（万元）
总计	42,202,034	30,517	37,083,635	5,058,541	2,845,355	99,297	39,648	136,989	654,136	13,388	129,843	205,216	72,274	1,377,143
远安	771,772	2,223	665,200	150,093	93,296	2,500	1,300	567	3,367	390	340	24,300	4,600	3,669
当阳	2,969,954	7,365	1,060,160	2,687,000	1,402,910	27,700	11,080	53,650	187,773	2,758	32,548	42,379	23,483	252,000
宜都	1,783,828	3,962	1,413,700	245,000	137,020	17,600	7,920	15,572	85,696	2,174	17,592	19,710	7,900	114,000
宜昌	35,630,709	14,340	33,173,700	1,846,000	1,127,600	29,600	12,320	47,000	258,900	5,428	56,289	47,500	24,900	977,000
兴山	95,541	220	94,200	670	335	—	—	—	—	—	—	—	—	1,006
秭归	244,766	436	184,565	26,764	20,776	2,000	800	6,000	18,000	953	8,477	—	—	12,148
长阳	302,147	729	145,810	58,648	34,424	18,297	5,498	13,000	93,600	968	7,944	55,027	10,191	4,660
五峰	403,337	1,242	346,300	44,366	28,994	1,600	730	1,200	6,800	717	6,653	16,300	1,200	12,660

[湖北省政府社会处统计室编：《湖北省各县抗战时期损失统计》（1945 年 12 月），湖北省档案馆馆藏档案，档案号 LS2—1—158]

[湖北省政府社会处统计室编：《湖北省各县抗战时期损失统计》（1945 年 12 月），湖北省档案馆馆藏档案，档案号 LS2—1—158]

39. 湖北省第七区财产损失统计总表（1945 年 12 月）

民国三十四年十二月

县别	共计 价值（万元）	房屋 数量（栋）	房屋 价值（万元）	粮食 数量（担）	粮食 价值（万元）	土布 数量（疋）	土布 价值（万元）	棉花 数量（担）	棉花 价值（万元）	耕牛 数量（头）	耕牛 价值（万元）	农具 数量（具）	农具 价值（万元）	其他 价值（万元）
总计	177,652	754	168,244	—	—	—	—	—	—	—	—	—	—	9,408
鹤峰														
宣恩	1,430	6	1,430	—	—	—	—	—	—	—	—	—	—	—
来凤	101,208	400	100,340	—	—	—	—	—	—	—	—	—	—	868
咸丰	—													
利川	—													
恩施	56,577	212	51,907	—	—	—	—	—	—	—	—	—	—	4,670
建始														
巴东	18,437	136	14,567	—	—	—	—	—	—	—	—	—	—	3,870

· 268 ·

40. 湖北省第八区财产损失统计总表（1945 年 12 月）

民国三十四年十二月

县别	共计 价值（万元）	房屋 数量（栋）	房屋 价值（万元）	粮食 数量（担）	粮食 价值（万元）	土布 数量（疋）	土布 价值（万元）	棉花 数量（担）	棉花 价值（万元）	耕牛 数量（头）	耕牛 价值（万元）	农具 数量（具）	农具 价值（万元）	其他 价值（万元）
总计	26,990	72	11,877	1,177	588	—	—	—	—	1,100	8,900	13,721	760	4,865
房县	—	—	—	—	—	—	—	—	—	—	—	—	—	—
均县	15,702	29	4,187	725	367	—	—	—	—	1,100	8,900	13,721	760	1,488
郧县	6,212	18	3,380	452	221	—	—	—	—	—	—	—	—	2,611
竹山	—	—	—	—	—	—	—	—	—	—	—	—	—	—
竹溪	—	—	—	—	—	—	—	—	—	—	—	—	—	—
郧西	5,076	25	4,310	—	—	—	—	—	—	—	—	—	—	766

[湖北省政府社会处统计室编：《湖北省各县抗战时期损失统计》（1945 年 12 月），湖北省档案馆馆藏档案，档案号 LS2—1—158]

41. 湖北省抗战期间公私财产损失总表（1946 年 2 月）

单位：万元（法币）

项　别	分类内容	三十五年二月		
		共　计	直接损失	间接损失
总　计		1,983,948,412	1,898,795,206	85,153,206
省属机关团体部分	省府所属各机关团体	5,852,017	5,102,061	749,956
县属机关团体部分	县政府税务局参议会等	1,265,198	1,117,354	147,844
教育	公立及私立学校	32,503,944	16,366,628	16,137,316
省事业部分	建设厅所属各工矿厂及供应处省银行等	483,259,070	460,172,710	23,086,360
民营事业部分	各县市民营工矿厂等	55,643,418	10,611,688	45,031,730
人民损失	各县市人民财产损失	1,405,424,765	1,405,424,765	—

[湖北省政府社会处统计室编：《湖北省抗战损失统计》（1946 年 2 月），湖北省档案馆藏档案，档案号 LSA2.24—18]

42. 湖北省省属机关财产直接损失统计（1946年2月）

事件：日本进攻及炸毁

日期：

单位：万元（法币）

机关名称	共计	建筑物	器具	现款	图书	仪器	医药用品	其他
总计	5,102,061	1,700,125	1,757,951	149,647	84,355	1,040,987	50,027	318,969
秘书处	39,348	14,600	21,148	—	680	392	288	2,240
民政厅	1,156,000	104,000	800,000	148,000	4,000	100,000	—	—
财政厅	—	—	—	—	—	—	—	—
教育厅	128,490	44,000	23,100	550	12,980	3,960	27,500	16,400
建设厅	3,211,000	1,430,000	780,000	—	52,000	936,000	13,000	—
社会处	194,000	56,000	40,000	—	14,000	—	8,000	76,000
卫生处	5,126	2,400	617	—	300	450	879	480
省干训团	1,312	591	401	—	320	—	—	—
通志馆	3,562	—	2,634	—	—	—	—	928
水利工程处	360,702	47,784	89,883	—	75	114	—	222,921
省立医院	2,521	750	168	1,097	—	71	360	—

[湖北省政府社会处统计室编：《湖北省抗战损失统计》（1946年2月），湖北省档案馆馆藏档案，档案号 LSA2.24-18]

43. 湖北省省属机关财产间接损失统计（1946 年 2 月）

单位：万元（法币）

机关名称	共计	迁移费	防空设备费	疏散费	救济费	抚恤费
			三十五年二月			
总计	749,956	41,441	438,128	52,827	169,861	47,699
秘书处	9,087	2,367	920	—	3,920	1,880
民政厅	3,421	2,705	94	302	205	115
财政厅	—	—	—	—	—	—
教育厅	64,240	21,120	21,340	10,780	4,620	6,380
建设厅	149,450	1,900	17,420	26,130	65,000	39,000
会计处	485,200	5,200	384,000	15,000	96,000	—
社会处	33,080	7,280	10,800	615	12	—
卫生处	1,034	249	158	—	—	—
保安司令部	416	300	116	—	—	—
省干训团	2,568	—	2,140	—	104	324
省立医院	1,460	320	1,140	—	—	—

[湖北省政府社会处统计室编：《湖北省抗战损失统计》（1946 年 2 月），湖北省档案馆馆藏档案，档案号 LSA2.24—18]

44. 湖北省各区县属机关团体直接损失统计（1946 年 2 月）

三十五年二月

单位：万元（法币）

区别	共计	建筑物	器具	现款	图书	仪器	医用药品	其他
总计	1,117,354	981,212	109,720	—	1,886	—	1,102	23,434
第一区	149,807	112,178	31,833	—	1,201	—	325	4,270
第二区	112,038	91,390	17,365	—	119	—	209	2,955
第三区	130,369	110,211	15,664	—	265	—	223	4,006
第四区	110,498	89,402	15,938	—	110	—	126	4,922
第五区	193,603	173,085	17,254	—	60	—	158	3,046
第六区	407,606	394,032	9,690	—	131	—	61	3,692
第七区	7,524	6,663	861	—	—	—	—	—
第八区	5,909	4,251	1,115	—	—	—	—	543

[湖北省政府社会处统计室编：《湖北省抗战损失统计》（1946 年 2 月），湖北省档案馆藏档案，档案号 LSA2.24—18]

45. 湖北省各区县属机关团体间接损失统计（1946 年 2 月）

单位：万元（法币）

三十五年二月

区别	共计	迁移费	防空设备费	疏散费	救济费	抚恤费
总计	147,844	36,662	91,622	14,794	2,852	1,914
第一区	58,918	14,197	39,484	3,538	616	1,083
第二区	32,722	4,943	24,449	2,603	371	356
第三区	17,418	6,709	8,317	2,176	165	51
第四区	12,103	4,468	4,813	2,209	468	145
第五区	6,531	3,673	1,819	750	227	62
第六区	11,157	2,260	6,776	1,783	280	58
第七区	5,845	—	4,239	909	600	97
第八区	3,150	412	1,725	826	125	62

[湖北省政府社会处统计室编：《湖北省抗战损失统计》（1946 年 2 月），湖北省省档案馆馆藏档案，档案号 LSA2.24—18]

46. 湖北省公私立学校直接间接损失统计总表（1946 年 2 月）

单位：万元（法币）

项　　别	三十五年二月		
	共　　计	直接损失	间接损失
总计	32,503,944	16,366,628	16,137,316
专科以上学校	3,866,640	2,599,920	1,266,720
中等学校	9,897,800	4,681,820	2,215,980
初等学校	16,642,300	8,126,638	8,515,662
社会教育	2,097,204	958,250	1,138,954

[湖北省政府社会处统计室编：《湖北省抗战损失统计》（1946 年 2 月），湖北省档案馆馆藏档案，档案号 LSA2.24－18]

47. 湖北省公私立学校直接损失统计 (1946 年 2 月)

单位: 万元 (法币)

三十五年二月

项别	共计	建筑物	器具	图书	仪器标本	化学药品	机件	其他
总计	16,366,628	10,915,580	3,263,848	542,310	261,050	83,840	312,100	987,900
专科以上学校	2,599,920	912,000	1,199,200	92,800	12,200	6,400	140,960	236,360
中等学校	4,681,320	3,447,840	340,120	108,260	111,760	77,440	171,140	425,260
初等学校	8,126,638	5,887,440	1,539,528	274,450	129,840	—	—	295,380
社会教育	958,250	668,300	185,000	66,800	7,250	—	—	30,900

[湖北省政府社会处统计室编:《湖北省抗战损失统计》(1946 年 2 月), 湖北省档案馆馆藏档案, 档案号 LSA2.24—18]

48. 湖北省公私立学校间接损失统计（1946 年 2 月）

单位：万元（法币）

项别	共计	三十五年二月		其他
		迁移费	防空设备费	
总计	16,137,316	354,980	1,071,976	14,710,360
专科以上学校	1,266,720	24,000	914,800	327,920
中等学校	5,215,980	66,660	27,720	5,121,600
初等学校	8,515,662	228,270	89,802	8,197,590
社会教育	1,138,954	36,050	39,654	1,063,250

[湖北省政府社会处统计室编：《湖北省抗战损失统计》（1946 年 2 月），湖北省档案馆馆藏档案，档案号 LSA2.24—18]

49. 湖北省省营事业财产损失统计表（1946年2月）

1. 总表

单位: 万元（法币）

项　别	三十五年二月		
	共　计	直接损失	间接损失
总　计	483,259,070	460,172,710	23,086,360
农业部分（湖北省农业改进所属各县农林厂）	564,700	45,500	519,200
工业部分（建设厅所属各工厂）	34,729,355	15,673,213	19,056,142
矿业部分（建设厅所属各矿厂）	4,909,361	4,909,361	—
公路部分（湖北省公路局）	18,132,972	17,468,689	664,291
电讯部分（湖北省公路局）	53,501,290	53,447,369	53,921
航业部分（湖北省航业局）	367,159,777	367,152,375	7,402
公用事业部分 甲（前武昌水电厂）	974,400	974,400	—
公用事业部分 乙（湖北省平价物品供应处）	2,720,092	10,688	2,709,404
银行部分（湖北省银行）	567,123	491,123	76,000

[湖北省政府社会处统计室编:《湖北省抗战损失统计》（1946年2月），湖北省档案馆馆藏档案，档案号 LSA2.24—18]

50. 湖北省民营事业财产损失总表（1946年2月）

单位：万元（法币）

项　别	共　计	直接损失	间接损失
三十五年二月			
总计	55,643,418	10,611,688	45,031,730
工业部分	36,550,000	2,104,200	34,445,800
矿业部分	14,820,218	5,721,088	9,099,130
公用事业部分	4,273,200	2,786,400	1,486,800

[湖北省政府社会处统计室编：《湖北省抗战损失统计》（1946年2月），湖北省档案馆馆藏档案，档案号 LSA2.24－18]

· 279 ·

51. 湖北省人民财产损失统计总表（1946年2月）

三十五年二月

区别	共计		房 屋		粮	食		土 布	
	价值（万元）	数量（栋）	价值（万元）	数量（市担）	价值（万元）	数量（疋）	价值（万元）		
总计	1,405,424,765	754,771	591,009,685	174,454,273	241,935,804	18,020,155	10,379,482		
汉口市	314,015,179	7,482	69,503,520	2,733,305	4,036,688	96,372	67,498		
武昌市	49,052,651	4,372	13,822,600	146,728	221,942	11,326	7,882		
汉阳市	17,461,181	940	11,257,140	278,262	398,913	2,968	2,003		
第一区	243,773,025	119,331	81,295,707	68,320,170	102,455,683	2,902,487	1,969,982		
第二区	162,970,708	150,764	94,363,708	18,514,849	27,089,192	1,580,477	1,054,585		
第三区	203,732,775	146,070	100,613,226	37,608,471	44,442,520	2,652,156	1,602,170		
第四区	193,303,427	121,993	79,112,548	33,494,570	46,153,151	5,023,640	2,577,696		
第五区	127,098,845	130,303	87,473,350	6,877,562	8,632,929	1,962,120	1,060,756		
第六区	92,220,519	70,507	52,434,955	6,311,593	8,335,196	3,736,119	2,013,831		
第七区	885,277	2,585	740,470	—	—	—	—		
第八区	911,178	424	392,461	168,763	169,590	52,490	23,020		

区别	棉花 数量（市担）	棉花 价值（万元）	耕牛 数量（头）	耕牛 价值（万元）	农具 数量（具）	农具 价值（万元）	其他 价值（万元）
总计	5,749,617	53,863,405	398,772	6,227,534	6,582,787	6,306,039	495,702,316
汉口市	247,969	2,719,664	1,463	24,297	10,286	16,362	237,647,152
武昌市	4,618	49,567	566	9,428	3,688	6,276	34,934,969
汉阳市	1,314	13,713	229	3,712	1,537	2,558	5,783,142
第一区	646,276	6,606,533	69,018	937,767	1,008,670	1,122,287	49,385,066
第二区	555,215	5,577,868	62,591	860,859	1,475,933	1,236,085	32,788,411
第三区	934,164	9,087,847	75,172	1,287,548	1,258,861	1,364,934	45,334,530
第四区	2,263,426	19,633,083	98,996	1,663,590	1,349,790	1,160,192	43,003,167
第五区	658,164	5,987,931	55,451	916,733	789,264	828,332	22,198,814
第六区	431,736	4,139,942	31,943	481,036	478,892	402,777	24,412,782
第七区	—	—	—	—	205,816	166,236	144,807
第八区	6,735	47,257	3,343	42,564	—	—	69,976

[湖北省政府社会处统计室编：《湖北省抗战损失统计》（1946 年 2 月），湖北省档案馆馆藏档案，档案号 LSA2.24—18；本表中的价值统计币种皆为 1946 年 2 月的法币]

281

52. 湖北省房屋损毁统计（1946年2月）

三十五年二月

区别	共计		公共房屋		私人房屋	
	栋数	价值（万元）	栋数	价值（万元）	栋数	价值（万元）
总计	754,771	591,909,685	26,307	75,885,705	728,464	515,123,980
汉口市	7,482	69,503,520	543	3,050,400	6,939	66,453,120
武昌市	4,372	13,322,600	75	1,222,600	4,297	12,600,000
汉阳市	940	11,257,140	681	10,510,640	259	746,500
第一区	119,331	81,295,707	3,560	9,999,760	115,771	71,295,917
第二区	150,764	94,363,708	4,451	10,117,229	146,313	84,246,479
第三区	146,070	100,613,226	5,219	13,671,122	140,851	86,942,104
第四区	121,993	79,112,548	4,305	10,775,033	117,688	68,337,515
第五区	130,303	37,473,350	4,753	10,789,259	125,550	76,684,091
第六区	70,507	52,434,955	2,335	5,042,802	68,172	47,392,153
第七区	2,585	740,470	207	351,300	2,378	389,170
第八区	424	392,461	178	355,560	246	36,901

[湖北省政府社会处统计室编：《湖北省抗战损失统计》（1946年2月），湖北省档案馆馆藏档案，档案号 LSA2.24—18；本表中的价值统计币种皆为 1946 年 2 月的法币]

53. 湖北省粮食损失统计（1946年2月）

三十五年二月

区别	共计		稻谷		麦		杂粮	
	数量（市担）	价值（万元）	数量（市担）	价值（万元）	数量（市担）	价值（万元）	数量（市担）	价值（万元）
总计	—	241,935,804	132,199,723	182,738,887	20,486,146	33,569,504	21,766,404	25,687,413
汉口市	—	4,036,688	497,768	772,643	268,323	509,346	1,967,214	2,754,199
武昌市	—	221,942	113,208	169,960	9,760	18,358	23,760	33,624
汉阳市	—	398,913	76,314	114,492	3,986	7,375	197,962	277,046
第一区	—	102,455,683	62,610,509	93,934,114	2,470,770	4,443,638	3,238,892	4,077,331
第二区	—	27,089,192	13,688,204	19,162,392	3,128,375	5,772,165	1,698,270	2,154,135
第三区	—	44,442,520	27,875,223	30,564,665	5,639,990	8,457,979	4,093,258	5,319,375
第四区	—	46,153,151	20,028,646	23,043,044	6,609,962	10,564,885	6,855,962	7,545,222
第五区	—	8,632,929	3,519,808	4,575,840	1,292,055	2,197,297	2,065,699	1,855,733
第六区	—	8,335,196	3,782,549	5,295,413	1,013,558	1,521,635	1,515,486	1,618,148
第七区	—	—	—	—	—	—	—	—
第八区	—	169,590	7,494	5,315	51,367	76,326	109,902	87,448

[湖北省政府社会处统计室编：《湖北省抗战损失统计》（1946年2月），湖北省档案馆藏档案，档案号 LSA2.24—18；本表中的价值统计币种皆为1946年2月的法币]

54. 湖北省土布棉花损失统计（1946 年 2 月）

三十五年二月

区别	共计	土　布		棉　花	
	价值（万元）	数量（疋）	价值（万元）	数量（市担）	价值（万元）
总计	64,242,887	18,020,155	10,379,482	5,749,617	53,863,405
汉口市	2,737,160	96,372	67,496	247,969	2,719,664
武昌市	57,436	11,326	7,869	4,618	49,567
汉阳市	15,716	2,968	2,003	1,314	13,713
第一区	8,576,515	2,902,437	1,969,982	646,276	6,606,533
第二区	6,632,453	1,580,477	1,054,585	555,215	5,577,868
第三区	10,690,017	2,652,156	1,602,170	934,164	9,987,847
第四区	22,210,779	5,023,640	2,577,696	2,263,426	19,633,083
第五区	7,048,637	1,962,120	1,060,756	658,164	5,987,931
第六区	6,153,773	3,736,119	2,013,831	431,736	4,139,942
第七区					
第八区	70,351	52,490	23,094	6,735	47,257

［湖北省政府社会处统计室编：《湖北省抗战损失统计》（1946 年 2 月），湖北省档案馆馆藏档案，档案号 LSA2.24—18；本表中的价值统计币种皆为 1946 年 2 月的法币］

55. 湖北省耕牛损失统计（1946 年 2 月）

三十五年二月

区别	头数	价值（万元）（法币）
总计	398,772	6,227,534
汉口市	1,463	24,297
武昌市	566	9,428
汉阳市	229	3,712
第一区	69,018	837,767
第二区	62,591	860,359
第三区	75,172	1,237,548
第四区	93,996	1,663,590
第五区	55,451	916,733
第六区	31,943	481,036
第七区	—	—
第八区	3,343	42,564

[湖北省政府社会处统计室编：《湖北省抗战损失统计》（1946 年 2 月），湖北省省档案馆馆藏档案，档案号 LSA2.24—18]

56. 湖北省农具损失统计（1946 年 2 月）

三十五年二月

区别	共　计		水风车		犁锄耙		其　他	
	农具	价值（万元）	具数	价值（万元）	具数	价值（万元）	具数	价值（万元）
总计	6,532,787	6,306,039	360,635	2,766,231	2,531,372	2,036,640	3,690,780	1,453,168
汉口市	10,286	16,362	1,463	11,704	2,823	2,258	6,000	2,400
武昌市	3,688	6,276	566	4,578	1,122	898	2,000	800
汉阳市	1,587	2,553	229	1,832	458	366	900	360
第一区	1,003,670	1,122,287	63,050	549,400	405,257	357,687	535,363	215,200
第二区	1,475,933	1,236,035	56,766	397,362	567,667	444,133	851,500	394,590
第三区	1,258,361	1,364,934	93,349	745,192	466,245	372,996	699,367	246,746
第四区	1,348,790	1,160,192	51,915	415,320	519,150	437,382	778,725	307,490
第五区	789,264	828,332	62,064	456,512	305,320	244,256	421,880	127,564
第六区	478,392	402,777	18,417	128,919	184,170	163,336	276,305	110,522
第七区	—	—	—	—	—	—	—	—
第八区	205,816	166,236	27,916	55,418	79,160	63,328	118,740	47,496

[湖北省政府社会处统计室编：《湖北省抗战损失统计》（1946 年 2 月），湖北省档案馆馆藏档案，档案号 LSA2. 24—18；本表中的价值统计币种皆为 1946 年 2 月的法币]

57. 湖北省衣物牲畜损失统计（1946年2月）

三十五年二月

区别	共计 价值（万元）	衣物 件数	衣物 价值（万元）	牲畜 头数	牲畜 价值（万元）	其他 价值（万元）
总计	495,702,816	150,281,383	380,413,350	5,073,765	21,595,831	93,693,635
汉口市	237,647,152	68,395,978	219,796,982	1,269	7,603	17,842,567
武昌市	34,934,969	12,953,701	30,187,372	766	4,117	4,743,480
汉阳市	5,783,142	2,430,788	4,880,367	921	4,979	897,796
第一区	49,385,066	14,911,147	29,308,847	1,390,873	6,428,303	13,647,916
第二区	32,788,411	8,542,379	17,371,205	1,048,039	4,309,688	11,107,518
第三区	45,334,530	13,888,069	26,903,715	979,864	4,077,012	14,353,803
第四区	43,003,167	13,605,203	25,646,244	1,003,436	4,047,470	13,309,453
第五区	22,198,314	7,589,993	11,635,169	391,747	1,584,159	8,979,486
第六区	24,412,782	7,683,072	14,515,532	254,608	1,126,159	8,771,091
第七区	144,307	192,992	119,111	71	209	25,487
第八区	69,976	88,011	48,806	2,171	6,132	15,038

[湖北省政府社会处统计室编：《湖北省抗战损失统计》（1946年2月），湖北省档案馆馆藏档案，档案号 LSA2. 24—18；本表中的价值统计币种皆为 1946 年 2 月的法币]

58．湖北省战区难民救济概况（1938 年 5 月）

　　自抗日战争发生以来，战区日益扩大，难民日多，本省居全国中心，交通便利，难民扶老携幼，纷纷逃来，惟仓卒出走，一身之外，了无长物，本府及所属各机关并地方人民团体尽量设法保障其安全，供给其住食，以资抚辑，而免流离，数月以来，幸无陨越。兹撮述救济难民及办理困难情形于后：

　　一、设立分支各会。本省奉到中央颁发《非常时期救济难民办法大纲》，当经遵照规定，设立难民救济分会，并暂先指定武昌，汉口两市及汉阳、嘉鱼、咸宁、蒲圻、大冶、鄂城、黄冈、浠水、蕲春、广济、黄梅、黄陂、孝感、云梦、汉川、应城、安陆、应山、天门、沔阳、潜江、石首、公安、松滋、枝江、江陵、襄阳、光化、宜都、宜昌等三十县设立支会，分别主办难民救济事宜。嗣因到境难民日多，复经令饬未设支会各县一律筹设，以宏救济。

　　二、难民稽查。自有难民达到本省以后，诚恐奸人混迹其间，乘机扰乱，当即令饬省会警察局，武昌市政处，并令由汉口市政府转饬汉口警察局分别组织难民稽查班，分赴火车轮船码头，严密稽查，详实登记，至各县之难民稽查事宜，亦经令饬各县县长切实督饬办理。

　　三、难民人数。到达本省难民，经本省各县市分别收容资遣者，截至现在止，仅黄梅一县，已达三万余人，其余浠水、麻城、鄂城、蕲春、黄陂、安陆、汉川、潜江、宜昌等县，亦各收遣数千人或数百人不等，其他各县，虽尚未据报，但以情度之，当不在少。其到达武汉者，除已给资遣送及自行谋生者外，汉口市现尚收容二万余人，武昌市现尚收容三千余人。总计本省境内现有难民，最少当在十万人以上。

　　四、难民职业。查各县市所送难民调查表，填载难民职业，以商人为最多，农人次之，学界又次之，工人又次之，至军政警医各界，则为数甚少。

　　五、难民年龄。查难民年龄，以二十一岁至三十岁者为最多，十一岁至二十岁次之，四十一岁至五十岁者又次之，五十一岁以上之难民，则为数不多。至难民性别，则男子约占三分之二，妇女占三分之一。

　　六、难民疏散。查武汉为后方重镇，人口密集，除业经收容难民 2 万余人外，现复络绎而来，有加无已，际此天气日暖，集合收容，不惟危险堪虞，又恐发生疫病，急宜予以疏散，以策安全。经先指定潜江、石首、公安、松滋、枝江、江陵、宜昌、宜都等八县为疏散区域；又因交通工具一时无法解决，并先指定与武汉邻近之汉川、嘉鱼、黄陂、孝感、云梦、应城等县以步行方法向民间疏散，所有疏散难民办法，各县收容注意事项，及运送难民办法，均经分别拟定，通令施行。嗣以难民日益加多，恐非指定县份所能尽量收容，而所订疏散办法，又因手续较繁，推行颇觉滞缓，又另订本省疏散武汉难民及各县收容难民简则，令饬所属施行，原有各项办法，即予废止。现武汉两市支会正在着手进行，分批资遣，惟江苏难民以疏散县份，距离原籍愈远，纷请资遣绕道回籍，但日寇所到之地，对我同胞，屠杀奸淫，无所不用其极，现已逃出之难民，在寇氛未净以前，自未便遣令使归，必要时或将强迫疏散。

七、救济经费。救济难民所需经费，为最大困难问题，各县既无慈善基金可资捐注，又因历年灾患之后，农村崩溃，无法向各方筹募捐款。在此情况之下，除令饬各县依照陕西省难民寄养办法办理外，并按照《非常时期救济难民办法大纲》第十七条第二项之意旨，在疏散武汉难民及各县收容难民简则中规定准动用积谷及谷款，如仍不够应用，得呈请本省难民救济分会补助，至难民疏散原则，系规定散居乡村，以免集合收容之危险及顾虑。

八、其他困难问题。本省财政奇绌，省库空虚，所有救灾准备金亦将支用殆尽，加以抗战局面，日趋紧迫，本省又已密迩前线，不仅对于难民之长期给养，力有不达，即拨之抗战情势，似亦不宜以本省为难民长期收容区域。至于交通便利县份，人烟非常稠密，民间空屋无多，公共场所及寺观庙宇，又多为军队及伤兵医院占据，或留作其他军事上之用。鄂西鄂北各县，又因交通不便，交通工具，极感缺乏，如欲尽量输送，势所难能；要皆为疏散难民收容难民之困难问题，急待解决者也。

九、筹设重伤医院。本府以时局日趋紧张，后方救护医疗机关，亟宜筹设完善，以应急需。业令派民政厅第四科科长，着手筹设湖北省临时重伤医院，一切必备救急药品材料、用具，均经购置，已于二十六年九月成立，开始诊治伤病官兵及难民，暂设病床二百具，必要时，得扩充至五百具。

十、设立省会难民诊疗所。迩来各地来本省避难病民激增，公私立医院，不能尽量施诊，业由民政厅设立省会难民诊疗所三处；第一诊疗所，设重伤医院；第二所，设大朝街；第三所，设平湖门附近之武当宫；自二十六年十一月起，陆续筹设，本年一月份，完全成立。

十一、购办大宗救设药材。卫生材料，及急救药品，为后方办理救护工作之必需用品，业由本府民政厅自赈厅自赈灾及禁烟专款项下拨付巨款，派员赴沪，远购大宗卫生材料，及必需药品，于二十六年八月，陆续运到，已由该厅设置药品制剂室，从事调制。

十二、成立各区卫生戒烟院。际兹全面抗战，本省为后方重地，各县卫生及救护工作，尚无适当机关办理，而军队难民，在本省调遣移动者，为数颇多，以时令关系，难免疫症蔓延。复以禁烟事项，亟应迅速推进，早日完成原定计划。经决定在每一行政督察区，设卫生戒烟院一处，直属民政厅，办理该区各县紧急救护、防疫、环境卫生、疾病治疗、戒烟等要政，并会同最近来鄂之防疫团体，实施防疫事务。

区卫生戒烟院置院长兼医师一人，医师及助理医师各一人，护士七人，事务员一人，各院长业经民政厅分别委任，于二十七年四月，组织成立，开始工作。

[湖北省政府秘书处编译室编：《非常时期之湖北省政》（1938 年 5 月），
湖北省档案馆馆藏档案，档案号 LSA2.21—24]

59．湖北省救济难民概况（1940 年—1941 年）

县别	收容所数		难民数		月支经费（元）		月需给养（元）	
	二十九年	三十年	二十九年	三十年	二十九年	三十年	二十九年	三十年
总计	10	14	204,751	9,367	1,098	4,432	22,622	4,040.40
咸宁	—	—	30,000	—	—	—	—	—
通城	—	—	30,000	—	—	—	—	—
蕲春	—	—	—	—	—	—	—	—
麻城	—	—	85,000	—	—	—	—	—
礼山	—	—	30,000	—	—	—	—	—
应山	—	—	200	—	—	—	—	—
钟祥	—	—	5,450	—	—	—	—	—
公安	—	—	2,000	—	—	—	—	—
松滋	—	2	—	1,000	—	429	—	1,200.00
枝江	1	1	1,368	500	20	429	8,208	6,000.00
荆门	—	—	—	6,000	—	—	—	—
谷城	1	1	693	58	—	—	—	69.00
当阳	—	—	17,249	—	—	—	—	—
宜都	1	1	964	500	—	429	2,032	600.00
宜昌	1		264	—	280	—	1,584	—
兴山	1	1	98	42	—	429	588	50.00
秭归	—	1		216	—	429	—	259.20
长阳	1	1	130	42	—	429	500	50.40
恩施	2	2	1,000	678	798	536	9,000	811.20
建始	1	1	35	—	—	429	210	—
巴东	—	1		48	—	429	—	57.60
均县	—	1	—	285	—	464	—	342.00
郧县	1	1	300	—	—	—	500	—

（根据各县呈赈济会之报告编列）

[湖北省政府编：《湖北省 1941 年统计提要》（1941 年），中国第二历史档案馆馆藏档案，档案号二（1）—5048]

60. 湖北省赈款分配统计（1941年）

项　　别	二十九年	三十年
总计	1,200,950.45	1,365,036.22
难民赈济费	—	—
共计	669,043.25	510,464.28
难民给养费	328,410.25	63,707.06
救济难民费	59,300.00	128,952.00
难民资遣费	—	96,054.00
难民急赈费	259,825.40	40,000.00
难民生产费	21,777.60	53,598.00
救济难童费	—	133,153.20
农　　赈	—	55,000.00
工　　赈	32,000.00	5,000.00
春　　赈	100,000.00	5,000.00
冬　　赈	15,700.00	—
水灾救济	23,000.00	—
火灾救济	5,585.00	400.00
急赈款	—	217,000.00
空袭急赈	69,540.00	141,795.00

[湖北省政府编：《湖北省1941年统计提要》（1941年），中国第二历史档案馆馆藏档案，档案号二（1）—5048]

61．湖北省赈款分配统计（续）（1941 年）

项　　别	二十九年	三十年
平粜基金	54,948.20	155,000.00
小本贷款	17,676.00	31,860.00
慰 劳 金	178,580.00	6,549.00
鄂籍贫苦学生救济	43,518.00	1,390.00
宜昌救济院工厂基金	—	9,328.00
畜牲生产基金	—	800.00
准 备 金	—	15,000.00
预 付 金	—	15,000.00
附属机关经费	—	90,824.96
寒衣购置费	—	55,000.00
合作运转金	—	5,000.00
空袭准备金	—	5,000.00
临时杂费	—	39,625.00

说明：材料由省赈济会供给。"救济难民费"是指万县及游击区之难民救济。

[湖北省政府编：《湖北省 1941 年统计提要》（1941 年），中国第二历史档案馆馆藏档案，档案号二（1）—5048]

62. 湖北省各区县善后救济所需各项资料数量（1944年6月）

三十三年六月

物资类别		需要总数量	备考
粮食（背米）（公吨）		910,616	详分类表一
衣料	布疋（公吨）	—	详分类表二
	皮棉（公吨）	—	
房屋（千间）		1,229	详分类表三
医药卫生	医用药品及化学药品（公吨）	—	详分类表四
	医疗器材及化验仪器（公吨）	1,500	
	卫生工程及测量仪器（公吨）	500	
其他	耕牛（头）	203,123	详分类表五
	农具（套）	203,123	
	种籽（公吨）	17,670	
	生活用具（公吨）	101,180	

[湖北省政府编：《湖北省政府令发日寇暴行调查》（1945年），湖北省档案馆馆藏档案，档案号 LS18—3—226]

63．湖北省各区县难民及贫民人数（1945 年 6 月）

三十四年六月

区县别	人 口	难 民	贫 民
总计	23,593,033	10,117,966	2,664,497
武汉区	1,149,843	911,874	47,593
汉口市	743,434	594,124	29,739
武昌城区	296,405	237,124	11,856
汉阳城区	110,004	80,503	5,000
第一区	2,289,058	7,165,725	224,666
武昌	211,897	127,138	16,952
嘉鱼	143,400	91,700	14,340
咸宁	153,551	76,776	15,355
蒲圻	136,211	68,105	13,621
崇阳	194,000	97,000	19,400
通城	171,086	85,551	17,107
通山	79,312	39,656	7,931
阳新	346,243	173,121	34,624
大冶	403,059	201,529	40,306
鄂城	450,299	225,149	45,030
第二区	5,299,148	2,161,698	622,990
黄冈	873,424	349,369	104,811
浠水	478,832	143,649	67,037
圻春	488,288	195,315	58,595
广济	309,797	123,916	37,175
黄梅	403,916	161,566	47,470
英山	204,731	40,946	32,757
罗田	204,060	40,812	32,650
麻城	467,835	187,134	56,140
黄安	307,492	153,746	30,749
黄陂	689,414	275,848	82,713
礼山	214,214	107,170	21,421
孝感	637,757	382,227	50,472
第三区	4,042,949	2,285,922	351,407
云梦	222,794	133,675	17,824

区县别	人　口	难　民	贫　民
汉川	389,901	233,940	31,192
应城	299,397	179,638	23,952
安陆	300,803	185,885	22,984
应山	353,012	211,807	28,241
随县	321,585	288,634	86,590
钟祥	496,847	248,423	49,685
京山	487,574	341,394	29,256
天门	771,036	462,556	61,683
第四区	3,944,784	2,025,364	353,884
汉阳	446,064	267,038	35,685
沔阳	798,851	479,311	63,908
潜江	366,733	200,640	33,339
监利	516,014	309,608	41,281
石首	214,543	128,726	17,163
公安	252,396	75,719	35,335
松滋	442,454	132,736	61,944
枝江	222,783	89,113	26,734
江陵	684,946	342,473	38,495
第五区	2,328,490	1,080,663	249,585
荆门	480,952	240,476	48,095
自忠	152,617	106,832	9,157
枣阳	325,822	97,747	45,615
襄阳	450,793	225,397	45,079
光化	161,312	112,918	9,679
谷城	267,522	110,257	31,473
保康	115,401	—	23,080
南漳	374,971	187,036	39,407
第六区	1,684,578	473,301	242,255
远安	120,139	24,108	19,286
当阳	279,428	131,814	29,523
宜都	308,839	123,536	37,061
宜昌	321,525	160,763	32,152
兴山	100,156	—	20,031
秭归	239,770	1,649	47,624
长阳	228,463	22,846	41,123

区县别	人　　口	难　　民	贫　　民
五峰	85,858	8,585	15,455
第七区	7,560,985	7,715	310,656
鹤峰	71,484	945	14,293
宣恩	114,838	—	22,968
来凤	126,668	2,048	24,924
咸丰	153,784	—	30,757
利川	240,730	—	48,026
恩施	395,569	3,742	78,365
建始	241,842	—	48,370
巴东	216,670	1,925	42,949
第八区	1,313,798	5,699	261,401
房县	228,463	—	45,654
均县	183,544	4,865	35,736
郧县	334,244	—	66,849
竹山	187,365	—	37,473
竹溪	167,272	—	33,454,
郧西	212,376	834	42,295

说明:

一、本表人口数系根据三十二度湖北省统计年鉴各县全部人口总数编列。

二、本表难民数系根据本府社会处造送资料编列。

三、本表贫民数系估计数字其算式如下:

$$甲、省难民县份-（人口数-难民数）×20/100=贫民数$$

$$乙、县难民县份-人口数×20/100=贫民数$$

四、后方县份轰炸较烈损失较重者亦择要列入。

[湖北省政府编:《湖北省政府令发日寇暴行调查》（1945年），湖北省
档案馆馆藏档案，档案号 LS18—3—226]

64. 湖北省政府主席王东原致驻湖北省政府重庆办事处译转善后救济总署蒋署长的函（1945 年）

重庆湖北省政府办事处译转善后救济总署蒋署长廷黻兄：

密寅梗电敬悉。兹将贵署电嘱调查各项分陈如次：（壹）本省正杂粮折合稻谷计算：（甲）年产量根据本省三十二年统计年鉴合计 12891 万市石；（乙）消耗量年需 16829 万市石，其中民食每人按年需稻谷 6 市石计算，合 14155 万市石，余系军粮主副食及马乾合 2674 万市石；（丙）年缺量：3938 万市石。（贰）难民指因战事损失亟待救济之人民，依照沦陷时期久暂及战役灾害情形作为估计标准计：（甲）大口 606 万名；（乙）小口 404 万名。（叁）衣料按难民人数大口平均发冬夏衣服各一套，棉被一条，计合二尺宽布七丈，皮棉四斤，小口减半。又因间接受战事影响以致贫困须救济者除难民外，按各县人口十分之二仍分大小口计算计：（甲）布疋合 7134 万市丈，（乙）皮棉合 41 万市担。（肆）房屋包括住室、官舍、仓屋及学校公共建筑等损害，包括全部毁坏及一部损害计共 633 万间。（伍）医药卫生：（甲）药品 200 吨，（乙）医疗器材 1500 吨，（丙）卫生工程器材 500吨。余详表另达，特复。

湖北省政府主席王东原

辰删，省统印

[湖北省政府：《有关调查统计抗战损失问题的资料》（1945 年），湖北省档案馆馆藏档案，档案号 LS2—1—168]

65．湖北省政府主席王东原致湖北省政府驻重庆办事处 译呈行政院院长宋子文的报告（1945 年）

重庆湖北省政府驻渝办处译呈行政院院长宋钧鉴：

　　审今春敌寇在鄂北蠢动，襄阳、枣阳、自忠、南漳、荆门、谷城、光化、随县等八县受祸最深，计难民 75 万人，毁坏城市村镇房屋 80 余万间，损失农具耕牛及籽种之农户达 20 万户，刻以敌寇歼灭在即，收复区善后救济事宜亟统筹办理。就上述八县区城，估计需粮食半年口粮，折合稻谷共二百二十万市石，医药卫生器材 200 吨，临时建筑 15 万间，农具 15 万付，耕牛 5 万头，稻麦籽种 30 万市石，衣服一吨，以鄂北为产棉区域，且时届夏令暂为从略，请饬令善后救济总署迅予成立鄂北善后救济实验区，一面办理鄂北区紧急救济，一面利用实际经验，对鄂东鄂南沦陷区域作善后救济之准备。此种设施不仅直接惠及鄂省难民且间接可与敌伪奸匪争取民众，实为政治战之最有效者。鄂省地位冲要，抗战以来，敌伪奸匪蹂躏盘踞，民间负担为各省之冠，将来战事结束，□□沦陷省份之善后，救济工作开始时期，势须以湖北省□□□之重要城市为其转运枢纽，亟宜及早预备，庶免临时忙乱，不胜迫切待命之。

湖北省主席王东原叩

辰艳秘济

[湖北省政府：《有关调查统计抗战损失问题的资料》（1945 年），湖北省档案馆馆藏档案，档案号 LS2—1—168]

66. 湖北省政府关于难民回籍及救助有关事宜的复原计划（1945 年）

甲、本省离籍难民之回籍

本省沦陷地区占全省面积约三分之二，陷区人民不甘附逆、离籍避难者为数极众，其未能离籍者亦以敌寇盘据时间过久，损害过重，生计艰难。复员之始首在谋流亡人民安返故土使能复业。特拟定救济计划于次：

（一）难民人数之估计

本省人口在战前为二千五百余万，因战事影响逐年减少，据最近调查计二千三百五十九万人，其中难民根据调查估计所得约如下数：

1. 离籍难民人数：武汉三镇四〇三九五八人，一区三八八五七五人，二区六二〇五六六人，三区六六一九七四人，四区五七五一二二人，五区四六四六九〇人，六区二五七七六七人，共计三三七二六五二人。

2. 未离籍难民人数：武汉三镇六〇七九一六人，一区七七七一五〇人，二区一四四一一三二人，三区一五二三九四八人，四区一三五〇二四二人，五区七二九三八六人，六区三一五五三四人，共计六七四五三〇八人。

以上难民人数总计一〇一一七九六一人，占全省人口百分之四十二，强其他各省流亡至本省之难民，虽无精确统计，估计当在五十万人左右。

（二）离籍难民分布之估计

本省一、二、三、四各区几全部为敌所盘据，五、六两区可时遭敌寇侵扰在本省可资避难之地为七、八两区，故甚多迁徙四川、湖南、贵州、云南、广东、广西、江西、安徽等省，其分布情形概述如下：

1. 省内之分布：七区鄂西各县约占全数百分之十三计四三八四四四人，八区鄂北各县约占百分之十二，计四〇四七一八人，共计八四三一六三人。

2. 省外之分布：四川约占全数百分之三十五计一一八〇四二八人，湖南（湘西）约占全数百分之十五，计五〇五八九八人，云南、贵州约占全数百分之十，计三三七二六五人，江西、安徽约占全数百分之十，计三三七二六五人，广东、广西及其他省份约占全数百分之五，计一六八六三三人，共计二五二九四八九人。

（三）难民复员交通之策划

本省占战略上之重要地位，铁道、公路破坏极多重，以交通工具缺乏将来复员交通，自必步行及木船载运为主，以火车、轮船、汽车为辅。

1．难民回籍程期之估计

难民回籍程期因路途远近，步行及木船、火车、轮船、汽车载运之不同程期，自亦有别，兹估计平均数如次：

（1）步行部分：沿各大道步行途中日期平均每人约需三十天。

（2）车运部分：火车、汽车途中日期平均每人约需五天，其他人力畜力车辆约需三十天。

（3）船运部分：由轮船运送途中日期平均每人约需十天，木船约需三十天。

2．交通工具之估计

交通工具分船、车两种，本省所有回籍难民三三七二六五二人，及其他各省流亡本省难民五〇〇〇〇〇人，共计三八七二六五二人，预计三分之一步行，三分之一船运，三分之一车运，而船运又以轮船、木船各半计算，车运亦以火车、汽车及其他车辆平均计算，则需轮船、木船运送者约各六四五四四二人，火车、汽车及其他车辆运送者约各四三〇二九五人，其所需轮船、木船、火车、汽车约如下数：

（1）需要船运吨数之估计：按轮船一百吨船位装运三百人，木船二十吨船位装运四十人计算，约需轮船二一五一四七吨，木船三二二七二二吨，共五三七八六九吨。

（2）需要车运吨数之估计：按载重五吨汽车约载三十人，火车二十吨车厢约载六十人计算，则约需汽车七一七一五吨，火车一四三四三二吨，共二一五一四七吨，至其他车辆吨数暂不计列。

3．车船费用之估计

运送难民车船费用按照前列舟车运送之总人数，不分大小口每人车船费平均以五千元计，共需租用车船及管理等费用约一二九〇八八四〇〇〇〇元。

（四）交通线沿途食宿站之设置

本省长江横贯东西平汉、粤汉两铁路，直通南北汉水自西北斜注长江，公路纵横错杂，交通本极便利，惟因铁道、公路强丰破坏，修复既需时日、车辆亦待补充。难民运送将大部仰赖木船及步行，各交通路线均须按每隔六十华里左右设一食宿站，每隔三十华里左右设一茶水站之标准。分饬各县设站运储食粮以备需要，兹将各交通路线及设站重要地点叙述于次：

1．施巴线 设站地点——恩施白杨坪、建始长梁子、茅田龙潭坪、绿葱坡朱砂土、巴东

2．施宜线 设站地点——恩施熊家岩、崔坝高店子、大支坪野三关、四渡河

榔坪、大沙坪贺家坪、木桥溪曹家畈、宜昌

3. 长江线 设站地点——巴东秭归新滩三斗坪、南沱、宜昌红花套、宜都、枝江、洋溪董市江口、浣市、沙市、观音寺郝穴横堤、石首调弦口、监利白螺矶、新堤、嘉鱼簰洲、金口、武汉、阳逻、葛店、黄冈、兰溪、黄石港、蕲春、武穴、小池口

4. 襄河线 设站地点——白河天池口、郧县、均县、三官殿、老河口、太丰店、襄阳、自忠、贺家集、钟祥白口、沙洋张截港、岳口、仙桃镇、汉川、蔡甸、汉阳

5. 汉宜线 设站地点——宜昌鸦雀岭、当阳、河溶十里铺、后港、沙洋陆家砦、皂市、应城长江埠、神灵口、汉口

6. 襄花线 设站地点——襄阳枣阳、厉山随县、安陆花园

7. 平汉线 设站地点——汉口、孝感、广水、武胜关

8. 粤汉线 设站地点——徐家棚、贺胜桥、咸宁汀泗桥、羊楼司

9. 襄沙线 设站地点——襄阳欧家庙、自忠乐乡关、荆门十里铺、沙市延长至弥陀寺、黄金口、公安东岳庙

10. 武界线 设站地点——武昌、葛店、鄂城、大冶、阳新、界首

11. 黄界线 设站地点——黄陂柳子港、上巴河、浠水、漕河、广济、黄梅、界子墩

以上设站地点共计一百一十七站，沿途食宿应事先妥筹供应储备食粮及必要之食宿设备，本省回籍及其他各省流亡至本省难民，共计三八七二六五二人，分步行、轮船、木船、火车、汽车及其他车辆运送，则沿途所需食粮及路费约如下数：

1. 途中食宿需要额 不分大小口，每人日需食粮平均以一市斤计，则本省回籍难民步行者，共需食粮三三七二六五二〇市斤，轮船运送者，共需食粮五六二一〇八〇市斤，木船运送者，共需食粮一六八六三二四〇市斤，火车、汽车运送者，共需食粮三七四七三九〇市斤，其他车辆运送者，共需食粮二二四二一七〇市斤，总共需食粮七一二〇〇三四五市斤，约合三五六〇〇公吨。其他各省流亡至本省难民，步行者，共需食粮五〇〇〇〇〇〇市斤，轮船运送者，共需食粮八三三三三〇市斤，木船运送者，共需食粮二四九九九九〇市斤，火车、汽车运送者，共需食粮五五五五〇市斤，其他车辆运送者一六六六六六〇市斤，总共需食粮一〇五五五四七〇市斤，约合五二七七公吨，两共四〇八七七公吨。

2. 途中路费需要额 留居本省后方难民中，以百分之十需要资遣，不分大小口每人日发五百元，平均以二十日计算，则本省回籍难民，共需路费

一三四三〇〇〇〇〇元，其旅居外省者，由所旅居省份资遣之。

乙、过境难民之协助供应

本省扼全国交通孔道，战事发生，各省人民即假道西向流亡。复员期间，自必复循原道回籍，因是过境难民，人数估计约在三百万人以上，一切交通工具食宿设备，自应协助供应，所需各种物资费用，均以本省回籍难民需要标准计算。约如下数：

（一）途中路费　由出发省份发给暂不计列。

（二）交通工具　轮船一六六六六六吨，木船二五〇〇〇〇吨，汽车五五五五五吨，火车一一一一一〇吨。

（三）途中食粮需要额　六三三三三三二〇市斤，约合三一六六六公吨。

（四）沿途食宿站　利用本省回籍难民原有设备。

丙、于各交通线设置服务行动组织

本省为全国交通枢纽，本省及过境难民回籍，届时务必拥挤，行旅照料、秩序维持必须有行动服务组织以利运送。拟组织服务总队，隶属于本省复员委员会，执行下列任务：

关于义民服务工作者——

1．调查登记事项。2．运送照料事项。3．食宿茶水之廉价供应事项。4．沿途卫生及医药治疗之设备事项。5．其他有关义民服务事项。

关于过境机关学校团体人员及其眷属服务工作者——

1．食宿之照料事项。2．交通运送之照料事项。3．卫生医药之供应事项。

关于沿途交通要点之整饬事项其组织方式于次：

（一）服务总队部　设总队长一人，副总队长二人，综理总队一切事务。内分六组其职掌如下：

1．食宿组：关于食粮宿所及茶水供应事项。

2．交通组：关于运送及交通工具之筹集与运夫之征调事项。

3．纠察组：关于沿途交通要点之整饬事项。

4．卫生组：关于沿途卫生及医药治疗设备事项。

5．会计组：关于预决算之编拟账务处理及办理报销事项。

6．总务组：关于文书事务出纳调查登记及不属于其他各组事项。

（二）服务队：设服务队若干队，受总队部之指挥监督分别配置于各重要交通路线，负责督导各该路线之服务站办理复员服务工作，每队设队长一人，队员若干人，其人选均由总队长签请调用之。

（三）服务站：各交通路线之重要地点均设服务站，由各县县政府会同团党及民意机关，督饬各乡镇按照沿途食宿茶水站之设置标准分别设立，每站设站长一人，职员若干人，受该管服务队之督导，办理各项服务事宜，服务总队对于各大城镇，得视事实需要设立直属服务站。服务总队工作人员均以调用为原则，所需经费仅限于办公事业及旅杂等项，必需费用另立预算作正开支。

1. 总队部办公费：每月十万元，暂以三个月为限，共三十万元。

2. 工作人员办公旅杂等费：工作人员约三百人，每人日支办公旅杂等费一千五百元，暂以三个月为限，约需二千七百万元。

3. 难民食宿茶水服务供应费：食宿站计共一一七站，每站食宿供应费两百万元，约需二亿元。

丁、粮食住宅物资之储备与供应

本省各县被敌伪完全盘据者。计有武昌等二十一县，被盘据一部份者，计有随县等二十一县，曾受敌人一度或数度侵入者，计有襄阳等十二县，从未受敌寇侵入之安全县份，仅恩施等十六县。房屋物产及各种损失极巨。复员之初，本省难民所需生活方面之各种物资必至殷切，允宜事前确实筹划储备供应，方可因应事机不误，需要新复时即须有一紧急措施，俾回籍难民凡属确实无家可归，定必使其生活有所寄托，然后徐图久安，故宜先行筹设公共食堂，搭盖平民住宅。

筹设公共食堂：每县须择交通中心地点筹设公共食堂若干所储备食粮，凡回籍难民一时无法自行举□□□者，均由公共食堂供应膳食。

搭盖平民住宅：回籍难民之原有住宅如已遭敌焚毁，一时自感无地栖身，必须临时为其搭盖简单住宅籍资收容，即于公共食堂环近就地取材（皮篙竹木芦草之类）搭盖平民住宅若干所，每所以能收容一千人为原则。以上二项为刻不容缓之事，应由各县政府督饬各乡镇会同地方士绅迅速举办，其所需粮食住宅及各种物资之储备供应，拟定实施办法如次：

（一）食粮之储备

本省粮食总产量，包括米麦、大豆、包谷、马铃薯等项，依据省政府二十五年年鉴统计以齐米为折合单位，每年计为三九五九二八〇公吨，原属供不应求，抗战军与敌人掠夺焚毁以及受战事影响，田地荒芜或不能收割等等原因，累年损失计达二七六四六六五公吨重。以历年担负军粮副食马乾，每年约一百三十万吨，遂使粮食供应情形尤感困难。复员期间全省难民一〇一一七九六一人，按大小口平均每人每月需食齐米三十市斤计算，以六个月为期，共需食粮九一〇六一六公吨，回籍难民沿途食用所需三五六〇〇公吨包括在内，再另加其他各省流亡在本省回籍难民途中食用所需粮食五二七七公吨,过境难民途中食用所需食粮三一六六六公吨,则共需储备食粮数额计为九四七五五九公吨,本省本年收获估以全年产量十分之一供给难民食用,约三九五九二八公吨,尚有五五一六三一公吨,须设法自他省购运储备,兹以宜昌、沙市、武汉、武穴、老河口、安陆、沙洋等七地为粮食储备地点,分自产粮省份购运入省,以下列办法实施之:

1. 向四川购运食粮五〇〇〇〇公吨至宜昌,以半数供应经过宜昌难民食用,余数配运当阳、远安、宜都、枝江等县。

2. 向陕豫购运食粮五〇〇〇〇公吨至老河口,以半数供应经过老河口难民食用,余数配运光化、谷城、襄阳、枣阳、自忠等县。

3. 向湖南购运食粮一〇〇〇〇〇公吨分置沙市、沙洋两地各五〇〇〇〇公吨,除供给途中难民食用外,余数悉配运鄂中各县。

4. 向湖南、江西购运食粮一五〇〇〇〇公吨至武汉储备□□□应各地需要。

5. 向江西购运食粮五〇〇〇〇公吨,至武穴以应鄂东南一部县份需要。

6. 向豫南皖西购运食粮三〇〇〇〇公吨至安陆以应安陆、随县、应山、应城、礼山等县需要。

7. 奖励武汉、宜昌、沙市、老河口及其他各地商人,分别向外购运食粮一二一六三一公吨,随时调剂民食。

(二)住宅之修建及所需费用之估计

本省各县原有房屋,包括住宅、商店、机关、学校、祠堂、庙宇,约为四二八二〇〇〇〇间,受战事损毁估计不下六一四八〇〇〇间,复员时难民纷纷回籍,房屋亟须建筑方能适应需要。除一部损坏略事修补即可居住之房屋外,需要建筑房屋按损失间数五分之一计算,计为一二二九〇〇〇间,其所需修整费用估计如次:

1. 修整部分:原有房屋略加修整即可居住者,约四九一六〇〇〇间,共需修整费四九一六〇〇〇〇〇元。

2. 重建部分:重建房屋一二二九〇〇〇间,每五间为一栋,每栋建筑费五〇〇〇〇元,计共需建筑费一二二九〇〇〇〇〇〇〇元。

(三)衣被之发给供应

难民所需衣被材料,分布疋与皮棉花两种。依照大口每人冬衣一套、夏衣一套、棉被一床,约合布疋宽二尺,长七丈、皮棉四市斤,小口应减半计算,大小口之比例为六比四。布疋每一公吨折为三千市丈,则需布疋一八八八六公吨,皮棉一六一八八吨(贫民所需数量未列入),本省棉产以鄂中鄂北为多,鄂东次之,如能由中央拨款收购，既可就地取材，亦可减轻财力，便于掌握。

（四）生活用具之补助

难民回籍仅有粮食、房屋、衣被，尚不能维持其初期最低限度之生活，食具如锅、碗、瓢、勺，寝具如床板全套，用具为桌、凳、柜、桶等，每□□□均感必需是项用具以五口之家最低数量计算，总量当在一百市斤以上，每人配有二十市斤，百人当需壹吨之数，所有难民共需一〇一一八〇公吨。

（五）必需之医药设备

回籍难民跋涉长途途中及返家后，均应有卫生设备发给。药品医药分医用及化学药品、医疗器材及化验仪器、卫生工程及测量仪器三类。按省县两级设立卫生机构之规模大小明定标准分配，共需医药用品及化学药品二〇〇公吨，医疗器材及化验仪器一五〇〇公吨，卫生工程及测量仪器五〇〇公吨。

戊、未离籍及回籍难民急赈计划之拟订

未离籍及回籍难民于复员之初生活无依，必需办理急赈并应以工赈为原则，如都市重建，道路修复均为工振之主要工作，本省全部难民，其中妇女约占半数，男子约为五百万人左右，再除三分之二之老弱残废三三四一〇〇〇〇人及其他关系不能作工作者，实际可以担任工作者约计一百万人，先以其中之三十万人实施行紧急工振，修复市镇房屋街道及重要公路，其余七十万配合农民复业计划施行工赈。

（一）修复各市镇房屋街道以工代赈

本省七十一县市房屋街道之破坏自以武汉三镇为甚，其余各县完全被敌盘据则有武昌、江陵、沔阳、监利、黄陂、孝感、汉川、潜江、阳新、大冶、鄂城、天门、汉阳、咸宁、蒲圻、黄梅、黄安、应城、石首、嘉鱼、云梦等二十一县，被敌伪盘据一部者则有随县、黄冈、宜昌、浠水、荆门、麻城、公安、松滋、蕲春、钟祥、京山、广济、崇阳、宜都、枝江、安陆、应山、当阳、礼山、通城、通山等二十一县，市镇破坏程度较深，亟须修复。武汉三镇即以该市区及武昌、汉阳两县，难民三万五千人担任修复工作，完全被敌盘据之二十一县即以各该县难民三千人一部，被敌盘据之二十一县即以各该县难民二千人担任修复工作，共计难民十五万人，工作三月平均每人日发工食费一千元，共需工赈款一三五〇〇〇〇〇〇〇元，此项费用可抵作修建住宅费用之一部。

（二）修复重要公路 复员工作应首谋交通之恢复本省原有公路多破坏亟应赶修，以工代赈。

1. 修复襄花公路：以襄阳、枣阳、随县、安陆、应山等五县，难民五万人修筑工作三月，每人日发工食费一千元，共需共赈款四五〇〇〇〇〇〇〇元。

2. 修复汉宜公路：以宜昌、当阳、天门、京山、应城、云梦、孝感、汉阳等八县，难民五万人修筑此路，于复员方面极为重要，应于一个月完成，每人日发工食费一千元，共需工赈款一五〇〇〇〇〇〇〇元。

3. 修复襄沙公路：以襄阳、自忠、钟祥、荆门、江陵、公安等六县，难民五万人修筑工作三个月，每人日发工食费一千元，共需工赈款四五〇〇〇〇〇〇〇元，已组织宣慰团，为安定修复地区社会人心，慰问灾区人民疾苦，拟于修复之□□□由复员委员会组织宣慰团，三团前往各县宣慰。第一团担任武汉及第一、二两区，第二团担任襄樊及第三、五两区，第三团担任宜沙及四、六两区，其需办公旅杂各费二三二五〇〇〇〇元。

[湖北省政府编：《湖北省各单位复员计划》(1945)，湖北省档案馆馆藏档案，档案号 LS1－6－5782]

67. 湖北省难民统计（1946年2月）

三十五年二月

区别	难民人数			必需救济人数			可以工代赈人数		
	合计	男	女	合计	男	女	合计	男	女
总计	9,845,460	5,158,504	4,686,956	3,491,380	1,746,312	1,745,068	1,303,492	698,362	605,130
汉口市	163,769	76,984	76,735	109,835	53,220	56,615	11,609	6,106	5,503
武昌市	81,727	41,863	39,864	58,377	27,080	31,297	8,602	5,304	3,298
汉阳市	54,168	23,175	25,993	38,692	13,030	20,662	7,627	3,913	3,714
第一区	1,603,058	851,393	751,665	550,949	275,393	275,556	220,629	123,169	97,460
第二区	1,779,471	920,814	858,557	588,524	300,385	288,139	220,616	117,098	103,518
第三区	2,633,100	1,404,139	1,273,961	751,423	384,310	367,113	298,686	162,621	137,065
第四区	1,998,982	1,062,358	936,124	680,604	336,211	344,393	281,813	145,539	136,274
第五区	935,360	433,875	451,994	422,295	205,434	216,361	143,174	76,457	66,717
第六区	506,929	260,022	246,907	265,444	133,764	131,630	96,456	51,382	45,074
第七区									
第八区	48,387	28,281	20,106	25,237	12,485	12,752	13,280	6,773	6,507

[湖北省政府社会处统计室编：《湖北省抗战损失统计》（1946年2月），湖北省档案馆馆藏档案，档案号 LSA2.24—18]

68. 赈济委员会运送配置难民宜沙总站 1941 年 1 月工作报表

工作类别	工作项目	运配难民			空袭救济	时间收容		难民医护	
		资遣难民	输运难民	配置难民	伤亡赈恤	本站收容	地方收容	介绍就诊	发给药品
工		给资遣送难民人数计男二百四十七人，女壹百四十八人，童四十八人，共发途中给养米三百二十四元。恩施分站分配运来巴东难民三百二十三人，另发停留给养十一人，计八元六角合共三百二十一元一元六角。	由巴东输运难民计男六人，女六人，童三人，共计输运伙食费二十四元。宜昌分站中给养三十一名，女五名，童五名，总计输运男二十一名，女十二名，童六名。	配置万县难民计男二十人，女四人，童五人；宜都男十人，女七人，童三人；恩施男三十七人，女十七人，共计男五十五人，女四十人，童八人。	长阳县二十九年十二月十二日被炸，计轻伤六名，本月发恤金六十元。公安县二十九年十二月十九日被炸计死亡六名，轻伤十六名，共炸伤十七名，计死亡恤金壹零贰拾元，重伤零肆百四十元，共发放空袭恤金壹佰肆拾元。石首县属藕池口二十九年十二月共死亡二十四名，重伤十九名，轻伤十四名，共死亡恤金七十名，计死亡恤金五十七名，重伤叁佰捌拾元，轻伤壹佰肆拾元，共发放壹百肆拾元，另发无处存身者七人，一周总共发放每人贰角捌分，共十元九角六分。本月共发放空袭恤金壹佰伍拾死计五十七人壹百元，轻伤二十七人贰百肆十元，重伤百柒元，无处存身人十九元六角，总共贰千柒百贰拾人九元六角（附表）。	天真沱难民临时住息所计入住男十八人，女十二人，出所男十八人，女月底男十八人，女月共女一人，共一人，信所养一人共七十一元五角。	松滋收容男六百九十二人，女四百一十二人，童一百三十一人，共一千二百四十一人。枝江收容一千九百八十三人（未分性别）。	计患病难民四十三人，介绍诊疗者三十三人。	
工作									
情									
形									
备考									
审核意见									

赈济委员会运送配置难民宜沙总站三十年元月份工作月报表

宜沙总站　月　日　编制

69. 赈济委员会运送配置难民宜沙总站 1941 年 2 月工作报表

工作类别	运配难民			空袭救济	介绍职业	临时	收容	难民医护
工作项目	资遣难民	输运难民	配置难民	伤亡振恤	登记介绍	本站收容	地方收容	介绍就诊
工作情形	给资遣送难民人数计男二百七十八人、女壹百四十七人、童六十一人，途中给养二百零四角；恩施办分站，另发停留给养计十六人，计合共四百一十五元二角。	总站本月无轮运；宜昌分站由三斗坪运来巴难民计男六名、女一名、童一名。	配置万县难民计男九人，宜都男五人、女十人、童一人；恩施男四十五人，女一名，共计男七十人、女一人、童一人。	宜昌县属分乡场三十年一月十六日被炸，计死亡一百七十九名、重伤四十八名、轻伤四十名，计发死亡恤金三千二百四十七元、重伤九百六十元、轻伤四百四十元，共发放六百四十元。宜昌县属大桥近边三十年一月二十日及二十一日、二十三日被炸，计发死亡恤金二十名、重伤十元、二元角，共发放一百八十元。宜昌县属曹家畈三十年十二月十七日被炸，计发死亡恤金二百四十名、重伤八十元、轻伤二百元，共发放五百元。本月共发空袭恤金计死亡一百九十一名五十一名死亡一百二十元名、重伤五百元壹千八百八十元、轻伤七百四十名四百五十元，总计七千四百四十五百元。	登记务农者男人、者男二人，女一、登记委工者男三十、者男二十人，女四人，童二十出所男一人，童六人，女四人，经介绍采矿者男二人佣工男六人，女一人。	天真汜难民临时休息所计入住所男二人、童四人、女一人，出所男一人、女二人、童人，月底安存男一人、女一人（上月存女一人）、童人，共给养三十七元二角。	松滋收容男六百九十二人、女四百一十八人、童一百三十一人，共一千二百四十一人。枝江收容二零四十九人（未分性别），恩施收容三十四人（未分性别）。	患病难民二十二人，介绍就诊治疗者二十人。
备考	松滋未领养难民计男一五六一人、女一四三一人、童一六九人。							
审核意见								
月日编制								

70. 赈济委员会运送配置难民宜沙总站1941年3月工作报表

赈济委员会运送配置难民宜沙总站三十年三月份工作月报表	工作类别	运配难民			空袭救济	
	工作项目	资遣难民	输运难民	配置难民	伤亡	振恤
	工作情形	本月六日晨敌以飞机大炮由宜昌南岸分路西犯，灾民纷纷后移，经经记验路资遣送者计男二百零五人，女一百六十八人，其不能远途还沿途停留者四千余人。余家购难公岩一带集难民约二千，付输运费二百六十八元八角。	由巴东运万县运民计男十六名，女五人、童十一名，宜都十三名，共家购难公岩一带电请长阳县府照去年湖北省赈济分处颁发之鄂西难民紧急处理办法办理，多方设法施行抢救，幸辛于数日内即转敌后七千余，磨鸡山以西无敌踪，难民得以安。本月计共遣送难民男五百六十人，女四百四十一人，共发途中给养壹千零一十八元。	配置万县难民计男十七人，女五人，宜都人，宜都人，共男六人、女二人、童二人，共男六人、童二人。恩施男十六人，女八人，童十人。宜昌斗坪难民计男二十九人，女十人，童七人。	巴东县区本月被炸三次，本站于敌机离空后即派员渡江调查情形，电请巴东县府从速办理赈恤。计第一次三月八日死亡二名，重伤五名，轻伤七名，第二次十三日死亡二名，轻伤五名，重伤五名，总计五百壹十元。计未领恤金，第三次十七日死亡壹名，轻伤十一名，轻伤一人名，轻伤十一名，总计五百壹十元。	远安县三十年十一月二十五日被炸计死亡四十四名，重伤十六名，轻伤放一千百元。远安县属栗塚二十九年十二月二十三日被炸，重伤三百二十元，轻伤六名，共拨放一千百元。远安县属栗塚二十九年十二月二十日被炸（该伤亡人数无法查明，业经函请复查，俟后收到即行专案补报），计发死亡恤金二百零七元。监利县属观头镇二十九年十二月六日被炸计死亡二十七名，重伤十六名，轻伤一名，计发死亡恤金一百七十元。枝归县属茅坪三月十二日被炸计死亡九名，重伤二百四十元，轻伤二百三十元，总计壹千零五十元。宜昌县属斗坪三月八日被炸，计死亡一百二十六名，重伤四十名，轻伤四十三名，计死亡七计共发恤金二十元。宜昌县属斗坪三月十二日属斗坪三月十二日被炸，重伤八百元，九日掩埋无主尸体五十七具共付掩埋费三百四十元，共发恤金贰千九百四十一元。宜昌县属斗坪三月十二日，十三两日被炸，计死亡三百四十名，女十名，重伤三名，轻伤二名，计发死亡恤金五名恤金一百五十元，重伤二十元，轻伤二十元，十四日掩埋无主尸身十五具，共付掩埋费九十九元。
	备考					提头镇被炸系死亡二十名，重伤十五名，轻伤十元赈恤。茅坪距宜昌分站较近，即由该站办理急振。
	审核意见					
编制						

311

工作类别 工作项目	空袭救济 伤亡振恤	职业介绍 登记介绍	难民组训	临时收容 本站收容	临时收容 地方收容
工作情形（赈济委员会运送配置难民宣沙总站十年三月份工作月报表）	恩施本月十四日被炸计死亡十四名，重伤三十九名，轻伤二十八名，计发死亡恤金四百二十元，轻伤二百八十元，总计一千四百八十元。本月份共拨空袭恤金计死亡一百十三名五千二百二十元，重伤一百二十五名二千四百八十元，轻伤一百二十八名一千二百六十元，共发恤金八千元及三斗坪埋葬四百三十一元。总共发放恤金一万零一百一十二元（附表）。	登记佣工者男二十二人，女二十人；务农者男二十人，女十六人；经商者男三人，经介绍务农者男一人，经商者男二人。	长阳县难民组训地址设木桥溪，受训者男三十五，女十一名，训练时间为每日上午六时一刻至七时，下午五时至六时。训练三民主义及要旨在使难民格懂三民主义之理，努力生产坚信抗建必成之理。恩施难民组训地址设分站楼上，受训都男三十五，女十人，共发给养二百六十八元四角。训练要旨为坚定三民主义提倡增加生产自力更生，揭破敌伪诱惑坚定抗战意志。	本站直属难民临时信息所，计入所男十五人，女十三人，童十七人，出所男十一人，女十一人，童五人，月底住所男五人，女童五人，共发四百五十八元四角。	恩施核桃坝第一收容所计收容男十四人，女七人，出所男三人。月底住所男二百人，女二百人，石厂客第二收容所入所男七人，女三人，出所男二人。月底住所男二百三十四人，女二百人，西流韶区区长共有男六十人，女四十人。枝江县黎农坪难民收容所向县府商请于剂高县多已闭所，现收容客男三十人，女十四人，虽经松枝分站尚商于增设收容所，以县因难辞，未获圆等。
宣沙总站　月　日　编制		登记	登记		
备考					
审核意见					

312

续表

工作类别	难民医护			其他事项
工作项目	介绍就诊	发给药品	协助施粥	代筹粮米
工作情形	患病难民计男一百五十七人，女六十一人，经介绍至伤兵收容所就诊者男三人，女三人，至第二卫生大队就诊者男二人，至第十救济院就诊疗所及湖北省立医院就诊者男一百一十三人，女三十人。	领奎宁丸者男三十三人，女二十人，计二百零五粒。领香连丸者男二人，计三十粒。	协助第十救济区在三斗坪办理施粥继事宜。	向陆军第四十师军需处洽购玉蜀黍三担，黄豆五担七斗，分售木桥溪难民，以济急需。调查恩施警区附近散居难民户口清册计一百一十胞，造具户口清册计一百一十六户，函请施恩县府发给平价购米证，以便向鄂西粮食公司购买。调查恩施贫苦难民计三十六户，呈请第十救济区转函湖北省政厅粮食调节处发给平民购米证。
备考				
审核意见				

赈济委员会运送配置难民宜沙总站三十年三月份工作月报表

宜沙总站　　月　日　编制

（中国第二历史档案馆馆藏档案，档案号一一六一644）

313

71. 赈济委员会运送配置难民宜沙总站 1941 年 4 月工作报表

工作类别	工作项目					空袭救济
		参加急赈	运送难民			伤亡赈恤
		寇祸急赈	资遣难民	输配难民	配置难民	
工作情形		宜昌分乡场黄家场一带去年经敌寇侵入蹂躏甚惨，被焚毁。第十救济区有重放灾民建房补助费之举，经派员前往随同查放，共发放六千九百六十元。又经派员同江防治部第六专署宜昌县查放平善规曹家赈，共发振六千三百六十元。	遣送难民计男四百零六名，女三百零五名，计发遣途中给养五百九十五元。恩施分站发给停留给养七元二角，共发给养二元八角。	由巴东输运万县难民计男十七名，女十二名，童十二名，共付运输费六十九百二十一元三角零叁元八角。	配置恩城难民计朱家场男二十八，女十五人，小龙潭男二十六人，长沙田男二十八人，女九人，共男七十三人，女配置四十四人，配置四百零五名，女六十五名，总计配置难民男一百零六人，女二百七十人，女九人。	巴东本月十五日被炸重伤一人，恤金尚未发放。宜昌县属太平溪本年三月二十一日被炸，计死亡六名，重伤三名，计发死亡恤金一百六十元，重伤三百元，共发恤金二百四十元。石首县属藕池口本年三月二十一日及三十日两度被炸，计死亡五十八名，计死亡九十一名二十五名，重伤七十二名，轻伤十一名二千一十二名死亡，前往，会同石首县府办理，廿二十一日死亡七十一名二千二十五名，领恤金计死亡二百三十元，共发恤金三千九百六十元。三月二十日死亡者死亡九十四名二千百二十元，轻伤三十六名，重伤三十名，轻伤八名八十元，共发恤金二千六百元。八百二十元，重伤三十七名，重伤四百六十元，计发恩施本月二十九日被炸计五十五名，重伤四百六十元，计发死亡恤金一千五百三十元，重伤四百六十元，轻伤一百二十七元，共发五百五十元。计本月份共发空袭恤金计死亡二百三十六名六百九十名，重伤一百二十元，总计一万元。二名二千四百四十元，轻伤五十七元，五百五十元。
备考						
审核意见						

赈济委员会运送配置难民宜沙总站三十年四月份工作月报表

宜沙总站

年 月 日

编制

工作类别	工作项目	职业介绍	难民组训	临时收容		难民医护		其他事项	
		登记介绍		本站收容	地方收容	介绍就诊	散发药品	代筹食粮	宣慰难胞
赈济委员会运送配置难民宜沙总站三十年四月份工作月报表　宜沙总站　月　日	工作情形	登记务农者男一百二十八名，女四十一人，计男八十二人，女三十四人，作工者男五十三人，女一人。经商者男四十四人。经介绍务农者男十七人，作工者男三人，女三人。经商者男五人。	枝江难民组训地址在刹，圆寺黎家坪两地，计男八十一人，每周训练两次。均旨在唤醒国家民族之认识及促进生产以充实抗战力量。长阳县难民组训设木桥溪麦坪，计受训者男三十五名，女一名，训练地址同上月。恩施难民组练地址设分站楼上，计受训男二十五人，女十人，训练要旨同上月。	本站直属真沱农坪时住息所入所住计名，女十三名，女十四人，童十四人，出所男十六名，女十八名，童十五名，月底发给养一名，女童一名，共零九元六角。	枝江黎家坪收容所月底住所难民计男五十一名，女三十九名。松滋原有收容难民给养停发，均已自动他去。恩施樱桃坝第一收容所计入所男十九名，女十名，月出所男二百九十一名，女底留所男二百零九名。右灰岩第二收容所男二十五名，女三名，月底住所男二百五十七名西流名，女二百二十名。水貂牧区增加男三名，女六底发有男六十四名，女十名。	计患病难民男五百三十一人，女二百三十一人，介绍第十救济区立医北省立医院诊治者计男四百四十七人，女二百一十三人。	领奎宁丸者男四十五人人、九人、计七十二粒；领香连丸男一人，计三粒。	宜昌南岸我敌相持已久，姜孝、元化两乡难民流离失所，经长阳分站分途给资遣送外，其集居各家坞难公岩各处者尚有一千五百余人，粮食问题极感困难，经送站设法订购并呈本站转江防司令部伤兵站粮库堆积拨买桥溪高家堰粮库所积饮木食米在案。恩施分站调查城区附近若苦难民二十七户，诸第十救济区转函湖北省粮食调节处补发平价米证。	松滋傅家浴，广集大桥边逃来难民约计千余，业经枝站分站派员前住宣慰，并报组织难民输送队。
备考									
审核意见									
编制									

315

续表

工作类别	工作项目	其他事项
	调查生产	

工作情形：恩施五峰山芭蕉镇两处茶厂计参加生产难民男一百六十五名，女一百四十五名。参加建设厂手工纺织厂者女五名。

赈济委员会运送配置难民宜沙总站三十年四月份工作月报表

宣沙总站

月　日

备考

审核意见

编制

（中国第二历史档案馆馆藏档案，档案号一一六——644）

72. 赈济委员会运送配置难民宜沙总站 1941 年 5 月工作报表

工作类别 工作项目	运配难民		空袭救济	职业介绍	难民组训	临时收容	
	运送难民	配置难民	监放恤金	登记介绍	训练实施	本站收容	地方收容
工作情形	本月资遣男一百九十五名、女一百三十二名，共发遣男三百二十二人，共发送中给养三百五十元零八角。恩施分站发停留给养三元三角，合共三百五十三元三角正。输运万县难民男八名，女十名、童二名，计发七折运费三百九十元零六角。由三斗坪输运来巴难民计男七名，女六名、童二名，配置建始难民男十六名，女九名、童十一名。	配置恩施男五十七人、女二十九人、童二十八人（分水领男七人，女九人，黄泥坝男二十人，女十八人，长沙田男二十人，女四十人）配置万县难民男八人，重庆男四人、女四人，总计配置难民男八十四人，女四十人，童二十一人。	巴东四十五日被炸，计重伤一名，轻伤二十一名，由巴东县府请本站派员前往住监放。	登记务农者男三十一人、女十三人，作工者男十九人，经商者男八十五人、女十一人。经介绍就业者计公务男四人、女一人，务农男四人，工男三人、女一人，经商男三人。计共登记一百七十九人，介绍十五人。	长阳分站随时送难民加入长阳县壮丁训练五月份计十八名。建始分站对难民采流动式之训导，上旬地点为回龙观右庄子，中旬为广福桥，下旬为高店子。恩施分站组训办法，系由该站职员每周轮流前往省振济会二两收容所，教以自力更生增加生产以强抗战建国大业。松枝分站于本月六日在剁圆寺集中男女难民一百二十七人，十二日在黎家坪收容男五十人，加以训练，使认清发扬爱国精神，努力生产，不可依赖政府救济为永久之计。	本站直属天真沱难民收容所计入所男六名、童六名，出所男五名、女七名，月底住所男二名、童一名，共发给养五百零五元二角。	恩施核桃坝收容所入所男二名，月底住所二百九十二名，女二百零九名。右灰窑入所男三十三名、女十八名，出所男二百一十九名，女二百三十三名，月底牧区增加男三名，西流水牧区增加男六名、女一名，女三名。枝江黎家坪收容所入所男五名、女二十五名，月底住所男五十二名，女六十九名。
				登记	登记		
备考 审核意见							

编制

• 317 •

工作类别	赈济委员会运送配置难民宜沙总站三十年五月份工作月报表				
工作项目	难民医护		协办疏散	其他事项	
	介绍就诊	散发药品		宣慰难胞	协发食米
工作情形	计难民患病者男五百五十五名，女二百四十六名，介绍就江防部医务所及十九收容所医治者计男九人、女十人。介绍就第十区难民服务处诊疗所暨省立医院医治者男五百人，女二百二十人。	领奎宁丸者男八人、女十三人，计八十四粒，领十滴水者男二十人、女十四人，计十二瓶。	宜昌附近以密迩战区及待办理疏散以备不需，宜昌分站派员会同江防部政治部至三斗坪茅坪宣传协导难民至疏散委员会登记，函送宜昌难工陈义牧等三十九人，及其眷属名册至该处登记处登记，以便编队向湘疏散，并派员前往协办登记事宜。	青年节湖北各界举行慰劳难胞及抗故军人家属大会，宜昌分册由恩施分站调查，于四月在公娱剧场举行，计到四百零二难胞名，每人发毛巾一条慰劳金二元。	松枝分站于十五日起凡属赴湘难民均导往全家桥运送站领取食米，至月底止计领米大口八十二人，小口十二人。
备考					
审核意见					
编制					

（中国第二历史档案馆馆藏档案，档案号——六—644）

73. 赈济委员会运送配置难民宜沙总站 1941 年 6 月工作报表

工作类别	工作项目	配振情形	运配		空袭救济		职业介绍	难民组训
		寇祸急赈	运送难民	配置难民	损失调查	监放恤金	登记介绍	训练实施
工 作 情 形	赈济委员会运送配置难民宜沙总站三十年六月份工作月报表	五月三十一日宜都县属茶店子乡被敌炮轰击，经宜都分站调查明死一人，重伤一人，当即会同县府垫发赈恤费五十元，交由被害者家属，其领有赈恤金表已由县呈送在案。	给资遣送难民计男一百三十八人，女七十二人，童七十二人，共发遣途中给养二百八十六元。恩施一分站发停留以计一元六角，总计二百八十七元六角。由巴输运万县男九十四人，女八十七人，童九人，共付折运费七百九十八元七角。	配置建始石坝子自营商业者男三人，女一人。	秭归县属香溪二十四日被炸因地距与秭归分站百里，往返不易，经向县府查询，得悉死亡十一人，轻重伤三人，毁房一间。恩施本月十一四、二十等日被敌机轰炸三次，经分站派员调查一等日被炸南正街炸焚古楼割肝坡、林家巷、北门外小渡口等处房屋六十五栋，死三人，伤八人。	秭归属香溪本年五月十七日被炸，经派员监放计死亡三十三人恤金一千九百八十元，重伤十一名，四百八十元，轻伤十五名，二百六十元，船十九艘三百八十元，共发恤金三千六十元。恩施本年六月十一、二十一等日被炸，经派员监放计死亡三十人，恤金九十元，重伤三人计六十元，轻伤五人五十五元。	计登记务农者男三十八人，女三人，佣工者男十七人，女十一人，公务员八人、技工男十一人，经商者男六十五人。者计技工男十二人，土兵男二人，公务员一人。	长阳木桥溪子每日下午六时至八时对难民施以训练，计受训难民男三十五名，女六名，训练要旨在增高难民抗战情绪。建始分站因留境难胞多属散居，间子集训殊之训练，其时间及地点尚上旬流动式之训练。为石坝子中旬集场下旬普慈等。恩施受训难民计一百八十七人，嗣奉历代电直接由区办理，邀当地各机关协助。枝松分站先后于刹圆冬训六集中男女六一百三十二名，黎家坪集合男女六十八名以训练以增进共爱国思想，加强生产实力为旨。
备考						与秭监放之恤金系按死亡六元，重伤四十元，轻伤十五元发放。	总站介绍一人因到未及列报。	
审核意见								
编制								

319

赈济委员会运送配置难民宜沙总站三十年六月份工作月报表

工作类别	临时收容		难民医护		组织生产	其他事项	
工作项目	本站收容	地方收容	介绍就诊	发给药品	组织生产	代筹盐米	协办贷款
工作情形	本站难民临时住所，计入所男四人，女五人，童四人，出所男六人，女八人，童五人。月底无住所者共发给八十三元二角。	恩施核桃坝第一收容所，石灰窑第二收容所，共收容五十九人，西流水牧区新加入者十二人。	介绍患病难民至江防部医务所及青年医院就医者，计男五人，女四人；介绍至卫生大队区医治者男二人，女一人。	发给患病难民奎宁注射液六瓶，计男四人，女二人，并请炮兵五十五团二营送急救水者男一人，女八人，童五人，共六十瓶。领奎宁丸者男十三人，女五人，共一百零二粒。领痢丸者男十五人，女一人，共一百一十三粒。	长阳分站组设难民消费合作社一二两部，计参加难民男三十八人，女六名。	自去年六月宜沙转进施宜一路，原有宿粮均因大军及各界人等过境，搜救尽净，值此青黄不接受其困，经长阳分站向外埠购谷五十市石，龙水折成老斗按实价分售难胞。散居难民节令发给贫民其贫苦者请湖北省粮食调节处发给购米证，过境难民则请省府发给购米证，向鄂西粮食公司购买。食盐一项，凡常任恩施难民经分站商同县府发给商购盐证，按期购买，过境难民由分站临时开条，送县府盖戳凭条购买。	利川分站调查留居境内难民，失业难民二人，介绍向利川小本贷款分处各贷款二百元。经营商业。恩施分站奉区令协助调查贫苦老弱难胞发给小本负贩资金每人十元，经发十人贷金一百元。
备考							
审核意见							

宜沙总站

编制

月

日

74. 赈济委员会运送配置难民宜沙总站 1941 年 7 月工作报表

工作类别	配置情形	运配难民		空袭救济	职业介绍	难民组训
工作项目	寇祸急赈	运送难民	配置难民	监放赈恤	登记介绍	训练实施
工作情形	本年元月间宜属分乡场黄家场等地敌曾一度扰原寄居该地难民逃至新坪约四五百人，生活极为困难，经准拨约五千元，宜昌分站就近办理急赈于七月二十三日前往该地会同当地军政机夫调查登记，计登记四四○五口，经议定不分大小口，每名发款四四○元以办理。同敌距离该地二十里许之分乡场背马山等地，加之该地边境因敌机狂炸致少数特领放之难民纷星散无法继续放领，逐于一号结束竣事，计此次领放难民男一一五名，女一二四名，童一○一名，共三百四十名，发赈款一三六○○元。	资遣难民男一三二名，女一名，童四○名，共发途中给养二二六元，恩施分站二二名，停留另发难民三名，给养二四名，发款一八四○元。由马输运万县难民计男一三二名，女一名，童一名，共付七折运输费七一二四元。	配置万县难民计男五名，女三名，童一名，配置巴东野三关，计男五名，女三名，童三名，总计配置男一○名，女八名，童四名。	秭归县属庙茅坪，六月二十四日被炸七月六、七两日县府发放赈恤，经与秭分站派员前住监放计死亡三人，重伤一人，轻伤一人，共发洋二三五元，又发洋二五元，七月五日秭归城被炸，廿三日发放赈款，计死亡二人。	计登记服务军界者男三人，女一人，佣工者男二十七人，女十一人，女十一人，公务员男一人，务农男三○人，女四人，六人，女四人，经商男四○人，经农男三人，佣书男十二人。	建始分站佣采流动势之分班，每旬派员向难民集中地举行训话一次，以根据最近国际形势及日寇动向增强抗战信念为旨。松枝分站于本月五日在刺竹湾收容所集中难民男九人，女八五人，童九人，加以训练，导主旨在使其能力更生。
备考						
审核意见						

编制

工作类别	临时收容		医药救护		其他事项		
工作项目	本站收容	地方收容	施诊发药	介绍就医	代筹食米	代筹食盐	调查生产
工作情形	本站直属天真沱难民临时息所计入所男九名，女七名，童三名，出所男七名，女七名，童八名，月底住所男一名，共发给养一〇三二元。	恩施核桃坝第一养民收容所，石灰窑第二收容所，西流水豹入所二十六名，三名，月底住牧区入区三名。枝江共一千二百零八名。枝江桥梁、剥面寺两收容所本月入所男四〇人，女十一名，童三名，出所男七名，女二名，童八名，月底住所男六四八人，女三人、童一六人。宜都枯溪收容所计男三九人，女三四人。	本站难民施诊所计难民贫民就诊者男一二名，女一名，童二五名，并各发给药品。诸医代为注射奎宁者计男三十六名，女七名，共发奎宁液四三瓶。领奎宁丸计男六名，童三名，女八名，童二名，计三九粒。计一四八粒。领急救水者男八〇名，女十三名，童十三名，计一五九瓶。领水者男一〇名，女九名，童五名，计一二瓶。	介绍第二卫生大队就诊男诊二名，女一名，介绍送县卫都生医院医治者男十八名，女十四名，童六名。	长阳分站上月购粮五十市石，折成老斗（一斗二十市斤），按照谷价及运费每斗合洋十五元五角，分售难胞。散居恩施贫苦难民经分站诸湖北省粮食证，每处给购米证，其余则请县食公司购买，每斤五角。	久居恩施商民难民同县经分站商府发给购盐证，按期购买。过境难民由书委送县时书委会盖戳，凭条购买。	查恩施芭蕉难民能自力生产者约八十余人，平日以制茶、采茶、烘茶为业务。每日每人采茶约三十斤，制茶三十斤，烘茶二十斤，均能自给。恩施西流水羊牧区能自力生产者四十余人。
备考							
审核意见							

赈济委员会运送配置难民宜沙总站十年七月份工作报表

宜沙总站　　月　日　编制

（中国第二历史档案馆馆藏档案，档案索号一一六—644）

75. 赈济委员会运送配置难民宜沙总站 1941 年 8 月工作报表

工作类别	运送难民		空袭救济	职业介绍	难民组训	
工作项目	输运难民	资遣难民	监放恤金	登记介绍	调查人数	训练实施
工作情形	由巴东输运至县难民计男一五名、女四名、童三名，共七〇人，共付运票价折二三六一二元。	计领取途中给养难民一九五名、女一名、童三名，共七〇人，发遣途中给养施放停留给养分站发款四八元，又恩三元，总共发款四〇八四元。	秭归县属何家湾洲河两处七月六日被炸秭归城七月五日被炸经秭归县府先后于八月二、三暨二十四、五等日放发恤金与秭归站前住监计何家坡死亡三人重伤四人，轻伤四人，发洋四四〇元，轻伤三人，洲河死亡二人，秭归城归四人，被炸毁房屋之灾民请救济计灾民一〇人，发洋一〇〇元，恩施八月入、十夕十四等日被炸计死亡九人，重伤八人，轻伤五人，共发恤金四〇八〇元。公安城本月十一两日被炸派员监放计死亡二人，轻伤七人，府于二十六日发放恤金，重伤七人，共发恤金五〇元。	计登记缝工女二人，公务男十三人、务农男三人、女九人、佣工男二人、女十人、技工二人、女十人、女五人、经商男五人、女五人、女三人、男三人、女二人、女五人、书写男五人、女五人，共登记一四七人。计经介绍就业者缝工女二人，军界男一人、佣男十一人、女五人，共介绍一九人。	宜昌分站调查三斗坪高家冲花溪坡黄陵庙南沱张家口新坪分乡黄家场等地应受训难民计男一四九人、女二四人、共一七三名。	长阳分站于每星期一与星期五下午六时至八时在高家堰职保办公处集中训练，计受训难民男四八名，女十一名。建始分站举行流动训导本月举行地点地为石坝子广福桥两处。松枝分站于本月四日下午三时在桥梁收容所集中难民男二八名，女二三名、童三〇名、五、十日在剃国等各收容所集中男三五名、女四六名、童十七名，加以训练旨在促其能自力更生。
备考						
审核意见						
编制　　月　　日						

工作类别	临时收容		医药救护		难民召贩	其他事项	
工作项目	本站收容	地方收容	施诊发药	介绍就医	办理贷款	代筹食米	代筹食盐
工作情形	本站直属天真沱难民宜临时住息所，计住入所男五名、女七名、童五名，出所男五名、女七名、童五名，月底住所男一名，共发给养九四元四角。	恩施第一、第二两收容所计入所男六人、女六人，出所男十七人、女四人，月底住所九〇人。枝江第一、第二两收容所男八人、女七人、童五人，出所男九人、女一〇人，共四〇四人，童一人。都南家冲收容所计收容男三人九人、女三人、童二三四名，共七七四人。	本站难民施诊所计难民贫民就诊者男二三人、女二四人、童三人，并各发药品。经建始分任施诊者计男二人、女二人、童一人。请医代注射奎宁液者计男二七人、女四九人、童一九人，共发奎宁液一瓶，领奎宁丸者计男一三人、女二人，共一四〇粒，领急救水者男九人、女二人，共三瓶，领十滴水者男七人、女三人，丹者男八人，共七包。	介绍至第二卫生大队就诊者男七人、女一人，介绍至十区第一人，一难民诊疗所及恩施县卫生院诊治者男一〇〇人、女九人，童二〇人。介绍民医诊治者男一人，送直者卫生院诊治者男二人、童十八人，女三人、童三人。	向总站贷款者五人，每人十元，共贷五十元。经恩施处向恩施款者二十三人，向公安分站贷款者八人，共八十元。长阳分站购食米二石，照平价平价处借过境难民，恩施散处理函诸府发平价米证向鄂西粮食公司购买，每斤四角。	向宜都、巴东两分站因感难民食粮缺乏均分向各管理粮有关机关商洽中。	恩蒸分站经商请县府对久居难民盐证、发期购买·过境难民由分站临时开条送县动委会盖章，凭条购买。
备考							
审核意见							动委会现已撤销向食盐购销处购买

宜沙总站　　月　　日　编制

76. 赈济委员会运送配置难民宜沙总站 1941 年 9 月工作报表

工作类别	参加急赈	运配难民		空袭救济			难民医护	临时收容		职业介绍	负贩与贷款	
工作项目	寇祸急赈	资遣难民	配置难民	伤亡赈恤	本站施诊所诊疗概况	散发药品	介绍就医	本站收容	地方收容	登记介绍	小本负贩	小本贷款
赈济委员会运送配置难民宜沙总站三十年九月份工作月报表 工作情形	查鄂江沦陷几近两年，潜江县城已为我收复，曾呈请拨发赈款赈恤难民，经十数次核拨急赈一万五千元，当即转下站，交公安分站迅速分配领发放。去后据复称该县据而复失，目前当难办理。该项赈款业经第四区专署径向十救济区洽办矣。	本月份登记难民计九百九十一人，给资遣送者计男二二八人，女一六人，童七一人，合共三一七人。又松枝分站发送中给养七百七十六人，去无四角，又恩施分站停留给养七元二角，合计一〇九〇〇元。	恩施分站送请鄂省赈济会收容者六人，宜都配置难民九人，松枝配置于余家桥圆湾等地者四七人，长阳配置于木桥家坪村等地者三五人，合计一〇九〇人。	巴东本月十二日被敌机轰炸，死三人，童伤九人，轻伤十二人，松枝配置房屋二百六十一间，长阳屋主八十九人又子十二人派十八人，地者四四二员会同县府发放赈款，计发款一千六百十元。	本站施诊所本月份应诊贫难民计男三七人，女一七人，童五人，发药品计圭宁丸八〇，滴水四粒，十五百瓶，万金油五盒，一百十三三十二名。	总分站施救难民计男一四四人，女八六人，童三九人，散发药品计芎宁丸一〇八〇粒，十滴水五五瓶，万金油九盒，八卦丹十二八包，痢疾丸三〇粒，行军散三包，十。	攻阳分站部第二军政部第二卫生大队就诊者计男三人，女童五人，散恩施分站介绍十救济区施诊所及恩施卫生医院就诊者计男一百人，女十七人，童八人。宜都分站介绍十救济区立生医院就诊者计男十人，女八人，童八人。	本站难民临时住所本月计入所者男计八人，女一人，童八人。月底住所人数计十二人，女八人，童五人。行宜都住人数仅余一人，共发给养三元五角，童五元，人。	恩施一、二两收容所本月入所者计三人，出所者计男二八人，女九人，月底住所人数计十八人，女八人，童十二人。千一百八十一人，宜都本月出所者男收容所本月计男三九人，女三九人，童一二人。枝江收容所月底住人数仅余四人，发给养三元五角。	本月份登记务农者计男三三人，女一八人。务商者二人。介绍用工者男二十人，女九人。务工者计男二六人，女二人。公务员男十人，女二人。经介绍用者男四人，公务员一人，男一人。	本月份请求发放小本负贩基金，经调查合格者八人，计男五人，女四人，共发基金九十元。	经介绍恩施小本贷款处贷款者计三十人。
编制												
备考												
审核意见												

续表

工作类别	工作项目	其他事项			
		协办疏散	代筹食粮	代筹食盐	代筹耕种
赈济委员会运送配置难民宜沙总站三十年九月份工作月报表	工作情形	宜昌分站协助江防区难民疏散委员会办理疏散事宜，本月份计大口三七五人，小口五人，共计四百二十五名。松枝分站协助枝江县政府办理疏散事宜，本月份计大口三二〇人，小口三三人，又协助松滋县政府办理疏散事宜，不分大小口计一千九百五十七人。宜都协助县政府办理疏散事宜计大口八〇五人，小口十四人。	请长阳县政府代筹包谷二石五斗，每斗实十元，分售难民，再请鄂平价粮政局发给难民购米证分发难民。	常住难民经商同县府发备购监证按期购买，过境难民由本站临时开条，送请县府盖戳，凭条购买。	寄住巴东野三关等地难民，凡业由巴东分站商各联保，有荒山地由地主减租佃，于难民耕种以资生产，俾能自给，现正调查中。
	备考				
宜沙总站 月 日 编制	审核意见				

（中国第二历史档案馆馆藏档案，档案号一一六—644）

77．赈济委员会运送配置难民宜沙总站工作总报告（1941 年）

（1938 年 8 月—1940 年 12 月）

一、引言

溯自抗战军与倭寇倾巢来犯，我为克敌制胜，遵奉最高统帅部确定以空间换时间之战略原则，战区随战事之延长而日见扩大，同胞不甘受暴敌蹂躏，相率后移如潮之涌。中央赈济委员会秉承中央抗战时期之救济方针，一面抚慰战区流亡，宣达中央旨意，一面妥筹配置生产，增进抗战力量，经规定全国难民输送办法作有效之运配，本站于二十七年八月奉命成立，适值鲁南战告终，武汉会战方酣，流亡载道，疮疾满目，且事属创举，一无成规可循，更以宜昌水陆交通均多梗阻，致滞留难民达数万人，情势紧迫，任务艰巨，幸赖地方有关机关及社会热心救济人士赞助，能分别运配突破难关。迨至二十八年敌军困于襄河东岸，战区稳定后移，难民运送无多，而原经配置各地难民生产之促进则未容稍懈，又敌机遍在我后方城市滥施轰炸，伤亡惨重，所有宣抚赈恤靡不妥速依章办理。二十九年夏鄂北战事发动后，敌人企图攻击宜沙，为未雨绸缪，与鄂省振济会商定难民疏散路线及收容县份，藉便运配。六月初敌人强渡襄河，直下荆沙，自宜昌以至弃守前夕均于敌机整日威慑之下，积极办理难民疏运。及移驻巴东后，沿江难民集，时值盛暑，粮食缺乏，及待救运安全地带，工作之繁剧，困难之增多达过以前数倍，兹将三年来工作情形分述如次。

二、总分站沿革

本站于二十七年八月成立，原名运送配置难民宜昌总站，管理宜昌以西鄂境各县难民运配事宜，十月宜都总站撤销，所有管辖范围均由本站接管，二十八年元月奉令兼辖沔阳等县难民运配事宜。自北辖境辽阔，职责重。至各分站之增设与撤并则视军事情形与应事□□需随时调整之，附表如后：

（1）赈济委员会运送配置难民宜沙总站所属分站沿革一览表

站名	松枝分站	宜昌分站	公安分站	监利分站	荆潜分站	沙洋分站	松枝宜分站	潜沔分站	与秭分站	松滋分站	当达分站	荆沙分站	利川分站	恩施分站	长阳分站	建始分站	巴东分站	枝江分站	宜都分站
地址	枝江	宜昌三斗坪	公安	监利	沙洋	沙洋	松滋	沔阳	秭归	松滋	当阳	沙市	利川	恩施	长阳木桥溪	建始石姚子开	巴东野三开	枝江	宜都
成立年月	二十年十月	全	二十九年六月	二十九年一月	二十八年七月	二十八年六月	全	二十八年五月	二十八年四月	全	全	二十八年一月	二十七年十一月	二十七年九月	全	全	全	全	二十七年八月
裁撤或合并年月	一	一	一	二十九年六月裁撤	二十九年六月	二十八年六月裁撤	二十九年五月裁撤	二十八年五月裁撤	一	二十九年五月合并	全	二十九年六月	二十八年八月裁撤	一	全	二十八年八月裁撤	一	全	二十八年五月合并
备考					该地沦陷撤销					并列松枝分站二十九年六月同年十月复并为松枝分站		该地沦陷撤销	二十九年十一月恢复			二十九年六月恢复	二十年八月移驻县城二十九年六月原址	并为松枝宜分站二十九年六月恢复同年十月复并为松枝分站	并为松枝宜都分站二十九年六月恢复同年十月复并为全分站

（中国第二历史档案馆馆藏档案，档案号——六——644）

· 328 ·

（2）赈济委员会运送配置难民宜沙总站暨各分站1938年登记难民人数统计表

月份＼站别人数	总站	巴东	恩施	建始	长阳	枝江	宜都	利川	合计
8	5,853	16	—	84	57	96	23	—	6,129
9	3,120	50	92	180	185	101	53	—	4,081
10	5,717	223	188	493	163	219	85	—	4,088
11	14,748	2,103	457	1,531	2,601	121	296	256	22,115
12	7,355	706	27	1,534	129	571	30	1,236	11,588
合计	35,093	3,098	764	3,822	3,135	1,108	487	1,492	48,999

（中国第二历史档案馆藏档案，档案号一一六—644）

（3）赈济委员会运送配置难民宜沙总站1938年输送各地难民人数统计表

	枝江	宜都	巴东	巫山	奉节	万县	重庆	合计	备考
9	425	77	—	—	—	35	159	714	
10	124	5	51	—	—	158	220	588	
11	15	5	175	82	63	233	117	690	
12	—	—	24	36	10	148	81	299	
合计	564	87	250	118	73	624	575	2,291	

（中国第二历史档案馆藏档案，档案号一一六—646）

（4）赈济委员会运送配置难民宜沙总站暨分站 1939 年输送各地难民人数统计表

月份	总站 枝江	宜都	巴东	巫山	奉节	万县	重庆	荆沙分站 松滋	枝江	宜都	宜昌	巴东分站 巫山	奉节	万县	合计	备考
1	—	—	10	73	—	40	3	—	—	—	—	—	66	21	213	
2	—	—	23	40	—	96	7	193	40	412	103	10	95	94	1,113	
3	47	11	33	—	—	250	6	213	513	281	321	—	—	—	1,675	
4	—	—	40	—	—	186	27	80	116	—	243	—	—	—	692	
5	—	—	20	—	—	205	77	221	86	63	135	—	—	—	807	
6	—	—	16	—	—	113	54	339	13	50	132	—	—	—	717	
7	9	—	7	—	—	49	32	115	65	48	201	—	—	—	526	
8	—	—	19	—	—	22	55	158	78	81	153	—	—	—	566	
9	—	—	11	—	—	34	41	100	165	52	84	—	—	—	487	
10	—	—	13	—	—	33	53	5	8	40	7	—	—	—	156	
11	—	—	7	—	—	40	72	20	—	9	—	—	—	—	149	
12	—	—	4	—	—	38	43	—	—	41	2	—	—	—	128	
合计	56	11	203	113	0	1,106	470	1,441	1,084	1,077	1,381	10	161	115	7,228	

（中国第二历史档案馆馆藏档案，档案号一·六一644）

330

（5）赈济委员会运送配置难民宜沙总站暨各分站 1940 年登记难民人数统计表

月份 ＼ 站别（人数）	总站	巴东	恩施	当远	荆沙	荆潜	松枝宜	监利	与秭	宜昌	长阳	建始	公安	松滋	枝江	宜都	利川	合计
1	195	12	42	98	92	50	753	—	—	—	—	—	—	—	—	—	—	1,242
2	53	1	81	22	50	202	751	—	—	—	—	—	—	—	—	—	—	1,160
3	274	18	25	31	274	135	898	5	26	—	—	—	—	—	—	—	—	1,686
4	303	45	15	42	152	75	383	—	—	—	—	—	—	—	—	—	—	1,014
5	321	1	3	41	348	39	866	4	—	—	—	—	—	—	—	—	—	1,623
6	1,351	392	189	420	920	742	—	911	1,208	1,862	669	83	47	175	158	1,484	—	10,611
7	3,120	228	222	—	—	—	—	—	1,088	21,227	616	107	206	310	301	3,470	—	30,895
8	1,651	291	281	—	—	—	—	—	309	1,365	359	16	223	874	950	1,051	—	7,370
9	1,242	242	246	—	—	—	—	—	240	1,514	394	62	164	901	799	549	—	5,783
10	523	268	214	—	—	—	—	—	280	232	149	81	106	154	117	133	—	2,307
11	150	123	103	—	—	—	—	—	122	111	115	10	630	—	143	113	17	1,639
12	235	160	143	—	—	—	—	—	27	14	55	24	142	—	1	—	8	909
合计	9,418	1,811	1,563	654	1,836	1,243	3,651	920	3,300	26,595	2,357	383	1,568	2,414	1,919	6,800	25	66,237

（中国第二历史档案馆藏档案，档案号一一六—六四六）

（6）赈济委员会运送配置难民宜沙总站暨各分站 1940 年输送各地难民人数统计表

	总站			荆沙分站				巴东分站	宜昌分站	合计	备考
	巴东	万县	重庆	松滋	枝江	宜都	宜昌	万县	巴东		
1	—	38	4	—	—	3	5	—	—	54	—
2	4	23	1	—	1	12	48	—	—	89	—
3	12	60	18	1	3	9	65	13	—	181	—
4	—	50	62	—	—	9	30	42	—	193	—
5	—	30	70	—	4	15	15	—	—	134	—
6	—	6	12	—	20	26	—	—	—	19	—
7	—	—	—	—	—	—	—	—	754	754	—
8	—	402	60	—	—	—	—	—	520	462	—
9	—	89	11	—	—	—	—	—	520	620	—
10	—	111	—	—	—	—	—	—	386	503	—
11	—	64	—	—	—	—	—	—	51	115	—
12	—	54	—	—	—	—	—	—	34	88	—
合计	16	933	238	1	29	79	168	55	1,735	3,292	—

（中国第二历史档案馆馆藏档案，档案号一一六—646）

（7）赈济委员会运送配置难民宜昌沙总站空袭救济准备金收支表

民国二十八年九月三十日制

月	日	收入	摘要	支出	结余	备注
3	13	$2,000,000	赈委会拨发			
2	22		宜昌第一次被炸赈恤	$360,000		已报请核销
3	8		宜昌第二次被炸赈恤	$604,000		同上
3	14		宜昌第三次被炸赈恤	$79,900		同上
4	26		宜昌第四次被炸赈恤	$54,100		同上
4	28		宜昌第五次被炸赈恤	$28,200		同上
5	8		宜昌第六次被炸赈恤	$31,900		同上
3	19		拨发荆沙被炸赈恤	$100,000		共发二次计一五七八元已报
7	7		拨发荆沙被炸赈恤	$100,000		请核销余款四二二元存联办处
7	27		拨发监利被炸赈恤	$29,100		已报销请核销
8	14		拨发秭归被炸赈恤	$60,000		清册送站即汇报款余二一四○元存该县鄂省银行
8	24		拨发宜都被炸赈恤	$30,000		清册送站即汇报
8	23	$500,000	振委会拨发指派巴东			
8	24		拨发巴东被炸赈恤	$500,000		尚未办理竣事
9	2	$1,000,000	赈委会拨发			即汇报
8	6		宜昌第七次被炸赈恤	$368,000		尚未办理竣事奉区令暂停发
8	6		宜昌第七次房屋被炸救济费	$757,000		即汇报
8	31		宜昌第八次被炸赈恤	$46,000		即汇报
8	31		宜昌第八次房屋被炸救济费	$2,000		同上
合计		$3,500,000		$3,150,200	$349,800	

（中国第二历史档案馆馆藏档案，档案号一一六—646）

（8）赈济委员会运送配置难民宜沙总站空袭救济支出表

被炸地点	被炸时期			伤亡人数			抚恤款数	备考
	年	月	日	死亡	重伤	轻伤		
远安	二九	十二	二十五	四四	十六	六	一七0000	
远安栗溪	二九	十二	二十五	一	一	一	八六000	
监利	二九	十二	六	二七	十六	二二	一0一000	
石首	二九	十二	三十	二四	十九	十四	一二五九六0	
巴东	三十	三	八	三	五	七	三三000	
巴东	三十	三	十三	三	五	四	二0000	
巴东	三十	一	十七	一	一	三	八000	
宜昌分乡	三十	一	十六	一七九	四八	四四	六七七000	以下由宜昌分站经发
宜昌大桥边	三十	一	二十二三	四	一	三	一六000	
宜昌曹家畈	三十	二	十七	八	十	八	五二000	
秭归茅坪	三十	三	十二	九	三	一	三三000	
宜昌三斗坪	三十	三	八	七九	四十	四三	三九四三00	内掩埋费三四二元
宜昌三斗坪	三十	三	十三十三	五	一	三	二九四00	内掩埋费九十元
宜昌太平溪	三十	三	二十一	六	三	0	二四000	
合计							一七五八一六0	

（中国第二历史档案馆馆藏档案，档案号一一六一646）

（9）赈济委员会运送配置难民宜沙总站 1940 年经常费暨救济费收支总报告表

时间：民国 29 年 1 月 1 日起至 12 月 31 日止

收入部分			支出部分				
款别	领款事由	领款数目	款别	用途摘要	用款数目	实存数目	备注
经常费	向赈济委员会领到二十九年一至十二月份经常费	$31,197.00	经常费	拨总站二月份经常费	$2,505.00		
生活补助费	向赈济委员会领到二十九年一至十二月份职员生活补助费	$6,480.00	经常费	拨总站三月份经常费	$2,505.00		
救济费	向赈济委员会领到二十九年一至十二月份救济费准备金	$42,000.00	经常费	拨总站四月份经常费	$2,505.00		
救济费	向振济委员会领到急赈救济费	$20,000.00	经常费	拨总站五月份经常费	$2,565.00		
救济费	向振济委员会领到领到寒衣费	$2,000.00	经常费	拨总站六月份经常费	$2,745.00		
救济费	向振济委员会第八救济区领到寒衣费	$3,000.00	经常费	拨总站七月份经常费	$2,685.00		
救济费	收任务移交救济费准备金	$1,687.54	经常费	拨总站八月份经常费	$2,685.00		
空袭救济费	向振济委员会领到二至十二月份空袭准备金	$40,000.00	经常费	拨总站九月份经常费	$2,904.00		
空袭救济费	向振济委员会领到来凤房屋被炸救济费	$5,000.00	经常费	拨总站十月份经常费	$2,904.00		
空袭救济费	向振济委员会领到秭归房屋被炸救济费	$4,200.00	经常费	拨总站十一月份经常费	$2,904.00		
空袭救济费	向振济委员会领到监利被炸抚恤金	$830.00	经常费	拨总站十二月份经常费	$2,904.00		
空袭救济费	收姚任文巴东空袭准备金	$3,704.80	生活补助费	拨姚任一月份生活补助费	$540.00		此款不敷$653.00 以救济费动支
空袭救济费	收姚任移交秭归空袭准备金	$110.00	生活补助费	拨二至十二月份生活补助费	$6,593.10		
空袭救济费	收姚任移交荆沙空袭准备金	$422.00	救济费	拨总站二至十二月份难民给养费	$9,093.40		
			救济费	拨总站二至十二月份遣散费	$1,141.50		
			救济费	拨荆沙二至六月份遣散费	$215.67		
	过次页	$160,631.34		过次页	$47,175.47		

主任：凌曼寿　　　　合计：胡洪兴　　　　制表员：王 辰

（中国第二历史档案馆馆藏档案，档案号——六—646）

· 335 ·

（10）赈济委员会运送配置难民宜沙总站 1940 年经常费暨救济费收支总报告表续一

时间：民国 29 年 1 月 31 日起至 12 月 31 日止

收入部分			支出部分				
款别	领款事由	领款数目	款别	用途摘要	用款数目	实存数目	备注
	承上页	$160,631.34		承上页	$47,175.67		
			救济费	拨荆沙分站二至六月份救济准备金	$1,372.50		
			救济费	拨松枝分站二至五月份救济准备金	$450.00		
			救济费	拨松滋分站二至十月份救济准备金	$1,000.00		
			救济费	拨枝江分站六至十二月份救济准备金	$1,000.00		
			救济费	拨宜都分站二至十二月份救济准备金	$1,500.00		
			救济费	拨荆潜分站二至六月份救济准备金	$238.40		
			救济费	拨巴东分站二至十二月份救济准备金	$1,000.00		
			救济费	拨恩施分站二至十二月份救济准备金	$1,400.00		
			救济费	拨监利分站二至六月份救济准备金	$9.20		
			救济费	拨公安分站六至十二月份救济准备金	$1,190.80		
			救济费	拨长阳分站六至十二月份救济准备金	$126.20		
			救济费	拨当远分站二至十二月份救济准备金	$923.80		
			救济费	拨利川分站十一、十二月份救济准备金	$500.00		
			救济费	拨兴稀分站二至十二月份救济准备金	$1,500.00		
			救济费	拨宜昌分站六至十二月份救济准备金	$8,000.00		
	过次页	160,631.34		过次页	$67,384.57		

主任：凌曼寿　　　　合计：胡洪兴　　　　制表员：王 辰

（中国第二历史档案馆馆藏档案，档案号一一六一646）

（11）赈济委员会运送配置难民宜沙总站1940年经常费暨救济费收支总报告表续一

时间：民国29年1月31日起至12月31日止

收入部分			支出部分			实存	备注
款别	领款事由	领款数目	款别	用途摘要	用款数目	数目	
	承上页	$160,631.34		承上页	$67,396.47		
			救济费	拨建始分站六至十二月份救济准备金	$700.00		
			救济费	拨巴东临时收容所八至十二月份救济准备金	$1,800.00		
			救济费	拨发宜昌附近急赈救济费	$1,700.00		
			救济费	拨发远安附近急赈救济费	$3,000.00		
			救济费	拨急赈办公费	$600.00		
			救济费	拨总站印难民证款	$3,850.00		
			救济费	拨总站制证章费	$60.00		
			救济费	拨总站购药费	$19100		
			救济费	拨运送难童救济费	$4,775.30		
			救济费	拨宜昌分站印刷费	$75.00		
			救济费	拨长阳分站埋葬费	$37.00		
			救济费	拨唐地生埋葬费	$159.00		
			救济费	拨小本货贩贷款损失	$274.00		
			救济费	拨荆潜分站撤退损失费	$385.00		
			救济费	拨总站寒衣费	$4,980.00		
	过次页	160,631.34		过次页	$105,272.87		

主任：凌曼寿　　　　合计：胡洪兴　　　　制表员：王　辰

（中国第二历史档案馆馆藏档案，档案号一一六一646）

· 337 ·

（12）赈济委员会运送配置难民宜沙宜总站 1940 年经常费暨救济费收支总报告表续三

时间：民国 29 年 1 月 31 日起至 12 月 31 日止

收入部分			支出部分			实存		备注
款别	领款事由	领款数目	款别	用途摘要	用款数目	数目	
	承上页	$160,631.34		承上页	$105,272.87			
			空袭救济费	拨荆潜附近被炸振款	$1,040.00			
			空袭救济费	拨宜都被炸振款	$230.00			
			空袭救济费	拨枿归房屋被炸救济费	$4,260.00			
			空袭救济费	拨宜昌被炸振款	$120.00			
			空袭救济费	拨荆潜附近被炸振款	$170.00			
			空袭救济费	拨沙市被炸振款	$1,780.00			
			空袭救济费	拨来凤房屋被炸救济费	$4,030.00			
			空袭救济费	拨江陵被炸振款	$1,260.00			
			空袭救济费	拨监利被炸振款	$800.00			
			空袭救济费	拨松滋被炸振款	$120.00			
			空袭救济费	拨宜昌被炸振款	$1,340.00			
			空袭救济费	拨枿归被炸振款	$950.00			
			空袭救济费	拨沔阳被炸振款	$330.00			
			空袭救济费	拨枝江被炸振款	$1,780.00			
			空袭救济费	拨宜都被炸振款	$3,750.00			
	过次页	160,631.34		过次页	$127,232.87			

主任：凌曼寿　　　　　　　　　　合计：胡洪兴　　　　　　　　　　制表员：王辰

（中国第二历史档案馆馆藏档案，档案号一一六—646）

（13）赈济委员会运送配置难民宜沙总站 1940 年经常费暨救济费收支总报告表续四

时间：民国 29 年 1 月 31 日起至 12 月 31 日止

收入部分			支出部分			实存数目	备注
款别	领款事由	领款数目	款别	用途摘要	用款数目		
	承上页	$160,631.34		承上页	$127,232.87		
			空袭救济费	拨巴东被炸振款	$3,984.80		
			空袭救济费	拨潜江被炸振款	$1,300.00		
			空袭救济费	拨宜昌大桥边被炸振款	$3,540.00		
			空袭救济费	拨长阳被炸振款	$615.00		
			空袭救济费	拨兴祢分站职员空袭振款	$240.00		
			空袭救济费	拨恩施分站职员空袭振款	$175.00		
			空袭救济费	拨巴东分站职员空袭振款	$475.00		
			空袭救济费	拨荆沙分站职员空袭振款	$200.00		
			空袭救济费	拨总站站职员空袭振款	$2,570.00		
			事业费	拨总站二至十二月份电报旅费	$12,356.65		此款由救济费动支
			生活补助费	拨站一至十二月份队员生活补助费	$2,976.00		同上
合 计		$160,631.34	合 计		$155,865.32	$1,176	

主任：凌曼寿　　　　合计：胡洪兴　　　　制表员：王　辰

（中国第二历史档案馆馆藏档案，档案号一一六一646）

339

（14）赈济委员会运送配置难民宜沙总站领用救济费收支概况报告表呈赈济委员会察核（一）

中华民国 30 年 4 月 1 日起至 30 年 4 月 30 日止

收入部分			支出部分				实存数目	已未报销	备注
日期	领款事由	领款数目	日期	用途摘要	用款数目				
四月四日	收到救济准备金	$3,000.00	四月份	支住憩所难民给养	$709.60				
			四月份	支宜昌分站难民给养	$88.80		$411.20		
			四月份	支公安分站难民给养	$38.40				
			四月份	支长阳分站难民给养	$197.20				
			四月份	支巴东分站难民给养	$40.00				
			四月份	支松枝分站难民给养	$117.60				
			四月份	支恩施分站难民给养	$48.80				
			四月份	支兴豨分站难民给养	$4.80				
			四月份	支难民轮运费	$629.30				
			四月份	总站结存现金			$1214.30		
	合计	$3,000.00	合　计		$1,374.50		$1,625.50		

赈济委员会运送配置难民宜沙总站　　　　　　　　　主任：黄锐　　　　合计：雷庶侯　　　　中华民国三十年五月一日填

（中国第二历史档案馆馆藏档案，档案号一一六—646）

· 340 ·

（15）赈济委员会运送配置难民宜沙总站领用救济费收支概况报告表呈赈济委员会察核（二）

中华民国 30 年 5 月 1 日起至 30 年 5 月 31 日止

收入部分			支出部分					
日期	领款事由	领款数目	日期	用途摘要	用款数目	实存数目	已未报销	备注
五月一日	上月结存	$1,625.50	五月份	支住惠所难民给养	$105.20			
			五月份	支宜昌分站难民给养	$94.40	$316.70		
			五月份	支公安分站难民给养	$36.80			
			五月份	支长阳分站难民给养	$74.00			
			五月份	支巴东分站难民给养	$44.80	$255.20		
			五月份	支松枝分站难民给养	$8.80			
			五月份	支建始分站难民给养	$58.80			
			五月份	支利川分站难民给养	$20.40			
			五月份	支恩施分站难民给养	$14.40			
			五月份	支兴粭分站难民给养	$1.60			
			五月份	支难民轮运费	$390.60			
			五月份	总站结存现金		$203.80		
合计		$1,625.50	合 计		$849.80	$775.70		

主任：黄锐　合计：雷庶侯

赈济委员会运送配置难民宜沙总站

（中国第二历史档案馆藏档案，档案号——六—646）

（16）赈济委员会运送配置难民宜沙总站领用救济费收支概况报告表呈赈济委员会察核（三）

中华民国 30 年 6 月 1 日起至 30 年 6 月 30 日止

收入部分			支出部分					
日期	领款事由	领款数目	日期	用途摘要	用款数目	实存数目	已未报销	备注
六月一日	上月结存	$775.70	六月份	支住憩所难民给养	$83.20			
六月一日	向空袭准备金拨用	$3,000.00	六月份	支宜昌分站难民给养	$75.20	$241.50		
			六月份	支公安分站难民给养	$51.20			
			六月份	支长阳分站难民给养	$40.80			
			六月份	支巴东分站难民给养	$32.00	$223.20		
			六月份	支建始分站难民给养	$10.80			
			六月份	支利川分站难民给养	$14.40			
			六月份	支恩施分站难民给养	$55.20			
			六月份	支兴稀分站难民给养	$8.00	$452.00		
			六月份	支难民轮运费	$798.70			
			六月份	总站结存现金		$1689.50		
合计		$3,775.70		合　计	$1169.50	$2606.20		

主任：黄锐　　　　合计：雷庶侯

赈济委员会运送配置难民宜沙总站

中华民国三十年七月一日填

（中国第二历史档案馆藏档案，档案号一一六一646）

（17）赈济委员会运送配置难民宜沙总站领用救济费收支概况报告表呈赈济委员会察核（四）

收入部分			支出部分				已未报销	备注
日期	领款事由	领款数目	日期	用途摘要	用款数目	实存数目		
七月一日	上月结存	$2606.20	七月份	支住惠所难民给养	$103.20			总站结存之现金
			七月份	支宜昌分站难民给养	$75.20	$166.30		已垫付分站旅运
			七月份	支公安分站难民给养	$43.20			费及总站电报费
			七月份	支长阳分站难民给养	$44.40			实任无存除另造
			七月份	支巴东分站难民给养	$14.40	$208.80		支出计算书呈请
			七月份	支松枝分站难民给养	$12.80			核发外特此申明
			七月份	支建始分站难民给养	$1.20			
			七月份	支利川分站难民给养	$10.80			
			七月份	支恩施分站难民给养	$17.60	$483.20		
			七月份	支兴柿分站难民给养	$8.80			
			七月份	支难民轮运费	$722.40			
				总站结存现金		$683.90		
合计		$2606.20		合　计	$1064.00	$1542.20		

主任：黄锐　　　　合计：雷熙候

（中国第二历史档案馆馆藏档案，档案号一一六—646）

赈济委员会运送配置难民宜沙总站　　中华民国三十年八月一日填

78. 抗战以来湖北省配拨壮丁统计（1937 年 8 月—1945 年 4 月）

自二十六年八月起三十四年四月止

省别	总计	二十六年（八月起）	二十七年	二十八年	二十九年	三十年	三十一年	三十二年	三十三年	三十四年（四月止）
湖北	841,556	75,805	95,043	135,346	101,474	94,603	121,262	83,594	114,978	19,451

说明：
一、材料来源根据军政部暨本部配拨电令统计之。
二、其他栏系特种部队机关学校招募之壮丁省籍不详者。

兵役部总务处调制。

[国民政府兵役部总务处调制：《抗战以来各战区实补兵员统计表》（1945 年），中国第二历史档案馆藏档案，档案号二（1）—8700]

• 344 •

79. 国民政府军事委员会关于战时军队征雇民夫伤亡的训令（1938 年 2 月）

（中华民国二十七年二月）

案准军事委员会本年二月十六日抚一利渝字第一五六四三号公函关：

查战时军事征雇民夫伤亡抚恤，向系按照战时军事机关部队征用民夫办法办理，惟原办法仅有死亡处理及经费开支原则，对于抚恤及埋葬费详细规定，兹订拟战时军事征雇民夫伤亡抚恤暨埋葬费暂行办法一种以期完备，除分令各军事机关暨各部队遵照外，相应抄同办法一份函请查照备案。

等由准此自应办，除分令并函复外，合行抄发原办法，令仰知照。此令。

抄发战时军事征雇民夫伤亡抚恤暨埋葬费暂行办法一份。

附：战时军队征雇民夫伤亡抚恤暨埋葬费暂行办法

一、本办法依战时军事机关或部队征用民夫办法第二十条及第二十一条订定之。

二、凡征雇民夫遇有伤亡，其抚恤及埋葬费除另有法令规定外，得照本办法办理。

三、征雇之民夫伤亡抚恤及埋葬费给予如左：

甲、轻伤给予一次恤金十元。

乙、重伤给予一次恤金四十元，因而残废者给予一次恤金六十元。

丙、积劳病故者给予一次恤金八十元，另埋葬费十五元。

丁、因公殒命者（因敌炮火或敌机炸击死亡同）给予一次恤金一百元，另埋葬费十五元。

四、上列之恤金及埋葬费由征雇民夫之主管机关及部队在工程费内支报（如属于运输者即由运输费内支给），不填发恤令。

五、凡军事征雇之民夫由征雇之机关（部队），自征雇之日起造具花名册呈报备案，遇有伤亡并专案呈请核定后，按照本办法第三项之规定发给。

右列备案及核定手续参照战时军事机关或部队征用民夫暂行办法第三条之规定由左列机关自行办理。

军事委员会（由办公厅或抚恤金委员会办理）、委员长行营、军政、海军总司令部、航空委员会、后方勤务部、军事运输总监部、绥靖公署、战区司令长官司令部、集团军总司令部。

六、恤金之受领

甲、受伤者本人

乙、死亡者之遗族

本项遗族之顺序适用陆军平战时抚恤暂行条例第二十三条之规定。

七、埋葬费应取具亲属之领据，如家属不在当地者，可由征雇机关办理埋葬后以商店收据报销。

八、本办法自公布之日起施行。

（湖北省档案馆馆藏档案，档案号 LS1—4—3576）

80．湖北省慰劳出征军人家属经费统计（1941 年 6 月）

三十年上半年

组别	县别	出征人数	发放慰劳金数额（元）
总计		44,009	109,621
第一组	计	5,036	15,340
	恩施	2,584	7,746
	利川	2,454	7,603
第二组	计	5,339	11,657
	巴东	2,631	5,669
	建始	2,708	5,988
第三组	计	5,334	13,731
	咸丰	2,110	5,369
	宣恩	1,630	4,164
	来凤	1,594	4,198
第四组	计	1,884	4,210
	五峰	1,224	2,676
	鹤峰	660	1,534
第五组	计	14,233	30,406
	郧西	2,674	5,935
	均县	5,044	10,549
	郧县	6,515	13,892
第六组	计	4,697	12,012
	秭归	3,288	7,342
	礼山	1,409	4,670
第七组	计	7,484	22,256
	房县	1,628	4,510
	竹山	2,918	8,251
	竹溪	2,938	9,464

根据赈济会报告编制。

[湖北省政府编：《湖北省 1941 年统计提要》（1941 年），中国第二历史
档案馆馆藏档案，档案号二（1）—5048]

81. 抗战以来湖北省征用民夫（1941年6月）

区县	共计	构筑工事征夫数	输送军需征夫数	备注
总计	2,877,913	2,733,524	144,419	
第一区	2,000	—	2,000	
第二区	5,000	—	5,000	
第三区	800	—	800	
第四区	4,507	—	4,507	
第五区	400	—	400	
第一二三区	1,500	—	1,500	
武昌	2,090	1,000	1,090	
汉阳	5,140	4,000	1,140	
嘉鱼	590	350	240	
咸宁	3,540	3,300	240	
蒲圻	240	—	240	
崇阳	2,200	500	1,700	
通城	50	—	50	
通山	2,590	1,500	1,090	
阳新	6,750	6,000	750	
大冶	4,850	3,950	900	
鄂城	2,000	2,000	—	
黄冈	41,500	41,500	—	
浠水	26,000	26,000	—	
蕲春	19,000	19,000	—	
广济	12,500	11,000	1,500	
黄梅	2,000	2,000	—	
英山	16,000	9,000	7,000	

[湖北省政府编：《湖北省1941年统计提要》（1941年），中国第二历史档案馆馆藏档案，档案号二（1）—5048]

82. 抗战以来湖北省征用民夫（续一）（1941 年 6 月）

区县	共计	构筑工事征夫数	输送军需征夫数	备注
罗田	5,500	5,500	—	
麻城	5,000	5,000	—	
黄安	5,000	5,000	—	
黄陂	8,425	8,000	425	
礼山	6,850	6,850	—	
孝感	4,525	4,000	525	
安陆	325	—	325	
应山	10,025	9,500	525	
随县	850	850	—	
钟祥	20,700	20,670	30	截至二十七年十月
京山	459,138	459,138	—	二十七年
天门	5,900	5,900	—	
沔阳	19,700	—	19,700	截至三十年四月
监利	1,546	1,546	—	二十八年六月至七月
石首	39,872	39,076	796	截至三十年六月
公安	25,416	24,400	1,016	截至二十八年五月
松滋	651	—	651	截至二十七年九月
枝江	100	—	100	
江陵	85,093	79,129	5,961	廿七年八月至廿八年八月
宜城	23,250	23,250	—	
光化	31,292	29,270	2,022	廿七年四月至廿八年八月
谷城	1,305,710	1,303,000	2,710	自廿七年八月起至十一月征用公路民工约一百三十万
保康	9,492	3,590	5,902	
宜都	2,120	1,520	600	廿六年十一月至廿八年七月
宜昌	8,445	3,720	4,725	二十七年八月至十月

[湖北省政府编：《湖北省 1941 年统计提要》（1941 年），中国第二历史档案馆馆藏档案，档案号二（1）—5048]

83. 抗战以来湖北省征用民夫（续二）（1941年6月）

区县	共计	构筑工事征夫数	输送军需征夫数	备注
宣恩	54,900	54,900	—	二十七年五月至八月
来凤	474,900	445,500	29,400	
咸丰	4,028	3,228	800	廿七年四月至廿八年八月
利川	11,530	400	11,130	
恩施	13,892	6,745	7,147	
建始	72	—	72	二十八年七月
巴东	2,690	2,600	90	二十八年六月至七月
房县	2,900	—	2,900	廿六年十二月至廿七年七月
均县	20,859	8,535	12,324	
郧县	34,413	30,320	4,093	廿七年七月至廿八年九月
竹溪	11,587	17,287	300	

说明：

一、本表系根据各区县于三十年六月以前呈报到府之材料填列，此外尚有未据呈报县份，及各部队未经电准本府直接向各县征募之民夫，为数亦不下数十万。

二、构筑工事（包括国防交通各工事）征用之夫，多系短夫，除有一部份被各部队挑补充兵额外，其余大多数，多于工竣发还。输送征用之夫，短夫长夫均有；短夫随用随还，长夫由各部队长期编用。

三、各县征用骡马车辆船数目均未列入。

[湖北省政府编：《湖北省1941年统计提要》（1941年），中国第二历史档案馆馆藏档案，档案号二（1）—5048]

84．抗战以来本省征用民夫（1943 年）

区域别	共计	构筑工事征夫数	输送军需征夫数	截至年月	
				年	月
总计	6,352,054	4,661,328	1,690,726		
第一区	2,000	—	2,000		
第二区	5,000	—	5,000		
第三区	800	—	800		
第四区	4,507	—	4,507		
第五区	400	—	400		
第一二三区	1,500	—	1,500		
武　昌	2,090	1,000	1,090		
汉　阳	5,140	4,000	1,140		
嘉　鱼	590	350	240		
咸　宁	3,540	3,300	240		
蒲　圻	240	—	240		
崇　阳	2,200	500	1,700		
通　城	50	—	50		
通　山	2,590	1,500	1,090		
阳　新	6,750	6,000	750		
大　冶	4,850	3,950	900		
鄂　城	2,000	2,000	—		
黄　冈	41,500	41,500	—		
浠　水	26,00	26,000	—		
圻　春	19,000	19,000	—		
广　济	12,500	11,000	1,500		
黄　梅	2,000	2,000	—		
英　山	16,000	9,000	7,000		
罗　田	5,500	5,500	—		
麻　城	5,000	5,000	—		
黄　安	5,000	5,000	—		
黄　陂	8,425	8,000	425		
礼　山	6,850	6,850	—		
孝　感	4,525	4,000	525		
安　陆	325	—	325		
应　山	10,025	9,500	525		
随　县	182,041	107,458	74,583	32	6
钟　祥	20,700	20,670	30	27	10
京　山	459,138	459,138	—	27	
天　门	5,900	5,900	—		
沔　阳	19,700	—	19,700	30	4
监　利	1,546	1,546	—	28	7
石　首	39,872	39,076	796	28	5

（湖北省政府 1943 年编：《抗战期间湖北概况统计提要》，湖北省档案
馆馆藏档案，档案号 LSA2.14—12）

85. 抗战以来本省征用民夫（续一）（1943 年）

区域别	共计	构筑工事征夫数	输送军需征夫数	截至年月	
				年	月
公　安	183,439	96,745	86,744	32	9
松　滋	224,052	121,581	102,451	32	6
枝　江	100	——	5,964		
江　陵	85,095	79,129	100	28	8
宜　城	23,250	23,250	54,619		
襄　阳	143,833	89,214	80,456	31	10
光　化	204,055	128,599	2,710	32	4
谷　城	1,305,710	1,303,000	78,556	31	10
保　康	202,310	123,754	600	32	5
宜　都	2,120	1,520	600	28	7
宜　昌	8,445	3,720	4,725	27	10
五　峰	136,405	61,057	75,348	32	5
鹤　峰	105,452	62,891	42,561	32	4
宣　恩	171,949	84,599	87,350	32	8
来　凤	610,305	505,557	104,748	32	5
咸　丰	4,028	3,228	800	28	8
利　川	158,200	75,634	82,566	32	7
恩　施	235,320	136,455	98,865	32	7
建　始	189,250	99,186	90,064	32	10
巴　东	248,023	139,916	108,107	32	8
房　县	154,247	95,778	58,474	31	11
均　县	178,703	107,548	71,155	32	9
郧　县	249,080	155,637	93,443	31	9
竹　山	221,265	126,591	94,674	32	8
竹　溪	220,134	134,461	85,673	32	7
郧　西	151,462	98,545	52,917	32	4

说明：

一、本表根据各县于三十二年十二月以前报表编列，此外尚有未据呈报县份及各部队直接向各县征募之夫为数亦有数十万。

二、构筑工事（包括国防交通各工事）征用之夫多系短夫，于工竣后即行发还。输送之夫短夫长夫均有，短夫随用随还，长夫由各部队长期编用。

三、各县征用骡马车辆船只数目均未列入。

（湖北省政府 1943 年编：《抗战期间湖北概况统计提要》，湖北省档案馆馆藏档案，档案号 LSA2.14—12）

86．抗战以来本省征用民夫（续二）（1943年）

区县	共计	构筑工事征夫数	输送军需征夫数	备注
罗田	5,500	5,500	—	
麻城	5,000	5,000	—	
黄安	5,000	5,000	—	
黄陂	8,425	8,000	425	
礼山	6,850	6,850	—	
孝感	4,525	4,000	525	
安陆	325	—	325	
应山	10,025	9,500	525	
随县	850	850	—	
钟祥	20,700	20,670	30	截至二十七年十月
京山	459,138	459,138		二十七年
天门	5,900	5,900	—	
沔阳	19,700	—	19,700	截至三十年四月
监利	1,546	1,546	—	二十八年六月至七月
石首	39,872	39,076	796	截至三十年六月
公安	25,416	24,400	1,016	截至二十八年五月
松滋	651	—	651	截至二十七年九月
枝江	100	—	100	
江陵	85,093	79,129	5,961	廿七年八月至廿八年八月
宜城	23,250	23,250	—	
光化	31,292	29,270	2,022	廿七年四月至廿八年八月
谷城	1,305,710	1,303,000	2,710	自廿七年八月起至十一月征用公路民工约一百三十万
保康	9,492	3,590	5,902	
宜都	2,120	1,520	600	廿六年十一月至廿八年七月
宜昌	8,445	3,720	4,725	二十七年八月至十月

（湖北省政府1943年编：《抗战期间湖北概况统计提要》，湖北省档案馆馆藏档案，档案号 LSA2.14—12）

87．抗战以来本省征用民夫（续三）（1943年）

区县	共计	构筑工事征夫数	输送军需征夫数	备注
宣恩	54,900	54,900	—	二十七年五月至八月
来凤	474,900	445,500	29,400	
咸丰	4,028	3,228	800	廿七年四月至廿年八月
利川	11,530	400	11,130	
恩施	13,892	6,745	7,147	
建始	72	—	72	二十八年七月
巴东	2,690	2,600	90	二十八年六月至七月
房县	2,900	—	2,900	廿六年十二月至廿七年七月
均县	20,859	8,535	12,324	
郧县	34,413	30,320	4,093	廿七年七月至廿八年九月
竹溪	11,587	17,287	300	

说明：

一、本表系根据各区县于三十年六月以前呈报到府之材料填列，此外尚有未据呈报县份，及各部队未经电准本府直接向各县征募之民夫，为数亦不下数十万。

二、构筑工事（包括国防交通各工事）征用之夫，多系短夫，除有一部份被各部队挑补充兵额外，其余大多数，多于工竣发还。输送征用之夫，短夫长夫均有；短夫随用随还，长夫由各部队长期编用。

三、各县征用骡马车辆船数目均未列入。

（湖北省政府1943年编：《抗战期间湖北概况统计提要》，湖北省档案
馆馆藏档案，档案号 LSA2.14—12）

88. 湖北省征雇民夫办法（1943 年）

一、凡年满 18 岁至 50 岁之男子不论本籍寄籍，除有如下情形者外，均有被征雇之义务：

已中签壮丁在一月以内应入营者；

残废痼疾无服夫役能力者；

从事国防工业者；

现任公务员、教职员及肄业学生。

二、征雇民夫之用途如下：

运粮、军需品之运输；

军事建设及破坏事业；

过境党政军人员因公雇用者；

机关及公营事业雇用者。

每夫负重 80 市斤、日行 60 华里、往返途程在 30 华里以内者，作半日计算；30 华里以外、60 华里以内者作一日计算；60 华里以外、90 华里以内者作一日半计算；90 华里以外、120 华里以内者作两日计算，应尽量采用递进办法。

民夫力资，每日发给国币 10 元（来回程在内），仍按实在负重量及来回里程计算（每斤每里按二厘零八丝计算）。

民夫夫粮按单程每名日发包谷 2 市斤或大米 1 市斤半（回程粮比照单程发给），共计价 4 元，在力资内扣除。

（湖北省政府编：《湖北省三十二年度各县运输军公粮征雇民夫给与办法》，建始县档案馆民国档案第 692 卷）

355

89．湖北省政府关于给应征工役人民以恤金的训令（1943 年）

一、准内政部三十二年四月十二日渝礼字第一六三〇号公函略。以因工受伤或死亡应征工役人民应给予相当恤金并报部备案，早经国民工役法第十九条暨同法施行细则第十五条明白规定。年来各省市应征服役人民因工伤亡，本部亟待明了，请将过去核恤民工案件、受恤人姓名暨伤亡情形、恤金数额，过部并转饬各县市，嗣后每次征工役完毕专案层准备案等。

二、除函复并分令外，合行令仰，转饬所属各县嗣后每次征工役完毕应即专案将征役月日、征役人数、征役机关、待遇情形、有关伤亡及伤亡数列表报省知照主席陈（对计署用），以凭咨适备案为要。附注，本件已分令各行署各区专署。

原因函复，查明为荷。此致

内政部

[湖北省政府：《湖北省政府训令》（1943 年 6 月），湖北省档案馆馆藏档案，档案号 LS3—1—1297]

90. 抚恤委员会审核湖北省政府转发恤金收支明细表（1944 年 7 月）

三十三年七月

年度	月份	收入		支出				备考
		授汇数	利息	原报计算数	核准计算数	剔除数	结存数	
29	11 12	100,000.00		49,375.00	49,200.00	175.00		廿九年十一月十二日计算及剔除数,请检贵府卅年十一月财四施 55765 号管文及本会卅一年七月□三八渝 51237 号来文
30	1			11,390.00	11,390.00			
30	2			10,375.00	10,255.00	120.00		卅年二月份计算及剔除数,请检贵府卅年十一月财四施 55765 号管文及本会卅一年七月□三八渝 51237 号来文
30	3	500,000.00		3,055.00	3,055.00			
30	4	1,000,000.00		11,645.00	11,645.00			
30	5			8,175.00	7,965.00	210.00		卅年五月份计算及剔除数,请检贵府卅年十一年财四施 55765 号管文及本会卅一年七月□三八渝 51237 号来文
30	6			13,290.00	13,290.00			
30	7			24,215.00	24,215.00			
30	8			27,045.00	26,985.00	60.00		卅年八月份计算及剔除数请检贵府卅年元月财四特施 00101 号管文及本会卅一年七月□三八渝 51133 号来文
30	9			9,980.00	9,980.00			
30	10			9,205.00	9,205.00			
30	11			6,610.00	6,480.00	130.00		卅年十一月份计算及剔除数诸检贵府卅一年三月财四特施 00316 号管文及本会卅一年七月□三八渝 51089 号来文
30	12			13,215.00	12,845.00	370.00		卅年十二月份计算及剔除数诸检贵府卅一年三月财四特施 00316 号管文及本会卅一年七月□三八渝 51089 号来文

续表

年度	月份	收入		支出			结存数	备考
		授汇数	利息	原拨计算数	核准计算数	剔除数		
31	1	1,600,000.00		196,825.00	193,825.00	3,000.00		卅一年计算数及剔除数请检贵府卅二年三月财四特施 2142 号管文及本会卅二年六月口口五油 30784 号来文 查本案附民同小计少女 四十元已代改正转报
	12			3,120.00	3,120.00			计算数系礼山县府划去伽款请检贵府卅三年元月省库年 19859 号管文及本会卅三年四月口口六油 40901 号来文
32	1			42,641.00	42,641.00			
32	2			122,200.00	122,100.00	100.00		卅二年二月份计算数及剔除数请检贵府卅三年元月财四特字 3885 号管文及本会卅三年六月口口六油 41469 号来文
32	3			98,540.00	97,820.00	720.00		卅二年三月份计算数及剔除数请检贵府财四特施字 3374 号管文及本会卅三年六月口口六油 41470 号来文
32	4			73,950.00	73,950.00			
32	5			82,705.00	82,345.00	360.00		卅二年五月份计算数及剔除数请检贵府卅三年二月财四特施 3483 号管文及本会卅三年四月口口六油 41288 号来文
32	6			122,500.00	122,500.00			
32	7			90,575.00	89,345.00	1,230.00		卅二年七月计算数及剔除数请检贵府卅三年三月财四特施 3681 号代电管文及本会是年七月口口六油 42072 号来文
32	8			21,095.00	20,595.00	500.00		卅二年八月计及剔除数请检贵府卅三年三月财四特施 3682 号管文代电及本会是年六月口口六油 41975 号来文
合计		1,600,000.00		1,051,726.00	1,044,751.00	7,015.00	555,249.00	

附注：1. 本表系根据贵府逐月造送计算及本会转编造之各月份剔除数请照本表备考栏签注文。2. 各年份伽款利息未准送会收账请分别查明以凭转报。3. 本表结存数为$555,249.00 元，除伽处计国币$214,125.00 元外，实结存国币$341,124.00 元，请随同利息一并移交驻鄂抚伽以口口。

（托伽委员会 1944 年 7 月编，湖北省档案馆馆藏档案，档案号 LS19—3—3807）

91．湖北省征雇民夫伤残补偿办法

一、本办法依战时军事机关或部队征用民夫办法第二十条及第二十一条订定之。

二、凡征雇民夫遇有伤亡，其抚恤及埋葬费除另有法令规定外，得照本办法办理。

三、征雇之民夫伤亡抚恤及埋葬费给与如左：

轻伤给与一次恤金十元；

重伤给与一次恤金四十元，因残废者给与一次恤金六十元；

积劳病故者给与一次恤金八十元，另埋葬费十五元；

因公殒命者（因敌炮火或敌机炸击死亡同）给与一次恤金一百元，另埋葬费十五元。

[湖北省政府：《湖北省征雇民夫伤残补偿办法》（1938 年），建始县档案馆民国档案第 386 卷]

92. 湖北省抗战期间各工厂拆迁概况表（1940年3月）

厂名	原设厂址	现选厂址	机料吨数（吨）	拆迁费用（元）	备注
总计			40,541.1	1,208,992	
洪发利机器厂	汉口	重庆	28.0	2200	
复鑫祥机器厂	汉口	重庆	6.0	550	
永和机器厂	汉口	重庆	5.0	700	
秦鸿记机器厂	汉口	重庆	21.2	720	
周复泰机器厂	汉口	重庆	18.0	620	
×华机器厂	汉口	重庆	25.0	50000	
新华机器厂	汉口	重庆	9.5	—	
办及金厂	汉口	重庆	8.5	—	
周义兴机器厂	汉口	重庆	3.0	150	
方兴发机器厂	汉口	重庆	50.2	10000	
杨正泰冷×厂	汉口	重庆	5.5	—	
洪昌机器厂	汉口	重庆	6.5.	250	
联益汽车修理厂	汉口	重庆	5.0		
杜顺兴翻砂厂	汉口	重庆	4.3		
胡洪泰铁工厂	汉口	重庆	3.1		
邓兴发翻砂厂	汉口	重庆	6.1		
汤洪发铁工厂	汉口	重庆	5.7		
王鸿昌机器（翻砂）厂	汉口	重庆	3.0		
汉口机器厂	汉口	重庆	3.0		
田顺兴铁工厂	汉口	重庆	3.1		
顺昌铁工厂	汉口	重庆	63.0	20000	
荣昌机器厂	汉口	重庆	9.0	1000	
招商局机器厂	汉口	重庆	350.0	—	国营
既济水电公司	汉口	重庆	500.0	120000	机件已售与资格委员会
通艺无线电公司	汉口	重庆	10.0	—	
汉昌肥皂厂	汉口	重庆	278.9		
建华制涤厂	汉口	重庆	69.0	—	
汉中制革厂	汉口	重庆	49.0	5000	
科学仪器馆化学药品厂	汉口	重庆	6.1	1300	

[湖北省政府秘书处统计室编：《湖北省概况统计》（1940年3月），湖北省档案馆馆藏档案，档案号 LSA2.14—10]

93．湖北省抗战期间各工厂拆迁概况表（续一）（1940 年 3 月）

厂名	原设厂址	现选厂址	机料吨数（吨）	拆迁费用（元）	备注
国华精棉厂	汉口	重庆	3.2	—	
汉口车光玻璃厂	汉口	重庆	8.3	—	
汉光玻璃厂	汉口	重庆	10.0	1000	
亚东布厂	汉口	重庆	24.0	—	
和兴染织厂	汉口	重庆	32.5	—	
南洋烟草公司	汉口	重庆	1085.0	—	
振兴糖果饼干厂	汉口	重庆	5.2	—	
新华日报	汉口	重庆	48.0	—	
白鹤印书馆	汉口	重庆	24.0	—	
汉光印书馆	汉口	重庆	18.5	—	
劳盈印刷所	汉口	重庆	15.5	—	
申江印刷所	汉口	重庆	11.7	—	
汉口正报馆	汉口	重庆	10.5	—	
七七印刷厂	汉口	重庆	6.3	800	
振明印务局	汉口	重庆	4.8	—	
汉口新快报	汉口	重庆	3.0	—	
汉益印书馆	汉口	重庆	15.5	—	
杨子印书局	汉口	重庆	5.0	—	
寿康祥锯木厂	汉口	重庆	8.5	—	
孙舟眼镜公司	汉口	重庆	1.5	—	
民康实业公司	汉口	重庆宝鸡	32.5	3000	
申新步厂	汉口	重庆宝鸡	6747.7	252200	
福新面粉厂	汉口	重庆宝鸡	448.5	—	
震寰纱厂	汉口	重庆宝鸡	2000.0	34292	
精益眼镜公司	汉口	重庆昆明	2.8	—	
赵金记机器厂	汉口	衡阳	150.0	—	
宝泰机器厂	汉口	衡阳	16.0	300	
大丰马鞍机器厂	汉口	衡阳	3.0	—	
扈汉玻璃厂	汉口	衡阳	36.5	800	
福顺机器厂	汉口	沅陵	32.5	—	
仲桐机器厂	汉口	沅陵	20.2	1200	

[湖北省政府秘书处统计室编：《湖北省概况统计》（1940 年 3 月），湖北省档案馆馆藏档案，档案号 LSA2.14—10]

94. 湖北省抗战期间各工厂拆迁概况表（续二）（1940年3月）

厂名	原设厂址	现选厂址	机料吨数（吨）	拆迁费用（元）	备注
华商军服厂	汉口	沅陵	250.0	—	
张鸿兴机器厂	汉口	沅陵	24.9	1100	
山泰翻砂厂	汉口	沅陵	22.0	1000	
仁昌机器厂	汉口	沅陵	16.0	600	
鸿泰机器厂	汉口	沅陵	15.0	—	
谢洪兴机器厂	汉口	沅陵	11.0	700	
和兴机器厂	汉口	沅陵	7.3	380	
金炳记机器厂	汉口	沅陵	7.2		
汤义兴机器厂	汉口	沅陵	4.0		
谢元泰机器厂	汉口	沅陵	10.0	200	
华森翻砂厂	汉口	沅陵	3.5	—	
华胜洪机器厂	汉口	沅陵	3.0	—	
许堂记机器厂	汉口	沅陵	2.4	150	
陈东记机器厂	汉口	沅陵	1.0		
范兴昌翻砂厂	汉口	沅陵	2.0		
李兴发机器厂	汉口	沅陵	2.5		
聂兴隆铁工厂	汉口	沅陵	2.0		
黄福记铁厂	汉口	沅陵	6.2		
兴顺机器厂	汉口	沅陵	4.0	150	
周庆记翻砂厂	汉口	沅陵	6.7	—	
义华电气工厂	汉口	沅陵	1.0		
华中药厂	汉口	沅陵	20.0	850	
民生制药厂	汉口	沅陵	7.6		
秋森军服庄	汉口	沅陵	3.0	—	
新盛布厂	汉口	沅陵	3.0	—	
金钢机制鞋厂	汉口	沅陵	6.5	—	
中国植物油料厂	汉口	重庆沅陵	1048.5	—	
美丰机器厂	汉口	常德	16.0	1000	
顺丰机器厂	汉口	常德	10.0		
陶国记翻砂厂	汉口	常德	10.0		
正昌机器厂	汉口	常德	4.0	200	
苏裕泰机器厂	汉口	常德	3.0	180	
义复昌机器厂	汉口	常德	11.0	150	

[湖北省政府秘书处统计室编：《湖北省概况统计》（1940年3月），
湖北省档案馆馆藏档案，档案号 LSA2.14—10]

95．湖北省抗战期间各工厂拆迁概况表（续三）（1940年3月）

厂名	原设厂址	现选厂址	机料吨数（吨）	拆迁费用（元）	备注
华协兴铁工厂	汉口	常德	2.0	—	
吴善兴机器厂	汉口	常德	3.0	—	
张乾泰机器厂	汉口	常德	2.0	—	
瑞生机器厂	汉口	常德	3.0	—	
恒兴盐铁工厂	汉口	常德	3.0	—	
江源昌机器厂	汉口	常德	3.0	—	
周锦昌翻砂厂	汉口	常德	6.5	—	
合记铁工厂	汉口	常德	3.0	—	
隆泰工厂	汉口	常德	6.0	—	
李锦泰五金厂	汉口	常德	2.0	—	
胜泰机器厂	汉口	常德	3.0	—	
刘洪盛机器厂	汉口	常德	2.0	—	
德昌永铁工厂	汉口	常德	2.0	—	
远东布厂	汉口	常德	30.5	—	
名利布厂	汉口	常德	10.0	—	
张宏发布厂	汉口	常德		—	
张兴发布厂	汉口	常德		—	
张福记布厂	汉口	常德	10.0	—	
张正记布厂	汉口	常德		—	
张春记布厂	汉口	常德		—	
冯兴发布厂	汉口	常德		—	
魏福记布厂	汉口	常德		—	
彭兴发布厂	汉口	常德		—	
陆炳记布厂	汉口	常德		—	
陈鹏记布厂	汉口	常德	18.0	—	
王顺记布厂	汉口	常德		—	
震华布厂	汉口	常德		—	
永顺布厂	汉口	常德		—	
光明布厂	汉口	常德		—	
大荣机器厂	汉口	祁阳	10.0	420	
林裕丰布厂	汉口	祁阳	7.0	—	

[湖北省政府秘书处统计室编：《湖北省概况统计》（1940年3月），
湖北省档案馆馆藏档案，档案号 LSA2.14—10]

96. 湖北省抗战期间各工厂拆迁概况表（续四）（1940年3月）

厂名	原设厂址	现选厂址	机料吨数（吨）	拆迁费用（元）	备注
华兴布厂	汉口	祁阳	4.0	—	
国华布厂	汉口	祁阳			
仁记布厂	汉口	祁阳			
王记布厂	汉口	祁阳			
兴记布厂	汉口	祁阳			
正记布厂	汉口	祁阳			
保记布厂	汉口	祁阳			
富记布厂	汉口	祁阳			
汉记布厂	汉口	祁阳			
同兴布厂	汉口	祁阳			
宏升布厂	汉口	祁阳			
洪兴布厂	汉口	祁阳			
协盛布厂	汉口	祁阳	23.0	500	
祥泰布厂	汉口	祁阳			
王四记布厂	汉口	祁阳			
宏升四记布厂	汉口	祁阳			
李二记布厂	汉口	祁阳			
林胜利布厂	汉口	祁阳			
吴在明布厂	汉口	祁阳			
马春记布厂	汉口	祁阳			
张合记布厂	汉口	祁阳			
殷合记布厂	汉口	祁阳			
傅老记布厂	汉口	祁阳			
杨福盛布厂	汉口	祁阳			
精益布厂	汉口	祁阳	—	—	
新成布厂	汉口	祁阳	6.0	—	
国成布厂	汉口	祁阳		—	
夏昌新染厂	汉口	宝鸡	125.0	—	
隆昌染厂	汉口	宝鸡	120.0	—	
同济轧花厂	汉口	宝鸡	1.0	—	
成功袜厂	汉口	宝鸡	1.0	—	

[湖北省政府秘书处统计室编：《湖北省概况统计》（1940年3月），
湖北省档案馆馆藏档案，档案号 LSA2.14—10]

97. 湖北省抗战期间各工厂拆迁概况表（续五）（1940 年 3 月）

厂名	原设厂址	现选厂址	机料吨数（吨）	拆迁费用（元）	备注
协昌布厂	汉口	宝鸡		—	
义泰布厂	汉口	宝鸡		—	
正大布厂	汉口	宝鸡		—	
同泰布厂	汉口	宝鸡	18.0	—	
必茂布厂	汉口	宝鸡		—	
协昶布厂	汉口	宝鸡		—	
吕方记机器厂	汉口	西安	30.0		
东华染厂	汉口	西安	151.0		
中国煤气机厂	汉口	贵阳	228.0	5000	
瑞丰汽车修理厂	汉口	贵阳	77.0	—	
青年卷烟厂	汉口	贵阳	23.6	—	
长兴印刷公司	汉口	贵阳	20.0		
泰昌桐记铁工厂	汉口	藕池口	20.0		
汉昌铁工厂	汉口	藕池口	5.0		
润新工厂	汉口	应城	6.0		
青同工业社电池厂	汉口	浏阳	9.5		
德记药棉厂	汉口	南郑	20.0	—	
华中染厂	汉口	桂林	150.0	—	
国光印刷所	汉口	桂林	14.1		
隆和染厂	汉口	万县	2.0	—	
苏织工厂	汉口	万县	380.0	—	本府兴工矿调整处合办
隆昌织染厂	汉口	北碚	108.1	5300	
武汉印书馆	汉口	北碚	55.0	—	
胜新面粉厂	汉口	桃源	154.0	—	
中国机茶公司	汉口	恩施	10.8	—	
福源油饼厂	汉口	老河口	100.0		
万城酱油厂	汉口	岳口	22.5		
京城印刷公司	汉口	长沙	3.6		
华兴制帽厂	汉口	合川	3.3		
万声记机器厂	汉口	重庆	40.2	—	
裕华纱厂	汉口	重庆	7068.3	—	

[湖北省政府秘书处统计室编：《湖北省概况统计》（1940 年 3 月），
湖北省档案馆馆藏档案，档案号 LSA2.14—10]

98．湖北省抗战期间各工厂拆迁概况表（续六）（1940 年 3 月）

厂名	原设厂址	现选厂址	机料吨数（吨）	拆迁费用（元）	备注
湖北省纱布厂	武昌	宝鸡	2810.0	—	省营
周恒顺机器厂	汉阳	重庆	485.5	45000	
毓蒙联华公司	汉阳	重庆	40.1	4000	
胡尊记机器厂	汉阳	常德	91.0	—	
洪顺机器厂	汉阳	宝鸡	95.0	4500	
五丰面粉厂	汉阳	桃源	350.0		
六河源炼铁厂	谌家机	重庆桂林	2300.0	—	中央遗址委员会主管
财政部选纸厂	谌家机	重庆	122.0	—	
华记水泥厂	石灰窑	湘西	2961.5	600000	
利华煤矿	石灰窑	重庆	92.5	—	
源华煤矿	石灰窑	重庆	500.0	—	工矿调整处与资源委员会合作
沙市电厂	沙市	宜昌重庆	90.0	65300	100 匹马力一部值宜昌永一部 300 元/50 匹马力共二部售经济部
沙市纱厂	沙市	重庆	2000.0	—	
正明面粉厂	沙市	重庆	151.4	—	
大有丰米厂	沙市	重庆	14.0	—	
成记米厂	沙市	重庆	5050.0	1500	机料吨数内计黑油机二千吨煤汽机三千零五十吨
万记米厂	沙市	重庆	6.0	740	
玉丰米厂	沙市	重庆	7.0	360	
信义隆面粉厂	沙市	重庆	5.0	1500	
豫明米厂	沙市	宜昌	5.0	600	
王同心米厂	沙市	宜昌	4.0	180	机件已售民生公司机器厂
和丰米厂	沙市	宜昌	12.0	—	已运宜昌 25 匹马力一部尚有 25 匹马力一部经省委会许可营业
乾亭米厂	沙市	万县	15.0	1350	

厂名	原设厂址	现选厂址	机料吨数（吨）	拆迁费用（元）	备注
宝丰米厂	沙市		3.0	—	已出售
沙市米厂	沙市		4.0	—	已出售经济部装箱待运
济楚米厂	沙市		4.0	—	已出售经济部装箱待运
吴永兴米厂	沙市		3.0	—	已出售经济部装箱待运
均益米厂	沙市		15.0	—	该厂机样未运拆卸在厂停机装箱保存
永耀电气公司	宜昌	重庆	100.0	—	
华成印书馆	宜昌	重庆	16.5	—	
合和面粉厂	许昌	西安	80.0	—	
应城石膏厂	应城	老河口	52.9	—	

说明：本表系根据经济部工矿调整处材料及本省各埠警察局调查资料编列。

[湖北省政府秘书处统计室编：《湖北省概况统计》（1940 年 3 月），湖北省档案馆馆藏档案，档案号 LSA2.14—10]

99. 大冶各厂矿拆迁运输情形一览表（1938年7月）

二十七年七月三十一日调查

名称	项目	100	200	300	400	500	600	700	800	900	1000	2000	100	200
象矿	起运吨位						650 →							
	每次吨数			~300			~300							
	日期			7.19			7.26							
华记水泥厂	起运吨位										1050 →			
	每次吨数				450	50		120		200	200			
	日期				7.13	7.22		7.27		7.28	7.30			
源华公司	起运吨位							700 →						
	每次吨数	62.5	65.6	146.1		224.2	70.1	51.2						
	日期													

名称	项目	100	200	300	400	500	600	700	800	900	1000	100	200	300	400	500	600	700	800	900	1000	100	200	300	400	500	600	700	800	900	2000	100	200
利华公司	起运吨位						→																										
	每次吨数			362	49	81	20.47																										
	日期			7.23	7.25	7.27	7.28	7.28																									
	总吨位																																

（1938 年 7 月，中国第二历史档案馆馆藏档案，档案号八一九—1228）

· 369 ·

100．大冶各厂矿拆迁联合办事处第七次谈话纪要（1938 年 7 月）

日　　期：七月二十九日下午七时
地　　点：卫戍司令部爆破队队部
出席代表：阎夏阳、钟以文（爆破队）　　徐彦翘、吴玉岚（迁建会）
　　　　　管维屏（汉冶萍公司）　　　　彭荣贵（经济部）
　　　　　虞开瑗　　王众伟（华记）　　程行渐（利华）
　　　　　黄申叔（源华）　　石兰邨（象矿）
主席　经济部　李景潞　　　纪录　柯俊

报告事项：

一、主席报告

1．各厂矿自廿五日起迄今拆运概况

（1）各处工作均较前加紧，困难与阻碍亦已减至最低限度

（2）已运出机料共有二八〇〇吨、华记水泥厂占一〇五〇吨、源华有六五〇吨、利华有五〇〇吨、官矿亦已运出六〇〇吨。

2．前以时局吃紧，曾通知各厂矿将拆迁工作设法提前于七月底完成，其重要机件至迟均不得超过八月二日，查多数均能积极赶办，间有一二处，因有特殊关系，仍较松弛。

3．交涉运输工具，颇少成绩，刘专员亦在汉设法进行。

4．曾由阎队长召集拆迁铁路紧急会议，统限于八月三日以前完工，查现时拆迁情形仍极迟缓，事属军令，万难任其一再拖延，请随时共同研究补救及协助办法。

5．查第六次会谈讨论结果，第一项铁路拆运办法，系由交通部及迁建会共同负责，现已改由迁建会全部负责限期拆运。

6．第六次会议决议结果，第二项关于各厂矿应逐日将已装木驳待运之船只吨位，通知本办事处一项，迄未切实实行，应请注意。

7．上次会议讨论结果，第三项源华公司呈请华厂平巷免予爆破一节，已另由爆破队批复。

二、各厂矿报告

1．华记水泥厂

（1）第一个制灰单位已拆至百分之九五以上，月底当可拆完。

（2）运输工具现正接洽中，如所接洽船只即可来窑，一星期内船只分批送到，当可将第一单位运输完毕。

（3）希望各厂矿能互相协助，俾将该厂第一单位全部提早运出，以免功亏一篑。

2．利华公司

（1）一二〇〇千瓦汽轮发电机及锅炉二只已全部运出。

（2）二五〇千瓦汽机发电机已拆完，并运出一部，月底除锅炉外，或可全部运出。

（3）全部填表拟拆之机件可于八月三日全部拆运完毕。

（4）运输工具缺乏，已动用码头之木船运输重要机件尚有三〇〇吨待运次要者亦将继续拆运。

3．源华公司

（1）拆运情形已有进展，现雇到木驳四只，并为二组，运输机器。

（2）经阎队长命令后，运煤木驳每次已带装百分之三十之机器。

（3）自己木驳六只已到冶装运机煤各半。

（4）所拟拆之机器可于本月底拆完。

（5）华厂之次要机械汽机一部完本月卅日起开始拆运。

（6）龙飞拖轮已修好，军队征用者，亦可放回，现又雇到拖轮一只，将来运输上较有把握。

（7）待运之重要机械尚有八〇〇吨。

4．官矿

（1）因职工缺乏，对于拆运计划，略有延迟。

（2）山内机械已于七月廿一日全部运出（按照规定时间，超过五天）。

（3）修理厂机械除锅炉外，已全部运装完毕。

（4）机车头五部已拆完四部，并运出三分之二。

（5）轻便铁轨二六〇〇根四〇磅钢轨四〇〇根已运出。

（6）大冶县征用之民夫一〇〇名，毫无工作能力，已解雇，改用包工，又因与地方民众发生争执，延误至廿五日止，仅拆一华里。

（7）昨日起，民众又来扰乱，经派兵弹压，结果尚未知悉。

（8）未拆铁路尚有卅二华里，运输甚为困难，建厂派来木驳六只载量过山，无大补助，未运机械约有百吨，钢轨约有一〇〇〇根。

5．汉冶萍公司大冶厂矿，关于运送矿车入山事，已办到现已运出七七辆，厂内尚存三辆。

6. 迁建委员会

（1）因工人工具缺乏，于廿六日起始在江岸开始拆轨。

（2）今日已有得道湾铁山同时开拆现有一四〇工，并将加开夜工。

（3）交通部拆路工人已调来石灰窑新厂拆轨。

（4）运下钢轨已有七〇〇根。

三、阎队长报告

1. 象矿堆存之废铁奉令于必要时准由民众收藏。

2. 汉冶萍铁路拆运事，奉令全部由迁建会负责办理。

3. 已与得道湾驻扎之游击队接洽派兵一连，自明日起试拆铁轨，如能利用，则可请该队同志前来协助，或给资交其依限拆完！如官矿拆轨秩序不能维持，则可将所有工具交队拆轨。

4. 各厂矿机械于必要时将一律破坏，希各厂矿加紧依期拆运减少损失，且免资敌。

讨论事项：

一、提前完成拆运工作

1. 各厂矿仍应维持原案，于本月底前将重要机械全部拆卸赶即运出。

2. 铁路拆运事可请游击队派兵协助拆除，并由阎队长派工兵指导，工资按照预算付给。

3. 交部工人四十人，可加入士兵指导，如该部工人工作不甚努力，则将其工具留用，工人令其返汉。

4. 官矿拆轨工作，如于明日不能达到预期程度时亦可利用军工拆路办法。

二、运输事项各厂矿仍应取得连络，互相协助以期能达到早日拆运完竣之目的，煤船应改装，机器如往查出未能切实执行，则即征用。

三、拆运后工匠运送问题应由各厂分别随机器运输船运往后方。

四、电请湖北建设厅将班期民轮维持开航，不仅有福难民便利工人来往，且能传达武汉消息，使工人不致怀虑无心工作，为避免空袭危险，可于夜间来窑随到随开。

五、迁建会未运出之机械，凡属重要配件或其余之一部份者，应立即运出以免散失。

六、催请交通部刘专员来冶指导拆路□作及协助运输事宜，迁建会拆路负责人员，亦将暂时居住阎队长处，俾便接洽，而利拆运。

（1938 年 7 月，中国第二历史档案馆馆藏档案，档案号八一九—1228）

101．大冶各厂矿拆迁联合办事处末次谈话纪要（1938 年 8 月）

日　　期：八月四日上午十时
地　　点：卫戍司令部爆破队部
出席代表：阎夏阳　钟以文（爆破队）　　彭荣贵（经济部）
　　　　　吴玉岚（迁建会）
　　　　　刘孝勤（交通部）　王涛　王众佛（华记水泥厂）
　　　　　程行渐（利华公司）
　　　　　汪筱舫（源华公司）　　石兰邨（象矿）
主　　席：经济部　李景潞　　纪录　柯俊

报告事项：

一、主席报告：奉令监督各厂矿拆迁以来已逾一月，查应拆迁之机件大都均能如期完工，间以运输工具之缺乏或有未即能全部拆迁者，但为数亦不甚多，现以时局较前紧张，似应从速结束，以便交由爆破队办理善后，特此召集末次会议，一方办理结束拆迁工作，一方由阎队长宣布对于各项处置办法事宜，务望各厂矿遵照阎队长所订办法，逐条办理。凡拟拆运而未拆运者，统限于二日内赶办完竣，其不拟拆运者，则请于五日午前将其名称、数量列表，抄送爆破队及本办事处，以备存查。至于拆路工程，无论官商两路均未能达到预完目的，应如何补救之处尚请负责人员提出确实办法，以免延误军令。

二、阎队长报告

（1）战局吃紧，本队于廿九日已奉令按原定计划开始彻底爆破。嗣以各厂矿之拆迁工作正在积极进行，曾依据现时局势，呈请延缓五天执行，兹规定。

甲、自五日起破坏得道湾铁山及象鼻山各矿山内之设备。

乙、自八日起破坏石灰窑厂矿留存之机件。

丙、自十日至十三日破坏一切应破坏者。

（2）各厂应将所有未运机件于本月七日以前赶速运出，否则一律破坏。

（3）各路已拆钢轨应于十日前全部搬完，希望拆路负责人员对日期及船运方法等尽最后力量，切勿自误。

（4）各厂矿保管人员之姓名人数应于七日前通知本队以便保护。

（5）破坏时间内无论何人不得在警戒线以内，否则即以临时办法处置之。

三、各厂矿报告

（1）华记水泥厂

甲、现时机器虽未全部运出，但在限期内第一单位可以搬运完毕。

乙、十日以前次要机件仍拟尽量搬运，当可运至百分之九十。

丙、轮驳均有办法。

（2）利华公司

甲、截至今日止，应搬机件已大部运出，小部份已装船，少数重件已装迄船待需拖轮二只。

乙、自今日起至八日止，尽量拆除山后一五〇千瓦汽机发电机及挂车线零件。

丙、在限期内既完工作可全部完成。

丁、委源□□内重要机料于限期内均可上船。

（3）源华公司

甲、尚有六〇〇吨未运，运输木驳已足，但因缺乏拖轮，无法运出。

乙、华厂汽机已停工，但拆运需至十日始能完毕。

丙、源厂机器明日可以运至江岸。

丁、如华厂至江岸运输顺利，亦可于限期前工竣。

（4）官矿

甲、车头四部已拆装八十箱待运。

乙、修理厂内尚有新刨床一部未拆。

丙、迄今仅运出六百吨，尚有千五百吨待运，□□□□□□。

丁、路轨已拆至萧家铺，尚有十六华里，至本月十日即可拆完。

戊、厅令昨午有拖轮一艘、木驳二只来冶，但迄未抵港。

己、盼各方对于船只加以协助俾所拆物料不致资敌。

（5）迁建委员会

甲、前存江岸之机料已装船五百吨，尚有六万余吨，如汉口方面放下之木驳十只即可到冶，则七日前可以装完。

讨论事项

（一）各厂矿缺乏之拖轮木驳由刘副主任电交通部饬派。

（二）官矿及迁建会运输钢轨缺乏船只甚多，可电请主管人员，依照华记租雇大木驳办法，设法速向汉口租用赶速输送，如以关系不及运走时，即由爆破队予以处置。

（三）在各方请示雇用木船办法，尚未决定时得先由经济部代表电调该项木驳来窑装运，以免延误。

（四）拆路办法

（1）官矿仍积极赶拆，限本月十日拆完。

（2）冶矿以前拆迁过缓，时迫事急，万难久待，应于明日起，改由下陆向江边起拆，限六日内拆完，并由刘主任亲往督率。

主席宣布本办事处结束：查此次各厂矿拆迁之情形以各方面能互相合作，进行极为顺利，复承阎队长种种协助，所有特殊困难亦已迎刃而解。军政民三部分如此密切合作，实为少见！此后仍望各厂矿抱着此种同舟共济之精神，根据以退为进之原则，继续在后方努力建设，以增抗战力量。经济部对于发展后方之实业，早经订有详细计划，甚愿以最大努力给予各厂矿以便利或协助，以期能达到"建设救国"云云。此外，并代表各厂矿致谢阎队长、钟工程师及汪连长及全体弟兄们。

利华公司代表程协理代表各厂矿致谢词。

□　□□□□□

（1938 年 8 月，中国第二历史档案馆馆藏档案，档案号八一九—1228）

102．李景潞关于办理拆迁大冶厂矿经过的报告（1938 年 8 月）

中华民国二十七年八月十三日

窃职　代表本部召集各大冶厂矿及有关机关组织拆迁联合办事处以来，迄今已逾一月，其间经过情形，以及各次召集谈话记要，业经先后呈报在案，兹以各厂矿重要机件均已次第起运来汉，其尚未运出者，亦可于十二日前运清。该联合办事处之任务既已终了，似应结束以便交由卫戍总司令部爆破队办理善后事宜。爰于八月四日在大冶石灰窑召集各关系方面第八次谈话会，除由各厂矿报告拆迁情形外，同时并宣布该联合办事处即日停止工作，职即于次日乘车返汉，其他本部人员至迟于十二日以前亦可完全撤退，兹谨将此次拆迁经过情形摘要禀陈，敬请钧鉴：

一、厂矿拆迁程序之规定及办理经过。此次预定拆迁之厂矿计铁矿、煤矿各二及水泥厂一所，查各厂矿之生产事业，既不相同，机件设备与新旧程度亦各异，故应按机件之重要分别先后规定拆迁程序，以谋工作之进行，并期于最短期内迁往后方免受爆破。查各厂矿拆运机料所需之时间，经一再与有关厂家负责人商议，经核定利华公司于八月四日、源华公司于八月七日、官矿于七月底以前各将重要机件拆运完毕，而华记水泥厂则因机件笨重拆卸不易规定仅拆一套制灰机器，亦限于八月七日前完工。至各厂矿之拆运情形，除由本处派遣之驻厂人员随时督察外，并由职逐日依照计划程序分别考察。截至联合办事处结束时止，各厂矿之进展速度，均能依循计划办理。前以战争吃紧，爆破工作势在必行，后经督促各厂矿加紧工作，日夜拆运，现查重要机件，均已运离大冶，凡不拟拆运之陈旧或笨重之设备，亦已开具清单移交卫戍司令部爆破队阎队长负责予以相当处置，以免资敌！

二、拆运机料数量与价值之统计。查各厂矿原定拆运机料共约一万三千吨，嗣经实地考察后，其能迁往后方从事生产者计八千五百吨，计华记水泥厂二千三百吨，利华一千一百吨，源华一千三百吨，官矿三千六百吨，汉冶萍公司大冶厂矿二百吨。自七月五日各厂次第开始拆迁以来，截至结束时止，重要机件先后起运者共有六千五百吨计华记二三〇〇吨，其第一制灰单位已完全运出，第二个单位之重要配件及一部分机器，亦带出用备补充该厂运出机料，估计物料值五十万元,制灰机器现值二十五万元,两共七十五万元。利华公司现已拆迁一一〇〇吨,该厂重要机件及其他新式设备均已完全拆运离窑,即江边之铁趸船亦已设法拖运抵汉,各项机料据该厂报告至少可值一百五十万元,其中机器物料及动力设备各值五十万元。源华公司设备颇旧,而此次拆迁工作亦以该矿为最迟缓,须至十二日方可运完,而留存矿内因水涨井没,无法抢运之抽水机与轻钢轨等为数尚多(据说该厂股东方面阻止拆迁甚力,多有主张将煤□□封闭以待随后继续开采者)。查该矿此交已拆运之机件约占全部之百分之九十,估计总价值约六十万元。至于湖北省建设厅之象鼻山铁矿所有设备,经职协同拆运者约计一千六百余吨,惜以该厅所拨之船只太少,所拆之机料如钢轨车头等,均存江岸候运,尚有千余吨。闻该厅仍积极设法抢运中,估计总价值约为二十四万元(详情见附表一、二、三)。

三、运输工具缺乏之情形。关于运输此次大冶拆迁工厂之机件,曾议决请由交通部负责筹划代雇,并经该部拟具实施办法,呈奉军委会核准在案,惟迄至结束时止,该部所指派之船只,仅海瑞轮前往大冶装载一次,运出机料五百吨,当时以石灰窑空袭危险,未装满即起程返汉,嗣后仅有小拖轮二只,木驳六只,总载量不及四百吨到窑外,对于规定之运输工具计划之数量,函电催促不下百数十次,始终未能得相当解决办法,与该部原定计划相差甚远。现各厂矿所以能运出六千三百吨者,均赖其原有之轮驳联续运输,并以重价与轮船公司签定合同,租赁船只,以便抢运。各船运均系昼伏夜行,虽迭遭轰炸,幸能全数妥抵汉口,尚无损失。

四、冶象两矿铁路拆迁之计划。查该项任务原非联合办事处所主管,惟以拆路负责人员一再变更,复以进行迟缓,将误军令,特代为计划以期达到拆迁任务,查大冶象鼻山及得道湾两矿蕴藏矿砂甚富,为避免资敌计曾与爆破队研讨破坏办法,但以铁矿系地面开采,既无隧道又无陇井可资爆破,经一再研讨与其破坏矿山令敌易于开采,则莫如彻底破坏江岸与矿山间交通,以阻其运输。查江岸与矿山之铁路,计有二条,分属建厅及铁厂,共长八十四华里。现象鼻山铁道已由湖北建设厅负责拆运,曾经因经费工人关系,自七月廿五日始起始工作,预计每日可拆二华里,较原定计划已迟缓十日,但全部路轨仍可在限期前全部拆除。至于冶矿铁路,前以迁建委员会与交通部互相推诿,延缓半月始正式动工,继以负责无人,工作异常迟缓,当经与有关机关磋商补救办法,并拟定拆轨计划,加雇拆工及抬夫共三百余人,复又以交部,工人拆轨速度,迄未能达到预定数目,致延时日,乃于八月五日起决定放弃中间路线约长八公里,改自下陆车站拆起,期于七日内拆至石灰窑江边,以阻敌人利用,并与交部商定添派船只前往装运,用备后方筑路之需。

五、各厂矿复工之准备。查华记水泥厂已决定迁往辰谷，并由工矿处借款在案。该厂负责人员称如运输不发生困难，在六个月之后，即可将第一单位恢复生产（日产灰六七百桶）。源华煤矿公司亦定前往该地开采烟煤，其与资委会合资拨用之机器设备现亦已拆运离窑，凡留存汉口之机物料，亦拟监督其继续迁往内地以免滞此可惜。至于利华、原拟前往祁阳煤矿，但以粤汉沿线一带，仍非安全之地，现拟前往川省继续工作，其一部分，重要机件均已起运赴宜。至于建厅官矿于拆迁后有何计划，因事属湖北省建设厅主管，其详细办法当另有决定。查此次各厂矿拆迁之机器根据拆迁程序表，所有机料总价值约值三百四十万元，对于后方经济建设实深赖焉！

六、汉冶萍铁厂所有之机料设备均经迁建会，分别迁往四川备用，其不及拆运之五〇〇匹马力柴油发电机、各种电机开关、户外高压电线瓷瓶以及各项工作机器火砖铁瓦等，共值廿万元，均属后方必需之品，已就便雇工拆带来汉，分交与电业处。华中水泥厂及第一铁工厂接收备用，惟尚有小制冰机一全套则拟运往重庆，其利用办法，拟另行呈报。查冶厂留存之废铁机料尚多，现以拆运两难，姑予弃置！冶厂所有之车辆除一部分留作运输拆卸机件钢轨之工具及少数已由迁建会拆运者外，其余存矿车约共六十余辆均系新式出品，爆破费事，业已送存山上矿内，然后将路轨拆除，即使不加破坏将来敌人亦无法利用。

他如各厂矿之记录书册，以及重要之参考书籍等已饬其先期运往内地保存。各厂矿之工匠约共有三千余人，十之八九均已先期发资遣散。现留厂者尚有五百余人，其中技术工人约占三百余名将令其随厂西行，余二百名一俟拆迁工作完毕后，则交卫戍司令部分配服役。至于石灰窑与黄石港两地人民与妇孺在铁路未拆以前，每日特备难民车一列，多已疏散至山内各地而免将来受难。

总括此次各厂矿拆迁经过，其拆迁工作进行较速，而各厂矿亦均能按照规定程序进行。□□惟所困难者，厂为运输工具之缺乏与空袭绵绵，全部工作仅能于夜间施行，而已拆卸之钢轨因木船不敷应用尚未及全数运出耳。

查此次拆迁工作，能得顺利进行者，考其原因有下列数点：

一、此次本处与当地驻军及卫戍司令部所派之爆破队，均能取得密切联系，对于各厂矿则先晓以大义，继则告以本身利害关系，最后则示以军令。远者当不惜牺牲彻予爆破。因此，各厂矿负责人员均能了解现时局势，明知依靠外人旗帜亦难避免（水泥厂悬德旗，利华悬比利时旗，源华挂英国旗），迅速办理拆机自行抢运离冶。

二、爆破队负责人员确能维持各厂矿之秩序，并有士兵驻守，始终未发生有任何罢工闹事之风潮。

三、对于各厂矿之技工事先即已宣布善后办法，老幼者发资先行遣散，技术优良者则可随机西行，留厂拆运机器者，除加倍发给工资外并保障其工作之安全与负责，于最短时间护送出险再各发符号一个，以免被人拉差。因此种种，各处工友均能安心工作，决无私逃与偷懒之事。

四、各厂矿高级员工均能亲自前来指挥，更予各工友以良好印象，遇事即可立决立行，其节省时间尤其小焉者也。

五、所有拆卸工作均系取包工制度并规定提前完成增发奖资办法，因此各处工作较为紧张，虽时遭空袭而工作进展未曾少减。

六、预先将当地土豪劣绅加以拉拢，使之服从军令不致从中阻挠拆运。

七、规定拆运程序循序进行便利查考，以上诸点似可备作拆迁工厂之参考。

此次本部随同前往工作人员计有：

柯　俊　工矿调整处　负督拆华记水泥厂之责自七月五日至八月七日

彭荣贵　资源委员会　负督拆源华煤矿之责自七月五日至七月十六日

刘宝森　燃料管理处　负督拆利华煤矿之责自七月廿九日至八月十三日

七月四日至七月十四日

王文宙　迁建会动力股　负督拆各厂矿动力之责　自七月五日至七月十四日

均能称职，谨此附呈。

兹检同已拆迁之机件吨位调查表、价值估计表与联合办事处本次谈话纪要各一份及拆迁程序表四张恭呈

鉴核谨呈

组　长　林

处　长　翁

副处长　张

附：

各厂矿拆迁情形及吨位调查表一份

各厂矿拆运机料价值估计表一份

各厂矿运输情形比较表一份

联合办事处末次谈话纪要一份

拆迁程序表四张

（1938 年 8 月，中国第二历史档案馆馆藏档案，档案号八一九—1228）

103．大冶各厂矿拆迁情形及吨位报告表（1938 年 7 月）

厂名称	拟定拆迁之设备	拟拆吨位	至八月十二日运出吨位	附注
华记水泥厂	制灰机器一套，计汽机二部，电动机及发电机各四，锅炉四只，修理设备全部原料煤及水泥磨各乙套，旋窑一只，运转工具及修配材料五百吨。	二三〇〇吨	二三〇〇吨	其另一套制灰机器之重要机件及配件均已全数运出。
利华煤矿	一〇〇〇千瓦汽轮发电机，二五〇千瓦汽机发电机各一部，锅炉三只，井内水泵绞车，铁路井外变压器，排风机，马达修理机械，趸船挂线路运转机械及材料五〇〇吨	一一〇〇吨	一一〇〇吨	该公司之委源 □矿机械亦已拆运，其石灰窑留存者仅排风机及山内一二〇千瓦汽机电机及挂线。
源华公司	一五〇匹马力柴油机，一五〇马力汽机，二八〇马力及四二〇马力煤汽机及二〇〇千瓦汽机发电机各乙部，水泵修理机械及材料三百吨。	一三五〇吨	一三〇〇吨	该矿轻便铁道未能拆运。
象鼻山铁矿	汽机发电机一部，锅炉三只，机车头五部，修理设备材料百吨及小钢轨铜轨等。	三六〇〇吨	一六〇〇吨	该矿之钢轨虽已拆卸但因运输困难未及运出运矿车亦然。
附记	大冶之官商铁路共长八四华里，其官矿铁路已由该矿拆除惜未运出。至冶铁路之拆运事宜，原非职之责任，但鉴于该路拆运之负责人工作迟缓，曾帮同计划，予以协助。现该路已拆除一部，由交通部派船设法运出。其无法运出者，则拟抛弃江心以免资敌。			

（1938 年，中国第二历史档案馆馆藏档案，档案号八一九—1228）

104．大冶各厂矿拆运机料估价表

拆运部分	名　称	吨　位	估价（元）
华记水泥厂	制水泥机乙套及第二单位配件	1,800	250,000
	材料及修配零件	500	500,000
	总计	2,300	750,000
利华煤矿	动力及机械设备（汽力发电机、锅炉、水泵、马达、趸船等）	800	1,000,000
	材料	300	500,000
	总　　计	1,100	1,500,000
源华煤矿	机械及动力设备	1,000	350,000
	材料	300	350,000
	总　　计	1,300	700,000
象	机车汽机、修理设备小钢轨等	1,600	240,000
本部拆运汉冶萍公司大冶厂机料	500HP 柴油发电机全套	90	150,000
	电机、电表、高压电线及其他电气材料	20	27,000
	车刨床七部零件及刨床一部	20	6,000
	造冰机一部	5	3,000
	其他（火砖、铁瓦等）	65	14,000
	总　　计	200	200,000
	总　　计	6,500	3,390,000
附记	1．本表估价均系该机械之现值。 2．象矿及冶矿之铁轨钢轨虽运出少数，因无法估计，未列入本表。		

（1938 年，中国第二历史档案馆馆藏档案，档案号八一九—1228）

105. 大冶各厂矿运输情形比较表

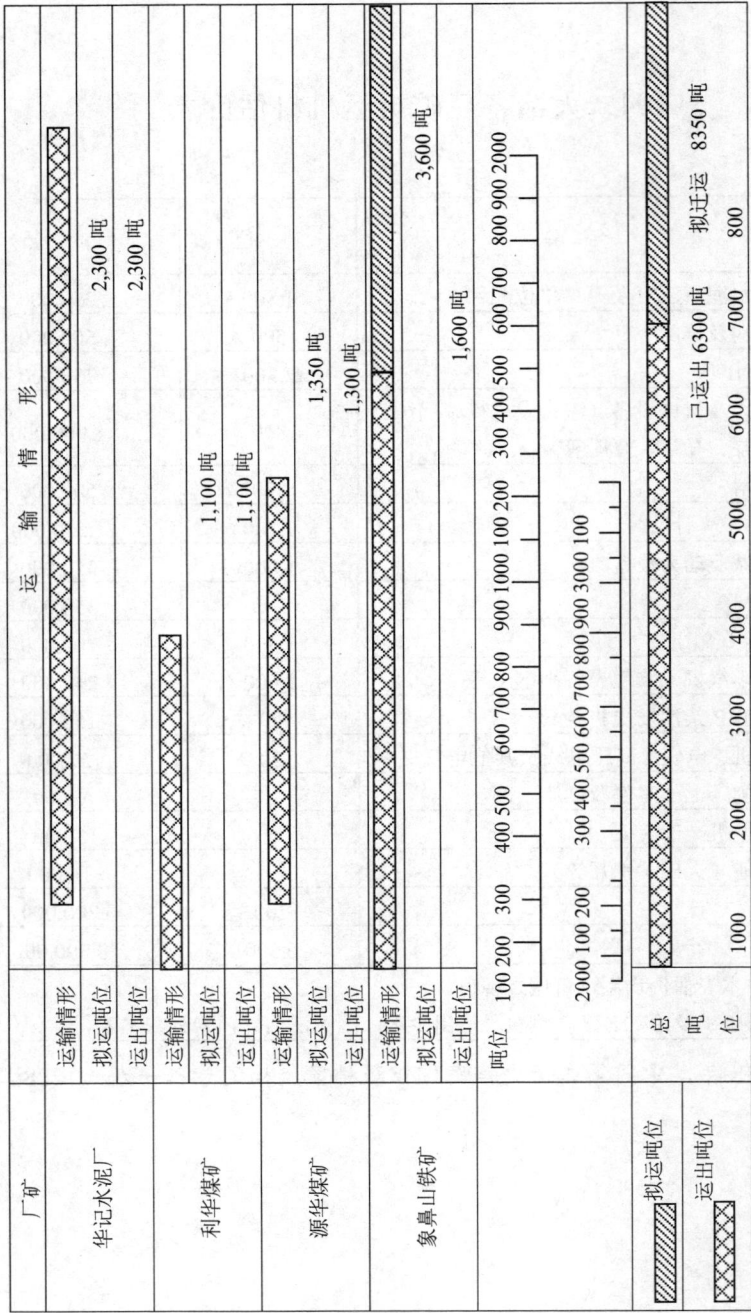

厂矿	运输情形		
华记水泥厂	运输情形		
	拟运吨位	2,300 吨	
	运出吨位	2,300 吨	
利华煤矿	运输情形		
	拟运吨位	1,100 吨	
	运出吨位	1,100 吨	
源华煤矿	运输情形		
	拟运吨位	1,350 吨	
	运出吨位	1,300 吨	
象鼻山铁矿	运输情形		
	拟运吨位	3,600 吨	
	运出吨位	1,600 吨	
总吨位	已运出 6300 吨	拟迁运 8350 吨	

拟运吨位　运出吨位

（1938 年，中国第二历史档案馆馆藏档案，档案号八一九—1228）

106. 湖北省政府焚毁接收敌伪烟毒烟具报告表（1946年9月）

民国三十五年九月十六日

主办机关	湖北省政府
焚毁案由(焚毁根据)	遵照行政院卅四年十二月廿六日平字第二八壹字第二一六号训令及本年由暨于一远电暨湖北省政府第557号决议案
主管长官	湖北省政府主席万耀煌
焚毁日期 焚毁地点	九月十六日上午九时 汉口中山公园
监焚机关	见"监焚机关长官"栏
监焚机关到场长官	同上
监焚机关长官	湖北省政府主席万耀煌

原缴出烟毒机关名称	接收机关名称	焚毁之烟毒烟具 种类	数量
1. 伪湖北省政府及伪戒烟局 2. 湖北省政府密报敌理武汉区敌伪物资委员会查抄之敌伪烟土。 3. 伪武汉售吸所。	湖北省政府	烟土	31544 两
		烟土	77342 两(原为4832斤如上数)
		吗啡烟土	共九小包(计重壹两壹钱柒分肆厘)
		烟具(烟枪341根,烟灯532口口,烟罩434口口,烟藏116根,烟斗302个,烟盘4个)	合计1729件

参加机关及派代表姓名：另表附后

抽查号数	包封情形	原记载数量	是否相符
24	蔴包封皮	卅九斤四两	相符
33	蔴包封皮	卅九斤半	相符
6	蔴包封皮	七十五斤	相符
2	仝	八十五斤	相符

抽查人签名 盖章：主管厅长余正东

填表人王盛炳

参加机关：

湘鄂赣辖区接收处理敌伪物资工作清查团第一组

武汉行

湘鄂赣辖区接收处理敌伪物资工作清查团第二组

两湖监察使署

湖北省党部

湖北省参议会

三民主义青年团湖北支团部

汉口特别市党部

三民主义青年团汉口直属区团部

[湖北省政府：《湖北省焚毁接收敌伪烟具情形》（1946年），湖北省档案馆馆藏档案，档案号 LS3－4－4872]

107．湖北省政府民政厅三十五年度焚毁烟土用费支付预算书（1946年）

	项	科目	预算数	备考
一		三十五年度焚毁烟土用费	29460000	
	一	印刷费	21000000	印刷布告三千册每册五十元，标语三千册每册贰十元，合计上数
	二	杂费	8460000	过街标语十幅每幅三千元，□□□四十斤每斤五百元，食盐十斤，每斤四百元，木柴六千斤，每千斤二千六百元，扎主席台费二万元登报费一万元，合计上数

（湖北省政府1946年编，湖北省档案馆馆藏档案，档案号LS3—4—4871）

108. 武昌抗战时期伪敌执行毒化政策情形（1948 年）

一、敌寇阴谋

敌人欲摧毁我国民健康，灭绝我伟大民族，乃尽其所能以施其毒化我沦陷地人民之毒化政策，凡兵力初达继之而来者，即为大量之红土（大连产）、北土（徐州产）、蒙土（蒙疆产）、白面等毒品，美其名曰宣抚物资，暗示组织效力推销，更诿其词曰"阿片小卖"。其士兵于大街小巷行凶勒索之时，每见此类物品或吸食烟民则立即退出连呼曰："好人，好人"，其毒谋阴狠，实堪悚惧。

二、毒化机关

敌人之阴狠虽如此其极，而一般奸伪其并无感觉，于是粉墨登场，即遵命奉行不遗余力。于是设立伪武汉戒烟局于汉口，名□□烟实为执行毒化政策之总枢纽。其下则设土膏店联合公司，一所土膏店三十二家，更于武汉三镇分设售吸所一百家，其中设于武昌市共十八家其详情如下表：

牌名	经手人	营业地址	执照号码	备考
人和正	张茵清	武昌□桥街 105 号	土执字 56 号	
致和	周止启	武昌一字横街 42 号	土执字 57 号	
五丰	唐万里	武昌内六□路 165 号	土执字 58 号	
四面	胡祥芝	武昌复长街 107 号	土执字 59 号	
源和	蔡子樵	武昌贡院新街 5 号	土执字 60 号	
同和	程松山	武昌新亚路 141 号	土执字 61 号	
东成	王贤臣	武昌量道大巷 4 号	土执字 62 号	
宏昌	王子丹	武昌北系□中街 4 号	土执字 98 号	
粮顺	项润生	汉阳鄂家大巷 4 号	土执字 19 号	
记裕源永	胡祥猛	汉阳南正路 63 号	土执字 20 号	
几佳	陶良臣	汉阳青石桥街 166 号	土执字 26 号	
五丰	皮□奎	汉阳腰路街 65 号	土执字 30 号	
义记公	萧化雨	汉阳南诚巷 2 号	土执字 54 号	
时川宫	蔡坤山	汉阳鄢家大巷 2 号	土执字 55 号	
泰康记合	周基材	汉阳南城巷 58 号	土执字 89 号	
芙蓉宫记差	陈义成	汉阳鄢家巷 28 号	土执字 101 号	
里实	徐绪武	汉阳吴家厂 28 号	土执字 102 号	
群孟	刘坤山	汉阳西桥北街 8 号	土执字 103 号	

三、毒化情形

日寇将各地运到之烟毒倾销于土膏联合公司，联合公司即遵命分批配发各土膏店，各售吸所向土膏店随时购买，零星出售。凡于戒烟总局缴纳灯税、领得售吸所特许执照者即行公开叫卖，毫无介意；凡缴纳登记费领得吸户执照者，即得随时出入售吸所，毫无阻拦。此不过为官方准可之公开情形。至不肯缴纳灯税登记费……而仍潜行吸食、买卖者亦大有人在。此外并于武昌郊野勒令农民普种烟苗，规定每亩产烟土1斤，始为及额，其种籽、肥料则概由伪组织配发，收获烟量并多奖少惩，视为正当职业。及复员之初竟□□敌伪烟土108856两，烟具1729件具，毒化之深与残民祸国之罪可见一斑。

[武昌市政府：《武昌市抗战史料汇编》（1948年），武汉市档案馆馆藏档案，档案号18—774—10，938]

109．湖北省政府行政复员经费概算表（1945 年）

科目	概算数	说明
组织宣慰团经费	二三二五〇〇〇〇	
组织服务总队经费	四二三三〇〇〇〇	
难民食宿茶水服务供应费	二三四〇〇〇〇〇〇	设置一一七站平均每站暂拨供应费二〇〇〇〇〇〇元计列如上数
难民资遣费	一四二五一八四〇〇〇〇	舟车运送费一二九〇八八四〇〇〇〇元，难民食宿费一三四三〇〇〇〇〇〇元
难民居住费	一七四七六〇〇〇〇〇〇	搭盖临时住所需款二七〇〇〇〇〇〇〇元，修理残破住宅四九一六〇〇〇〇〇〇元，重建住宅一二二九〇〇〇〇〇〇〇元
紧急工赈	二四〇〇〇〇〇〇〇〇	修建房屋代赈一三五〇〇〇〇〇〇〇元，修筑公路代赈计襄花路四五〇〇〇〇〇〇元，襄沙路四五〇〇〇〇〇〇〇元，汉宜公路一五〇〇〇〇〇〇〇元
合计	五六〇二七四二〇〇〇〇	

[湖北省政府编：《湖北省各单位复员计划》（1945 年），湖北省档案馆馆藏档案，档案号 LS1—6—5782]

110．湖北省迁复各机关学校工厂实施办法（1945年9月）

三十四年九月

一、总则

一、各机关、学校、工厂之迁复悉依本办法之规定。

二、交通

二、迁复路线如下：

（1）施巴公路转宜昌至武汉。

（2）施宜大道经宜昌至武汉。

三、施宜大道行走人员及眷属由沿途各县代催民夫每月行程终点规定如下：

（1）恩施（2）熊家岩（恩施）（3）崔家坝（恩施）（4）高店子（建始）（5）大文坪（巴东）（6）野三关（巴东）（7）四渡河（巴东）（8）榔坪（长阳）（9）大沙坪（长阳）（10）贺家坪（长阳）（11）木桥溪（长阳）（12）曹家畈（宜昌）（13）宜昌（县城）

四、各学校学生在宜昌以上者以步行至宜昌为原则。

五、迁复时需用之车辆、所有运载量及配备情形另详附表。

六、施、巴、宜出售车票以船票由交通机关、军警机关及巴东、宜昌省府办事处会同办理。

七、乘车乘船及步行员役与眷属，以每一机关为单位集合齐一行动为原则，并派高级职员为领队，各员役及眷属均应股从指挥。

八、施巴公路、施宜大道及宜昌，均设置食宿站及卫生站，其设站食宿价格及卫生人员配备另详附表。

九、各机关校馆人员及眷属，购买车票、船票及雇用民夫，应凭迁复委员会通知单，由领队统一洽办。

十、乘车、乘船人员及眷属应严守秩序，不得争先恐后。

十一、各机关校馆迁复次序另列表，呈由主席核定后再行决定启程日期，并按各机关、校馆人员、志愿行走路线详细列表、分别通知（表内包括机关名称、启行日期、乘车乘船或步行人数、行李重量、公物重量）。

十二、各机关校馆公物重量限制标准按照职员人数，每人以六十公斤计算。

十三、保安机关及有关技术性机关与各校馆之械弹器材药品图表仪器等，得按实专案呈准编列搬运，并由检查人员严格检查。

十四、各机关校馆公物及员役行李应编具字号，集合一处由领队派专人负责照料，以免散失。

十五、各机关校馆领队在行程中，应与食宿站、卫生站及警备人员随时互相联系。

三、警卫

十六、沿途水陆各重要乡镇及食宿站由恩施、建始、巴东、长阳、秭归、宜昌等县各就辖境内分别派队镇守，并责成各乡保甲长分段负责保护交通，其筹办配置情形另详附表。

十七、巴宜汉航线由保安司令部加派侦缉队维护。

四、经费

十八、迁复经费 按左列标准编列预算：

（1）各机关迁复开办费（包括设备及修缮）暂按照职员总数每人以五万元计算。

（2）各学校迁复开办费（包括设备及修缮），每班以8万元计算。

（3）由施至巴公物车运费每公吨以65520元计算。

（4）由施至巴东票价每人以3210元计算。

（5）由巴至宜转汉图统船票价每人以28375元计算。

（6）由巴至宜转汉公物船运费每公吨以70150元计算。

（7）职员及眷属每人每日食宿费以2000元计算。

（8）教职员及眷属与学生每人每日食宿费以2000元计算。

（9）公役每人每日食宿费以1500元计算。

（10）职员及教职员所带行李每人60公斤，眷属大口每人40公斤，小口每人30公斤，生每人20公斤，公役每人20公斤。步行者每公斤每日力资以50元计算，乘车乘船者按规定计算。

（11）公物由施至汉起卸力资每公吨以150000元计算。

（12）规定应迁复武汉各机关职员，如愿在第七区各县工作者，每人发给薪金三个月以资奖励（米代金不在内）。

（13）本地公役以不迁移武汉为原则，每人发给遣散费3000元。

五、机关及眷属

十九、各机关校馆职员所报眷属人口核实办法另订之。

二十、各机关职员之眷属，不在警区居住应按其居住地点、距离武汉远近及程期核发旅费，由各机关长官调查实在，列表专案呈请核定，但发给旅费之眷属应具备下列条件。

（1）随同政府西迁现仍任省级机关公职者。

（2）眷属在省境以内领有省级公粮者。

廿一、各省营工厂必须搬迁或职工必须调动时均依照本办法办理。

廿二、中央驻施机关得按本办法规定予以协助，但所需一切费用由其自行负担。

廿三、在职病故职员眷属照本办法办理。

廿四、在职病故及公务员眷属病故者之棺柩于各机关迁复后，必须运回安葬者，免费免税装运，但由政府酌予补助车船必需油料。

廿五、各机关迁移后所租用民房，以退还人民为原则。新建房屋及公有器具移转产权于七区专署，再由该署召集有关各机关统筹分配，并以优先拨交学校、再次交其他机关应用为原则。

廿六、本办法六附则之经费部份在迁复预算未奉中央核定以前，另订办法施行。

廿七、本办法自签奉，主席核准施行。

[湖北省政府编：《湖北省迁复委员会组织规程》（1945年），湖北省档
案馆馆藏档案，档案号 LS18—3—13]

四、大事记

湖北省抗战损失调研课题组

1937 年

8 月 13 日 汉口市商会募捐 22 万元，成立难民收容所。

8 月 21 日 20 时 10 分，侵华日军飞机 3 架轰炸武昌，在青山张公祠堤外江中及武丰堤内张公祠附近投弹 2 枚，炸伤 1 人，震毁民房 1 栋。是为武汉首次遭日军飞机空袭。自日军飞机此次空袭起至 1938 年 10 月武汉沦陷止，据不完全统计，日军飞机空袭武汉（含汉口、汉阳城区、武昌城区及武昌县属磨盘山、土地堂、山坡、金口）64 次；日机投弹 3080 枚，其中伤害弹 3010 枚，虚掷弹 70 枚，炸死 1651 人，炸伤 3150 人；炸死马、骡、牛等牲畜 76 头；损毁房屋 2628 栋另 809 间。

△ 日军飞机 1 架次空袭轰炸孝感县郑阁镇飞机场，投弹 5 枚，炸死 1 人，炸伤 5 人。

9 月 5 日 河北、山东、山西、江苏等省来汉难民络绎不绝。武昌市政处、省会警察局、武昌县政府联合成立武昌非常时期难民收容办事处（12 月 5 日改称为非常时期难民救济委员会武昌市支会），先后设立难民收容所 18 所，以收容武昌市遭敌机狂炸与过境的难民。汉阳难民临时收容所至 27 日收容湖南、河南、宁波、无锡、黄冈等地难民 162 人。武昌县境内鲁家巷、油坊岭、五里界、土地塘、千佛寺、纸坊山坡等地及各该地附近村庄为难民收容处所，或借用祠堂、庙宇，或搭盖草棚。其所需树木、稻草由本地及附近联保主任督率各保甲长就地征用。至 1938 年 6 月，武汉三镇收容难民即分途向各安全县份遣送。

9 月 24 日 16 时 55 分，日军飞机 13 架空袭武汉，在汉口、汉阳沿襄河（汉江）两岸、汉阳铁厂等处投弹 18 枚（伤害弹 15 枚，虚掷弹 3 枚）。在汉口投弹 3 枚，炸死 112 人，炸伤 112 人，震倒房屋 98 栋，武圣路一带房屋几乎全部损毁。在汉阳投弹 15 枚，炸死 189 人，炸伤 378 人，炸毁民房 208 栋。在汉阳双街联兴米厂设立汉阳难民临时收容所，先后收容 60 户，大人 104 名，儿童 58 名，大人每人每日发给伙食费法币 1 角 5 分，儿童每人每日发伙食费法币 1 角，其愿意回家或投戚与遣散者视其路程远近、受灾重轻、人数多寡一次给 5 日或 10 日、20 日、30 日伙食费，综计共发伙食费法币 222.85 元；在医院治疗中及滞留灾区的难民等，须待救济者由武昌收容所收容。

11 月 15 日 非常时期救济难民委员会汉口市支会成立。至 1938 年 8 月 15 日止，汉口市支会设 8 个收容所，各方先后设难民收容所 86 所，先后收容难民 154123 人。难民的收容给养配置及遣送等项依国民政府及湖北省政府所订各种规程办理。汉口市支会所设经费系由华中万国红十字会捐助，其余各所由各所设立的团体组织自行筹募，至 1937 年底共筹募法币 11 万余元。

12 月 28 日 武昌非常时期难民收容办事处改组为武昌市难民收容所。至 1938 年 4 月，武昌市难民收容所筹设武昌市难民收容所第 1、2、3、4、5 分所、汉阳第 1、2、3、4 分所及世界红十字会武昌第 1 难民收容所、武昌市文华难民收容所、武昌善导女子中学难民收容所、武昌成德小学难民收容所、武昌圣约瑟难民收容所、武昌希理达难民收容所、汉阳训女中学难民收容所、汉阳天主堂难民收容所、汉阳益智中学难民收容所、武汉基督教紧急委员会真理小学难民收容所。年底，武昌市难民收容所等共收容难民 4470 人。非常时期难民救济委员会武昌市支会不得不设法遣散。支会查明各难民去留志愿，报由省救济分会派员与公商车船商洽免费运送回籍或往他埠另觅出路，在途旅费每日每人 0.3 元，8 岁以下儿童减半发给。第一批由长江西上 1316 人，由平汉线北上 529 人，由襄河（汉水）北上 287 人，由粤汉线南下 203 人。

12 月 宜都县设立难民招待所，集中安置难民 1200 人。

1938 年

1 月 4 日 13 时 28 分，日军飞机 32 架空袭武汉，在汉口投弹 86 枚，炸死 14 人，炸伤 36 人。在硚口地段投弹 6 枚，汉正街聚兴诚客栈等处中弹，炸毁房屋 37 栋。在汉阳火药厂、工人子弟学校等处投弹 12 枚，损失不详。

1 月 6 日 12 时 58 分，日军飞机 27 架轰炸武汉，在汉口王家墩飞机场周围、单洞门、宝丰路等处投弹 48 枚，炸死 13 人，炸伤 16 人，炸毁房屋 5 栋，震倒 3 栋，炸毁待修飞机 1 架、机场棚厂 1 座；在武昌南湖飞机场附近、长虹桥及莲花堤外等处投弹 15 枚，炸死 54 人，炸伤 48 人，炸毁房屋 16 栋，震倒 2 栋，炸毁飞机场兵舍 1 座。

1 月 24 日　10 时，日军飞机第一次轰炸宜昌城。8 架日机投弹约 35 枚，弹落铁路坝飞机场（今夷陵广场）和郊外（模范）监狱（今胜利四路狱警居住小区），炸死 78 人，炸伤 119 人，炸毁飞机 6 架、房屋 22 间。

1 月 27 日　8 时 50 分，日军飞机 17 架在汉口王家墩飞机场、西北湖及姑嫂树一带投弹 145 枚，炸毁中国空军第三号福特机、军委会侍从室飞机各 1 架。

1 月　日军飞机 1 架次空袭孝感县，投弹 32 枚，炸死 31 人，炸伤 7 人，炸毁房屋 22 栋。

2 月 11 日　13 时 30 分，日军飞机 27 架在武昌南湖军分校及余家湾、武建营农场等处投弹 56 枚，炸死 21 人（15 人为分校士兵），炸伤 43 人（35 人为分校官兵），炸毁民房 2 栋、军校房屋 16 间。

2 月 18 日　13 时许，日军飞机 38 架（26 架战斗机、12 架轰炸机）轰炸武汉。在汉口王家墩机场、姑嫂树等处投弹 56 枚，炸死 4 人，炸伤 2 人。中国空军与苏联空军志愿队飞机 30 架迎战，击落日军飞机 12 架（驱逐机 10 架、重型轰炸机 2 架）。中国空军飞机损失 5 架，大队长李桂丹等 5 人殉国。此为抗战初期武汉首次大空战。

3 月 27 日　日军飞机 48 架分批侵入武汉，在武昌徐家棚机厂、材料厂、工人住宅区及附近区域投弹 151 枚，炸死 150 人，炸伤 183 人，炸毁铁路局机厂、材料厂、打更房、冲电房、公事房、车辆所、电灯房、打磨房等处房屋及路局工人住宅 150 栋，炸毁车皮 4 节、煤油 300 听、其他油料 50 余桶、帆布 50 匹、电线杆 13 根，炸死牛 3 头、猪 5 头；在武昌南湖飞机场及其附近区域投弹 70 枚，炸死 2 人，炸伤 10 人，炸毁军用汽车 1 辆、电线杆 2 根；在汉口王家墩机场及其附近区域投弹 86 枚，损失不详。

3 月 29 日　13 时许，日军飞机 5 架侵入汉阳大别镇（今晴川街及建桥街东隅）上空，发现逃避的居民群众后，先用机枪扫射，继而进行轰炸，共投掷炸弹 20 余枚，炸毁段家巷及务滋里的鼎新盐仓、望江茶楼等房屋 50 余栋，炸死码头工人、居民 130 余人，炸伤居民 300 余人。期间，日军飞机 2 架飞至鹦鹉镇（今鹦鹉街区域）上空投弹，炸毁泗湾街房屋 10 余栋，在腰路口长堤两堤沿避难民众遭日军飞机往来扫射，死伤于堤畔者约 400 人。

3 月　武汉工厂开始西迁，至 8 月中旬大部拆迁完毕，总计拆迁 256 家。前外地迁汉工厂亦相继内迁。

3 月　教育部将山东沦陷区各中学由许昌迁往鄂西北，定名"湖北中学"，校本部设郧县，分校设均县城内城隍庙。校本部在迁往郧县途中，1 艘载有女生和教师家属的木船，在均县境内青山港附近的汉江上沉没，三四十人落水，仅 5 人获救。

4 月 5 日　日军飞机 4 架轰炸汉阳大别镇，在月湖堤、福善街等处投弹 10 余枚。月湖堤繁华区域房屋被炸毁 20 余处，伤亡 80 余人。

4 月 13 日　14 时左右，日军飞机 9 架侵入汉阳上空，向躲避在鼓楼东街与晴川街之间的防空壕内的居民群众投弹，240 余名无辜民众被炸身亡。同时，鼓楼东街、晴川街、共勉街、陶家巷、高公桥堤角街民房被炸毁 12 栋。

4 月 14 日　日军飞机 36 架轰炸武汉，投弹百余枚。汉阳双街至晴川阁一带被炸毁店铺、房屋 40 余栋，市民死伤 260 余名。

4 月 29 日　14 时 45 分，日军飞机 39 架轰炸武汉，在汉口中山路等处投弹 6 枚（其中 5 枚虚掷弹），炸伤 2 人，击落中国空军驱逐机 8 架；在汉阳投弹 86 枚，炸死 136 人，炸伤 119 人，炸毁民房 232 栋及水上公安局房屋大部分；在武昌投弹 4 枚，炸伤 6 人，炸毁房屋 2 栋。中国空军与苏联空军志愿队 67 架战斗机迎敌，击落日军轰炸机 10 架、驱逐机 11 架，损伤飞机 8 架，中国空军飞行员陈怀民驾驶遭日机重创的战斗机撞击日机同归于尽，1 名苏联空军志愿队飞行员阵亡。

4 月　日军出动飞机 2 架 2 次空袭孝感县，投弹 71 枚，炸死 11 人，炸伤 16 人，炸死耕牛 14 头，炸毁房屋 3 间。

6 月 21 日　日机轰炸浠水县下巴河，死伤 360 余人。

△　上午，日军飞机 6 架在宜昌城区上空投下大批硫磺弹，炸死 11 人。下午，一批日机又窜至宜昌投硫磺弹，大公路、四道巷子被焚烧一空，江边几十条木船被烧，200 余人同时丧命。

6 月 24 日　日军飞机 9 架袭击宜昌城区，炸毁中国空军飞机多架，致使 200 余人死伤。

7 月 1 日　日军飞机在广济县（今武穴市）武穴镇及江岸投弹，中国海军咸宁舰、工宁舰及利济趸船 3 艘皆被炸沉，死伤民众数十人。2 日，大批日机在广济县（今武穴市）武穴镇沿江轰炸，波罗庵全部被毁，死伤男女 13 人；日机 6 架西上轰炸田家镇要塞，炸毁中国海军楚胜舰。3 日，日机将武穴大药库、上关盐仓炸毁，伤亡民众 10 余人；同日又飞往县城（梅川）轰炸，东门正街悦华楼酒馆被炸塌，压死军民数十人。

7 月 2 日 汉口市立第一中学、汉口市立第一女子中学、汉口市立职业学校、汉口市立女子职业学校拟合并成立汉口市立联合中学，迁至巴东、建始或恩施等地，呈请汉口市政府拨付搬迁费法币 2000 元，不足时拟就七八两月份办公费结存项下补充。8 月，汉口福新第五厂、汉口金龙面粉厂、汉口裕隆面粉厂、汉口胜新面粉厂、汉口五丰面粉厂向联合中学捐助搬迁及开办费 5000 元。

7 月 6 日 14 时许，日军飞机 3 架侵入汉阳，向古琴台投掷炸弹 4 枚，将这一著名历史名胜之地的前半部炸毁，所藏文物尽成灰烬，邻近房屋被炸毁 2 栋，居民死伤 6 人。

7 月 9 日 日军飞机 3 架轰炸蕲春李家洲，投弹 10 余枚，追炸我方小轮船，炸死军民 100 余人。

7 月 12 日 10 时 30 分，日军飞机 42 架轰炸武昌市区，在武昌南湖飞机场附近、三道街、双柏庙、巡道岭、忠孝门、长湖堤等处投弹。在警察局第三分局辖区—武珞路、熊廷弼路、千家街、多宝寺、张之洞路、中和门正街等处，共投弹 55 枚（内 3 枚未炸），炸毁房屋 12 栋，震毁房屋 18 栋，死亡 56 人，重伤 38 人，轻伤 2 人。在警察局第四分局辖区——马道巷、杨纸马巷、双柏庙前街、后街马家巷、巡道岭、痘姆祠、胭脂路、胭脂坪、胡林翼路、忠孝门正街、舒家街、鼓架坡等处，共投弹 85 枚，炸毁房屋 40 栋，震毁房屋 61 栋，死亡 104 人，重伤 49 人，轻伤 177 人。因"被灾地区机关死伤人数拒绝宣布，又各灾户或有来宾及临时避难人民，致遭死伤，尚待查明者，故实在死伤名数，似应较上查名数为多"。武汉疗养院、同仁医院、湖北省重伤医院、圣若瑟医院、仁济医院收治重轻伤难民 379 名。

△ 8 时，日军飞机 9 架轰炸浠水县城，毁坏房屋 100 余栋，死伤军民 700 余人。

△ 日军飞机 6 架轰炸英山县城，投弹 36 枚，死 32 人，伤 33 人，烧毁房屋 35 栋。

7月13日 日军飞机4架轰炸广济县城梅川东门，炸死军民200余人，居民刘先畴家炸死8人，仅剩1小孩。

7月16日 日军飞机上午、下午各9架两次轰炸浠水县城，投弹90多枚，并以机枪扫射，共炸死、射杀我军民200多人，伤300多人。

△ 10时30分，日军飞机18架在汉口王家墩飞机场及万国马场附近投弹155枚，炸死14人，炸伤16人，震倒房屋1间；击落中国空军驱逐机4架，炸毁待修飞机1架，炸毁旧棚厂1座，中国空军飞行员死伤各3人。

7月19日 8时40分，日军飞机27架轰炸武汉，在武昌胡林翼路东段、昙华林、后义庄后街、洪井街、抱冰堂、左旗、黄土坡、熊廷弼路等处投弹72枚，炸死81人，炸伤125人，炸毁房屋14栋，震倒9栋；在汉阳铁厂、小口巷、天符街等处投弹20枚，炸死27人，炸伤72人，炸毁房屋45栋，烧毁房屋115栋，震倒房屋166栋；在汉口燕山巷、大夹街新新剧场、宝庆码头、牯牛洲等处投弹24枚，炸死120人，炸伤106人，炸毁中国空军轻型轰炸机2架，击伤中国空军轻型轰炸机1架，击落中国空军轻型轰炸机2架，炸毁棚户150家，炸毁民房33栋。汉口防护团第三、第四区团辖内永宁巷、永宁五巷、体仁巷、元宁巷、大夹街、怡怡里、九如巷、药邦中巷、瑞兴里、六水巷、五彩八巷、板厂一巷、板厂三巷、板厂四巷、板厂五巷、板厂六巷、板厂八巷、板厂街、宝庆河边、循礼巷、宝寿巷、延寿巷、顺路后街、燕山巷、沈家庙上河街、大夹街、宝庆边街、宝庆街、六水街、五福里及汉正街药王庙前街宁波会馆（时作为第4难民收容所第2宿舍）、宁波小学、元宁会馆（时作为第3难民收容所第26宿舍）、安徽会馆等处中弹，房屋破损、人员伤亡惨重，共死亡176人，重伤108人，轻伤141人。

7月27日 日军飞机6架轰炸咸宁县永安镇，炸毁房屋14栋、火车厢3节，炸死炸伤军民520余人。

7月28日 日军飞机6架轮流轰炸黄梅县孔垅镇马坊口当铺、火街口、代大乐园、朱坝头等处，投弹50余枚，炸毁民房30余栋，死伤48人。

7月 日军飞机80余架轰炸武昌徐家棚，炸毁粤汉铁路徐家棚车站，毁坏房屋200余栋，炸死居民400余人。

7月 湖北省政府移迁宜昌，并派员去恩施筹设西迁事宜和创办难民收容所。

8月1日 9时，日军飞机9架轮番轰炸宜城县城，投弹50余枚，造成无辜平民 500 余人死伤，房屋大部分被毁坏。

8月2日 日军飞机 9 架空袭广水两小时，死伤 200 余人，毁坏房屋 20 余栋。

8月4日 黄梅县城失守，日军牛岛部队在西门口大屠杀，一次杀害 129 人，30 多户被杀绝，105 名妇女被强奸，其中 30 多人被凌辱致死。同时，抢掠城内工商业物资，其中布 600 疋，米 400 余石，盐 1000 余斤，其他粮食及各种货物值 1800 余万元。

△ 日军在广济县下余垅屠杀村民 36 人，其中孕妇 1 名。

8月8日 日军飞机向黄梅大洋庙过山口的中国守军阵地猛烈轰炸，守军死伤 300 多人。

8月9日 10 时，日机 9 架飞临英山县城上空，连续投下巨型炸弹数十枚、燃烧弹数枚，炸死居民 42 人。

8月11日 正午，日军飞机 79 架空袭武汉，在武昌投弹 94 枚，炸死 57 人，炸伤 273 人，炸毁房屋 93 间，震毁房屋 96 间。华中大学悬挂美国国旗亦未幸免，后门右边 3 栋楼房被炸毁，死伤 60 余人，内有广州中山大学教授林诚厚（湖北人，29 岁，日本帝大毕业，利用暑假来汉参加抗日救亡工作，时往华中大学探望叔父）；"忠孝门正街的创伤是最重的一处，从它的尽头石桥起，在恐怖死灭的街道两旁，房屋全变为瓦砾场"；武昌小东门一带吴家园、杜家园等房屋被炸毁，许多平民被压死、压伤；长春观及附近房屋被毁数十栋；宾阳门车站中弹 10 余枚。在汉阳投弹 89 枚，炸死 67 人，炸伤 283 人，炸毁房屋 69 间，震倒房屋 138 间。汉阳鹦鹉洲的腰路口横街、腰路街后堤处被炸死 60 余人；潜龙街一处被烧毁的房屋达 50 余栋。

8月12日 日军飞机 72 架（第一路 30 架，第二路 18 架，第三路 24 架）轰炸武汉，在武昌徐家棚、大朝街、小朝街、水陆街、文昌门、望山门、平阅路、三佛阁、中正路等处投弹 305 枚，炸死 283 人，炸伤 499 人，炸毁、震毁湖北省政府、国民政府军委会军令部、警察二分局房屋 5 栋及民房 489 栋，炸毁、烧毁火车车皮 20 节，炸死军马 50 匹，机车修理厂及机油数百桶燃烧，车内弹药爆炸，徐家棚车站、木厂一部分被毁。日军飞机 51 架在汉阳投弹 14 枚，炸毁民房 2 栋。日军飞机在汉口投弹 97 枚，炸死 165 人，炸伤 229 人，炸毁路局油库 1 所、铁路丈余、车皮 15 节、汽油 550 箱、民房 296 栋。日军飞机在江岸车站附近炸死军马 50 余匹，汉口刘家庙、江岸车站民房烧毁大半，江岸下路七八十栋木板房亦烧毁殆尽，江岸车站头道街、下正街、上正街、福建路、福建街、桃园村、长湖路等10余处被炸，江岸修机厂及翻砂厂全部被毁，轰炸造成流离失所、无家可归者达8000余人。赈济委员会第八救济区特派员事务所拨法币15000元救济武昌、汉阳11、12两日死伤民众，计查：死者238人，发放救济金法币7140元；重伤者129人，发放救济金法币2580元；轻伤者98人，发放救济金900元；共救济伤亡457人，发放救济金法币10620元。

　　△　为紧急疏散武汉人口，湖北省、汉口市、武昌市各相关机关负责人召开谈话会，议定：凡三镇人民请求发给难民证者，均应照发；民众领得难民证后，即任意向市区以外之地点，如天门、潜江、汉川、沔阳等县作第一步之迁徙，逐渐向襄樊、鄂西、鄂南等处推进；为保障民众迁徙时之途中安全，由省政府饬保安团队暨各县政府尽量保卫；为使民众在迁徙途中得到一切便利起见，由赈济委员会、省政府沿途设立总分各站及招待所，照料其食宿茶水等项（在可能范围内酌备医药）；关于民众途中招待一切费用，本中央地方负担各半之原则，由赈济委员会、省政府暂各拨15万元，共计30万元，合组会计机关管理之，凡由各县组设之站，其经费应事先拨给。

　　8月13日　日军飞机12架轰炸阳新县城共炸死炸伤我军民1400多人。

　　8月15日　7时，日军飞机9架轰炸蕲春县蕲州，投弹100余枚，炸毁城内县政府、民教馆、县党部、积谷仓、电报局、警察所、邮局、县中心小学、陈姓公屋、高姓公屋及城外屋宇200余栋，死伤500余人。

　　8月16日　日军飞机81架分两批空袭武汉。首批45架在汉阳、汉口市区投弹百余枚，第二批36架在武昌市区疯狂轰炸。汉口襄河（汉水）附近之汉水街及观音阁、小铁路处、后湖等处被炸毁房屋8栋，炸死30人，炸伤汉口市第七收容所难民王耀等36人；在汉阳东正街、泗湾街、栖贤寺、月湖新街、洗马长街、渣子墩等处投炸弹75枚、烧夷弹3枚，炸死68人，炸伤189人，炸毁房屋365栋，震毁房屋135栋，第三兵工厂被炸；汉阳鹦鹉洲待运木驳数只被炸，汉阳铁厂拆卸待运的2座锅炉及其他设备被炸毁。在武昌平阅路、中正路、花堤、水陆街、大朝街、张之洞路等处投弹109枚，炸毁房屋319栋，炸死26人，炸伤132人。武昌大巷、陶家巷、平阅路、金龙巷损失惨重，邮政局、造币厂、被服厂甲栈、武昌艺术专科学校、省立高级中学、省高九小、十一小、造船厂、警察二分局均被炸，省立第九小学、省立高级中学教室、食堂大部被毁，武昌邮局局长办公室完全被毁、公共办公室损毁一半，受伤职员达 10 余人，武昌艺术专科学校"全部校舍毁灭净尽，所有图书仪器标本以及校具什物悉成灰烬"。汉口市政府呈请赈济委员会非常时期难民救济委员会第八区特派委员事务所给予死伤民众家属抚恤金。

△　日军在阳新县排市乡泉口明村杀害民众 36 人。

8 月 17 日　日军占领广济高垴垸，杀死 130 多人，杀绝 18 户。

8 月 18 日　日军黑山部队水路西进至武穴境内，由寇家埠登陆，全村人匿居竹林深洞，日军以机枪扫射，52 人殉难，同时烧毁房屋共 56 间，打死耕牛 2 头。

8 月 18 日至 20 日　日军在广济县（今武穴市）波罗庵附近登陆时大肆屠杀群众，40 人罹难。

8 月 19 日　日军飞机约 40 余架在广济大法寺乡各村上空大量投弹，毁房 400 余间，死伤兵民 600 多人。又在石湖乡李应福大小二垸、王建上垸及王竹林、王应祥、吴兴、潘家垸等密集投弹百余枚，炸塌房屋 80 余间，死男女 10 余人。

△　日军由广济县吴谷英垸登陆时，见竹林防空洞内有吴梓高、罗三尔、罗冬梅、吴郭氏等人隐藏，即抽出大刀砍死，尚有吴在和、吴宝尔、罗刘氏、吴桂青、吴心保、吴武氏、天新楷等 32 人来不及出洞，即被机枪扫射死。

8 月 20 日　日军第 6 师团主力牛岛部队与国民政府军第 20 军杨森部队在黄梅县境内张万成激战 1 日，国民政府军伤亡 1000 余人。此次战斗中，日军不顾国际战争条约，沿路大肆屠杀无辜百姓，烧杀奸淫，人民财产遭到巨大损害。日军共杀害百姓 190 余人，其中男性 140 余人，女性 50 余人，打伤百姓 85 人，其中男性 18 人，女性 67 人，损毁房屋数十间，牲畜、稻谷、衣物和农具损失殆尽。

8 月 21 日　日军飞机两次轰炸武昌。7 时，日军飞机数架轰炸武昌近郊，投弹百余枚，炸毁房屋 30 余栋，死伤市民 40 余人。10 时，日军飞机 17 架窜至武昌南郊，投弹 122 枚，炸死 17 人，炸伤 18 人，炸毁民房 8 栋、营房 4 栋。仅南湖附近落弹 60 余枚，炸死 15 人，炸伤 16 人。

8 月 22 日　14 时许，日军飞机侵入武昌市区近郊，在南湖武汉分校附近投弹 120 余枚，多落荒郊，炸毁草盖屋棚 5 间，在该处避难的过路民众死伤 40 余人。

△　日军 300 余人从蕲春县横车进犯蒋山，在九棵松普济庵杀害道人易水尔、孕妇董桂兴等 4 人；在郦岗抓 7 名农民当挑夫，其中 3 人失踪；3 个日兵轮奸新婚妇女余×姑；在附马坳、横车街杀害国民政府军溃兵 8 人；在火炉铺，8

个日兵轮奸一位老婆婆；在长石五大队山上，杀害国民政府军溃兵，死尸成堆，无法统计。

8月27日 日军飞机9架轰炸云梦县城，炸毁房屋80余栋，炸死军民300余名，炸伤百余人。

8月29日 清晨至中午11点，日军4次（亦说3次）出动57架飞机，投弹2000多枚轰炸京山县城，居民被炸绝96户，炸死2000多人（其中可掩埋的遗体就达1964具），炸伤3000余人，死伤人数占城区人口的近70%，炸毁民房1165栋，城内商铺和大量古代建筑文物悉数被毁，城区80%建筑被摧毁。

8月 武汉大批工厂、学校内迁。武汉地区内迁工厂为223个单位，占全国内迁总数452个单位的一半，迁至川陕湘滇黔桂等地。国立武汉大学迁四川乐山，省立农业专科学校迁恩施，私立武昌中华大学迁重庆，私立武昌艺术专科学校迁四川江津，私立武昌华中大学初迁广西桂林再迁云南大理，私立武昌文华图书馆学专科学校迁重庆。

9月1日 日军出动飞机18架次，首袭黄安县（今红安县）城。计投弹60余枚，炸毁民房14栋，县城城墙和县立中学校舍秦王祠毁损严重，死伤居民24人，县高等小学年仅14岁的学生秦永怀被炸得尸首异处，惨不忍睹。

9月2日 日军侵入广济（武穴）凤凰寨，包围下余垱垸，杀死平民36人（其中孕妇1人），杀绝6户。

9月3日 日军在武穴上余垱掳俘难民49人，将其关进一间大房，然后掷毒弹入房内，49名难民全被毒死。

9月6日 日军集陆空4个联队分3路进犯广济县城梅川镇，交战中日军急于攻陷县城，向国民政府军守城部队施放窒息性瓦斯，守军某部200人全部壮烈牺牲。日军侵入梅川镇后，烧杀奸掳无所不为，在梅川文昌阁一带将9至15岁幼女共15人，强奸致死，并将奸死幼女丢入火中焚毁。梅川城沦陷时，国民政府军第68军1个团来不及撤退，因寡不敌众，多数阵亡，被俘300余人及70余名伤员，亦被杀害。

9月10日 日军飞机5架轰炸武昌金口镇，炸毁房屋20余栋，炸沉木船40余只，炸死平民50余人。普安善堂救治受伤平民20余人。

9月13日 日军飞机9架轰炸礼山县（今大悟县），在河口镇炸毁房屋32栋，炸死居民33人；在夏店和黄陂站，炸毁房屋27栋，炸死居民18人。

9 月 14 日　7 时，日军飞机 9 架侵入蕲州上空，重磅炸弹、燃烧弹漫天倾泻，机枪疯狂扫射长达半小时之久，投弹 100 余枚，毁民房 200 余栋，军民伤亡 500 余人。

9 月 16 日　日军烧毁随县费家屯民房 400 余间，残杀民众 24 人。

△　日军侵入武穴李家边垸，先将村民 230 人全部杀死，后杀李湾村民 210 人。当时李湾村 97 户 481 人，被杀绝 31 户。同日，日军侵犯铁石高堖，杀害 131 人，杀绝 18 户。同日，日军侵入张才垸，用喷射器烧毁民房 630 栋，杀害平民 328 人。

9 月 17 日　日军向武穴阳城山进犯，对当地老百姓施放窒息性毒气，毒死 400 多人。

9 月 18 日　日军侵入广济县大法寺鸭掌山陈选铺垸，一次屠杀 57 人。其中，陈炳泉一家 9 人全被杀死。

9 月 20 日至 22 日　日军侵入武穴乌龟山、李德升二处，杀死李德升村民 58 人、乌龟山 30 多人。日军还侵入榨咀上，桥上、戚家咀、栗杨咀、胡家、湖北、上郑、张不武等垸，到处杀人强奸。10 天时间，在大法寺周围 15 个垸杀害村民 427 人，强奸妇女 250 人，烧毁民房 80 多幢。

9 月 23 日　日军进占武穴鸡脚垅垸村，杀害村民李元林、翟清泉、李元发等 16 人。

9 月 24 日　10 时，日军飞机 27 架在麻城宋埠镇投下大量炸弹，进行穿梭式疯狂轰炸扫射，致使 200 多人丧生。

9 月 26 日　15 时 25 分，日军飞机 39 余架在汉口飞机场、牯牛洲、皇经堂等处投弹 58 枚，炸死 3 人，炸伤 3 人，炸毁房屋 15 间，震毁 6 间，炸毁中国空军飞机 12 架。

9 月 26 日至 28 日　日军飞机 30 多架次，对孝感花园镇连续轰炸 3 天，共炸死炸伤无辜平民 700 多人。整个花园镇成为一片废墟，尸横遍野，血流成河，仅双沟桥下就集尸 160 多具，臭塘南（柴场）炸死 100 余人，艾家塘炸死 70 余人，楚剧院炸死 100 余人，街内炸死 200 余人。

9 月　日军出动飞机 2 架 2 次轰炸孝感县花园镇，投弹 80 枚，炸死 15 人，炸伤 30 人。

9 月　日军飞机 9 架轰炸礼山（今大悟县）县城，炸毁房屋 70 栋，炸死居民 22 人。

10 月 8 日 日军飞机 12 架轮番轰炸上巴河，炸死炸伤 50 多人，炸毁房屋 40 多栋。

△ 日军进驻蕲春县蕲州城，烧毁 80 余栋房屋、10 余处寺庙建筑。蕲州城最有名的金陵书院、昭化寺被毁于火海之中，10 余名道人道姑被刺死。昭化寺贴金罗汉 8 尊、夜明珠 3 枚，金陵书院 1000 余册书画图书悉被日兵掠走。

10 月 9 日 日军飞机炸毁鄂城巡抚街，死伤 100 余人。鄂城育婴堂、敬老院各 1 座被炸毁。西山古灵泉寺遭敌机轰炸，损失山门即"西山积翠"围垣、灵官殿 1 栋、弥勒殿 1 栋、武圣宫 1 座、四贤寺 1 座、新客厅、客寮 6 间、大厨房 1 间、禅堂 1 间、吴王避暑宫（方丈寮）1 座、库房兼客寮数间、观音大殿 1 座、韦驮殿 1 座、拜殿 1 座、新方丈寮 1 栋、新寮房 4 间、大雄宝殿 1 座。

10 月 11 日 日军进犯浠蕲防线，用机枪向 100 余名难民扫射，当场打死 36 人。

△ 日军飞机轰炸鄂城，炸毁熊家巷、鼓楼等处，死伤 100 余人。

10 月 13 日 10 时左右，10 多架日军飞机轰炸京山县城，炸毁会仙桥，躲藏在桥下的 300 多人全被炸死。

10 月中旬 日军第 9 师团吉住良辅部因在阳新排市马鞍山与国民政府军激战惨败而掉转枪口屠杀当地平民 36 人。

10 月 18 日 日军第 22 师团占领阳新星潭铺，派兵沿富水河谷进入通山县境，在慈口下方放毒瓦斯，当地居民 2000 余人受害。

10 月 19 日 日军 3000 余人由罗田进入英山，焚烧房屋、粮食甚多，杀死平民 66 人，伤 131 人。

10 月 20 日 日军飞机 12 架自鄂东飞向黄陂城关镇，敌机分为 2 个队，1 队从大东门开始轰炸，1 队由小西门向城关繁华地段投掷炸弹、燃烧弹。烧毁房屋 500 余间，烧死 600 余人；财务损失价值 49 亿元以上（法币）。

△ 国民政府军第 38 师与日军先头部队于张家铺遭遇，营长牺牲，全营战士 200 余人全部阵亡。驻县国民政府军 2 个连奔赴鄂城东门外阻击由燕矶登陆之日军，全部阵亡。

10 月 20 日至 23 日 日军飞机 9 架轮番在新洲、柳子港、李集、仓埠、阳逻等地低飞扫射与轰炸，并在新洲投掷大量燃烧弹，轰炸和烧毁房屋 760 余栋，炸死邱万和、刘志绪等 57 人，造成直接经济损失 14700 万元（法币）。其中房屋损失 7600 万元，其他物资损失 7100 万元。在阳逻炸毁房屋 2000 余间，炸死平民 100 余人。

10 月 21 日　9 时，日军飞机 8 架对京山县宋河镇轮番轰炸，俯冲扫射，炸毁民房 100 多栋，死伤 300 余人，杨家树防空洞被炸塌，洞内 70 余人全部遇难。

△　日军飞机 9 架轰炸宜城县城，投弹 50 余枚，城区中心房屋倒毁 35 栋，南街东关外两处起火延烧 20 余户，居民死 37 人，伤 85 人。

△　武汉实行紧急疏散，3 天内疏散约 75 万人。

10 月 23 日　日军飞机 7 次（18 架）轰炸武汉，在汉口平汉路机场投弹 25 枚，炸死 55 人，炸伤 15 人，炸毁民房 55 栋。在武昌投弹 75 枚，炸死 135 人，炸毁路局材料房一处。另有日军飞机 3 架在金口投弹 10 余枚，炸毁房屋 20 余栋，炸沉木帆船 10 余只，罹难男女老幼（多为外地船民）百余人。当两列火车运载难民从武昌驶进纸坊站时，日军飞机 3 架先投炸弹，后用机枪扫射，车厢起火，死伤不计其数，车站房屋大半震塌。

△　鄂城县城沦陷，700 余家店铺、公司所存约 7 万余吨物资被日军抢掠一空，后用大型商轮由长江陆续运走，损失 8 万亿元（1947 年 9 月法币）。日军占据金牛后，将张六友、陈阳岩、余铭、柯佑世、长韩中、陈蒲塘、常平湖等村全部焚毁，损失达 1000 万元以上（1947 年 9 月法币）。

△　晨　中共中央长江局秘书长李克农率领的八路军驻武汉办事处和《新华日报》总馆大部分工作人员、警卫战士和部分难民乘坐的"新升隆"号小火轮停靠洪湖县燕子窝码头。下午 3 点半左右，"新升隆"轮遭到 4 架日机空袭被炸沉，"八办"张海青、赵兴才等 8 人和《新华日报》总馆李密林、项泰等 16 人及部分难民遇难，伤亡一百余人。

10 月 24 日　日军飞机 5 架飞至武昌县（今武汉市江夏区）纸坊镇投弹，将该镇张韵轩铺房及李正泰杂货店全部炸毁。继复低空向六斗丘内及冲乐港（今纸坊自来水公司后面）坑边等处逃难人群扫射，死难者 60 余人。

△　中国海军"中山"舰从岳州驰援武汉，在金口至嘉鱼牌洲江段上与 6 架日军飞机遭遇，弹尽舰沉，舰长萨师俊以下官兵 25 名殉国。

10 月 25 日　16 时 30 分，日军都城联队首先由汉口东北角冲入市区，次日日军第 6 师团占领汉口。日军在汉口长江码头等地集体屠杀俘虏数百名。

10 月 26 日 日军铃木、青木所属部队官兵经过鄂城蔡家陇、鄢家陇等村，四处搜寻妇女轮流强奸，童女老妪亦未幸免，义愤自尽者数十人。日军还驱使被抓来的村民为兵马割草，不从或逃逸者立遭毙命，死者 100 余人，知其姓名和籍贯者有新铺村徐善整，槐山村李善荣、皮水淼，王仁陆村王兴林，七里界村李立、李锡、游友枝、汪德苟、李陈湾刘福喜，郎家畈刘维登，祝家咀祝朗斋，百子畈李成全、周大，杨家楼人熊克炳等。

△ 日军波田支队于武昌大堤口、武胜门外各码头登岸占领武昌。武昌城内之住宅几乎被日军洗劫殆尽，连美国联合教会的房屋，亦被抢劫一空。方济堂武昌主教爱司皮雷司其的房屋被炸，殃及附近居民，被炸伤者达 25 人之多。

10 月 27 日 日军第 116 师团与第 6 师团各一部占领汉阳。至此，除汉口法租界外，武汉全部被日军占领。日军在市内捕获未及退出的我方士兵、市民 15 人，驱至江边，并强迫他们步入江中，待江水过膝时，即在江汉关距难民区（安全区）大旗 3 米左右的地方，瞄准将其击毙。日军占领武汉后，连续几天在六渡桥至满春街、花楼街上段、王家巷以及汉正街等繁华商业区抢劫、纵火，妇女倍受日军蹂躏。华中大学美籍人康明德、柯得翰，行道会瑞典人毕思敬、夏定川两牧师及华人萧剑尘设临时收容所于武昌昙华林华中大学行道会，先后收容万余人。自 1938 年 10 月至 1939 年春初，文华收容所（位于昙花林前华中大学旧址）收容人数约六七千人；文学难民收容所（位于朗家巷文学中学）收容难民约 1800 余名；中华基督教及行道会合办难民收容所（位于昙花林前仁济医院）收容难民千余名；博文难民收容所（位于大东门外珞珈山路前博文中学旧址）收容人数约 3000 人；圣米迦勒堂难民收容所（位于大朝街明德小学）收容难民约 300 名；大堤口天主堂难民收容所（位于中山北路成德小学）收容难民约 200 名；善道难民收容所（位于分水岭前善道女中学内）收容难民约 300 名；长春观收容所（位于大东门）收容难民六七百人；安息会收容所（位于东湖疗养院）收容难民近万名；第一中学收容所（位于昙花林第一中学内）收容难民三四百名；红万字会收容所（位于武当宫）收容难民约 1000 名，希理达女中收容所（位于小东门外）收容难民近 1000 名。日军占领武汉后，日军陆军特务部普通敌产处理委员会视公产房屋为"敌产"任意占据，拒交租金；日商三井洋行、三菱洋行、日棉实业、日华麻业、万和洋行、昭和通用、瀛华洋行、吉田产业、岩井洋行、中山制钢、日东制粉、松川屋纷纷入驻武汉，实行经济掠夺。日军占据武汉后不久，以抓壮丁为"征工"，以拆房屋为"征料"，修筑其防御工事，在武昌强拉苦力 700 余人，修铺南湖机场跑道达 2 月之久。

△ 9 架日军老式双翼飞机侵入应城上空，从上午 9 点多至下午 3 点多轮番轰炸，炸毁应城县河上渡口浮桥、应城汽车站、应城县政府，炸死金小舟等 10 人，机枪扫射死数百人之多。

10 月 31 日 日本侵略军高桥部乘坦克 11 辆由安陆经安（陆）长（江埠）公路侵入云梦城内，杀死居民 100 余人，烧毁东正街房屋 20 余栋。落伍滞留在东南门外堤的国民党士兵 9 人，在缴械后仍被日军用刺刀乱捅致死。

11 月 3 日至 4 日 日军飞机连续轰炸襄樊，投弹百余枚，樊城大桥口至江西会馆一带、襄阳昭明台附近和东门街等处房屋毁坏 160 栋，死伤 60 人。

11 月 5 日 日军飞机 3 架两次侵入天门岳口上空，投弹 10 余枚，炸毁民房 8 栋，炸死民众 25 人。

△ 日军飞机 6 架轰炸当阳县城。在南门外炸死黄子明等 200 余人，炸毁房屋 3 间，城内炸死 20 余人。关帝宫、火神庙被炸塌。长坂坡一带挑贩商人被炸死 10 余人。当阳县政府房屋被炸毁，政府机关被迫迁至城北 5 里处季家窑办公。同时，河溶遭轰炸，陈光丙等 110 人被炸死；淯溪也遭轰炸。

△ 日军飞机数十架轰炸荆门县沙洋镇，毁坏房屋千余栋，炸死 2000 余人（亦说 3000 余人）。

11 月 7 日 拂晓，日军侵入随县费家屯，先抢物，后纵火，400 多间民房化为灰烬。随后，日军逼迫屯子里的老百姓到村头稻场集中，用军刀砍，放军犬咬，残杀 22 人。

△ 上午 11 时许，驻扎祁家湾火车站的 2 名日本士兵至黄陂祁家湾张岗村黄正发湾掳掠，烧毁民房 2 栋 9 间。村民四处逃散。20 多名妇女儿童躲避到姚家河堤坡下。日军士兵追至姚家河边，企图侮辱妇女。妇女儿童见状，纷纷跳入河水中，十余名妇女儿童活活淹死。

11 月 11 日 日军飞机 9 架轰炸公安县城南平，投掷炸弹 100 余枚，机枪扫射 1 小时之久，炸死居民肖东屏、谢万元、陈中贤、黄文斌等 150 多人，伤李典发等 60 余人，其中举家死难者有黄文彬家 8 人、谢万元家 5 人、陈中贤家 5 人、炸毁民房 90 余栋、粮仓 1 栋，损失积谷与屯储待运军粮 4000 余石。

11 月 17 日 日军飞机三五成群地轰炸宜昌城区民生公司堆栈一带、下铁路坝、招商局栈房等处，使搬迁到宜昌的申新、震寰、周恒顺、天原等厂以及武汉大学转运处、工矿调整处物资蒙受巨大损失。

11 月 18 日　日军飞机轰炸宜昌城区九码头法国天主教堂，炸死炸伤院内避难难民 50 余人。

11 月 21 日　日军出动飞机 20 余架，在沔城、峰口、通海口 3 处轰炸，投弹 400 余枚，炸毁房屋 500 余栋，死伤居民 600 余人。其中，上午约 9 时，沔城遭受 9 架日机轰炸，商业区下关街被炸毁民房 700 余栋，死伤平民 300 余人。9 时 30 分，峰口镇遭受 20 架日机反复空袭，炸死谢南斗、谢朱氏、谢氏、陶氏、徐德春、何传芳、何瞿氏、王同选、杨公堂等 800 余人，绝户 48 户，炸伤朱书传、黄致德等 450 余名，炸毁黄启新的"黄益大"商行、何传芳的杂粮行、朱经明的"朱隆盛"商行等 150 家，炸毁民房 400 余栋。

11 月 23 日　日军飞机 10 余架 6 次轰炸沔城及沙湖，毁房屋 100 余栋，并用机枪低空扫射居民，死 190 余人。

11 月 25 日　日军放火烧毁花园附近楼子湾民房数十间，并将 27 名无辜老人小孩集中到一间房子里活活烧死。

11 月　日军为防御抗日军民攻击和保障其军运线路畅通，在黄安门前湾、永佳河、桃花、陡埠河、刘家大山、县城（稞子山）、冯受二、上新集、河口等地修筑防御工事，整修据点沿线宋埠至河口公路，每日强征民工 5000 余人，用刺刀和多种酷刑威逼民工为其服苦役。从 1938 年 11 月开始，历时 4 年之久，其间休工之日累计不足 10 天。所有防御工事尤以稞子山地下室工程最为浩大，日军自谓耗工 300 万，死伤民工不计其数。

△　日军强拉民夫 700 余人修筑武昌南湖机场零星工事及飞机跑道，时间长达 2 月之久。

12 月初　日军出动飞机 6 架空袭沔阳县沙湖镇。正街民房 50 余栋，河南岸竹木行一条街民房 100 余栋，悉被凝固汽油弹化为灰烬。炸死、烧死居民 40 余人。

12 月 7 日　2 名日军士兵在黄陂丁王湾欲强奸 1 名中年妇女，被同村村民打死 1 名，另 1 名日军士兵即跑回据点报信。随后，200 余名日军将丁王湾团团围住，肆行烧杀，杀害村民 5 人，烧毁民房 15 栋（共 45 间）。日军还烧杀附近 8 个村庄，残杀村民 150 余人。之后，日军又窜至周李家田疯狂烧杀，周华甫、周乐斋、周五谟等 12 人被枪杀或烧死，周金猷、周献猷受伤（其中 1 人终身残疾），烧毁民房 6 栋 18 间。被烧毁的书籍、文献、屏联、字画和珍藏的古董玩器 30 余箱。

12 月 9 日 凌晨，日军在汉川县分水嘴古潭口、文昌阁、财神庙三地屠杀民众 131 人，其中古潭口一次集体屠杀 80 余人，烧毁元通寺、白云观及民房 60 余户。

12 月中旬 日军包围孝感县楼子湾村，烧死民众 32 人，烧毁房屋 20 余户。

12 月 27 日 攻占崇阳石城湾的日军，在荻洲畈一次屠杀 300 余人，其中徐家大屋被杀 80 余人。

12 月 4 名日军到咸宁小龙潭等地抢劫，行至三班口庙弯山处遇游击队孟有余部，1 名日兵被击毙。当夜，10 名日兵血洗小龙潭，刘觐丹父子等 63 人惨遭杀害，100 余间民房被烧毁。次日，数名日兵到庙弯山找到那具日兵尸体，将卖花生路过此处的两父子捉住，逼其将尸体挖出洗净后，先将父亲杀死取其头合于日兵尸体上，后杀其子以祭日兵。

△ 日军飞机轰炸宜昌城区学院街小学等处，当场死伤学生 60 人，学校被迫停办。

年底 日军第 6 师团第 45 联队第 3 大队上田少佐指令日军在汉口郊区屠杀俘虏 100 余人。

1939 年

1 月 11 日 驻新洲日军出动 100 余人包围潘河乡（今潘塘街）王家寨，将全村男女老幼抓到村前稻场，威逼村民交出王雨廷。众人皆说本村并无此人，日军竟将王声光等 21 名青壮年村民当场杀死，焚毁民房 20 余栋。原来，鄂东游击队黄雨亭部在潘塘附近与日军作战，击毙 2 名日军士兵，日军侦知黄雨亭曾在王家寨住宿，误以为黄雨亭是王雨廷，导致这次血腥大屠杀。

1 月 23 日 驻西安乡（今仓埠街）刘重武村的日军上林辎重队 2 名士兵携枪窜至林家大湾掳掠，将林刘氏强奸。林继元、林继生等人前往营救，将 1 名日兵打死，另 1 名日兵逃跑时淹死。日军找到 2 具日兵尸体后，于 2 月 2 日至林家大湾报复，将林继豪等 66 人杀死，将 184 栋民房烧毁，久病在床的老年妇女林段氏亦被烧死。共死亡 67 人，造成直接经济损失 4190 万元（1948 年 10 月时法币币值统计），其中房屋损失 1740 万元、其他物资损失 2450 万元。

1月下旬　驻山坡日军大佐丸山平八郎所辖之联队队部派兵，赴武昌县（今武汉市江夏区）民乐乡新窑镇（今江夏区安山镇新窑村）附近，围捕李英、罗克恭、杨传尧、李灶保、张荣华、卢国梁等14人，将其杀害于民享乡（今山坡乡）第一保桥头徐村（今山坡乡光星村桥头徐湾）。

2月17日　日军调集黄安县城及周边各地据点兵力，分5路"扫荡"县南地区，血洗30余村，杀害村民100余人，杀伤者无以数计。

2月20日　日军扫荡黄冈县杨鹰岭半边街，杀害45岁的民妇刘氏及其儿子，砍断杨四爹的双脚，在张家铺村街头杀害吴大爹，杀害杨集合岭村龙瑞庭等17人。

△　日军在武穴小桥边毛家坑放火，将全坑57家居民房屋全部烧光。同时，还在全镇捉住郑秋元、桂松尔、郭泰厚、张炳公、胡耀光、王保生、郭德尔等35名无辜居民，用铁丝将其双手反捆，押送到上关宪兵队门口集体屠杀，后将尸体抛入长江。

2月21日　驻团风日军宪兵队斋藤实的1个分队，对回龙山进行第一次"扫荡"，全街共有98户829间房屋，其中68户589间房屋被烧毁。

△　日军飞机9架轰炸宜昌城区，遭炸地段东起环城东路，西至新街，南起献福路，北至北正街，炸毁房屋312栋，万寿宫、晴川书院被毁，炸死230人，炸伤577人。

2月　日军进攻京山县雁门口，先用飞机轰炸附近村落，然后进行搜索，将躲藏在山洞中的60余人全部杀害。当天，6个日本骑兵窜到下洋港西陈桥，用机枪扫射河坡地道，躲在里面的100多民众全部被杀死。

△　日军飞机轰炸黄梅县城正街梅林茂店比邻店数十间，炸死梅冀、安镇澜等9人。日机6架轰炸小溪山、西柳大屋、县行署，炸毁房屋100余间，难民黄松亭子女均炸死。日机轰炸渡河桥，毁屋百余间，炸死程某。日机又轰炸下新，下新上中下3湾被炸死居民70余名，炸毁房屋300余间。

3月1日　日军袭扰京山县三阳陈家冲，将陈天清等8人装进麻袋，捆在木梯上，横吊在斗簸窝一农民家堂屋上，当作刺杀靶子活活刺死。同月，驻扎县城的日军从附近农村抓来32人，指称是盐贩子，拖到南园，要这些人自己挖坑，然后全部推入坑中活埋，活埋时还召集民众围观。

3月4日　日军飞机10架空袭钟祥张家集（当时为三圆乡乡公所驻地，今为张集镇镇政府驻地），对张家集轮番轰炸，炸死 150 余人，炸毁房屋 1000 余间。

3 月 5 日　日酋广赖率日军 200 多人到通城北港仙姑山"扫荡"，用机枪扫杀村民 62 人，烧毁房屋 500 间。

3 月 8 日　42 架日军飞机轰炸宜昌，在大北门、东正街和璞宝街，二架牌坊街、学院街、环城南路、通惠路、中山路一带，共投炸弹 186 枚、燃烧弹 11 枚，弹落市区各街道共 75 处，炸死 395 人，炸伤 430 人，炸毁房屋 739 栋，震倒 383 栋。

3 月 11 日　日军至通城水口乡花墩桥，将逃到广元寺的 50 余人用机枪集体扫射致死。

3 月 13 日　日军在荆门官庄岭（今官庄湖农场场部）东坡屠杀平民 50 余人。当日，日军在林家湾（今洋梓镇鲖岗村第 3 组）焚烧民房 76 间。

3 月中旬　驻钟祥县旧口镇日军出动 100 余人，对金岗口地区进行"扫荡"，屠杀平民 321 人，强奸妇女 56 人，烧毁民房 185 间。

3 月 22 日　日军在崇阳县丁家冲一带枪杀正在犁田的农民 56 人。

3 月 23 日　日军山田部队控制天门县城、岳口一线后，即联络沔阳日军向麻洋、彭市一线骚扰。是日，在汉江对岸沔阳蔡家滩炮击麻洋泊江粮行，当场死伤粮行员工和搬运挑夫 50 余人。

3 月 28 日　日军 10 余人开往崇阳白霓区石角山、丁字坪一带，将田间忙于犁田、插秧的农民 65 人用绳索缚住，押到烧箕窝（即现在的沙园国营茶场下首）荒坪，先用机枪猛烈扫射，再一一用刺刀猛刺，65 人全部死于血泊之中。

3 月　日军在随县朱家湾大屠杀，全湾 50 多户人家，有 30 多名妇女被强奸，31 人被枪杀。不久，日军到魏岗小何家湾，见老百姓躲避外逃，当即用机枪扫射，打死 30 多人。

△　日军飞机 36 架轰炸沔阳沙湖镇，毁房屋 40 余栋，炸死炸伤 60 余人。

△　驻团风日军约 1000 余人从方高坪沿公路向上巴河进攻，杀死村民方应山等 10 多人。进犯日军与鄂东第 17 纵队大队长陈汉章、第 18 纵队中队长向帝成等部激战数小时，鄂东纵队伤亡 70 余人。

春　日军首次会攻大洪山，在京山县三阳镇光武岭建营房、修碉堡，拆毁刘堰、王畈等地民房 73 栋共 321 间，杀害民众 32 人，杀死耕牛 87 头。

4 月 2 日　日军飞机 16 架轰炸襄阳，炸毁十字街至西门 20 余处房屋，街心弹坑约五六尺深。红花园一家后院防空洞被炸塌，21人全部丧生。

4月4日 日军在荆门聂家台子（今钟祥市官庄湖农场境内）屠杀平民22人。

4月8日 驻钟祥县城日军出动400余人，对皇庄以北的董家巷、伍桐庙、太山庙、孔家庙、路家草庙、陈家庙、汪家庙、北新集、连家庙、钱家庙、金家岭11个村庄进行"扫荡"，焚烧1200余户平民的房屋5000余间，烧死老弱平民10余人，烧毁粮食1万余石，用刺刀捅死平民40余人。

4月9日 日军在麻城县周家楼射杀伤民众39人，烧毁12户房屋，抢走耕牛19头。

4月10日 日军在安陆县白兆山下罗堰坦枪杀无辜百姓28人。

4月18日 日机9架轰炸随县县城，大十字街区域一带居民被炸死炸伤800余人。

△ 驻钟祥县城的日军和驻南新集（今九里乡边畈村）、旧口镇的日军共2000余人，分3路对魏家集（今柴湖镇新联村）、中心集（今柴湖镇中心集村）、许家马路（今柴湖镇黄岔堤村）、张家湾（今柴湖镇张家湾村）、孔家滩（今柴湖镇胜利村）等村庄进行"扫荡"，焚烧1000余户村民的房屋4000余间，将老百姓的耕牛、牲猪、粮食全部抢光，同时，屠杀村民300余人，其中100余人被拉到罗汉寺北断山口处用机枪集体射杀致死。

4月19日 日军在通山县岭下徐大门口杀死徐建成、徐康国等15人，在焦下村杀死村民23人。

4月中旬 日军在汉阳县（现蔡甸区）汉阴山烧毁房屋2000余户，杀害百姓300余人。

4月22日 日军龙川部调集驻黄安县城、河口据点兵力200余人，血洗墩王家等村，杀害村民30余人。其中，活埋8人，被杀害后用食用油焚尸者3人。

4月26日 日机21架分3批侵入宜昌城区，轰炸云集路、培心路、西坝及沿河两岸，炸死48人，炸伤67人，炸毁房屋157栋，木船3只。

4月28日 8时，日军飞机10余架空袭冷水铺（当时为钟祥县嘉吉乡乡公所驻地），投掷炸弹36枚，炸死26人，伤8人，炸毁房屋12栋。10时，日军飞机7架空袭石牌镇（当时为钟祥县第三区区署驻地），投掷炸弹15枚，炸死19人，炸伤17人，炸毁房屋35间。11时，日军飞机数架空袭瓦瓷滩附近（今钟祥县石牌镇境内），投掷伤害炸弹数枚，炸死35人。12时，日军飞机数架空袭吴家集（今钟祥县冷水镇境内），投掷炸弹 15 枚，炸死 20 人，伤 60 人。

　△　日军飞机 18 架（亦说 36 架）进入老河口上空轰炸扫射。不少市民聚集在挂有意大利国旗的天主堂躲避，结果天主堂也未能幸免。此次日机共炸死炸伤平民千余人，炸毁房屋百栋以上。

4 月 29 日　日军调集驻麻城、礼山等县各据点及伪县大队兵力，空中以飞机为掩护、地面以战车、坦克开路，大举"扫荡"黄安七里坪一带，打死打伤民众 60 余人，七里坪房屋被烧毁 2/3。

　△　日军血洗黄安县老窑、杨家岔，火烧杨白禄村。4 月下旬，进扰杨白禄之日军井口部队遭国民政府军伏击，死伤 10 余人。井口部队当即向河口据点求援。国民政府军队迅速撤出战斗。日军气急败坏，即对当地百姓进行报复。29 日清晨，日军冲进老窑村，将该村杨宏发、杨春和等 7 名村民押至西地沟，用机枪扫射，其中 6 人身中枪弹，当场死亡。随后，日军又将村里 3 个小孩拖至村东一个废弃的土窑里杀害。接着，日军直扑位于老窑村南边的杨家岔，将躲避不及的黄世立一家 3 口和另外两名村民杀害，将黄世立幼子的头割下，扔在杨家岔村口。返回驻地前，日军欲血洗杨白禄，但该村村民早已外出躲避，空无一人，于是纵火烧村，全村 36 间房屋全部被烧毁。

4 月　驻崇阳白霓桥日军，在枪杀村民汪成方等 10 余人后，借口寻找失踪士兵，将回头乡农民饶会堂等 65 人用绳索缚住，架起机枪扫射，然后用刺刀逐个刺杀尸体，死者内脏外露，血肉模糊。

5 月 1 日　驻扎在云梦隔蒲潭镇的 4 个日本兵到左家巷抢劫、侮辱妇女，被村民赶走。当天日军出动大队报复，包围左家巷及附近的炮竹湾，纵火杀人。烧房 30 余栋 250 多间，杀死左奉元等 20 多人。

　△　向西进犯的一路日军，在随县万店梁家湾，呈扇形包围村庄，见逃跑的老百姓就用机枪扫射，抓住的当即用军刀砍死或用枪杀，一路枪杀老百姓 300 多人。

5 月 3 日　日军 5 名士兵在蔡甸兴隆集附近骚扰，恰逢兴隆乡田湾村田福香出嫁，日军士兵欲对新娘和参加婚礼的年轻女子施暴，被赶来的汉阳县抗日自卫队第 5 中队武装人员击退并俘获日军士兵 1 名。次日 7 时许，日军 270 余人分水陆两路实施报复，烧毁鲍家庄、朱家咀、杨湾、张湾等 20 多个村庄，毁坏房屋 327 栋 981 间，杀死、烧死邱仁贤等 20 人，伤 1 人。

5 月初 日军在麻城宋埠螺壳潭附近一次抓走 50 多人，全部杀害。

5 月 8 日 日军渡边部侵驻鄂城县城 5 个月后即令建立伪合作社，强迫国民投资集股。凡油类、食盐、布匹、粮食、棉花、香烟、广货等日常生活必需之品，需经该社核发许可购运证方能购进售出，其间所得利益供驻军消耗，然所有入股本金至投降逃离时一直未退。

△ 日机两次空袭宜昌，投弹约 126 枚，炸死 22 人，炸伤 25 人，炸毁房屋 36 栋。

△ 14 时，日军飞机 2 架在谷城县城区米粮街投弹 8 枚，炸死余成银等 39 人，伤刘蔡氏等 44 人，焚毁房屋 105 间。同时，日机 3 架于仙人乡投弹 18 枚，炸死安严氏等 35 人，伤孙草花等 32 人，炸毁房屋 10 间；另 3 架于太平店投弹 18 枚，炸死胡王氏等 21 人，伤莫三保等 19 人，炸毁民房 12 间。

5 月 9 日 日军飞机进袭宜昌，投弹 95 枚，炸死 21 人，炸伤 18 人，炸毁房屋 122 栋。

5 月 11 日 日军在咸宁县大屋邵及附近烧毁房屋 800 余栋，杀死百姓 25 人。

5 月 13 日 日军飞机 9 架于谷城县城区投弹 48 枚，炸死郑罗氏等 17 人，伤游国贵等 33 人，焚毁房屋 20 间。同日，日机 18 架于石花街投弹 98 枚，炸死姚明谦等 43 人，伤张王氏等 40 人，焚毁房屋 50 间。

5 月 17 日 日军首次向襄阳进犯，在双沟一带强奸妇女 20 多人，在北门外和陈家坟地屠杀平民 70 多人，并在李桥将老弱妇孺排队刺杀，将公路两旁和双沟街的房屋烧毁大半。

5 月 20 日 日军强迫崇阳石下畈李吉祥等 13 名农民自堆柴垛，钻入其中，纵火将 12 人活活烧死，另一人逃跑时亦被枪杀。

5 月底 日军飞机 27 架在随县城关上空投炸弹、燃烧弹 150 余枚，炸死炸伤 800 余人。

5 月 湖北省政府西迁，置省府行辕于巴东县老村（今茶店子镇茶店子村七组）。巴东县府召开紧急会议，将城内较宽大公私房屋让出，以作临时棲止，并征集大批民夫专供省府各厅处转运重要物品，令所有大船集中以备水道接运。

6 月 3 日 日军到潜江浩口黄家店子、枯树巷、鸡母塔、五贵台（现均为浩口镇许桥村）烧毁民房 83 户，杀害村民 11 人，烧死 3 人，强奸妇女 2 人。

6 月 12 日 驻新洲阳逻仓子埠日军到孔埠实施报复，烧毁房屋 390 余栋，残杀村民 14 人，1200 余人无家可归。

6 月 16 日　驻黄陂横山门协部队 4 名日军来到罗汉寺沈家田湾欲强奸妇女，被村民用锄头打死 2 名，另 2 名于当天下午 7 时许，引日军前来报复，烧毁房屋 106 栋，杀死村民 21 人。

6 月 18 日　国民政府军第 32 师 1 个排在潜江永丰乡第 9 保（现茭芭村 1 组）南泥堤上攻打田关日军据点（据点设在李远济家），被日军河东部队包抄，国民政府军 30 多人全部战死在罐子坑。

△　日军"扫荡"潜江永丰乡刘家祠堂第 8 保（现周矶办事处茭芭村 3 组），群众推荐李国府等人送猪肉等央求日军不要烧杀掠抢。因天气炎热，猪肉变色，日军认为是毒肉，便恼羞成怒，于当晚从田关据点派重兵对第 8 保进行报复。第 9 保是到第 8 保的必经之路，第 9 保保长刘孚敖率保民刘孚文等 8 人及乡民近 100 人，挥土枪刀矛抵抗日军，因械劣势寡，保长刘孚敖和保民刘孚文、刘绪仙、刘孚岱、刘孚武、黎代振、刘孚全、黎代中 8 人被俘活埋，乡民王刘氏、刘金氏、刘王氏、刘昌锐、许汝珍、刘中山、刘孚伦、刘孚登、刘孚裕、刘己姑、刘谦贵、刘癸巳、王良发、刘生海、刘益新 15 人被当场刺死。随后，日军又杀死刘孚作、刘孕年、许汝生、刘孚申、刘中高、刘生元、刘万生、刘孚权 8 人。日军在第 9 保杀人的消息传到第 8 保，第 8 保的民众四处逃散。日军到第 8 保时，见男人就杀，见妇女就强奸，连老幼病残也不放过。当时，被日军杀死或烧死的有刘昌亨、唐绪权、关显易、鄢老大、刘昌典、刘其康、刘其浩等 11 人，被强奸的有李麦英、刘羊儿、傅安子、陈宝英、黄小宝、刘何氏 6 人。日军还在两保放火焚烧，共烧毁民房 241 栋 690 间。

6 月 23 日　日军在咸宁大屋万遭国民政府军第 197 师沉重打击后，于次日拂晓集 500 左右兵力包围大屋万、畈背万、万家山等 9 个村庄进行报复。村民中被机枪射死、浇油烧死、刺刀戳死、狼狗咬死者达 108 人，房屋被烧毁 420 余间。

6 月 24 日　鄂东游击队黄雨亭部便衣吴老三在新洲城北冷水潭击毙日军高桥达吉联队 1 名士兵。日军高桥联队出动 100 余日军在新洲镇郊董家套、胡家湾一带（时属黄冈县第 5 保董家套）进行报复，烧毁城北张港、李家坟、汪套上湾、汪套下湾、程家湾、邱家咀、彭喻家湾、叶家湾、廖四方湾、细梅湾、胡家湾、三源湾、邱家湾、鸦雀湾、王家湾、夏林湾等 17 个村庄民房 735 栋，抓走汪少仁等 76 名村民（有名有姓者 62 人）。26 日下午，日军在罗家大树下将被抓村民全部枪杀后，推入举水河，仅汪新成被刺伤前胸因善于泅水而幸免。

6月　日军在新洲阳逻仓子埠附近烧毁4个村庄，烧死村民300余人。

△　日军陆空联合大举进攻位于黄梅中湾桥之县府行署，在大洋庙、柳家畈、中湾桥一带大举轰炸，炸死男子胡二旺等100余人、妇女汪余氏90余名，炸伤吴延龄、柳四清等60多人，破坏房屋、毁弃财产值20亿元，掠夺衣物财产值15亿元，损失中湾桥公营合作社食盐12900多斤，其他货物值5亿余元。

7月4日　日军飞机6架投弹10枚轰炸广济县城，致使17人死亡。

7月7日　日机18架轰炸巴东县城，投弹60枚，炸死居民23人，伤5人。

7月12日　日军飞机18架轰炸巴东县朱家巷正街，投炸弹23枚、燃烧弹5枚，致使56人死亡，57人受伤。

7月18日　深夜，日军200余人分3路袭击黄陂王家河。北路直趋国民政府军游击队驻地柑子树刘湾，在高庙将8名和尚带走，在殷杜湾前将趁夜凉割谷的农民及8名和尚砍死在田中。次日拂晓，日军抵柑子树刘湾，将村庄团团包围，游击队除队长梅德明及小部队员突围外，其余全部战死。北路日军占据柑子树刘湾后，3路日军合围，在王家河两岸各村进行搜捕。下午2时左右，日军在王家河把人群全部押至石丘集中，把人分成5至9人一排集体砍杀。事后，在现场能辨认的尸首有232具，无法辨认的尸体100余具。同时，日军还在王家河烧毁民房40栋。

7月20日　日军到随县金屯"清乡"，一次杀害54人，其中用军刀及机枪杀死农民41人，活埋、军刀肢解国民政府军侦探13人。

7月　日军在炮火掩护下"扫荡"潜江周矶永丰垸舒家台（现周矶办事处永丰村4组），村民许夕金、唐世贞、唐绪才、刘士才、张孝儿、杨成亨、舒士友、刘其显、桂婆婆、孙志大、彭二元、欧阳功泽、菜子、姜长工14人被日军枪杀和炮弹炸死。

8月4日　日军飞机5架投炸弹39枚轰炸随县安居镇，致使30人死亡，21人受伤。

8月6日　日军飞机28架分2次投炸弹61枚、燃烧弹20枚轰炸宜昌城区及近郊，造成人员死亡471人，受伤92人，炸死耕牛2头，炸毁房屋115栋，震倒21栋，炸毁在宜昌的英轮两艘、木船47只。

8月6日、12日　驻阳逻镇日军先后两次到刘集乡（今新洲区双柳街）"清乡"、"打掳"，抢劫财物，强奸妇女，村民奋起反抗，日军枪杀魏宏喜、魏宏达、魏宏升、戢才康等8人之后，又抓捕并残酷杀害戢茂雄、胡祝宾、叶腊苟、吴大林等25人，共枪杀无辜群众33人。

8月7日　日军分3路到黄陂小杨湾、王家湾、彭家湾掳掠，在小杨湾抢生猪3头、鸡200只，逼送竹床铺板20件，烧毁房屋8间；在彭家湾抢走耕牛1头，搜得鸡蛋200斤；在王家湾威逼联保主任送鱼送肉。8名日军士兵在王家湾欲强奸村妇，遭遇村民反抗，逃回据点，谎称王家湾有新四军。后90多名日军士兵来到王家湾、严家湾、大吴湾搜捕。日军在王家湾枪杀3名未躲避的村民，烧死村民10余人，烧毁房屋5栋（15间）；在大吴湾刺死18人，活埋龚学忠、龚学云兄弟，烧毁房屋34间。

8月12日　湖北省政府主席陈诚到监利县视察，引起日军飞机轰炸监利，炸死炸伤居民300余人，陈诚也险遭不测。县政府机关由周老嘴再迁堤头。

8月29日　日军在钟祥县米家坡（今长滩镇青龙鞍村境内）枪杀平民70余人。在长滩引河、宋家庙、谢家庙等地杀害平民110人，烧毁民房数百栋。

8月31日　日军飞机1架空袭宜昌城区，投弹8枚，造成12人死亡，11人受伤，炸毁房屋3间，震倒2间，炸毁木船5只。

9月1日　深夜，日军200余人分3路袭击黄陂信义乡王家河。途经高庙，将8名僧人砍死。次日拂晓，日军在柑子树刘湾向国民政府军游击队发动进攻，大部游击队员战死。14时左右，日军在王家河将村民全部押至石丘，分成5至9人一排，用刀砍杀。事后在现场能辨认的尸体就有278具（有名有姓者232人），无法辨认的尸体100余具。此外，日军还在沿途各村杀害村民120余人，烧毁民房38栋。

△　日军从大冶铁山调派工人开采西雷山矿石，于月亮石沿江一带采掘铁矿石，所得铁矿石用轮船运走，历时3年，至1942年方告停止。

9月5日　日军飞机3架对沙市城区连续投掷18枚炸弹、1枚燃烧弹，致使19人死亡、33人受伤，炸毁房屋18栋，震塌房屋5栋。

△　驻黄陂某据点日军血洗黄安县太平桥李家田村，杀害村民2人和临时驻扎该村的新四军某部医疗队伤病员约20人，烧毁全村房屋。

9月11日　日军出动飞机3架轰炸通城县锡山附近，并用机枪向中国军民扫射，死伤100余名，烧毁房屋50余间。

9月11日　日军飞机18架轰炸巴东县城，投弹55枚，炸死居民18人，伤8人，炸毁民房167间。

9月17日　日军飞机3架在沔阳县（今仙桃市）上空投炸弹数枚。同日晚，日军占领仙桃镇（今仙桃市城区），烧毁、拆毁房屋1149栋，强奸妇女10多人，杀死居民肖桂生、郭又坤等20余人。

9月20日　日军飞机3架轰炸通城县鼓鸣山并用机枪向军民扫射，死伤100余人。

9月21日　日军飞机数架向宜昌城区投下重型炸弹，东门、北正街、新街等一带大片房屋被炸毁，死伤民众1000多人。仅廖家台一防空洞就有40多人被炸塌的防空洞压死。

9月27日　日军"扫荡"潜江周矶赵双乡第6、7两保（今周矶办事处黄场村5、6、7、组），烧毁民房227栋681间。村民刘孙氏被活活烧死，隗家银、袁书华、陈德远、魏友香、杨先才、魏兴明、杨文远、李书林、李远兆等29人遭炮炸、枪击、刀杀身亡。

9月28日　日军飞机3架在黄梅县下新地段上湾扔下4颗重型炸弹，当场炸死36人，其中高寿山一家9人、李大周一家4人全被炸死。

9月　日军飞机轰炸黄梅县独山，炸死村民刘应老、李细毛、唐桂香、唐菊香、徐二奶、李黎氏、李柯氏、李陈氏、李海棠、何老三10人，炸伤何占记、石大旺、何香谱、李树彩、李金春、刘五金、李银山、黎渭川、何毛和等12人，炸毁民房80余间。

△　第一次长沙会战，日军经过崇阳县桂口乡，烧毁房屋4000余栋，杀害平民100余人，劫掠财物无数。

10月3日　日军飞机轰炸来凤县城，炸死炸伤42人，炸毁房屋188栋。

10月14日　美国空军志愿队飞机轰炸汉口王家墩机场。陈春山、廖祖胜、高椿庭、程惠群、陈大发等106名苦力死亡，万天才等18人重伤，51人轻伤。伪武汉市特别市政府依死亡者每名300元、重伤者（肢体残缺者）每名100元、轻伤者每名50元给予抚恤，应发抚恤金36150元。"尚有被炸死伤苦力未经注明受恤人及住址者夏金堂等计20名迄（1940年3月13日）无亲属及炸伤本人来厅请领"。

10月15日　日军飞机9架，盘旋秭归县城2小时许，轰炸3次，投弹数10

枚，毁中正街、唐家巷、公井巷、景新门、左筹道、城陀河街等处房屋100余栋，县政府房屋大部分被毁，死30余人，伤40余人。

10月17日　日军8架飞机在钟祥县长寿店用机枪对赶集的人群扫射，同时投弹1个多小时。长寿店居民和赶集者被炸死、打死150余人，伤300余人，民房被炸毁80余间。

10月25日　日军飞机9架空袭钟祥乐乡关（当时属钟祥县丽山乡区域，现为钟祥市双河镇乐乡关村），炸死20余人，炸伤3人。

10月　日军强迫战俘、民夫7000余人恢复大冶铁矿生产。同月，日本山下株式会社在黄思湾成立"大冶煤炭株式会社"，大肆掠夺大冶、阳新、鄂城、蕲春等县煤炭资源。

11月3至4日　日机轰炸荆门县城，约50人死亡，60人受伤。

11月15日　日军驻永河、桃花据点玲木部血洗黄安樊家畈、王家咀等村，村民死伤300余人。栗林店一带樊、江两姓的房屋，被日军烧毁过半，财产损失无以计数。其中，王家咀全村房屋、粮食、农具全部被烧毁，5头耕牛被抢走。

11月下旬　日军将鄂城九门万里男女诱骗至村稻场，用机枪扫射，焚屋而去，死90余人。

12月8日　日军飞机轰炸来凤县城，炸死炸伤53人，炸毁烧毁民房370栋。

12月18日　日军1个连包围咸宁县大屋雷下新屋等村，将村庄及1幢宗祠、1所学校烧成一片火海，枪杀村民132人。

△　日军飞机64架3次轰炸来凤县城，共投爆炸弹约390枚、燃烧弹约45枚，炸死23人，伤30人，毁坏房屋210栋，无家可归的难民2551人（大人1665名、儿童886名）。来凤县政府会同空袭救济联合处依大人2元、儿童1元，实发救济款法币2996元。

12月31日　日军在安陆县邹家大堰枪杀无辜百姓24人。

1940 年

1月1日　日军飞机6架轰炸通城县羊石岭，投弹20余枚，并在飞机上用机枪狂扫，致使军民死伤100余人。

1月3日　日军在安陆县伏水港梨子凹将19名无辜平民屠杀。

1月4日至7日　国民政府江防军在潜江聂场（现天门市多宝镇）沿岸与多

宝、张港一带发动对日军的冬季攻势,反复激战后撤退。多宝邹家花园一带村庄遭到日军洗劫,先后有 128 人(大多为周围村民)被刺杀活埋庙台"百人坑"中(其中男 81 人,女 47 人),还有 96 家房屋被烧毁,耕牛、农具、商铺也被严重毁损。

1 月 8 日 日军飞机 8 架轰炸石首县藕池(现属公安)正街(中山街、河街),居民房屋、商店全部炸毁,炸死炸伤居民 100 余人(其中学生 20 余人),炸毁房屋 100 余栋,杨泗庙小学和智泉街教会小学被炸毁。

1 月 9 日 国民政府军 32 师猛攻潜江马家台(现园林办事处马家台村)日军,日军飞机在马家台附近轰炸,炸死 105 人(其中男 48 人,女 57 人),炸伤 62 人(其中男 18 人,女 44 人)。

△ 日军飞机 4 架轰炸公安县城南平北门,投弹 30 余枚,炸死居民李家燮、雷清节等 50 余人,炸伤李平卿等 10 余人,炸毁龚道华等房屋 10 余栋,粮船数十只,损失大米 1000 余石。

1 月中旬 日军飞机 6 架空袭钟祥石牌镇(当时为钟祥县第三区区署驻地),投掷炸弹 20 枚,炸死居民 100 余人,炸毁房屋 20 余栋。

1 月 16 日 日军飞机轰炸潜江杨家场,炸死 37 人(男 17 人、女 20 人),炸伤 47 人(男 42 人、女 5 人)。

1 月 26 日 日军飞机 18 架轰炸当阳县城,炸死朱保青夫妇等 59 人,毁房 10 余栋,城隍庙被炸平。

2 月 3 日 日军血洗黄安八里湾地区,在上、下细吴家湾及中和司、卓旺山和东西大河畈、朱胡亮、毛岗等村,杀害村民 800 余人,烧毁房屋数百栋,上细吴家湾房屋全被烧毁,无一幸免。

2 月 25 日 日军飞机轰炸宜昌,迁建委员会用来装载从湖南运至宜昌待运重庆的百余吨锰矿的数只木船被炸沉,货物损失殆尽。

2 月 29 日 驻黄冈团风日军数百人血洗上巴河,杀害 60 多人。

3 月 15 日 汉口区尸棺掩埋委员会掩埋事务所从 3 月 1 日至 15 日在洪益巷、三马路、汉防营、山陕北里等处收检无名尸棺 443 具,掩埋于汉阳仙女山、汉阳六角亭。此前已收检、掩埋 3 次计 568 具尸棺。

3 月 16 日 日军飞机 6 架轰炸巴东火焰石,投弹 15 枚,炸沉民生公司民主轮，船上 500 名伤兵全部遇难。

3 月 17 日　驻孝感县东阳岗日军 100 余人进双峰山"扫荡"，途中烧毁涂巷乡胡家大寨，在周家大湾杀害无辜百姓 26 人，重伤 4 人。

3 月　日军屡犯襄河，当阳县政府奉令构筑国防工事，以胡家场、慈化寺、小烟墩集、庙前为第一线，半月山、黑土坡、县城、干溪为第二线，鸦鹊岭、双莲寺为第三线，为此征调民夫 25000 人。

4 月 29 日　日军飞机 9 架空袭钟祥关家山（今胡集镇转斗湾境内）国民政府军军用浮桥，炸沉木船 230 余只，炸死船民 300 余人。

4 月　日军在钟祥金岗口狗树湾树林（今钟祥市旧口镇）枪杀平民 85 人。

△　日军推行"以战养战"政策，在洪湖新堤开设日华油脂株式会社、三井物产株式会社、鼎昌杂谷集组合、木下洋行、佐佐木洋行、新兴洋行、大山洋行、德诚公司、桐生洋行、三兴株式会社、日华麻业株式会社、十合公司、谷口洋行、三隆洋行、林田洋行、斋藤洋行、福利洋行、东棉洋行、志手洋行、松幸洋行等 20 家洋行，掠夺生活和生产资料。英商亚细亚火油公司和美孚洋行在新堤的业务，也由日军接管经营。日军将仙桃油榨湾、傅家台、龙华山、钱沟村等约一平方公里的土地划为"日化区"，拆毁"日化区"内房屋 2818 栋，财产损失约 4586100 元。随后又拆毁菜园村、钱沟村 100 多家民宅，侵占大片耕田。

△　日军在大悟县三里城、大新店一带"扫荡"，焚毁房屋 187 栋，杀害段才圣等 27 人。

5 月 2 日　日军飞机反复轰炸襄阳、樊城两城，死伤居民 100 余人。

5 月 4 日　日军飞机 33 架轰炸樊城和张家湾。在樊城炸死 220 人，炸伤 130 人，炸毁房屋 11 栋，炸沉帆船 80 只。在张家湾炸死炸伤 1000 余人，烧毁房屋 300 多间，国民政府军第 173 师在张家湾的火药库亦被炸毁。

5 月 5 日　日军飞机 60 余架分批轰炸光化县城及老河口，光化县城仅有 2 条大街，被轰炸后无一栋完整房屋，到处是被炸得血肉模糊的尸骨。美美食店被炸情况最惨，该店 12 人躲于店后防空洞中，因洞被震塌全被窒息而死。

5 月 8 日　田贞人等日军在宜昌县土门垭杀死平民 58 名，抢劫耕牛 51 头、猪 196 头。

5 月 13 日　日军在钟祥杨家湾（当时属钟祥县长吉乡区域，今为钟祥市客店镇杨家庙村）屠杀平民 36 人，烧毁房屋 34 间。

5月17日　日军侵犯枣阳八里坡，将无辜平民300多人屠杀于九口堰堰滩。

5月19日　日军飞机数次轰炸江夏法泗洲地区，炸毁法泗镇民房50余栋，炸毁周家湾、黄狮咀、株林、后屋等10余村湾民房200余间，死难彭幼章、刘声列等30余人。

5月28日　日军飞机8架轰炸宜都县安福寺镇，炸毁民房15栋，震倒34间，第三区署及中心小学均被震垮。

5月　日军在钟祥胡家集白云山大举搜山，在罗堤沟抓住避难群众徐正谦、刘安祥等95人，先用机枪扫射，后用刺刀戳杀，无一生还。

△　日军飞机在宜昌县河西一带炸毁房屋500余栋，仅刘家湾村、黄家棚就炸死74人。

△　日军强迫黄冈杨家岗等村50多户农民，将快要成熟的250多亩农作物改种鸦片。

6月1日　日军第3师团攻陷襄阳，大肆屠杀，襄阳城内来不及逃离被搜出者无一幸存。日军又纵火将东街、南街的房屋全部烧光，其他街的房屋也烧毁70%。日军还向樊城发射近万发炮弹，不少贫民中弹身亡，樊城集市全部摧毁。

△　日军飞机12架在谷城县城区投弹48枚，炸死郑中福等24人、伤邓佩祥等23人，毁房315间。

6月1日至3日　日军飞机轰炸南漳县城21次，投弹120枚，炸毁民房700余间，炸毁国民党县党部、县政府、民众教育会馆、商会公房数十间，炸死150人，伤70余人。同时，轰炸南漳武安镇23次，投弹150枚，炸毁房屋800余间，死伤270余人。

6月3日　日军轻型轰炸机轰炸宜都，炸毁炸倒商店民房260余栋，县政府、县救济院、民教馆、公安局及各庙宇祠堂完全被毁。经调查，日机此次在孝圣庙炸死9人；在善堂、吕祖阁、大巷子、合江门炸死老妇7人、炸伤儿童4人；曾任区长的刘忠桂夫妇被炸死；在县政府炸死政警3人，炸伤士兵2人；在四牌楼临江门、右司街、左司街炸死炸伤乡民30多人，挤压死亡12人；在向家巷、王家巷炸死妇女9人，炸伤儿童5人；在难民收容所投弹2发，炸死皖豫难民10多人，炸伤的47人亦因医药缺乏先后死亡。西正街市场一带居民因无法住宿、生活，被迫投河自杀有几十人，因轰炸恐怖而成疯癫者有100多人。自此日起，日军飞机每天必有2至3架盘旋侦察，沿江扫射，县内大小轮舟、民船被炸沉

233 艘。

6月4日　日军侵占宜城县城后进犯至璞河镇杨家洲搜杀躲藏于芦苇滩的难民，杀死杀伤难民总计1000人以上。

△　日军飞机3架轰炸宜都红花套，5日轰炸白洋，7、9日轰炸古老背。在红花套炸毁小学1所，焚毁民房5栋，炸死9人，炸伤13人；在白洋炸毁庙堂1所、祠堂1所，炸毁商店7栋，炸倒5栋，死伤19人；在古老背炸毁兴山寺小学1栋、沿江民房8栋、新街民宅3栋，死16人，伤20余人。

6月6日　日军飞机3次轮番轰炸江陵县郝穴镇，炸死居民158人，炸伤无数，炸毁房屋53栋。同日，日军飞机2架在熊河上空投掷炸弹，将镇上150多户茅草房烧毁。

△　日军飞机轰炸枝江县城，炸死81人，炸毁房屋数栋。

6月7日　日军飞机轰炸宜昌城区，炸死17人，重伤18人，轻伤12人。

6月7日和9日　日军分别出动9架飞机空袭古老背，11栋民宅被毁，李启军等23人被炸身亡，25人被炸伤，具有150年历史的纺织娘娘庙元后宫被炸毁，兴善寺小学教室被炸。古老背镇人口外逃，十室九空，余下不足100人。

6月8日　日军由南漳侵入远安，分兵侵占宜昌、当阳，过境洋坪、徐家棚、旧县、县城，沿路烧杀淫掠，虐杀平民18人，重伤9人，轻伤3人。是日，日机7架轰炸远安县城，国民政府军设在城内马怡兴家的武器库被炸毁，炸死15人，重伤8人，轻伤14人。日军过境时纵火焚烧房屋5000余间，城隍庙、西凤楼、宣化坊等20多处古建筑化为灰烬。

△　日军在当阳县河溶雷家港一带杀害平民18人，强奸轮奸妇女10多人，烧毁房屋1000余间。

6月9日　日军飞机9架轮番轰炸鸦鹊岭、土门和宜昌城区。日军占据土门后大肆搜杀群众，烧毁房屋，仅在车站附近就烧掉100多户住房，只剩下9户。林大包一个砖瓦窑，日军把杀死的人丢入窑内，名曰"丢尸窑"，几次丢入尸体200多具。在通向鸦鹊岭的交通线上烧掉1070栋房屋。

6月初　日军在宜昌县土门涂家岩两次屠杀农民170多名。其中：将彭国萃等22人让狼狗咬着取乐；将李金龙3岁的孩子挑在刺刀上戏逛；将段华廷的姐姐让狼狗咬破肚皮，拖出胎儿，取出心肝炒熟下酒；逼廖仁山奸其80多岁的老母，廖不从，母子被杀；将陈××等6名十一二岁的女孩轮奸致死；将70多岁的田××先奸后杀。

6月上旬　日军飞机9架空袭钟祥乐乡关（今钟祥市双河镇），炸死15人，炸伤14人。

6月10日　日军占领鸦鹊岭后，首先烧拆房屋，在街上烧房50多栋，在红土保烧房58栋，在赵河烧房30多栋，在双堰烧房30多栋，在杨档烧房10栋，在郭畈烧房50多栋，在童畈烧房17户、拆房140户，在三河烧房50多栋。同时，肆意屠杀农民，将汪兴桥等36人拉到郑家堰角集体枪杀，在红土保捉杀270多人，其中杀成绝户的有15户。在朱石包，日军将8名妇女先奸后杀，将4名幼女强奸致死，先后整死妇女（外地的不计算）86人。

6月12日　日军第13师团骑兵第17大队首先从杨岔路突入宜昌城内。日军进入城区后大肆奸掳烧杀，二马路、通惠路、云集路、环城东路、环城南路、东门外正街、大北门外正街、福绥路、一马路、南湖、大公路一带房屋，均惨遭焚毁，浓烟滚滚，3日不散。幸免的商店、住宅除老城区外，亦全被日军拆去房屋木料充当燃料而毁。宜昌城沦陷后，没有隐蔽或转运走的货物，包括商家店铺、银行货栈都被日军洗劫一空。日军将抢掠之物资用300余辆汽车和100余匹骡马，连运5天，运至大公路、杨岔路集中。火光村大片森林在日军占据时期被砍光，一是被日军修筑牛鼻子岗上的工事所用，二是被日军作燃料。

6月15日　日军第13师团藤奇部队烧毁江陵县沙市江防街房屋50余栋，杀死平民10人，逃往四郊露宿的妇女30余人被强奸，因露宿得病致死的90多人。

6月19日　日军飞机7架轰炸远安县城，炸死邬桂大等平民18人，重伤8人，轻伤5人。

6月24日　日军占领枝江县董市后，逮捕居民100余人，每日严刑拷打，致4人死亡；强奸轮奸妇女数十人，数人被逼投江而死；将乡民董传世、时大洪等4人诬为游击队而杀害；在董市建立军事区，每天强拉300多居民做苦力，拆毁房屋100间以上。

6月　国民政府军第31集团军自河南移防南漳，总司令汤恩伯抵抱信坡响水洞，日军飞机9架临空轰炸、投弹50余枚，民众躲避不及，被炸死37人、伤70余人，民房被炸毁50余间。

△　日军逼近当阳，连日轰炸清溪、河溶及县城。清溪死80人，毁房20栋。河溶死60人，毁房20栋。国民政府军将供转运军械用而来不及运走的300

余只民船集中在育溪河卢家湾焚烧，将万城、赵家渡、河溶、两河口等处所搭浮桥的百余只民船毁之一炬。

　　△　日军 232 联队中队长森山精二率部在当阳干溪焦堤、杨家河等地烧杀奸淫，杀害农民张逢春、王科富等 160 余人，强奸王夏氏、王马氏等 10 余人，烧毁房屋 100 余间，抢掠猪羊 200 余头。

　　△　日军在天门岳口受到地方游击队袭击，敌酋乔本率队捕捉可疑乡民张道鑫、金兆雄等 11 人，游街 3 日后押赴保安桥附近当活靶用吊炮射杀，对未死者又用刺刀一个个刺死。

　　△　日军在当阳育溪曹家洲以捉中国"探子"为由，一次杀害平民 20 多人，活剐双目失明老人曹生资，烧毁房屋 13 户。

　　△　日军在潜江竹市当铺（现竹根滩镇竹市村），将被俘的 13 名新四军战士活埋。

7 月 3 号　日军飞机空袭三斗坪、太平溪，炸死 32 人，重伤 50 人。

7 月 12 日、25 日　日机 9 架轰炸巴东县城，投弹 50 枚，炸死 67 人，重伤 35 人，轻伤 50 人，受灾居民 255 户。

8 月 15 日　日军飞机 9 架对监利堤头进行 1 个多小时的狂轰滥炸，炸死炸伤平民 300 余人。

8 月 18 日　日军飞机 13 架轰炸长阳县龙舟坪，投弹 36 枚，造成 19 人死亡，2 人受伤，炸毁民房 3 栋，损坏民房 23 栋。

8 月 19 日　日军在当阳玉泉寺枪杀僧人 25 人，枪杀平民 5 人。3 天后，玉泉寺毗卢上方殿失火，因无人施救，全部被烧毁。

8 月 27 日　日军在黄梅县路塘乡砂螺嘴施放毒气毒杀 22 人，年龄最大的 71 岁，最小的只有 8 岁。

9 月 3 日　日军飞机 20 架轮回轰炸巴东县城，3 次投弹 47 枚，炸死居民、农民、外籍难民 56 人，伤 55 人，坠水死亡 45 人，炸毁民房 128 间，炸沉木船 2 只，炸沉民生公司民源轮、民铎轮、铁驳船各 1 艘，上海大达公司 2 艘千吨级货轮自沉江底。

9 月 9 日　日军 13 师团大佐中竹率领士兵 300 余人，从当阳到枝江县问安寺一带巡查防御工事，纵士兵将张家文等 49 户金银首饰抢光，抢掠耕牛 27 头、猪 90 头、鸡鸭 169、川盐 5 担、香油 400 余斤、糖 4 包（每包 100 斤）及银元

1800 元，同时将捕捉的一名游击队员当作靶子，令士兵练习刺杀而致死。

　　△　日军偷袭新四军豫鄂挺进纵队设在安陆县柏树黄（湾名）的被服厂，杀害被服厂指导员翟贵德等新四军干部战士 34 人，杀害柏树黄平民 10 人。

　　9 月 12 日　日军飞机 6 架轰炸巴东县城，投弹 25 枚，炸死军民 34 人（其中士兵 26 人），伤 54 人，县立中心小学校舍、天主堂教堂及炎帝宫均被炸毁。

　　△　驻孝感应城日军在许家幺湾，将许金庭、许银庭、许文昌、许文楚等无辜群众 13 人抓走，押至孝感杀害。

　　9 月 26 日　日军 100 多人"扫荡"当阳县新村徐家湾，杀害平民 40 余人，强奸妇女 30 多人。1 月后，又烧毁徐家湾房屋近 200 户，杀死平民 30 多人。

　　9 月　日军园部队为增派军队、强化军事占领、修建军事工事，在汉口江岸赵家条、罗家庄一带，强行驱赶居民，野蛮拆除民房，挨家挨户掠走财物，闯入店铺，洗劫商品。放火烧房，共拆除、烧毁民房 263 户。同时，日军为加快征地速度，采用推土机或车轧的办法，大肆毁坏农作物，造成大片田地荒芜。日军强行征用永清寺、法雨寺、法觉寺及古德庵等 5 处（其中永清寺有 2 处）寺庙用地，迫使僧人、尼姑逃离寺庙，靠乞讨维持生活。共霸占宅基地 1242 方尺、青苗用地 886.7 亩、寺庙用地 1066.7 亩和工商企业房产及道路。日军还在被拆迁民房的居民中强抓苦力去修建军营工事，对不服从者，轻者鞭打，重者狼狗撕咬，甚至随意处死。数百人被抓去做苦役，伤残、失踪、致死者达数十人。除赵家条、罗家庄外，日军放火还波及到邻近的三眼桥、九万方、万家墩等地，工商企业、银行、洋行、各类店铺、寺庙、历史遗迹也被烧毁。伪汉口市政府给罗家庄、赵家条被拆迁李兴发等 263 户"酌予补偿"，计大人 632 名，拟每人发给 5 元，合军票 3160 元，儿童 315 名，拟每人发给 3 元，计军票 945 元；青苗 886.7 亩，每亩拾元，合军票 8867 元；瓦屋 40 栋，估值军票 75600 元，拟按四成实发军票 30240 元；草屋 113 栋，估值军票 11390 元，拟按四成实发军票 45056 元，计私有 1157.7 方，估值军票 16381 元，拟按四成实发军票 6552.4 元，计私有 830.3 亩，估值军票 99636 元，拟按四成实发军票 39854.4 元。总计实发军票 94174.8 元。罗家庄、赵家条一带官产屋基、地亩及日本火葬场未经估价，未给予补偿。此外，伪汉口市政府因日军园部队征用葡侨扎扎比也土地（罗家庄路旁—天星花园），支付地价 13500 元，"其余搬迁移栽及损失等费尚待核定"；支付给天星花园业主罗女士罗家庄园地地价及其他各项搬迁移栽及损失等费计法币 41400 元；

支付德侨孟德土地地价军票 37000 元。

10 月 2 日　日军飞机 6 架轰炸巴东县城，投弹 24 枚，炸死军民 29 人，伤 13 人，炸毁民房 26 间，炸沉木船 2 只。

11 月 3 日　国民政府军第 33 集团军 179 师由河南邓县移防远安，下午抵萧家堰，日军飞机 20 余架临空轰炸，投弹 60 余枚，并以机枪反复扫射 10 余分钟，炸死 179 师 537 团官兵 150 余人、马 20 余匹，炸死平民 80 余人、伤 30 余人，炸毁房屋 90 余栋。

11 月 25 日　日军飞机 27 架轰炸远安县城，炸死平民王德安、王光成、熊腊珍、陈光炳、王道全、陈邦生等 21 人，重伤 28 人，轻伤 21 人。同日，日机 25 架轰炸远安栗溪，炸死 12 人，重伤 2 人，轻伤 5 人。

11 月 28 日　日军飞机轰炸武昌县梅林乡（今舒安乡）五里墩、新旧铺、涂村下屋、易家湾、易环村、十方庵、陈师村、竹林咀及毗连鄂城的涂家垴、王村、涂村等村，炸死平民易陈氏、易同利、易胡子、乔万兴、陈宜勇、明安荣等 10 余人。

11 月　日军在枝江董市大堤处强奸妇女彭伍氏等 20 余人，烧毁房屋 170 栋。

12 月 1 日　日军飞机 2 架空袭钟祥转斗湾（今钟祥市胡集镇），炸死 15 人，炸伤 27 人。

12 月 11 日　驻张港（现属天门市张港镇）2 名日军到潜江竹根滩沙街村寻"花姑娘"，1 名被国民政府军游击队打死，1 名逃回。当晚，日军到沙街村报复，途中杀害逃难的母子 2 人，随即放火烧毁杨家湾、张家洼子、矮人湾、谢家榨和槽坊湾 5 个自然村和沙街镇，打死余三姑（女）、余利雄、李张氏、刘其才、杨幺妹、李秀尧、陈铜儿、周庚儿、周贞儿、殷贵秀等 39 人，重伤刘正杨、张卯儿（女）、张书贵 3 人。

12 月 16 日　日军 3000 余人进犯远安栗溪地区，虐杀平民 63 人，重伤 7 人，轻伤 3 人。

12 月 20 日　日军飞机轰炸广济县梅川镇，炸死居民 30 人，炸伤 20 余人。

12 月 26 日　日、伪军"扫荡"安陆赵棚抗日民主根据地，途中血洗土桥街，杀害平民 24 人。

12 月 30 日　日军飞机 9 架空袭恩施西北正街、体育场等地，投弹数十枚，炸死杨寿生、何连长、向幺弟、何杨氏、林郑氏、杨袁氏、吴周氏、邬余氏、向王氏、阮罗氏、任寿氏等 1 男 4 女 7 童共 12 人，重伤 3 男 1 女 14 童共 18 人，轻伤 6 男 3 女 7 童 16 人，炸毁房屋 13 栋。

12 月　新四军某部将日军从麻城宋埠到桃花的电话线截断，日军追踪到黄安县吴家细湾，咬定该村是新四军的据点。该村老幼除 2 名外出者幸免外，其余全被日军杀害。

1940 年　日军第 13 师团占领当阳后，其辎重兵及野战步骑分驻当阳各地，计有 48 处。日军在当阳除广劫民财、修建据点外，还强制推行毒化政策，发放鸦片烟执照，奖励种烟，当阳吸烟者达 1619 人，日军一年榨取烟税为 71924887 元（法币）。

1941 年

1 月 8 日　日军在通城县磨桥乡竹坡屋杀死李玉寿等 20 余人，在富贵石用机枪扫杀黎怀之等 100 余人。

1 月 17 日　日军飞机 9 架空袭钟祥县政府转迁驻地李家垱，炸死 49 人（其中军人 1 名），炸伤 17 人（其中军人 1 名）。

1 月 18 日　日军"扫荡"宜昌县峰溪、龙泉、社林、新河、新溪、普咸、罗泗 7 乡，焚毁民房 947 栋，残杀赵终五、赵禹楼、易寿宏等 275 人，掳去 306 人，抢劫耕牛 198 头，且将未运走的农具、粮食淋油焚烧。

1 月 27 日　日军在孝感张河湾青山口一带杀死平民 30 余人，烧毁张河湾全村。

△　日军井田部队在孝感青石板一带烧毁民房 600 余间，枪杀男女老幼 20 余名。

2 月 10 日　黄冈县境内的马弄村民百余人上坟祭祖扫墓，一小股巡逻日军经过，无端举枪扫射，打伤打死无辜百姓 100 多人，火烧松杨村房屋 2 栋 7 间、叶路洲房屋 2 栋 6 间，掠走猪、羊、牛、鸡、鸭、粮无数。

3 月 14 日　日军飞机 10 架空袭恩施南正街、西正街、鼓楼街，投弹数十枚，炸死 21 人，炸伤 76 人，炸毁房屋 29 栋。

3 月 17 日　日军飞机 6 架 2 次轮番轰炸秭归县城，投弹数十枚，未爆炸者 6 枚，毁民房 15 栋及北门内中心学校、"九九"后方医院、伤兵收容所，死 44

人，伤 10 人。

3 月 21 日　日军飞机 7 架袭击石首县藕池（现属公安）镇，对三星楼、河街轮番轰炸，炸死居民 197 人，重伤 108 人，轻伤 38 人，三星楼、河街尽成瓦砾。

4 月 15 日　日军飞机 9 架轰炸巴东县城，投弹 25 枚，炸死 15 人，炸毁房屋 21 间。

4 月 29 日　日军飞机轰炸恩施县城，炸死炸伤 113 人，毁坏房屋 13 栋。

4 月　日军从嘉鱼县经过，在县城及沿途拉夫 1130 余人，2 个月后生还者仅 520 余人，被虐杀者近 100 余人，其余生死莫测。

5 月 17 日　日军飞机 9 架轰炸秭归香溪，投燃烧弹 3 枚、爆炸弹 10 余枚，炸毁房屋 8 栋、大小木船 20 只，死伤 70 余人。

6 月 30 日　日军飞机轰炸公安县闸口镇，炸死居民周月华、余忍臣、彭国清等 200 余人，炸伤朱瓦匠等 300 余人，炸毁房屋 300 余栋。

6 月　日军飞机在咸丰县干香峡投弹 5 枚，炸伤当地居民 1 人。

7 月 7 日　由于叛徒告密，在葛店大湾夏家榜村召开中共鄂南中心县委扩大会议的与会人员遭日、伪军包围袭击，当即牺牲多人，中心县委书记黄全德等 18 人被捕，壮烈牺牲。另有船民夏清柱被杀害。后中共鄂南中心县委组织部长钱远镜，在鄂城德马乡被捕，牺牲于樊口。

△　日军飞机 3 架轰炸荆门县仙居、刘猴集等地，炸死 30 余人，毁房 140 余栋。

7 月 19 日　日军飞机 5 架从江陵县沙市一路轰炸到郝穴。其中，在滩桥镇曹家场，炸毁房屋 2 栋，炸死群众 3 人；在资福寺炸死 11 人，丢烧夷弹焚烧达 18 小时之久，共炸烧房屋 67 栋；在郝穴黄家场一带炸死 14 人，炸毁房屋 25 栋。

7 月 31 日　驻宜昌日军出动数百兵力再次"扫荡"分乡、峰溪、普溪、罗泗、新河、新溪 6 乡，杀害平民 100 余人，焚烧民房 2000 余栋，并对田间正熟的稻谷豆麻等农作物纵马践踏、放火焚烧。

8 月 4 日　日机 16 架轰炸巴东县城，投弹 35 枚，炸死居民 32 人，伤 45 人，炸毁房屋 48 间。

8 月 5 日　日军进犯潜江龙湾与国民政府军广仁部队展开激战，广仁部队被打死 30 多人，村民姚承功（大）、刘辉德、刘壮科、姚承斌、张罗儿 5 人也死在日军枪下。

8 月 7 日　日军飞机 9 架轰炸巴东县城，投弹 38 枚，炸死居民 37 人，伤 26 人，炸毁房屋 120 间。

8 月 14 日　日军飞机轰炸恩施，炸死 21 人，炸伤 32 人，炸毁房屋 25 栋。

8 月 22 日　"民裕"轮在宜昌段长江中被日军飞机炸沉，大副李晖汉、报务员陈志昌、加油工邱宝定、护航组长申志成、茶房头脑唐泽民、袁文彬等在对空射击和安抚救助伤员中英勇牺牲。这次轰炸中，死亡船员 70 人、伤兵 160 人、旅客 20 人，共计死亡 250 余人。

9 月 10 日　日军飞机 17 架轰炸谷城县，投弹 60 枚，炸死刘云亭等 81 人，伤周胡氏等 119 人，炸毁房屋 150 间、木船 24 只。

9 月　湖北省第三教养院在谷城县黄家康建立，接收难童 150 人。1942 年改名为湖北省第三儿童教养院，难童 200 多人。1946 年又改名为湖北省第三育幼院，共收容难童 1301 人。

△　日、伪军 1000 多名从江陵县沙市到沙岗镇西河一带攻打国民政府军，在沙岗强征附近渔船 100 余只，焚烧民房 100 多栋，1 名 65 岁的老婆婆被烧死。中共鄂西特委、鄂西苏维埃联县政府、江陵县苏维埃政府等 10 余处革命遗址尽毁。

10 月 6 日　日军为抵挡中国军队在宜昌东山一带高地的波浪式进攻，连续几天不断向中国军队发射"奇异号"（呕吐型）、"红一号"（含芥子气）毒气弹 2500 枚。不少人因以观音土充饥、喝秧田里的水、水牛浸泡过的及染上芥子病毒水塘里的水而中毒伤亡。日军还在长江中的烟收坝释放毒气，致使长江水一时不能饮用，各种鱼类不断死亡。火光村的大片森林被日军破坏，至今仍未恢复。

10 月 8 日　中国军队第六战区江防司令部挑选百余名战士组成奋勇队于清晨五时许，出长江三峡顺江而下，偷渡抵达日军控制区内的葛洲坝上。下午 2 时，遭到日军内山荣太郎第 13 师团的围攻，100 余名奋勇队员和 25 名随军船工除 5 人泅渡逃生外，其余全部牺牲。下午 4 时左右，日军 1 个小队在队长本山龙雄带领下，对全坝进行搜索屠杀，烧毁房屋 52 间，死伤居民 100 余人。

10 月 12 日　日军飞机 4 架轰炸秭归茅坪长富沱一带，毁民房 2 栋、木船 4 只，死 24 人、伤 49 人。

10 月　日军驻当阳宣抚官圆田植率部到跑马岗等地"扫荡"，枪杀平民严世斌等 20 余人。

11 月 5 日　日军飞机 3 架轰炸江陵县郝穴，炸死 17 人，炸毁房屋 8 栋。轰炸南五洲船码头一带，炸死 5 人，炸毁房屋 15 栋。轰炸熊河镇秦家台，炸伤 3 人，炸死 3 头耕牛，炸毁 50 多户房屋。

12 月 30 日　国民政府军事委员会调查统计局武汉区行动队第 1 队第 1 至 5 组各组长暨组员杨青山、胡有成、谢云卿、汪耀东、雷秀清、何鹤卿、李开春、阎英才、陈金山、刘东林、赵云乡、黄金谷、安高岭、张洪胜、李正刚（伪市警局二等巡长）共计 15 人，除张洪胜处监禁 5 年外，其余 14 人被日军处以极刑。

12 月　日军在土门垭、龙泉铺、鸦鹊岭等处以大量土膏（鸦片）迫令居民交换粮食、棉花，并责由伪政权按保甲强制推销。

1942 年

1 月 3 日　日军从当阳东侵远安，沿途残害平民，致死 23 人，重伤 13 人，轻伤 11 人。

2 月 3 日　日军第 39 师团大佐谷川率兵到枝江问安"扫荡"，抢掠居民宋元贵、张良荣等 70 余户的耕牛 27 头、猪 73 头、鸡 178 只、羊 13 只、布 13 匹、棉花 1320 斤、大米 1200 余斤，抢光后纵火而去。

2 月 24 日（除夕）　日军捕杀宜昌城郊难民 100 余名。

2 月 26 日　日军飞机轰炸监利县柳集乡（今柳关），炸死乡民 134 人、牲畜 40 余头，炸毁及焚毁房屋 97 栋。

2 月　日军进驻宜昌河西石门（今紫阳）村，杀害平民 117 名，强奸轮奸妇女 39 名，烧毁民房 70 余间，抢走牲口 800 余头，掠夺油盐柴食粮无法统计。

2 月　荆门县掇刀石日军飞机场完工，日军将参与修建机场的钟祥县最后留下的 300 民工押到张家大井北侧用机枪全部射杀。

3 月　日军在当阳县城东门外修筑军用飞机场，占用土地 1700 亩。在修建期间，民工被累死、饿死、逃跑未遂被活埋、枪杀者近 10000 人。次年 5 月 21 日机场竣工时，日军为"灭口"，又将最后一批 500 多名民工集合在汉宜公路北侧，用机枪全部杀死。

4 月 1 日　日军在皮家集（当时为钟祥县盘石乡乡公所驻地，现为钟祥市石牌镇皮集村）屠杀平民 21 人。

4 月 6 日　日军飞机 1 架在宜都炸毁民房 7 间，炸死 19 人，炸伤儿童 1 人。

4月　日军在北山地区（当时为钟祥县高阳乡区域，现为冷水镇建设、郭刘、清泉三个村区域）屠杀平民47人，烧毁民房2168间，抢走牲畜1177头，抢劫财物7500余件。

△　日军汉口宪兵队将收押在保成路太余里的中国俘虏128人，用汽车拖到沙咀全部杀害。同时，日军警备队在黄花涝屠杀新四军税收人员四五十人。

△　日军在蔡甸镇汉江北岸的慈惠墩、沙咀、余氏墩（时属蔡甸安乐乡）一带修建飞机场，损毁耕地4000余亩，强征劳工200多名。

△　日军因军事需要修建仓埠—周铺—孔埠—汪集公路和李集—张店公路，强行割去麦苗和油菜等作物，强迫沿线农民挖地开路，损毁农田2600亩，役使民工58000多人。

△　驻孔埠日军下乡"打捞"，行至尤家泊时，农民尤自纬驾船载妇女11人逃避，日军见船上都是女人，即举枪强令其送女人上岸，尤自纬和全船妇女拒不回船，日军竟开枪射击，将尤自纬和全船妇女共12人全部击毙，沉没水中。

6月21日　日军飞机2架在宜昌乐天溪投下炸弹30多枚、燃烧弹2枚，烧毁房屋100多栋，炸死平民30多人。

6月　远安县奉命构筑阻塞工事以抗击日军，征伐木材1万株，累计耗用木工、铁工、民工1538万个。无论平原山地，到处掘沟筑垒，为时7月之久。

△　日军第39师团232联队伍长谷川进，5天内在枝江县周场杀死居民35人，在拽车区草台村杀死杨大柱及李廷相父子2人。

△　日军第39师团232联队3中队荒木秀雄等，在枝江仙女镇杀死马又波、余洪坦等10人。

6月至8月　日军对万寿、西靖、真理等抗日根据地实行"大扫荡"，刘承良、林禹如、朱新民等10多名中共干部先后被捕。中共真理乡区委书记罗洪年等7人被活埋。中共南宁乡区委书记徐森遭日军剖腹。当阳县妇救会主席陶先秀被日军杀害。

7月5日　日军城户部队驱使附近居民及该部队苦力数十人进入汉口中山公园砍伐树木150余株。

7月16日　中国空军轰炸汉口特一区六码头一德街日商东亚海运株式会社一带，炸死码头工人及行人54人，重伤陈章光（后于8月16日死于同仁医院）。

7月　宜昌猇亭抗日游击队员12人被日军抓捕，除1人借机逃脱外，其余

11 人全部被铁锹剁得半死后活埋。日军在高家店刀劈游击队员包世荣、严朝华等 6 人。日军以通游击队之名，在高家店杀害王启文等 8 人。日军将不知姓名、来历者 40 余人集体枪杀在高家店"杀人坑"。日军官兵通雄、水田、吉冈等在高家店一次屠杀 100 余人，其中活埋数名。

8 月 1 日　日军在宜昌县枪杀居民黄宏金、张家德、郑发林等 25 人，强奸妇女黄罗氏、李赵氏等 7 人后用刺刀杀死，掳捕易德昌等 4 人。

9 月 13 日　日军横山部队"扫荡"黄安杨台山失利，归途中将路遇村民 10 余人押至冯受二，用煤油淋烧致死。

9 月中旬　日军"扫荡"潜江积樊乡，打死李祥发、柳宝新、郑培远、张先银、冯海儿、李道远、孟天喜、孟凡珍等数百人，仅积玉口保（现积玉口村）就炸死 70 人，炸伤 25 人，烧毁房屋 168 栋。

10 月 2 日　日军焚毁蕲春县刘公河民房 10 栋，伤亡平民 50 余人。

10 月 23 日　驻葛店日军得知国民政府军游击队夜宿黄家桥，遂领 100 余日、伪军连夜包围住宿地。激战中，游击队死 17 人。后日军又杀死黄德补、黄闰生、黄世清、黄波伢、任陈氏 5 名村民，烧毁房屋 2 栋，抢去家具、瓷器、鞭炮等物件。

10 月 29 日　日军"清剿"江夏湖泗乡（今湖泗镇），烧毁陈六桥周围大屋夏、张林、夏祠、官山叶、南桥一带 29 个村庄民房 1322 栋，抓走农民朱良臣、朱立学、邵义恒、饶钦荣、邵仁望、谢耀顺、江学权等 20 余人，抢走耕牛 39 头、牲猪 52 头。日军将被抓农民关押 6 天后，集中押到柴家山垴，先逼其自挖深 7 米、宽 4 米大坑，后将这 20 余人推至坑内活埋。

10 月　日军飞机偷袭潜江浩子口街（现浩口镇），1 枚炸弹扔在庄敬章开的油坊，炸死在油坊内的工人 30 多名，住在油坊后面的蒋三儿被炸伤，房子被炸毁。

秋　日军在孝感县邹岗区烧毁平民房 200 余间，枪杀平民 40 余人。

11 月 13 日　驻鄂城县日军 2000 余人由司令泰田率领，在郭家垱村烧杀掳掠，共毁民房 600 余间，打死打伤平民 300 余人。

11 月 19 日　新堰口爱国进步人士伍伯雄组织村民范香佴、曾凡奎等 5 人袭击新堰口日军据点。为了报复，日酋前畸正雄率队"围剿"周围村庄，捕捉当地平民 50 余人，烧毁新堰口伍家湾房屋 159 栋，捕捉良民 30 多人（其中有伍黑佴、左佴、杨氏等 10 多人），分别在县城边的古雁桥和笑月庵用刺刀杀害和狼犬咬死。

12 月 10 日　日军 4000 余人进犯大悟县芳畈等处，烧毁胡家河等 89 个村镇

974 栋房屋，杀害严有学等 47 人。

12 月 16 日　日、伪军 300 余人从蕲州出发，经漕河进攻刘河（县政府所在地）。日军飞机 3 架轮番轰炸后，日、伪军进入刘河肆意烧杀。进攻前，先将从白池抓到的农民余俊三杀害。进攻时，烧毁房屋 50 余间。死于日机轰炸和日军枪下的平民共 19 人。

12 月 20 日　驻扎在旧口、杨家峰的日军对天京潜抗日根据地进行大"扫荡"，在拖船埠打死村民 313 人，打伤 50 余人，烧毁民房 122 栋（计 305 间），抢走耕牛 135 头。

12 月 21 日　日军 30 余人进入江陵县白马寺镇沙河滩、红土地一带，当时驻这里的国民政府军游击队开枪想吓退敌人，反而引得日军围住村庄，将村民赶到牛皮湾（现天井村 1 组）集中拷问，要其交出村内的游击队，当场杀死 18 人，重伤 5 人，其中 1 人于 7 天后救治无效死亡。随后，日军进至金刭，烧毁房屋 25 栋，杀害 1 名学生。

12 月　日军约 3000 余人在数架飞机掩护下，由新洲分 3 路进攻大别山，"扫荡"但店、李婆墩、史家凉亭、三里畈一带，杀死贾铁乡平民刘泽平等 20 余人，杀死三河乡平民史鹤亭父子及警察局警士王玉龙等 20 余人，炸平三里畈李婆墩房屋数十栋。

△　日军 200 余人在宜都县"清乡"，挨户搜查，凡认为有中国兵嫌疑者，即加逮捕。胡仁加、杨良玉、卞家全、蒋振声及 1 名和尚、1 名姓名不详的人，在陈家铺子被日军抓住浇油焚烧致死，陈文卿、吕古卿的住房被烧毁。中国军队三原部谍报员罗极三、裴先鼎、李禾元和船夫杜方贵的幼子被俘，日军以沸水淋身、燃香烧头、水灌口鼻、人践腹上等手段将其折磨致死。

1943 年

1 月 17 日　樊口日军寿田部队 20 余人在鄂城尚义乡郭家垱烧毁郭非、郭宋富、郭全松等 70 余户 50 余栋房屋，杀死村民 3 人。次日，驻鄂城日军太田率 300 余日、伪军再赴郭家垱村，在宋家墩枪击从田家湖坐船逃离的村民，当场打死郭才浩一家 3 人、郭全冲一家 2 人、郭胡氏、鄢竹梅、郭周氏等 13 人，打伤 30 余人；在郭家垱村枪杀郭全书、郭全局等 10 余人，摔死 1 名婴儿，致伤致残 2 人，将未毁房屋悉数烧尽；并将附近叶、廖、宋、张、毛、吴等村庄一并烧毁，杀死村民吴高享、廖可玉等数人。2天累计烧毁房屋250余栋，杀死无辜农民300余人，10余个村庄遭洗劫，是为"郭家垱惨案"。

1月23日　日军第18混成旅派驻远安干溪镇某大队500余人，在大队长高桥大佐指挥下，对远（安）当（阳）边界的白云寺突击合围。从凌晨5时到午后离去，施暴七八个小时，屠杀平民174人，烧毁民房140余栋。

1月27日　驻公安县石门嘴日军马队100余人冲进芦子山寻找游击队。80多名逃难的村民被日军抓住。日军用刺刀捅、煤油烧等手段，杀死其中73人。

2月20日至26日　日军第13、40两个师团在重武器和飞机的配合下，从南、西、北等方向对国民政府军第128师实施包围进攻。第128师牺牲将士2200人，被俘3750人。25日，第128师司令部驻地百子桥被日军第13师团攻占，师长王劲哉被俘。至此，第128师全军覆没，死伤1万多人。其间，青獐乡脉旺嘴保（现积玉口镇脉旺嘴村委会所在地）和芦花村（现积玉口镇芦花村6组）一带居民周先富、龚为瑛、陈金山、邵万发、叶前发、冯显江、龚家祥、冯显松、冯锁儿、冯显华等37人被日军打死，脉旺嘴老街、熊家台、周家伙、刘邵伙、龚家伙等地135栋406间房屋全部被烧毁。

2月上旬　日军第13师团104联队2大队共带300余大、中型"赤筒"毒瓦斯弹，对沔阳地区泰家场国民政府军阵地进行毒瓦斯攻击，毒死中国军人和俘虏各15名。

3月8日　日军第40师团在石首渡江入侵江南，占领石首县藕池（现属公安），枪杀平民300余人，烧毁房屋100余栋。日军攻陷藕池后，向南进犯至虎渡河，遭国民政府军第79军阻击，未能通过。日军调驻藕池第31师团向国民政府军在公（安）石（首）边区的防御重点阵地公石桥进攻。第79军"万胜"部队1个连顽强抵抗，终因寡不敌众，全连官兵壮烈牺牲。

△　日军进攻监利县冠英（今观音）乡，杀害平民吕维胜、姚朝亮、李俊贵、刘治孝、李传银、邓振清、郑依云、赵锦良、赵连基、王当鸣等19人。

3月10日　日军进犯公安县新口，驻新口的国民政府军第79军1个营500余名官兵在日军陆、水、空三军的夹击下全部战死。日军攻占新口后，杀死平民200多人，烧毁3里长的新口街。

3月18日　日军飞机9架轰炸松滋县纸云乡（今纸厂河镇），投弹21枚，炸毁房屋21间，炸死乡民11人，炸伤22人。

△ 日军飞机 9 架轰炸公安县闸口镇，炸毁西堤街、上河街、中心街、堤月街、东堤街、土地巷和新老茅草街房屋 1000 余间，炸死炸伤 30 余人。

3 月 日军鲸字第 40 师团 6884 联队攻打监利县城，城厢镇镇长吴子光率镇警 30 余人奋力抵抗，终因寡不敌众，吴子光及警长岳兰亭、队士刘士煌、程清荣、程国梁、裴士伟、裴年广、潘友生等 12 人牺牲。

4 月 6 日 日军第 39 师团佐佐真之助所部将湖北枝江茶园铺（现宜都市茶园寺集镇）全部居民房屋烧毁，并杀死男女居民及士兵 30 余人。

4 月 22 日 日军在宜昌河西点军村、石堰村，杀死平民倪学才、倪咩子、倪新军、倪娃、韩启生、韩二生、韩庆楷、向浩凤等 276 名，强奸轮奸妇女致死者 36 名，烧毁房屋 470 余间。

4 月 24 日 日军户田部队在石首县调弦口杀死傅广英等 16 人，焚毁全镇。

4 月 26 日 日军进攻宜昌河西大桥边小铃口（地名，今属桥边镇）地区，施放毒菌，致 1951 年春季此地农民仍普遍患冷热病、天花病、鼠疫病等疾病，投降撤退时，将大桥边至曹家畈方圆 40 余里的乡村放火烧光，杀死居民 600 余人，造成"无人区"。

△ 日军飞机 6 架对宜昌县江南闵家棚（湾名，今属联棚乡长岭村）200 多名难民轰炸扫射，致 32 人当场死亡，近 100 人受伤。

4 月 日军在公安县麻豪口一带"清乡"，杀死农民杨耀楚、杨家新、李祥银等 10 多人，强奸妇女孟菊秀、张秀儿、范春桂等。

△ 日军在石首县城城郊太平坊建 5 口烧柴炭窑，将方圆数十里内所有古树砍伐一光，曾家岭 1 株 500 余年的皂角树也遭砍伐，共采伐树木 2500 余立方米。日军还在皂角树下挖掘"杀人坑"，仅在太平坊抓夫时就连杀 6 人推入坑中。

△ 日军以搜寻掉队的士兵为由，在石首县焦山河镇及周边村镇放火烧杀，将焦山河精华市面及附近的王家祠堂、毛家巷共 200 余栋房屋烧毁，造成 42 人伤亡。

4 月 监利县东荆乡 200 余人，被日军强拉当差，民夫肩负重担前往沙市，因劳累饥饿，行至江陵县郝穴时潜逃。日军用机枪扫射，农民曾庆松、刘功清、彭昌珍、彭朋友、湛开福、湛远芳等 16 人中弹身亡。

4 月 日军 3 名士兵在黄陂西乡罗汉寺吴家田湾掳掠，被村民打死 1 人，另 2 人逃脱。日军即对吴家田湾进行报复，杀害村民 141 人，烧毁全村房屋。

5 月 5 日 国民政府军第 73 军 77 师陈团长部在鄂西会战中，于石首团山寺全团覆没，千余官兵阵亡。

△ 南犯日军在高陵岗境内拓林桥矶泥湖荷塘附近，用机枪将躲藏在草丛中约 50 名难民全部打死。是日，日军一路制造惨案，共杀死平民 140 人，致伤平民不计其数，烧毁房屋 160 余栋 450 余间，强抢马匹耕牛 75 匹（头）。

5 月 15 日　侵华日军中国派遣军第 11 军配属第 3 飞行师团第 44 战队开始对五峰渔洋关实施狂轰滥炸。至 22 日，共造成 90 名平民伤亡，其中死 30 人、伤 60 人。

5 月 25 日　日军在五峰仁和坪蒋家营，以极其残酷手段轮奸 43 岁的廖光太，后用秤杆捣入阴道将其杀死。日军侵入五峰后，肆意强暴妇女，受害者达 1000 名，其中以极其残忍的手段残害妇女 47 人，致死 25 人。

△ 2100 余名日军从蕲州出发，经施家塘、黄土岭，到唐家垅、余家咀、后背垸、韦家庄等地"扫荡"，所到之处，杀人放火，共烧房屋 120 余间，杀害老弱病残者 17 人。

5 月 26 日　日军在宜都烟端包烧杀，杀死、烧死平民 51 人、重伤 1 人。

5 月 27 日　日军在宜昌河西刘家村庄，杀死村民张马口、韩成英、韩杰生、周荷黑、周大和、李奎等 96 名，强奸轮奸妇女 21 名，烧毁联棚村民汪家秀、胡运生等 16 户 18 间房屋，抢劫耕牛 2 头。

5 月　日军在黄广战场，使用细菌弹、放毒气，使该地疟疾、痢病、霍乱等病症流行，仅广济百家园、洪家湾患霍乱者即达 300 余人，崇山港边湾全湾患霍乱而死者达 200 余人。

△ 日军南犯宜都，姚家店乡木梓岭村村民潘先胜用镰刀杀死日军 1 名。日军为了报复，先在莲花乡马家岗（现姚家店村与红春居委会交界的山坳）用机枪射杀村民 22 人、重伤 2 人；后到姚家店，将许世福、许世金、章光海、陈竹、刘昌芝及其祖母、宋本金、宋本海、徐富金、杨治成、刘李氏、刘昌金之妻等 71 人杀害。两处共计死亡 93 人，重伤 10 多人。

6 月 4 日　宜都县仙女庙农民周如祥、艾勋臣等帮助国民政府军第 79 军袭击日军，腰店子村民也纷纷将面、饭、茶水送上 79 军阵地。日军得知后，于次日从浑水堰赶到腰店子，集体屠杀村民 80 余人。

6 月 6 日　国民政府军第 75 军某部袭击罗家咀子日军据点。次日，日军在严家堖一带随意抓人 20 名，其中 17 人被杀，3 人被捆绑致残。

6月18日　日军为报复游击队，在宜昌高家店抓捕50多人，当晚押往古老背码头，40多人被砍杀后抛进长江。

6月下旬　驻江陵县郝穴日军第5旅团悟字104队高本中队，把捕捉到的新四军抗日基干队员周家琪、张东林等13人绑到操场上当练习刺杀的活靶子活活刺死，并砍下他们的头颅，悬挂街头示众。

6月30日　驻田家镇日军"扫荡"菩堤金鸡岭一带（菩堤坝），抓去青壮年30余人，先施以酷刑，再一个个绑在柱子上，放狼狗撕咬，挖掉眼睛，后装进麻袋沉入江中。

6月　邹连山抗日游击队几名队员回古老背探视家人，被日军察觉，在搜捕中，游击队员逃脱，但其家属全部被抓，共计36人，除汪绍刚1人未被砍死抛入江中浮水获生外，其余35人全部被杀抛入江中。次日，为威逼村民交出游击队员，日军又将古老背17名幼童抛入江中。

7月5日　日军第39师团上尉北山辰雄借"清乡"为名，在当阳靖海乡（今烟集镇）拘捕上街居民陈学涛、曹英兆等21人，用铁丝将其捆扎在土龙寺荒野露饿1昼夜，后令10名新兵将其作为活靶练习刺杀，多的1人身上被刺30个血孔，最少的也有7个血孔。

8月1日　日军在当阳东安乡捕捉靳其云、靳其华、刘家新及其11岁的儿子等12人，在淯溪附近将他们活埋。

9月　日军驻新滩口警备队长吉冈乘小汽艇在簿洲以上江面拦江搜捕不明番号的抗日部队将士28名（其中女2名，有1位名叫张才三），翌晨将被捕人押至长江边（即新滩河口左侧）令其自行掘坑，将28人全部活埋。

10月1日　日军威逼武昌徐家棚附近居民于3日内搬迁出境，否则房屋拆毁，物资家产没收。同时，强征劳工20000余人，威逼其强拆房屋，致良田5000余亩损毁，居民3000余户流离失所。

10月中旬　日军到江陵县三湖清水口一带"扫荡"，打死国民政府军游击队14人，打死当地农民陈新谱、王仁华等。妇女王莲儿被日军击伤右脸，至今留有伤痕。同时，烧毁"头天门"及民房3栋，抢走生猪20头、鸡鸭无数。

11月3日　日军第2次占领公安县城南平，杀死居民和附近农民马鼎之、王英伯、肖家桂等68人，杀死妇女陈帅氏、袁段民、袁长英等16人，因轮奸未成而逼死唐慧春、唐小妹2人。

11 月 11 日　日军第 11 军第 39 师团配属古贺支队侵入五峰仁和坪，屠杀居民 36 人。

11 月　驻监利县尺八日军警备队长池田强征物资，陶市乡第 4、5 两保因奉行不力，池田即率部前往该地奸掳烧杀，计烧毁该两保（春口、长短岭、郭家村等）房屋 124 栋，用机枪射死冯文林等 12 人。在返回尺八时，路径羊子峡，又用机枪射该村躲难妇女及儿童 30 余人。

12 月 8 日　日军 1 小队长掉队在公安县三省桥（现章庄铺镇章兴村）被打死。日军对该村实施报复，杀死 14 人，烧死 59 人。次日，又烧毁此地方圆 10 里内民房 100 余栋。

12 月 22 日　日军出动 2000 余骑步兵带着大炮等重型武器，在远安、当阳交界的白云寺实施"三光政策"。日军炮轰白云寺和卫家岗，炸毁寺庙，纵火焚烧寺前草街，肆意屠杀村民，共杀害村民 97 人、抗日游击战士 20 余人，重伤 35 人，轻伤 28 人，还将财物洗劫一空。

12 月 24 日　日军常德会战败退途经松滋，沿途烧毁民房，仅松滋县新江口、刘家场、沙道观 3 地就有 1000 余栋房屋被焚毁。日军还于当日在新江口用多种手段杀害居民 25 人，并有 3 名妇女先被轮奸后用竹签捅入阴道致死。

冬　日军为弥补侵略战争燃料不足，肆意侵占汉阳琴断口富源、华兴两砖瓦厂，将厂内机器设备毁坏，改作酒精厂，并抢占附近农田 329 亩，枪杀富源厂经理杜某、股东杜某和村民 39 人，100 多人被迫逃离家乡。

1944 年

1 月 24 日（农历腊月三十）　河南籍难民 300 多人从荆门、钟祥、远安等 4 个县辗转来到襄樊，多数为老弱病残，还有部分产妇和婴儿。襄阳县政府将他们安置过春节，正月初二又发给每人 3 天口粮，将其遣送回河南新野。

3 月　日军驻葛店警备队长金武部队之下合野上士率领日军 1 小队，会同葛店伪军彭忠敖部共计 80 余人，下乡抢劫财物、寻觅姑娘，遭廖义华部第 1 中队打击。日军、伪军死伤 40 余人，廖部死 20 余人。

3 月　日本客货混装商船"小樱丸"号装载客商、旅客 300 多人及货物，从汉口开往黄石。该船抵达汉口郊区谌家矶码头，接受日军杨子宪兵队检查站检查，检查完毕驶离码头后不久，不知何种原因，日军又要进行第 2 次检查。日军宪兵队见船离去呼叫不应，便朝"小樱丸"开枪示警。听到枪声，船上的旅客、商人包括老人、妇女及小孩因惧怕遭到枪击，便涌向船头。此时，该船开始调转船头准备回码头接受检查，由于船体正处于漩涡中，加之转弯又急，船体失去平衡翻沉，淹毙300余人。

4月 当阳朱湾村朱兴高、文士守、黄成明、朱礼云等12人，在日军飞机场附近行走，被日军捉去当活靶刺死。

5月 日军将孝感县涂巷附近魏陈湾的30余名青壮年集中到湾后山上，用机枪射死。

△ 日军在当阳县干溪老场、干河河原进行施放毒气训练，发射大赤筒2枚、中赤筒3枚、赤筒及绿筒各10枚，附近村民约400人中毒。1943年12月至1944年5月，日军在此地进行过3次放毒试验。

6月14日 美军轰炸武汉硚口皮子街，炸死14人，炸伤9人。

7月6日 日军飞机9架在谷城石花街投弹48枚，炸死胡成玉等12人、伤刘同意等7人、毁房9间。

7月7日 驻潜江荷花月堤的2名日军及1名伪军到聂滩与新四军河防大队长聂忠炳部遭遇被杀。日军大队人马到聂滩村报复，抓40余人关押审讯，烧毁新河口及老屋台共25户113间房屋，还烧毁杂货店5家、京广杂货铺3家、饮食店3家、烟酒茶馆3家、粮行1家、渔行1家、肉行1家、作坊4家。晚上，又抓走村民28人关到据点严刑拷打。7月9日早晨，将在押村民聂国灯枪杀，将其尸体抛入汉江。7月10日凌晨，又将在押村民聂国富用刺刀捅死，割下头颅，将身子抛入汉江，把头颅悬挂在长垴渊集贸市场的电杆上示众，还不许聂国富的家人收尸。7月11日，日军还没找到失踪人员下落，即将在押村民聂国常、聂国同、聂国安、聂光汉、聂还林、聂为金、聂为恰、张铁匠、张铁匠的徒弟（乳名南方）、渔夫方石明和杨传林、聂大吉、聂国志、聂光满14人押到江边集体屠杀。除聂国志、聂光满2人逃脱外，其余12人全部遇难。

7月12日 日军第39师团232联队2大队1中队士兵池田良仁等，在枝江县董市周场（现枝江仙女镇），1次集体屠杀村民薛兴臣等24人。

秋 一艘停靠在三斗坪江边的"龙安号"轮船，被日机来回轰炸7小时而沉没。三斗坪100多栋房屋，除黎开先等4户房屋之外，其余全部被炸毁。

9月25日 日军在当阳县庙前老官窠用机枪集体屠杀民众70余人。

10 月 3 日　日军在荆门县掇刀石飞机场用机枪射杀民工 220 余人。

10 月　远安县奉命再次动员民工 5300 名、石匠 58 名、铁匠 30 名，征伐木材 1.2 万株，历时 3 个月，修筑国防工事 39 处。

11 月 4 日　美军轰炸武汉硚口站邻园、宝丰路、张公堤一带，炸死 6 人，炸伤 1 人。在汉口中正区炸死 160 人，炸伤 94 人。伪汉口市政府支付每名死者家属丧葬费法币 21 万元、储备券 30 万元，计法币 3360 万元、储备券 4800 万元；支付每名伤者医药费法币 15 万元、储备券 20 万元，合计法币 1410 万元、储备券 1880 万元。

11 月 11 日　由于战区前方军队马匹菌集，饮料不洁，导致秭归县夏秋之际瘟疫流行，蔓延所至几及全境，仅兰陵乡、二圣乡、三九乡等 3 乡死亡达 1 万人。是日，秭归县政府致电湖北省政府核发大批奎宁、阿司匹林急于救济。

11 月　日军 39 师团 232 联队兵长黑川幸敏等，在枝江董市金盆山一次杀死农民 26 人。

△　驻守当阳县双莲寺日军用土牢关押 36 名"特嫌"人员。不久，一次性杀害 34 人。据调查资料证明：日军双莲土牢，主要用来关押抓捕来的抗日游击队和国民政府军情报人员，也有抓捕来的无辜百姓。从 1942 年设土牢至日军投降，先后有 400 多人在此被杀害。

12 月 16 日　日军将捕获的 3 名美军飞行员用绳子牵着，在汉口阜昌街（今南京路）一带游行示众并殴打至不能动弹，后拖到中山大道一元路口的伪警察训练所（今市 16 中）院内，纵火烧死。12 月 18 日（农历冬月初四），美军出动战斗机、轰炸机 170 余架轮番轰炸美飞行员被害之地，持续 5 小时之久，汉口医院路以下约 3 公里、宽约 5 公里区域内一片火海，房屋尽成瓦砾，被烧伤至死的人无数，仅在站邻园、宝丰路、仁寿路、板厂街、营房街、新亚路、张公堤一带，炸死 49 人，炸伤 12 人。

1945 年

1 月 29 日　侵华日军总部下达进攻老河口的作战命令。3 月 27 日，日军进攻老河口，4 月 8 日 17 时老河口沦陷。日军侵占老河口后，杀死无辜市民 4309 人，奸淫妇女无数。同时，四处放火。从 4 月 8 日至 19 日，老河口城内火光触天，彻宵达旦，许多具有明清特色的建筑物被毁无遗。

3月12日　日军在江夏八吉乡境内修筑军用飞机场，占用良田 500 余亩，扫平村庄 10 余座。日征用壮丁 1000 人，征用牛马车数十辆拖泥土拉石沙。壮丁无分毫工资，即领食品亦须由于家人送往，边作边食，不得片刻休息，稍有懈怠即遭竹鞭抽打，皮鞋踢踏。至日军投降时止。

3月23日　日军飞机 12 架，先后轰炸宜城孔家湾、县城、小河，炸死 15人、炸伤 26 人。

3月27日　日军第 39 师团经隆中侵占襄阳，当晚樊城沦陷。日军入城后杀死无辜市民 50 多人，奸污妇女 60 余人，烧毁房屋数十栋。

3月28日　日军将从襄阳县王家营抓去当苦力的 18 个农民的手用铁丝穿起来，押至米公祠上首河沿，用刺刀将他们活活捅死，抛尸入江，除 1 人投水逃脱、1 人重伤未死外，其余均遭杀害。4月下旬，日军再次攻陷樊城后，放火烧毁定中门、朝圣门、鹿角门、迎旭门 4 个城门处的民房 370 余间，1000 余百姓无家可归。

3月28日　中美空军轰炸汉口。汉口警察第 3 分局辖区内的花楼居巷、百子前巷，第 4 分局辖区内的宝华里、界限路、汉意路、市政街、长清里、新成里、合作路、湖南街、湖北街及电报局、盐业很行，第 5 分局辖区内的辅堂里等处中弹，死亡 21 人，受伤 14 人，被毁房屋 25 栋。

3月　日军进入南漳城关地区的山内部队，将李家冲的几十名村民用绳子连在一起，拉到冲口屠杀，一次杀死几十人。后又从城内掳去市民，集中到冲里进行集体枪杀。

△　日军第 39 师团 233 联队第 3 机枪中队小队长冈田秀雄，在枝江县江口镇捕捉居民数十人，诬其为游击队，予以杀害。

4月6日　日军骑兵第 4 旅团 100 余人进入老河口城郊童营村，焚毁房屋 100 余间，杀害 70 多人。

4月12日　日军飞机 1 架在枣阳吴店投小型弹 30 余枚，均落北门外滚河中，炸死在洗衣服的妇女及行人 20 人。

4月20日　日军岗野部队进犯郧县分赃岭（今梅铺镇），枪杀潘熙章、郑建堂、何万成、石长本等人。东梅乡（今梅铺镇）伤亡 70 人，八梅乡（今梅铺镇）伤亡 36 人，江北乡（今刘洞镇）伤亡 25 人，观乌乡（今刘洞镇）伤亡 50 人，南北乡（今梅铺镇）伤亡 39 人，桑麻乡（今白桑关镇）伤亡 47 人，龙津乡（今南化塘镇）伤亡 28 人，共计 295 人。

4 月　日军第 39 师团第 232 联队第 1 大队 2 队士兵目崎彰，在退出襄樊时，将杨贵生父亲拉去当苦力，行至城外便用刺刀将其杀死。又将李陈氏的小儿子拉去当苦力，并将附近青年 32 人用铁丝分别套起来推到河里，有的在河中想挣扎逃脱，也全被日军用枪打死。

5 月　国民政府军第 127 师某部袭击驻老河口牛头山的日军后，日军恼羞成怒，第 2 天一早便在当地抓来 10 多名平民，强迫他们当苦力，又在当天夜里将他们全部活埋。

8 月 10 至 15 日　日军驻沙市警备队宣布戒严，将重武器等军用物资抛入长江，并将羁囚的 500 余中国平民用机枪射杀，尸体抛掷江中。

8 月 13 日　日军在松滋县沙道观大肆杀掳，共杀死 14 人、杀伤 26 人，抢走食盐 5500 斤、布疋 130 疋、糖 9 桶、家畜 14 头、毛烟 32 挑、国币 820 万元。

8 月中旬　久踞荆门、当阳、远安边境的日军撤至荆、当县城以南，待命缴械投降。长驻远安的国民政府军第 77 军 3 个师，驻宜昌、远安的第 32 军 1 个师，第 30 军 3 个师，先后开赴前方受降。远安调集运输民工 3180 名，为时 40 余天。

8 月 28 日　由于日军修建工事毁坏，加之 7 年战乱失修，长江干堤公安县朱家湾溃口，其后该县江河堤防 27 处相继溃决，造成 39349 人死亡、101600 名灾民流离失所、468394 亩农田被淹，经济损失 18446520 万元（1946 年法币）。灾后瘟疫流行，仅虎渡河以东地区就死亡 15321 人。岁末实施堵复工程，耗资更不可胜计。

10 月 3 日　湖北省省会由恩施迁回武汉，省教育厅迁复第 7 号木船，在离秭归县城归州一里外的叱滩因水流湍急和装载过重失事。船上载有省教育厅、省立小学、巡教团等单位职员和教员以及家属共 90 人，其中 57 人遇难。

秋　日军在大冶县西山脚下山垅一次屠杀平民 100 余人。

1945 年　日本宣布投降后，日军第 39 师团撤退时将宜昌县大桥边曹家畈方圆 40 余里的乡村放火烧光，杀死平民 600 余人，尸横遍野，造成无人区。

1945 年　日本签订投降协定后，日军在监利县白螺矶机场拆毁飞机 102 架。同日，又在聂河乡何家桥射死平民 32 人、射伤 23 人。

（刘琳玲　整理）

后 记

本书作为全国抗损课题成果丛书之一，严格按照中共中央党史研究室的统一规定编纂，汇集了 2006 年以来湖北省抗损课题组调研的主要成果和有关市州县抗损课题组调研的重要成果。全书主体分四大部分：（一）综合调研报告，即《湖北省抗日战争时期人口伤亡和财产损失调研报告》，由省课题组撰写；（二）专题调研报告，部分由省课题组撰写，部分从各市州县区课题组撰写的专题调研报告中选编；（三）资料，由省课题组从所征集的档案资料中选编；（四）大事记，即湖北省抗日战争时期人口伤亡和财产损失大事记，由省课题组根据有关资料和各市州课题组提供的本地大事记整理。由于篇幅所限，本书未辑录省课题组所征集的文献资料和各县市乡镇课题组采访调查所形成的口述资料。

本书编纂在中共中央党史研究室的指导和省抗损课题编委会的领导下，由以省委党史研究室研究一部组成的省抗损课题编纂组完成。龚强华、张帆、方城主持并参与编纂工作，胡水华参与主持 2014 年 1 月的修改、校对工作。综合调研报告由方城、李福珍、桂柏松、望开国、曹金良执笔，专题调研报告由方城、李福珍、钟文、闫清敏选编，资料由李福珍、刘琳玲、闫清敏选编、校对，大事记由刘琳玲整理。方城负责全书修改统稿，李福珍参与修改统稿工作。熊廷华参与资料征集和大事记修改，钟文参与资料征集和校对工作。刘琳玲、闫清敏为本书编纂承担了大量事务性和辅助性工作。刘娟、王韦参加了 2014 年 1 月的修改、校对工作。

本书的综合调研报告稿，曾送武汉大学教授、博士生导师丁俊萍、敖文蔚，华中师范大学教授、博士生导师李良明，湖北大学教授、博士生导师田子渝，湖北省社会科学院研究员徐凯希等专家审阅，并按照这些专家的意见进行认真修改。

本书编纂过程中，得到了中共中央党史研究室第一研究部研究员李蓉博士、研究员李颖博士、副研究员王树林博士，科研管理部研究员姚金果博士的直接指导，得到了省档案馆刘文彦、焦光生、张列、刘志坚和省委党史研究室宣教部周发全、邹东山、郁梦飞的大力支持和协助。在此，一并表示衷心感谢！

抗日战争时期中国人口伤亡和财产损失课题调研是一项极其浩繁复杂的系统工程。在调研编纂过程中，我们虽竭尽全力，仍由于种种原因，难以尽如人意。本书缺憾在所难免，诚望各界批评指正。

本书编者

2014 年 1 月

总 后 记

历时多年的《抗日战争时期中国人口伤亡和财产损失调研丛书》终于问世了。参加这套丛书编纂工作的，主要是承担《抗日战争时期中国人口伤亡和财产损失》课题调研任务的各省、自治区、直辖市及其下属市、县的领导同志和课题组成员，以及部分著名专家。他们以高度的责任心和使命感，竭尽全力，攻坚克难，终于完成了各自承担的任务，并按统一要求，形成了调研成果的 A 系列书稿。同时，有关省、自治区、直辖市还从实际情况出发，编纂了主要反映市、县调研成果的 B 系列书稿。由于各地情况不尽相同及其他原因，呈现在读者面前的丛书，将分批陆续完成和出版。

为了保证质量，我们对本丛书中由各省、自治区、直辖市完成的 A 系列书稿（即省级调研成果）实行了四级验收制，即：所有的省级调研成果，先由有关省（自治区、直辖市）课题领导小组及其聘请的省级专家验收组分别审读通过、写出书面意见；然后提交到中共中央党史研究室课题组。中共中央党史研究室课题组审读后，再聘请国内知名专家审读书稿，提出书面意见。对每次审读提出的意见，各省、自治区、直辖市课题组都认真研究落实，对书稿进行反复修改，或是说明相关情况，直到符合要求。由一批专家完成的 A 系列书稿（即带全局性的专门课题调研成果），也通过类似的办法验收。主要反映市、县调研成果的 B 系列书稿，则由有关省、自治区、直辖市党史研究室组织验收。各种调研成果验收修改的过程，同时也是调研的深化过程、提高过程。经过反复修改补充的成果，在质量上都有明显提高。

中共中央党史研究室课题组在中共中央党史研究室室委会和分管室副主任的具体领导下开展工作。中共中央党史研究室几任主要领导同志即曲青山和孙英、李景田、欧阳淞主任，非常关心和重视本课题调研工作的开展。分管这项工作的室副主任李忠杰同志始终严格把握政治方向，精心部署和安排，明确提出创建"精品工程、基础工程、警世工程、传世工程"的要求，给工作指明方向，还及时领导解决调研过程中遇到的种种困难和问题。各地同志和有关专家同中共中央党史研究室课题组保持密切联系，对中共中央党史研究室课题组的工作给予了积极配合和支持。

中共中央党史研究室课题组由李忠杰、霍海丹、李蓉、姚金果、李颖、王志刚、王树林、杨凯等同志组成。先后担任中共中央党史研究室第一研究部领导职务的黄修荣、刘益涛、蒋建农同志参与了课题调研和审改的部分工作。中共中央党史研究室科研管理部、办公厅的部分同志也参与了有关工作。特别是在北京市和山东省召开的两次全国性会议，中共中央党史研究室科研管理部、办公厅的有关同志自始至终参与了繁忙的会务工作，付出了大量心血和辛勤劳动。

在李忠杰同志直接领导下，中共中央党史研究室课题组承担了组织指导与协调推进各地课题调研和联系有关专家完成全局性专题调研的繁重任务。在人手十分有限的条件下，课题组同志们近10年如一日，以对民族负责、对历史负责的自觉精神，克服困难，埋头苦干，为圆满完成任务做了大量工作。计先后编发213期达60多万字的《工作简报》，同各省、自治区、直辖市的同志和有关专家进行了数以千次、万次的电话联系及当面沟通，先后到10多个省、自治区、直辖市实地调查、参加会议，了解情况，当面指导，协助各地完成调研工作，或邀请有关地方的同志到北京进行座谈；还组织22个省、自治区、直辖市课题组编纂《抗日战争时期全国重大惨案》，同中央档案馆联合编辑《抗日战争时期解放区人口伤亡和财产损失档案选编》，同中国第二历史档案馆、中国人民解放军档案馆联合编辑其馆藏的相关档案资料，撰写有关专题报告，等等。将近 10 年来，课题组成员虽有变动，但工作始终如一，没有延误和懈怠。

需要说明的是，《抗日战争时期中国人口伤亡和财产损失》课题，有时也简称为抗战损失课题或抗损课题。虽然有学者认为"抗战损失"或"抗损"通常只能反映抗日战争中财产方面的损失，人口伤亡不能称作损失，但考虑到当年国民政府习惯采用"抗战损失汇报"或"抗战中人口与财产所受损失统计"等表述，所以本课题参照前例，以"抗战损失"或"抗损"作为课题简称。

2014 年初，根据中央领导同志的指示精神和中共中央党史研究室室委会关于做好出版和对外宣传全国抗战损失课题调研成果准备工作的要求，我们组织部分省、自治区、直辖市的分管领导和课题组成员对已经印出样本的 A 系列书稿再次进行复审和互审，并邀请部分承担了抗战损失专题调研任务的专家参加审稿工作。这次集中复审和互审的主要任务是：审核已经印出样本的 A 系列书稿，对相关数据、史实严格把关，保证课题调研结论的真实性，保证书稿没有重大差错。中共中央党史研究室主要领导同志和分管领导同志也提出要求：把工作做得再深入、再扎实一些，统一规范，责任到人，把问题消灭在书稿正式出版之前。

在复审和互审过程中，地方同志和邀请的专家以多种形式及时沟通，围绕审稿发现的问题研究讨论，和中共中央党史研究室分管领导进行交流，对一些重要的共性问题达成一致。经过复审和互审，对有关的 A 系列书稿做出进一步修改。在此基础上，中共中央党史研究室课题组同志又对拟第一批出版的每一部 A 系列书稿进行多环节的审读、检查、修改、校对，严格审核把关，尽可能如实、客观地反映调研情况和成果。

中共中央党史研究室的其他同志及一些外聘同志、从地方党史部门借调的同志，如徐玉凤、谢忠厚、杨延力、郭明泉、戴思厚、王俊云、梁亿新、宋河星、毛立红、王莹莹、茅永怀、庾新顺、李蕙芬同志等，满腔热情地参加了本课题调研的部分工作。不论是调研选题的讨论、同有关各方的联络，还是资料的整理、归类、建档等，他们都付出了辛勤的劳动。

这里，还要特别感谢国家社会科学基金规划办公室、国家新闻出版广电总局有关领导和同志对本课题调研工作的支持和帮助，感谢有关部门对丛书出版经费的支持和保证。中共党史出版社的领导汪晓军以及陈海平、姚建萍等同志，也为这套丛书的出版花费了很多心血。

我们相信，本丛书 A 系列和 B 系列各卷的陆续公开出版，必将大大有助于抗战损失课题调研成果的推广利用，有利于固化历史，更好地发挥以史为鉴、资政育人的作用。但是，我们也深知，本课题调研迄今所取得的成果，还只是阶段性的、部分的、不完全的成果。在已经取得的来之不易的成果的基础上，今后，这一课题的调研工作还要深入不懈地继续进行下去。

中共中央党史研究室课题组

2014 年 4 月 30 日